"Una aplicación personal y práctica muy pensada y profunda de los principios de Stephen (y claramente de Sandra) Covey sobre lo que es más importante, la familia."
—John E. Pepper, Presidente y Director General, Procter & Gamble

"Stephen Covey extiende el trabajo de su vida en las organizaciones al área más desafiante de la sociedad, la familia, con ejemplos prácticos de cómo fortalecer la relación más vital de todas."
—Tom Curley, Presidente y Publicista, *USA Today*

"Las relaciones familiares requieren compromiso, humildad, paciencia y la habilidad de perdonarse. El libro de Stephen Covey nos recuerda que el trabajo más importante que realizamos todos los días es lo que hacemos por nuestra familia."
—Greg Coleman, Publicista, *Reader's Digest*

"El eterno conflicto entre la vida profesional y la familiar está asentado en *Los 7 Hábitos de las Familias Altamente Efectivas* a través de una mezcla excelente de principios, sentido común y ejemplo. El éxito es posible en ambas vidas con el sentido adecuado de prioridad y equilibrio."
—Donald G. Soderquist, Vicepresidente y Director de Operaciones, de las tiendas Wal-Mart.

"Un libro extraordinario sobre las relaciones de las familias centradas en principios. No podría haber llegado en un momento más oportuno, cuando la falta de vínculos familiares está destruyendo las relaciones y ocasionando violencia en exceso."
—Arun Gandhi, nieto de Mahatma Gandhi y Fundador/Director del Instituto Gandhi

"*Los 7 Hábitos de las Familias Altamente Efectivas* nos inspira a crear relaciones familiares extraordinarias y proporciona el discernimiento práctico para lograrlo."
—John Gray, autor de *Los hombres son de Marte y las mujeres de Venus*

D0921286

Los 7 Hábitos de las Familias Altamente Efectivas

CONSTRUYENDO UNA HERMOSA CULTURA FAMILIAR EN UN MUNDO TURBULENTO

Stephen R. Covey

FranklinCovey™

grijalbo

LOS SIETE HÁBITOS DE LAS FAMILIAS ALTAMENTE EFECTIVAS

Título original en inglés: *The Seven Habits of Highly Effective Families*

14a. reimpresión: mayo, 2003

Traducción: María Amparo Penichet,
      de la edición de
      Golden Books Publishing Co., Inc.
      Nueva York, 1997

Reconocimientos

Este libro es producto de la sinergia de un equipo de personas. Sin sus contribuciones inagotables, profundas y únicas nunca hubiera sido posible. Sus nombres podrían fácilmente ponerse junto al mío en la portada y deseo expresarles mi gran agradecimiento a:

—mi amada esposa, Sandra, por muchas de las ideas e historias de este libro, por su constante apoyo y valor, por su sabiduría intuitiva y su educación en desarrollo de niños, pero sobre todo por su dedicación de más de cuatro décadas a la educación de nueve maravillosos hijos.

—mis queridos hijos Cynthia, María, Stephen, Sean, David, Catherine, Colleen, Jenny y Joshua, y a sus cónyuges e hijos, por sus historias reveladoras, con frecuencia embarazosas, y por la calidad de sus vidas y contribuciones.

—Boyd Craig, por su impresionante administración del equipo del proceso de producción durante tres años, su energía positiva inagotable, su extraordinario juicio y sus consejos sobre muchos asuntos clave, y su labor, junto con Rebecca, en el proceso de edición.

—Rebecca Merrill, por su habilidad editorial extraordinaria para entrelazar ideas, historias, transcripciones, e investigar juntos de manera verdaderamente musical. Nunca he tenido una traductora tan leal.

—mi querido hermano, John M. R. Covey, por su lealtad y amistad de toda la vida, su inspiración para mí en el desarrollo de las ideas en este libro, su habilidad asombrosa para modelar y presentar estos principios de la familia, y su excelente trabajo como líder en el área de hogar y familia en Franklin Covey Company. También a su esposa, Jane, madre maravillosa de una gran familia, cuyo trabajo inicial sobre el libro y las contribuciones de historias y aprendizajes presentes en este material han sido invaluables.

—mi amigo y colega George Durrant, cuyo trabajo inicial sobre el libro y la asociación con nosotros ha infundido tanto al libro como a nosotros un espíritu perenne de esperanza.

—Toni Harris y Pia Jensen, por su apoyo administrativo y su habilidad para entrevistar y relacionarse con personas de manera tal que se han logrado muchas de las historias que aparecen en este libro.

—Rick Meeves, por sus contribuciones de investigación y documentación increíbles.

—Wally Goddard, por proporcionar el equipo con décadas de aprendizaje de muchos escolares, incluido él mismo, en el campo del desarrollo familiar y humano.

También expreso mi agradecimiento a muchas otras personas cuyas contribuciones marcaron una diferencia, a:

—mis asociados en Franklin Covey Company por su ayuda y apoyo directo e indirecto a este proyecto, particularmente Greg Link, Stephen M. R. Covey, Roger Merrill, Patti Pallat, Nancy Aldridge, Darla Salin, Kerrie Flygare, Leea Bailey, Christie Brzezinski, Julie Shepherd, Gloria Lees y nuestro consejero externo, Richard Hill.

—Randy Royter y sus asociados en Royter Snow Design por aportar los elementos visuales y de diseño del libro.

—nuestros amigos en Golden Books, particularmente Bob Asahina, por su edición espléndida y profesional y por mantenernos siempre conectados con el pulso del lector. También a mi agente literario, Jan Miller.

—los cientos de familias que voluntariamente compartieron sus experiencias en la aplicación de este material en sus familias.

—los muchos tutores, maestros, estudiantes, autores y líderes que han influido en mi forma de pensar a través de los años.

—los cónyuges e hijos de los miembros del equipo del libro cuyo apoyo, valor, paciencia y creencia constantes nos han sostenido y levantado a todos.

—mis padres, mis tres hermanas Irene, Helen Jean y Marilyn, y mi hermano John, por contribuir a mi feliz infancia.

Y por último, expreso mi agradecimiento a la bondad de una dominante Providencia en mi vida.

Para todos los hijos, nuestra misión común

ÍNDICE

Un Mensaje Personal   10

Prólogo de Sandra Merrill Covey   11

Va a Estar "Fuera del Camino" el 90 Por Ciento del Tiempo. ¿Y Qué?   17

Hábito 1: Ser Proactivo   35
Convirtiéndose en Agente de Cambio para su Familia

Hábito 2: Comenzar con el fin en la Mente   79
Desarrollando un Enunciado de Misión Familiar

Hábito 3: Poner Primero lo Primero   121
Haciendo de la Familia una prioridad en un Mundo Turbulento

Hábito 4: Pensar "Ganar-Ganar"   177
Moviéndose de "Yo" a "Nosotros"

Hábito 5: Buscar Primero Entender... Luego Ser Entendido   209
Resolviendo Problemas Familiares con Comunicación Empática

Hábito 6: Sinergizar   255
Construyendo Unidad Familiar A Través de Celebrar las Diferencias

Hábito 7: Afilar la Sierra   285
Renovando el Espíritu de Familia Por Medio de Tradiciones

De Sobrevivir... a Estabilidad... a Éxito... a Significado   323

Notas   375
Glosario   381
Índice de Problemas/Oportunidades   383
Índice analítico   393
Sobre el Autor   405
Sobre Franklin Covey   406
Diagrama y Definiciones de los 7 Hábitos   407

Un Mensaje Personal

Estimado Lector:

Nunca en toda mi vida he tenido tal pasión por un proyecto como la he tenido por escribir este libro, porque la familia es lo más importante para mí, como me imagino lo es para usted.

Aplicar el material de los 7 Hábitos en la familia es algo absolutamente natural, encaja a la perfección. De hecho, es donde realmente se aprendió. Usted lo sentirá cuando lea las maravillosas historias de cómo las familias de cualquier clase comparten la manera en que aplicaron los 7 Hábitos y qué resultó.

También comparto mucho sobre mí y nuestra familia, cómo hemos intentado aplicarlo y también cómo nos ha ido en estos intentos. Toda situación familiar es única y diferente; es nuestra, pero en muchas maneras, toda familia es similar. Adivino que luchamos con el mismo tipo de problemas y desafíos cotidianos que usted.

Uno de los dilemas personales que tuve al escribir el libro es justo cuánto compartir de nuestras historias familiares, errores y logros. Por un lado, no quiero sonar como si creyera que tengo todas las respuestas. Por otro lado, no quiero retraerme de compartir dónde se encuentra mi corazón y dónde he aprendido realmente el extraordinario poder de los 7 Hábitos.

Pedí a Sandra y a mis hijos que compartieran también lo bueno y lo malo. Sus historias están señaladas con sus nombres en letras más negras. Pero las historias son sólo ilustraciones de los principios, que son universales. Usted puede no tener relación con las historias, pero creo que se relacionará con los principios. Y espero que las historias detonen nuevas ideas que funcionen en su situación.

Con todo este material, quiero, más que nada, infundir una sensación de esperanza en que esta manera de pensar realmente puede ser útil y puede funcionar para usted. Sé que quiere dar prioridad a su familia, y quiero compartir con usted una forma poderosas de hacerlo en nuestro mundo loco, turbulento y, con frecuencia, poco amable con la familia.

Por último, creo firmemente que la familia es la piedra angular de la sociedad y que nuestro logro más grande radica ahí. De igual manera, creo que el trabajo más importante que realizamos en la vida es en el hogar. La ex primera dama Barbara Bush lo dijo hermosamente a los estudiantes graduados de Wellesley College: "Tan importante como sus obligaciones como médicos, abogados o líderes de negocios, primero son seres humanos, y esas conexiones humanas, con cónyuges, con hijos, con amigos, son las inversiones más importantes que harán en su vida. Al final de su vida, nunca se arrepentirán por no haber pasado un examen más, por no ganar un veredicto más, o por no cerrar otro trato. Se arrepentirán por el tiempo no pasado con su cónyuge, un hijo, un amigo o un padre... Nuestro éxito como sociedad depende no de lo que sucede en la Casa Blanca, sino de lo que sucede dentro de su casa".

Estoy convencido de que si como sociedad trabajamos con diligencia en todas las otras áreas de la vida, pero rechazamos a la familia, esto sería análogo a enderezar las sillas de cubierta en el *Titanic*.

Sinceramente,
Stephen R. Covey

PRÓLOGO

Al terminar el torneo de basquetbol de nuestro hijo, fuimos a verlo con otra de las mamás. Ella dijo: "Me sorprende que su esposo haya estado aquí durante casi todo el juego de Joshua. Sé que siempre está ocupado, escribiendo, dando consultoría, viajando. ¿Cómo puede hacerlo?" El primer pensamiento que me vino a la mente fue que él tiene una gran esposa y asistente de tiempo completo. Pero poniendo eso aparte, contesté: "Para él es su prioridad". Y así es.

Stephen una vez dijo a un grupo de altos ejecutivos: "Si su compañía estuviera a punto de derrumbarse, harían lo que fuera por salvarla. De alguna manera encontrarían cómo. La misma razón aplica a su familia". La mayoría de nosotros sabe qué necesitamos hacer, pero ¿queremos hacerlo?

Stephen y yo tuvimos infancias felices y queríamos lo mismo para nuestros hijos. La vida era mucho más sencilla entonces. Todavía recuerdo las largas noches de verano cuando niña jugando con todos los niños del vecindario: bote pateado, escondidas, carreras de relevos, etc. Nuestros padres nos miraban desde el patio de la casa o sentados en la puerta, platicando y compartiendo. Con frecuencia, mi mamá y mi papá caminaban de la mano a la heladería de Fernwood por un cono doble. Como niños, nosotros nos tirábamos en el pasto fresco y verde, y observábamos las nubes haciendo figuras en el cielo. En ocasiones, dormíamos fuera en las noches de verano, después de ver maravillados millones de estrellas en la Vía Láctea. Esa era la imagen en mi mente, el ideal de una familia feliz y segura.

Stephen y yo a menudo discutíamos la clase de hogar y vida familiar que queríamos crear. Conforme nuestra familia creció y nuestras vidas se fueron volviendo más ocupadas y más complicadas, nos dimos cuenta de que las familias exitosas no se dan así nada más. Se requiere de toda la energía, el talento, el deseo, la visión y la determinación que se puedan reunir. Las cosas que realmente importan necesitan tiempo, pensamiento, planeación y prioridades. Se tiene que trabajar en ello y hacer sacrificios; se tiene que querer y pagar el precio.

Las personas con frecuencia me dicen: "Tú tienes nueve hijos. Qué maravilla. Seguro que tienes paciencia". Nunca pude seguir esa línea de razonamiento. ¿Por qué tenía que tener paciencia sólo por tener nueve hijos? ¿Por qué no podía ser una maníaca demente? O me decían: "Si tienes tantos hijos, supongo que uno más ya no importa". Dicen eso porque nunca tuvieron uno más.

Criar una familia grande ha sido un trabajo difícil. Yo quería que la vida fuera sencilla, como yo la recordaba de mi infancia, pero Stephen seguía recordándome que nuestra vida juntos nunca sería así. Era más complicada. Había más presiones. El mundo había cambiado. Aquellos días se habían ido, pero todavía pueden recordarse y atesorarse.

Mientras Stephen estaba forjando su reputación como consultor, conferencista y autor, tenía que viajar mucho. Esto significaba planear con anticipación para no perderse eventos importantes como juegos de fútbol, presentaciones escolares y bailes de estudiantes. Cuando no estaba, llamaba todas las noches para hablar con cada uno de los chicos y tocar base.

"Alguien conteste el teléfono", se oía. "Seguro es papá de nuevo. Yo hablé con él anoche. ¡Es tu turno!" "Ay, dile que llame de nuevo cuando termine la película." "¿Qué no hay respeto?", nos preguntábamos.

Cuando estaba en casa, estaba totalmente ahí. Era con mucho una parte de sus vidas y estaba tan involucrado con ellos que no creo que recuerden que viajaba tanto. Stephen siempre ha sido un buen escuchador, un alumno continuo y un estudiante perpetuo. Siempre está haciendo preguntas, hurgando en el cerebro de las personas como si quisiera devorar lo último del pavo del Día de Gracias, esperando escuchar opiniones diferentes a las suyas. El valora las diferencias. Lo admiro por tratar de hacer lo que dice. Verdaderamente trata de vivir todos los principios que enseña y en los cuales cree. Esto no es fácil. Es un hombre sin mañas. Tiene un sentido poco común de humildad que toca, cambia y suaviza su corazón, que me hace querer ser como él.

Es un idealista (lo cual es una bendición y una maldición). Su idealismo me inspira y motiva, así como a las personas que enseña y a nuestros hijos; nos hace querer lograr y superarnos. También es un luchador, como lo soy yo (y como la mayoría de nosotros lo somos).

Cuando intentamos vivir en lo que creemos, luchando pero moviéndonos en la dirección correcta, nuestros hijos por lo general aceptarán nuestros valores. Nuestros corazones e intenciones son buenos, tenemos la visión y el deseo, pero con frecuencia lo arruinamos. Su temperamento puede ponernos en una situación comprometedora y nuestro orgullo nos mantiene ahí. A menudo nos salimos del camino, pero siempre estamos regresando.

Recuerdo una experiencia que tuve cuando nuestra hija mayor, Cynthia, tenía tres años. Acabábamos de mudarnos a nuestra primera casa, una casita pequeña, nueva, con tres recámaras, nos encantaba. Disfrutaba mucho decorándola y trabajaba duro para que fuera acogedora y atractiva.

Mi club de literatura se iba a reunir ahí y me pasaba horas limpiando para que se viera perfecta. Estaba ansiosa de mostrársela a mis amigos, esperando dejarlos impresionados. Acosté a Cynthia y pensé que estaría durmiendo cuando entraran a verla; notarían, desde luego, su hermoso cuarto con su colcha amarilla brillante y las cortinas a juego, y los divinos animalitos que yo había hecho y colgado en las paredes. Pero cuando abrí la puerta para mostrar a mi hija y su habitación, descubrí con sorpresa que se había levantado de la cama, había sacado todos sus juguetes y los había regado por el suelo. Había sacado también toda la ropa de los cajones y la había tirado en el piso. Había sacado los rompecabezas y los crayones, ¡todavía estaba pintando con éstos! Su cuarto era un desastre. Parecía como si hubiera pasado un tornado. En medio de todo esto, me miró con una sonrisa traviesa y me dijo dulcemente: "Hola, mami".

Yo estaba furiosa porque me había desobedecido y se había bajado de la cama; estaba molesta de que su cuarto estuviera revuelto y que nadie hubiera podido ver lo divino que lo había decorado; y estaba enojada de que me había puesto en esta situación vergonzosa frente a mis amigos.

Le hablé muy cortada, espontáneamente le di unas nalgadas y la puse de nuevo en la cama con la advertencia de que no se volviera a levantar. Su labio inferior empezó a temblar. Se quedó pasmada ante mi respuesta y los ojos se le llenaron de lágrimas. Empezó a llorar, sin entender qué había hecho mal.

Cerré la puerta e inmediatamente me sentí terrible por haber exagerado. Estaba avergonzada de mi comportamiento, me di cuenta de que era mi orgullo, no sus acciones, lo que me habían puesto así. Estaba enojada conmigo misma por una respuesta tan inmadura. Estaba segura de haberle arruinado la vida para siempre. Años después le pregunté si recordaba el incidente y suspiré con alivio cuando me dijo que no.

Si me enfrentara a la misma situación hoy, creo que mi respuesta sería reír. "Para ti es fácil decirlo", responden mis hijas que luchan con sus hijitos. Pero lo que una vez pareció importante para mí ha cambiado y madurado.

Todos pasamos por etapas. Preocupación por las apariencias, causar buenas impresiones, ser populares, compararnos con otros, tener ambición desenfrenada, querer hacer dinero, esforzarse por ser reconocido y notado, y tratar de establecerse uno mismo, todo esto desaparece cuando crecen las responsabilidades y el carácter.

Las pruebas de la vida nos refinan. Las amistades genuinas nos sostienen. Ser genuino, tener integridad y enfrentar los problemas nos ayuda a alcanzar las cosas, hacer una diferencia, tocar una vida, ser un ejemplo, hacer las cosas correctas. Vuélvase motivado al luchar por convertirse en una persona mejor.

Las luchas son continuas. Después de criar nueve hijos, creo que estoy apenas comenzando a tener algo de perspectiva. Muchas veces lo arruiné, perdí los estribos, tuve malos entendidos, juzgué antes de entender, no escuché y actué sin sabiduría. Pero también intenté aprender de mis errores. Me disculpé, crecí, cambié mis valores, reconocí etapas de crecimiento, no exageré, aprendí a reírme de mí misma, tuve menos reglas, disfruté más la vida y me di cuenta de que criar hijos es difícil, física y emocionalmente. Es agotador, pero también recompensante. Por las noches llega uno a la cama totalmente exhausta y como decía Scarlett O'Hara: "Mañana será otro día". Hay que ser la mitad de inteligente de lo que tu niño te cree y la mitad de tonto de como tu adolescente te ve.

Por medio de todo esto he aprendido que ser padre es básicamente una vida de sacrificio. Tengo un cuadro en mi cocina que me recuerda: "La maternidad no es para cualquiera". Junto con sus hijos uno pasa por lecciones y prácticas, ballet y dentistas, lágrimas y berrinches, edades y etapas, traumas y triunfos, tareas, modales en la mesa, pubertad, acné, amores de adolescentes, licencias para conducir, peleas y bromas.

Pero al final (como en el parto) uno no recuerda el dolor. Se recuerda sólo la alegría de ser padre, de preocuparse y sacrificarse por ese maravilloso hijo o hija al que se ama con toda el alma. Se recuerdan sólo las expresiones de los hijos a través de los años, cómo se veían con ese vestido especial; su orgullo en sus éxitos, su dolor en sus luchas; los tiempos maravillosos, la diversión de todo; los momentos silenciosos de acercamiento al mirar al bebé que estaba alimentando; momentos llenos de asombro y maravilla en la responsabilidad y los logros de ser padre y formar una familia.

No fue hasta que tuvimos a nuestro séptimo bebé, Colleen, que sentí que realmente estaba entendiendo todo. Finalmente aprendí cómo decir no a lo no importante. Me sentaba en mi mecedora, mirando por la ventana, alimentando al bebé, contenta de estar ahí, saboreando el momento más que pensando en que debía hacer otra cosa, me llenaban una sensación de alegría y equilibrio. Por fin sabía que para mí esto era lo más importante.

Así que sólo recuerdo los buenos momentos. Pero, sólo siete de nuestros hijos están casados, todavía tenemos dos en casa. Y Joshua, nuestro hijo de diecisiete años, estudiante de preparatoria, con frecuencia me hace recordar (con un brillo en los ojos): "¡Nosotros podemos arruinarlos a ustedes!"

Todos tenemos una vida familiar diferente y muy personal, distinta a la de los demás. Probablemente usted ha descubierto, como lo hice yo, que la vida ya no es sencilla. La sociedad no apoya a las familias como antes. La vida es más tecnológica, más rápida, más sofisticada, más temerosa.

Las teorías y los principios puestos en este libro no fueron inventados por Stephen. El los notó, los observó, los puso en un orden funcional. Estos son principios universales que usted ya sabe, en su corazón, que son verdaderos. Es por ello que parecen tan familiares. Los ha visto en acción. Han funcionado en su propia vida. Incluso los ha usado usted mismo, con frecuencia.

Sin embargo, lo útil es darle un marco de referencia, una manera de pensar y ver su propia situación única y encontrar el modo de manejarla. Es un punto de inicio, una manera de examinar dónde está ahora y dónde quiere estar, y maneras que le pueden ayudar a llegar ahí.

Hace unos años a Carol, una de mis mejores y más queridas amigas, se le diagnosticó cáncer. Después de meses de radiación, quimioterapia y operaciones, comprendió cuál sería su destino. Nunca preguntó: "¿Por qué yo?" No había amargura o sentimientos de desesperanza. Su perspectiva completa sobre la vida cambió dramáticamente. "No tengo tiempo para las cosas que no son importantes", me dijo. "Sé qué es importante y dónde poner mis prioridades." Su valor me llegó hasta el corazón, vi cómo fortalecía su relación con su esposo, hijos y seres queridos. Su deseo más extremo era servir, contribuir y de alguna manera hacer una diferencia. Su muerte hizo que todos los que la quisimos, deseáramos ser personas mejores y más fuertes, más dispuestas a amar, cuidar y servir. En cierto sentido ella escribió su enunciado de misión para la vida en su lecho de muerte. Usted puede empezar a escribir el suyo ahora mismo.

Nadie entenderá nunca realmente su situación, su exclusividad, las piedras o el equipaje que carga o el idealismo que espera. Puede tomar de este libro lo que guste, lo que usted crea que es correcto. Algunas historias o ejemplos podrían ser similares a los suyos y usted podrá dar un paso hacia atrás, separarse un poco, y mirar su propia vida y obtener discernimiento o perspectiva.

Queremos dar esperanza a aquellos que sienten que han cometido muchos errores, que lo han arruinado o no han dado prioridad a sus familias y sienten las repercusiones de esa decisión, o incluso aquellos que pueden haber perdido un hijo. Siempre se puede reclamar a un hijo perdido. Nunca es demasiado tarde. Nunca debe darse por vencido o dejar de intentarlo.

Creo que este libro le ayudará a convertirse en agente de cambio, esa persona de transición que marcará una diferencia.

Mis mejores deseos en sus esfuerzos,

Va a Estar «Fuera del Camino» el 90 Por Ciento del Tiempo. ¿Y Qué?

Las buenas familias, incluso las familias grandiosas, están fuera del camino el 90 por ciento del tiempo. La clave es que tienen una sensación de destino, saben cómo es el "camino", y siempre regresan a él una y otra vez.

Es como el vuelo de un avión: Antes de que éste despegue, los pilotos tienen un plan de vuelo; saben exactamente a dónde van y empiezan de acuerdo con su plan. Pero durante el vuelo, el viento, la lluvia, la turbulencia, el tráfico aéreo, el error humano y otros factores actúan sobre ese avión, lo mueven ligeramente en diferentes direcciones de manera que *la mayoría del tiempo* ese avión no está siquiera dentro del plan de vuelo original. Ya sea por los sistemas o por la densidad del tráfico aéreo, normalmente se producen desviaciones importantes. Sin embargo, salvo cualquier cosa demasiado importante, el avión llegará a su destino.

¿Cómo sucede eso? Durante el vuelo, los pilotos reciben retroalimentación constante. Reciben información de los instrumentos que leen el ambiente, de las torres de control, de otros aviones, incluso a veces de las estrellas, y con base en esa retroalimentación, pueden hacer ajustes para que puedan regresar al plan de vuelo.

La esperanza radica no en las desviaciones, sino en la visión, el plan y la habilidad de volver al camino correcto.

El vuelo de ese avión es, creo yo, la metáfora ideal para la vida familiar. Respecto a nuestras familias, no hay ninguna diferencia si nos desviamos del objetivo o incluso si nuestra familia es un desastre. La esperanza radica en la visión, en el plan y en el valor de regresar una y otra vez al plan de vuelo original.

Sean (nuestro hijo):
En general, yo diría que nuestra familia tuvo tantas peleas como otras familias cuando estábamos creciendo. Tuvimos nuestra parte de problemas, también. Pero estoy convencido de que fue la habilidad de renovación, de disculparse y comenzar de nuevo lo que hizo sólidas nuestras relaciones familiares.

En los viajes familiares, por ejemplo, papá planeaba que nos levantáramos a las 5 de la mañana, desayunáramos y estuviéramos listos para salir a las 8:00. El problema era que cuando llegaba el día, todos estábamos dormidos y nadie quería ayudar. Papá se ponía furioso. Cuando finalmente salíamos, cerca de doce horas después de lo que se suponía debíamos haber salido, nadie quería siquiera hablar con él porque estaba muy enojado.

Pero lo que más recuerdo es que papá siempre se disculpaba, siempre. Y era muy humillante verlo disculparse por perder los estribos, especialmente cuando uno sabe que uno mismo fue de los que lo provocó.

Al ver en retrospectiva, creo que lo que hizo la diferencia en nuestra familia fue que tanto mamá como papá siempre volvían al camino, seguían intentando, incluso cuando éramos como una plaga, incluso cuando parecía que todos sus planes y sistemas nuevos para reuniones, metas y quehaceres familiares nunca iban a funcionar.

Como pueden ver, nuestra familia no es la excepción. Yo no soy la excepción. Quiero afirmar que al principio de cualquier situación, incluso si está teniendo muchas dificultades, problemas, conflictos, hay una gran esperanza de moverse hacia su destino. La clave está en tener *un destino, un plan de vuelo* y *una brújula.*

> *La clave está en tener un destino, un plan de vuelo y una brújula.*

Esta metáfora del avión se usará continuamente en todo el libro para comunicar una sensación de esperanza y emoción alrededor de la idea de construir una cultura familiar hermosa.

Los Tres Propósitos de Este Libro

Mi deseo al escribir este libro es ayudarle a conservar su sensación de esperanza primero y siempre, en la mente y el corazón, y que desarrolle estas tres cosas que le permitirán a usted y a su familia a mantenerse en el camino: un destino, un plan de vuelo y una brújula.

1. Una visión clara de su destino. Sé que llegó a este libro con una situación familiar única y necesidades únicas. Puede estar luchando por conservar su matrimonio o reconstruirlo. O puede ya tener un buen matrimonio, pero quiere uno grandioso, uno que sea profundamente satisfactorio. Puede ser un padre soltero y sentirse agobiado por la cantidad de demandas y presiones que se le imponen. Puede estar luchando con un niño desobediente o con un adolescente rebelde, quien está bajo el control de una banda o las drogas o alguna otra influencia negativa de la sociedad. Puede estar intentando unir a dos familias a las que "no les podría importar menos".

Quizá quiere que sus hijos realicen sus trabajos y tareas con gusto, sin que se les recuerde hacerlo. O está sintiéndose desafiado al intentar cumplir con roles combinados (y aparentemente cónflictivos) en su familia, tales como padre, juez, jurado, carcelero y amigo. O está yendo de un lado a otro entre lo estricto y los permisos, sin saber cómo disciplinar.

Puede estar luchando simplemente para hacer que los extremos se unan; o estar "robándole a Pedro para pagarle a Pablo". Sus preocupaciones económicas pueden casi abrumarlo, y consumen todo su tiempo y sus emociones, dejándole muy poco para las relaciones. Puede tener dos o más trabajos, por lo que usted y sus seres queridos pasan unos junto a otros como barcos en la noche. Todo ello hace que la idea de una cultura familiar hermosa le parezca muy remota.

Puede ser que el sentimiento y el espíritu en su familia sean contenciosos, que haya personas que discuten, pelean, gritan, demandan, gruñen, critican, se burlan, culpan, azotan puertas, ignoran, se retiran o cualquier otra cosa. Puede ser que algunos de los hijos mayores ni siquiera vengan a casa, como si ya no quedara afecto natural. Puede ser que el sentimiento en su matrimonio haya muerto o esté muriendo, o que usted se sienta vacío y solo. O puede que esté trabajando como loco para hacer todo bien, y nada parece mejorar. Esto hace que usted esté exhausto y tenga la sensación de inutilidad y de "¿qué caso tiene?"

O puede ser un abuelo que se preocupa profundamente pero no sabe cómo ayudar sin empeorar las cosas. Quizá su relación con un hijo o nuera se ha vuelto amarga, e impera nada más que una amabilidad superficial y un profundo frío por dentro, el cual ocasionalmente surge y agrava las cosas. O que usted ha sido víctima de abusos durante muchos años, en su infancia o en su matrimonio, y está deseoso y determinado a detener ese ciclo, pero parece que no encuentra ningún patrón o ejemplo a seguir, para no cometer los mismos errores con las mismas tendencias y prácticas que aborrece. O tal vez sea una pareja que quiere desesperadamente tener hijos, pero no puede y siente que la dulzura de su matrimonio empieza a desaparecer.

Puede incluso estar experimentando una combinación de muchas de estas presiones y siente que no tiene esperanza. Cualquiera que sea su situación, es vitalmente importante que no compare a su familia con ninguna otra. Nadie nunca conocerá la realidad completa de su situación y aunque sienta que así es, su consejo no tiene sentido. Asimismo, usted nunca conocerá la realidad total de otra familia o la situación de la familia de otra persona. La tendencia común es proteger nuestra situación de los demás y tratar de prescribir lo que está bien para ellos. Pero lo que vemos en la superficie generalmente es sólo la punta del iceberg. Muchas personas piensan que otras familias son perfectas mientras que las de ellos se están desbaratando; en realidad, toda familia tiene sus desafíos, sus propias piedras.

Lo maravilloso es que la visión es más grande que el equipaje. Esto significa que la sensación de que puede visualizar el futuro, una situación mejor, un bienestar mejor, es más poderosa que cualquier fealdad que se haya acumulado en el pasado o cualquier situación que usted esté confrontando en el presente.

Así, me gustaría compartir con usted la manera en que las familias en todo el mundo han creado una sensación de visión y valores compartidos a través de desarrollar un "enunciado de misión familiar". Le mostraré cómo pueden desarrollar dicho enunciado y cómo éste unirá y fortalecerá a su familia. Un enunciado de misión familiar puede convertirse en el "destino" único de su familia y los valores que contiene representarán sus lineamientos.

La visión de una familia mejor y más efectiva probablemente empezará con usted, pero para que funcione bien, los demás miembros de la familia deben sentirse involucrados también. Deben ayudar a formarlo, o al menos entenderlo y comprometerse. La razón es muy sencilla: ¿Alguna vez han armado un rompecabezas o visto a alguien hacerlo? ¿Qué tan importante es tener en mente la escena final? ¿Qué tan importante es que todos los que están trabajando en él tengan en la mente el mismo fin? Sin un sentido de visión compartida, las personas usarían diferentes criterios para tomar sus decisiones y el resultado sería una confusión total.

> La visión es más grande que el equipaje.

La idea es crear una visión que comparta toda la familia. Cuando su destino es claro, puede regresar al plan de vuelo una y otra vez. De hecho, la jornada es realmente parte del destino, están inseparablemente conectados. La manera en que viaja es tan importante como a dónde llega.

2. Un plan de vuelo. También es vital que tenga un plan de vuelo con base en los principios que le permitirán llegar a su destino. Permítame compartir con usted una historia para ilustrar el punto.

Tengo un amigo muy querido quien una vez compartió conmigo su gran preocupación sobre un hijo que él describía como "rebelde", "provocador" y "un ingrato".

"Stephen, no sé qué hacer —me dijo—. Esto ha llegado al punto en que si llego a la sala a ver televisión con mi hijo, él la apaga y se marcha. He hecho todo lo posible por acercarme a él, pero está más allá de mi alcance."

En ese momento yo estaba dando clases en una universidad sobre los 7 Hábitos. Le dije: "¿Por qué no vienes a mi clase hoy? Vamos a hablar del Hábito 5 —cómo escuchar empáticamente a la otra persona antes de intentar explicarte tú mismo—. Creo que tal vez tu hijo no se siente entendido".

"Yo lo entiendo —contestó—. Puedo ver los problemas que va a tener si no me escucha."

"Déjame sugerirte que supongas que no sabes nada sobre tu hijo. Empieza con las manos limpias. Escúchalo sin ninguna evaluación moral o juicio. Ven a la clase y aprenderás cómo hacerlo y cómo escuchar dentro de su marco de referencia."

Vino a la clase. Pensando que había entendido con sólo una clase, fue con su hijo y le dijo: "Necesito escucharte. Probablemente no te entiendo y quiero hacerlo".

Su hijo contestó: "¡Tú nunca me has entendido, nunca!" Se dio la vuelta y salió. Al día siguiente mi amigo me dijo: "Stephen, no funcionó. Hice el esfuerzo y me trató así. Me dieron ganas de decirle 'Idiota, ¿no te das cuenta de lo que he hecho y estoy tratando de hacer ahora?' Creo que ya no hay esperanzas".

Le dije: "Está probando tu sinceridad. ¿Y qué encontró? Encontró que en realidad no quieres entenderlo. Quieres moldearlo".

"Debería moldearse, el pequeño granuja —contestó—. Sabe muy bien que lo que hace empeora las cosas."

Yo contesté: "Mira el espíritu que tienes. Estás enojado, frustrado y lleno de juicios. ¿Crees que puedes usar alguna técnica para escuchar a tu hijo y hacerlo que se abra? ¿Crees que será posible que hables con él o siquiera que lo mires, sin de alguna manera comunicarle todas esas cosas negativas que sientes por dentro? Tienes que hacer mucho trabajo privado en tu mente y tu corazón. Eventualmente aprenderás a amarlo incondicionalmente, tal y como es, en vez de reprimir tu amor hasta que se moldee. En el camino aprenderás a escuchar dentro de su marco de referencia y, si es necesario, disculparte por tus juicios y errores pasados o lo que sea pertinente".

Mi amigo captó el mensaje. Podía ver que había estado tratando de practicar la técnica en la superficie, pero no estaba usando el poder para practicarla sincera y consistentemente, sin importar el resultado.

Así que volvió a la clase para aprender más y comenzó a trabajar en sus sentimientos y motivos. Pronto empezó a sentir una nueva actitud dentro de él; sus sentimientos hacia su hijo se volvieron más tiernos, sensibles y abiertos.

Finalmente dijo: "Estoy listo. Voy a intentarlo de nuevo".

Yo le dije: "Va a volver a probar tu sinceridad".

"Está bien, Stephen —contestó—. En este punto siento que podría rechazarme cualquier cosa que yo intente y no me va a importar. Seguiré haciéndolo porque es lo correcto y él vale la pena todos los intentos."

Esa noche se sentó con su hijo y dijo: "Sé que sientes como si yo no intentara entenderte, pero quiero que sepas que estoy intentándolo y continuaré haciéndolo".

De nuevo, el chico fríamente contestó: "Tú nunca me has entendido". Se levantó y comenzó a caminar para retirarse, pero al llegar a la puerta, mi amigo le dijo: "Antes de que te vayas, quiero decirte que siento mucho la manera en que te avergoncé delante de tus amigos la otra noche".

Su hijo dio media vuelta y dijo: "No tienes idea de cuánto me avergonzaste". Sus ojos empezaron a llenarse de lágrimas.

"Stephen —me dijo después—, toda la capacitación y el valor que me diste ni siquiera tuvieron el impacto de ese momento cuando vi a mi hijo comenzar a llorar. No tenía idea de cómo se sentía, que era tan vulnerable. Por primera vez *realmente* quería escucharlo."

Y lo hizo. El chico gradualmente comenzó a abrirse. Hablaron hasta medianoche y cuando su esposa entró y dijo "Es hora de dormir", el muchacho contestó: "Queremos hablar, ¿verdad papá?" Continuaron hablando hasta las primeras horas de la mañana.

Al día siguiente en el pasillo de mi oficina, mi amigo, con lágrimas en los ojos dijo: "Stephen, encontré de nuevo a mi hijo".

Como mi amigo lo comprobó, existen ciertos principios fundamentales que gobiernan todas las interacciones humanas, vivir en armonía con esos principios o leyes naturales es absolutamente vital para la vida familiar de calidad. En esta situación, por ejemplo, el principio que mi amigo había violado era el principio básico del respeto. El hijo también lo violó, pero la elección de su padre de vivir en armonía con ese principio, intentar genuina y empáticamente escuchar y entender a su hijo, cambió radicalmente toda la situación. Si cambiamos un elemento en cualquier fórmula química, todo cambia.

Ejercitar el *principio* del respeto y ser capaz de escuchar genuina y empáticamente a otro ser humano están entre los hábitos de las personas altamente efectivas en cualquier aspecto de la vida. ¿Puede imaginarse a una persona verdaderamente efectiva que no respete u honre a los demás o que no escuche profundamente y entienda? Incidentalmente, así es como se puede decir que se ha encontrado un principio que es realmente *universal* (que se aplica en cualquier parte), *eterno* (que se aplica en cualquier momento) y *autoevidente* (luchar contra él es patentemente tonto, tal como argumentar que podría crear una relación de largo plazo sin respeto). Sólo imagine lo absurdo de tratar de vivir lo opuesto.

Los 7 Hábitos están basados en principios universales, eternos y autoevidentes que son tan verdaderos en el mundo de las relaciones humanas como la ley de la gravedad lo es en el mundo de la física. Estos principios gobiernan en toda la vida. Han sido parte de las personas, familias, organizaciones y civilizaciones exitosas en todas las eras. Estos hábitos no son trucos o técnicas. No son remedios rápidos. No son una serie de prácticas o listas de "qué hacer". Son hábitos, patrones establecidos de pensar y hacer las cosas, que todas las familias exitosas tienen en común.

La violación de estos principios virtualmente garantiza el fracaso en la familia u otras situaciones interdependientes. Como Leon Tolstoi observó en su novela épica *Ana Karenina,* "Las familias felices son iguales; toda familia infeliz es infeliz a su propia manera".[1] Ya sea que hablemos de una familia con dos padres, o de una con un solo padre, ya sea que tengan diez hijos o no tengan ninguno, ya sea que haya sido una historia de rechazo y abuso o un legado de amor y fe, el hecho es que las familias felices tienen ciertas características constantes. Y esas características están contenidas en los 7 Hábitos.

Uno de los otros principios significativos que mi amigo aprendió en esta situación se refiere a la naturaleza del cambio mismo, la realidad de que todo cambio verdadero y duradero ocurre de *dentro hacia fuera.* En otras palabras, en vez de tratar de cambiar la situación o a su hijo, trabajó dentro de él mismo. Y fue su trabajo interior lo que eventualmente creó el cambio en las circunstancias y en su hijo.

Existen ciertos principios fundamentales que gobiernan todas las interacciones humanas, y vivir en armonía con esos principios o leyes naturales es absolutamente vital para la calidad de la vida familiar.

Este enfoque de dentro hacia fuera está en el meollo de los 7 Hábitos. Aplicando constantemente los principios contenidos en estos hábitos, se pueden hacer surgir cambios positivos en cualquier relación o situación. Usted se puede convertir en un *agente de cambio.* Además, enfocándose en principios tendrá un efecto mucho mayor sobre la conducta que enfocándose sobre la conducta sola. Esto se debe a que estos principios ya son conocidos intuitivamente por las personas y buscar entenderlos les ayudará a entender más su propia naturaleza y posibilidades, y liberar su potencial.

Una de las razones de que este enfoque de dentro hacia fuera sea tan vital actualmente es que los tiempos han cambiado dramáticamente. En el pasado, era más fácil criar hijos con éxito "de fuera hacia dentro", porque la sociedad era un aliado, un recurso. Las personas estaban rodeadas por modelos de roles, ejemplos, refuerzos de los medios de comunicación, leyes que apoyaban a la familia y sistemas de apoyo que sostenían el matrimonio y ayudaban a crear familias sólidas. Aunque había problemas dentro de la familia, existía este poderoso refuerzo de la idea de un matrimonio exitoso y de vida familiar. Debido a esto, se podía criar una familia esencialmente de "fuera hacia dentro". El éxito era mucho más un asunto de "ir con la corriente".

Pero la corriente cambió dramáticamente. *"Ir con la corriente"* hoy en día es *¡fatal para la familia!*

Aunque podemos estar motivados por los esfuerzos de volver a los "valores familiares", la realidad es que las tendencias en la sociedad en los últimos treinta o cincuenta años han cambiado básicamente de pro-familia a anti-familia. Estamos intentando navegar a través de lo que se ha convertido en un ambiente turbulento y poco amistoso, y hay vientos poderosos que fácilmente derrumban a las familias.

> *La corriente cambió dramáticamente. «Ir con la corriente» hoy en día es ¡fatal para la familia!*

En una conferencia reciente sobre familias, un gobernador estatal compartió esta experiencia:

Recién tuve una conversación con un hombre a quien considero un muy buen padre. Me contó esta historia:

Su hijo de siete años parecía tener algunas cosas en la mente. Le dijo: "Papá, no puedo dejar de pensar en ello". Y este padre supuso que era una pesadilla o alguna película de terror que había visto.

Pero después de mucha persuasión, le contó de una pornografía horrible y degradante a la que había sido expuesto. El padre dijo: "¿De dónde vino?" El chico le dio el nombre de un vecino de nueve años, un vecino confiable. El lo había visto en la computadora. "¿Cuántas veces lo viste?", preguntó el papá. "Muchas veces", fue la respuesta.

Bueno, el padre fue a ver a los padres del chico de nueve años. Se quedaron impresionados. No podían creerlo. Se sentían mal de pensar que las mentes de estos dos pequeños niños habían sido contaminadas a esa tierna edad. Los padres del chico de nueve años lo confrontaron. El explotó en lágrimas. Dijo: "Sé que está mal, pero sigo viéndolo siempre".

Estaban preocupados, por supuesto, de que pudiera haber algún adulto involucrado. Pero no. Se lo había enseñado un chico de sexto grado que le dio la dirección de Internet en la escuela y le dijo: "Ve esto. Está increíble". Y se extendió en todo el vecindario como una plaga.

El padre me dijo que habían motivado a sus hijos, como sentían que debían hacer, a aprender a usar la computadora. Y el chico de nueve años era muy bueno en computación. Pero la computadora está siempre abajo, detrás de una puerta cerrada. Involuntariamente, habían convertido esa habitación en una tienda porno.[2]

¿Cómo pudo suceder esto? ¿Cómo puede ser que vivamos en una sociedad donde la tecnología hace posible que los niños, quienes no tienen la sabiduría ni la experiencia ni el juicio sobre estos asuntos, se vuelvan víctimas de un veneno mental terriblemente adictivo como es la pornografía?

Durante los pasados treinta años la situación para las familias ha cambiado poderosa y radicalmente. Considere lo siguiente:

- Las tasas de nacimientos ilegítimos ha aumentado más del 400 por ciento.[3]
- El porcentaje de familias con un solo padre se ha más que triplicado.[4]
- Las tasas de divorcios se han más que doblado.[5] Muchos proyectan que cerca de la mitad de todos los nuevos matrimonios terminarán en divorcio.
- El suicidio de adolescentes ha aumentado casi el 300 por ciento.[6]
- Las puntuaciones de Pruebas Escolares de Aptitudes entre los estudiantes han bajado 73 puntos.[7]
- El problema de salud número uno de las mujeres norteamericanas actualmente es la violencia doméstica. Cuatro millones de mujeres son golpeadas cada año por sus parejas.[8]
- Un cuarto de todos los adolescentes contraen una enfermedad de transmisión sexual antes de graduarse de la preparatoria.[9]

Desde 1940 los principales problemas de disciplina en las escuelas públicas han cambiado de goma de mascar y correr en los pasillos a embarazos en adolescentes, violaciones y asaltos.[10]

Problemas Principales de Disciplina De Acuerdo con Maestros de Escuelas Públicas	
1940	**1990**
Hablar fuera de tiempo	Abuso de drogas
Goma de mascar	Abuso de alcohol
Hacer ruido	Embarazos
Correr en los pasillos	Suicidio
Deshacer la fila	Violaciones
Infracciones en el vestir	Robos
Tirar basura	Asaltos

En medio de todo esto, el porcentaje de familias con uno de los padres en casa con los hijos todo el día ha bajado del 66.7 al 16.9 por ciento.[11] Y el niño promedio pasa siete horas de un día viendo televisión, ¡y cinco minutos con su padre![12]

El gran historiador Arnold Toynbee decía que podemos resumir toda la historia en una sola idea: Nada falla tanto como el éxito. En otras palabras, cuando la respuesta es igual al desafío, eso es éxito; pero cuando el desafío cambia, la antigua respuesta ya no funciona.

El desafío ha cambiado, entonces debemos desarrollar una respuesta que sea igual al desafío. El deseo de crear una familia sólida no es suficiente. Incluso las buenas ideas no son suficientes. Necesitamos una nueva mentalidad y nuevas habilidades. El desafío ha dado un gran salto y si queremos responder efectivamente, también nosotros debemos saltar.

> ¿*Por* qué enunciados de misión? ¿Por qué momentos especiales con la familia? ¿Por qué momentos de acercamiento? Porque sin nuevos patrones básicos o estructuras en su lugar, las familias se saldrán de su curso.

El marco de referencia de los 7 Hábitos representa dicha mentalidad y habilidades. En este libro les mostraré cómo, incluso en medio del ambiente turbulento, muchas familias están usando los principios de los 7 Hábitos para llegar al camino correcto y mantenerse ahí.

Específicamente, voy a alentarlos para que fijen un "tiempo familiar" especial cada semana que, salvo emergencias o interrupciones inesperadas, no se pueda violar. Este tiempo familiar será un tiempo para planear, comunicar, enseñar valores y divertirse juntos. Será una factor poderoso para ayudar a usted y a su familia a mantenerse en el camino. También voy a sugerir que tenga momentos de acercamiento con cada miembro de su familia, momentos en que la agenda por lo general la escribe la otra persona. Si hace estas dos cosas, puedo casi garantizarle que la calidad de su vida familiar mejorará dramáticamente.

¿Por qué enunciados de misión? ¿Por qué tiempos especiales con la familia? ¿Por qué momentos de acercamiento? Sencillamente porque el mundo ha cambiado de manera radical y la velocidad del cambio mismo está cambiando, está aumentando. Sin nuevos patrones básicos o estructuras en su lugar, las familias se saldrán de su curso.

Como una vez dijo Alfred North Whitehead: "El hábito de la utilización activa de los principios bien entendidos es la posesión final de la sabiduría".[13] No tiene que aprender cien prácticas nuevas. No tiene que estar constantemente buscando técnicas más nuevas o mejores. Todo lo que necesita es un marco básico de principios fundamentales que puedan aplicarse en cualquier situación.

Los 7 Hábitos crean dicho marco. El mayor poder de los 7 Hábitos no radica en los hábitos individuales, sino en todos los hábitos juntos y en la relación entre ellos. Con este marco usted puede diagnosticar o averiguar casi cualquier cosa que suceda en una situación familiar. Puede sentir cuáles son los pasos para arreglarla o mejorarla. Millones de personas que leen el material original de los 7 Hábitos pueden dar testimonio de esto. No es que los hábitos le digan qué hacer, sino que le dan una forma de pensar y de ser con las que *usted* sabrá qué hacer, y cuándo hacerlo. Cómo hacerlo requiere habilidad y eso implica práctica.

Como dijo una familia: "En ocasiones hemos encontrado difícil vivir estos principios. *Pero es mucho, ¡mucho más difícil no hacerlo!"* Toda acción tiene una consecuencia y las acciones que no están basadas en principios tendrán consecuencias infelices.

Así, mi segundo propósito al escribir este libro es mostrarle cómo, sin importar su situación, el marco de los 7 Hábitos puede ser una herramienta muy útil para ayudarle a diagnosticar su situación y crear un cambio positivo de dentro hacia fuera.

3. Una brújula. El marco de los 7 Hábitos afirma profundamente que usted es la fuerza creativa de su propia vida y que, a través de su ejemplo y liderazgo, puede convertirse en una fuerza creativa y agente de cambio en su vida familiar. Entonces el tercer propósito de este libro es ayudarle a reconocer y desarrollar cuatro dones únicos que usted tiene y que le permitirán convertirse en un agente de cambio en su familia. Estos dones se convierten en una brújula o un sistema interno de guía que ayudarán a su familia a mantenerse en el camino correcto mientras se dirigen hacia su destino. Le permiten reconocer y alinear su vida con principios universales, incluso en medio del clima social turbulento, y lo facultan para determinar y tomar la acción más adecuada y efectiva para su situación.

¿No estaría de acuerdo en que cualquier contribución que este libro hiciera a usted y a su familia sería mucho mejor si lo hiciera independiente de mí o cualquier otro autor o consejero, y lo facultara para averiguar las cosas por usted mismo y conseguir otros recursos que usted sintiera necesarios?

De nuevo, nadie conoce la situación de su familia como usted. *Usted* es el que está en la cabina. *Usted* es quien tiene que manejar la turbulencia, el clima, las fuerzas que lo sacarán de curso junto con su familia. Usted es quien está equipado para entender qué necesita suceder en su familia y hacerlo suceder.

Mucho más que técnicas y prácticas que pueden haber funcionado en otras situaciones, necesita un enfoque que lo capacite, incluso lo faculte, para aplicar principios a *su* situación.

> *Mucho más que técnicas y prácticas que pueden haber funcionado en otras situaciones, necesita un enfoque que lo capacite, incluso lo faculte, para aplicar principios a su situación.*

Hay una expresión en el Lejano Oriente: "Da a un hombre un pescado y lo alimentarás por un día; enséñale a pescar y lo alimentarás por toda la vida". Este libro no trata sobre dar un pescado. Aunque hay ilustraciones y ejemplos de todo tipo de personas y todo tipo de situaciones que muestran cómo aplicaron los 7 Hábitos en sus circunstancias, el enfoque de este libro es enseñarle a pescar. Esto se logrará compartiendo una serie de principios en secuencia que le ayudarán a desarrollar su propia capacidad para optimizar su situación particular. Así que vea más allá de las historias. Busque los principios. Las historias pueden no aplicar a su situación, pero *puedo garantizarle que los principios y el marco de referencia sí aplicarán.*

El Fin en la Mente: Una Hermosa Cultura Familiar

Este libro trata sobre los 7 Hábitos de las familias *altamente efectivas.* ¿Qué significa "efectividad" en la familia? Sugiero que puede capturarse en cuatro palabras: una hermosa cultura familiar.

Cuando digo *cultura*, me estoy refiriendo al espíritu de la familia, el sentimiento, las "vibraciones", la química, el clima o atmósfera en el hogar. Es el carácter de la familia, la profundidad, calidad y madurez de las relaciones. Es la manera en que los miembros de la familia se relacionan entre sí y cómo se sienten. Es el espíritu o sentimiento que crece de los patrones colectivos de conducta que caracteriza la interacción familiar. Y estas cosas, como la punta de un iceberg, surgen de la masa invisible de creencias y valores compartidos que hay debajo.

> *La familia misma es una experiencia de «nosotros», una mentalidad de «nosotros».*

Cuando hablo de una *hermosa* cultura familiar, sé que la palabra "hermosa" puede tener diferentes significados para cada persona. Pero la uso para describir una cultura vigorosa donde los miembros de la familia disfrutan estar juntos profunda, sincera y genuinamente, donde tienen la sensación de creencias y valores compartidos, donde actúan e interactúan de maneras que realmente funcionan, con base en los principios que gobiernan todo en la vida. Estoy hablando de una cultura que ha cambiado de "yo" a "nosotros".*

La familia misma es una experiencia de "nosotros", una mentalidad de "nosotros". Por consiguiente, el cambio de "yo" a "nosotros", de independencia a interdependencia, es quizá uno de los aspectos más desafiantes y difíciles de la vida familiar. Pero como el "camino menos transitado" del que se habla en el poema de Robert Frost,[14] es el camino que hace toda la diferencia. A pesar de la prioridad que la cultura americana da a la libertad individual, a la gratificación inmediata, la eficiencia y el control, literalmente no existe un camino cargado con tanta alegría y satisfacción que el camino de la vida familiar rica e interdependiente.

Cuando su felicidad viene principalmente de la felicidad de otros, sabe que ha cambiado de "yo" a "nosotros". Entonces cambia el proceso completo de solución de problemas y de aprovechamiento de oportunidades. Pero hasta que la familia es

---

*Para una encuesta complementaria autocalificable que le ayude a evaluar su cultura familiar actual, llame al (801) 229-1333 o visite www.franklincovey.com en Internet.

realmente una prioridad, este cambio por lo general no se da. El matrimonio con frecuencia se vuelve nada más que dos solteros casados viviendo juntos, porque el movimiento de independencia a interdependencia nunca sucede.

Una hermosa cultura familiar es una cultura "nosotros". Refleja ese movimiento. Es la clase de cultura que les permite trabajar juntos para seleccionar y moverse hacia un destino "juntos" y contribuir, hacer una diferencia, en la sociedad en general y quizá para otras familias en particular. También le permite manejar las fuerzas poderosas que lo sacarán del camino, incluyendo el clima turbulento fuera del avión (la cultura en que vivimos y las cosas como caídas económicas o enfermedades repentinas, sobre las cuales no se tiene control) y el clima social turbulento dentro de la cabina (contención, falta de comunicación y la tendencia a criticar, quejarse, comparar y competir).

Involucre a su Familia Ahora

Antes de moverse realmente a los 7 Hábitos, me gustaría reconocer que la respuesta al libro original de los 7 Hábitos y el deseo expresado para aplicar este material a la familia ha sido abrumadora. Con base en esa respuesta, he incluido algunas de las historias familiares que "realmente funcionaron" que aparecen en el libro original de los 7 Hábitos.

Pero la mayoría de las historias son nuevas, muchas, de hecho, han sido compartidas por personas que trabajan para aplicar estos principios a sus propias familias.* Sugiero que lean las historias con la idea de sacar de ellas los principios fundamentales involucrados, así como las ideas para posibles aplicaciones, incluso aplicaciones nuevas y diferentes, en su propia familia.

También me gustaría sugerir que, si es posible, dé pasos inmediatos para involucrar a su familia desde el principio. Puedo garantizarle que el aprendizaje será más profundo, el acercamiento será mayor y el discernimiento y la alegría mucho mejor si pueden descubrirlo y compartirlo juntos. También, haciendo esto juntos, no se encontrará a la delantera de su cónyuge o sus hijos adolescentes que podrían sentirse amenazados por su nuevo conocimiento o por su deseo de crear un cambio. Sé de muchas personas que se adentraron en libros de autoayuda sobre la familia y empezaron a juzgar a su cónyuge, tan severamente que un año después se dieron cuenta que tenía "justificación" para divorciarse.

Aprender juntos será una fuerza poderosa para ayudarle a construir una cultura "nosotros". Entonces, si es posible, lean el libro juntos, incluso tal vez en voz alta, uno al otro. Discutan las

Tenga en mente que cuando está trabajando con su familia, "despacio" es "rápido" y viceversa.

*Los nombres han sido cambiados para proteger la privacidad de aquellos que tan generosamente han compartido sus experiencias.

historias juntos. Hablen sobre las ideas juntos. Puede desear comenzar simplemente por compartir algunas de las historias a la hora de la cena. O puede querer entablar una discusión más profunda y aplicarlo. He incluido algunas sugerencias de primeros pasos al final de cada capítulo sobre maneras de enseñar e involucrar a su familia, e incluso grupos de estudio, en el material presentado en ese capítulo. También puede desear referirse al diagrama de los 7 Hábitos y definiciones de la página 407. Tenga paciencia. Vaya despacio. Respete el nivel de comprensión de cada persona. No fuerce el material. Tenga en mente que cuando está trabajando con su familia, "despacio" es "rápido" y viceversa.

Pero de nuevo, reconozco que usted es el experto en su familia. Su situación puede ser tal que no quiere involucrar a nadie más en este momento. Puede estar enfrentando asuntos sensibles que no sería sabio manejar juntos. O puede simplemente querer ver si este material tiene sentido y luego involucrar a los demás más adelante. O puede sólo querer comenzar con su cónyuge y algunos de los hijos mayores.

Eso está bien. Usted conoce mejor su situación. Sólo estoy diciendo que después de años de experiencia trabajando con los 7 Hábitos en muchos escenarios distintos, he aprendido que cuando las personas trabajan juntas, cuando lo leen juntas, lo discuten juntas, lo revisan y tienen nuevos discernimientos y entendimiento juntas, se inicia un proceso de acercamiento que se vuelve verdaderamente emocionante. El espíritu es de unión: "Yo no soy perfecto. Tú no eres perfecto. Estamos aprendiendo y creciendo juntos". Cuando se comparte con humildad lo que se está aprendiendo, sin intención de "someter" a la otra persona, descongela las etiquetas o los juicios que otros tienen de usted y se vuelve "seguro", permisible y legítimo que continúe creciendo y cambiando.

> «¡Nunca, nunca, NUNCA debe darse por vencido!»

Yo diría esto: no se desanimen si en sus esfuerzos iniciales encuentran rechazo. Tengan en mente que siempre que intenten algo nuevo, van a tener alguna resistencia:

"¿Qué hay de malo con nosotros?"

"¿Por qué tanto alboroto por cambiar?"

"¿Por qué no podemos ser como una familia normal?"

"Tengo hambre. Vamos a comer primero."

"Sólo tengo diez minutos. Debo irme."

"¿Puedo invitar a un amigo?"

"Mejor veo la televisión."

Sólo sonría y siga hacia adelante. Se lo prometo: ¡el esfuerzo valdrá la pena!

El Milagro del Árbol de Bambú Chino

Por último, me gustaría sugerir que todo lo que hagan en su familia, siempre tengan en mente el milagro del árbol de bambú chino. Después de que se planta la semilla de este asombroso árbol, no se ve nada, absolutamente nada, durante cuatro años, excepto un pequeño bulbo saliendo de la tierra. Durante esos cuatro años, todo el crecimiento se lleva a cabo bajo la tierra en una estructura masiva y fibrosa de raíces que se expande hacia abajo y a lo ancho debajo de la tierra. Pero entonces, en el quinto año, el árbol de bambú chino crece ¡hasta 25 metros!

Muchas cosas en la vida familiar son como el árbol de bambú chino. Uno trabaja e invierte tiempo y esfuerzo, y hace todo lo posible para nutrir el crecimiento y en ocasiones no se ve nada durante semanas, meses o incluso años. Pero si se es paciente y se sigue trabajando y alimentando, ese "quinto año" llegará y se asombrará del crecimiento y el cambio que verá que se ha dado.

Paciencia es fe en la acción. Paciencia es diligencia emocional. Es la voluntad de sufrir por dentro para que otros puedan crecer. Revela amor. Da cabida a la comprensión. Incluso cuando somos conscientes de nuestro sufrimiento en el amor, aprendemos sobre nosotros mismos y nuestras debilidades y motivos.

Entonces, parafraseando a Winston Churchill, "¡nunca, nunca, NUNCA debemos darnos por vencidos!"

Sé de una pequeña que siempre corría a la puerta del frente. Su madre salía, la abrazaba y la invitaba a volver a entrar. Un día la pequeña hizo lo mismo y, como su madre estaba ocupada, olvidó ir por ella. Después de un rato la pequeña volvió a entrar en la casa. Su madre la abrazó y le dijo que le daba gusto que hubiera entrado. Entonces la niña dijo: "Mamá, siempre ven por mí".

Dentro de nosotros está esta profunda añoranza por el "hogar", por las relaciones e interacciones ricas y satisfactorias de la vida familiar de calidad. Nunca debemos darnos por vencidos. No importa lo lejos que sintamos que nos hemos retirado del camino, siempre podemos dar los pasos hacia el camino correcto. Le recomiendo firmemente: No importa lo lejos que su hijo o hija parezca estar, siga intentándolo. Nunca se dé por vencido. Sus hijos son sangre de su sangre, carne de su carne, ya sea físicamente por nacimiento o emocionalmente por los vínculos de compromiso familiar que ha hecho. Eventualmente, como el hijo pródigo, volverán. Usted los reclamará.

Como la metáfora del avión nos lo recuerda, el destino está al alcance. Y la jornada puede ser rica, enriquecedora y divertida. De hecho, la jornada es realmente parte del destino, porque en la familia, como en la vida, la manera en que viajamos es tan importante como a dónde llegamos.

Como Shakespeare lo escribió:

Hay en los negocios humanos una marea que,
tomada cuando está llena,
conduce a la fortuna; y omitida,
hace que el viaje de la vida esté circundado de bajíos y miserias.
Flotando estamos ahora en ese mar,
y tenemos que aprovechar la corriente cuando es favorable
o perder nuestras metas.[15]

Debemos tomar esta marea *ahora,* a pesar de las tendencias en la sociedad, todos sabemos que la familia es terriblemente importante. De hecho, cuando pregunto al público en todo el mundo cuáles son las tres cosas más importantes en su vida, el 95 por ciento ponen "familia" o "relaciones familiares" en esa lista. El setenta y cinco por ciento pone a la familia primero.

Yo siento lo mismo y me imagino que ustedes también. Nuestras alegrías más grandes, así como las penas más profundas rodean lo que está sucediendo en nuestra vida familiar. Se dice que "ninguna madre es más feliz que el más infeliz de sus hijos". Queremos que las cosas sean correctas. Queremos tener la alegría que sabemos es posible, natural y correcta en la vida familiar. Pero cuando sentimos una brecha entre esta visión de la vida familiar hermosa que queremos tener y la realidad de nuestras relaciones familiares, nos sentimos fuera de curso. Es fácil desanimarse, sentir un poco de desesperanza, sentir que no hay manera en que podamos tener la clase de vida familiar que tanto queremos.

Pero hay esperanzas, ¡tremenda esperanza! La clave es recordar seguir trabajando de dentro hacia fuera y seguir regresando al camino correcto cuando nos salimos de él.

Le deseo lo mejor. Sé que su familia es diferente a la nuestra. Debido al divorcio o a la muerte de su cónyuge, puede estar intentando criar hijos solo. Puede ser un abuelo con todos sus hijos ya grandes. Puede estar recién casado y no tener hijos todavía. Puede ser un tío o un hermano o un primo. Pero quienquiera que sea, es parte de una familia, y el amor a la familia es algo único. Cuando las relaciones familiares son buenas, la vida misma es buena. Es mi esperanza y creencia que estos 7 Hábitos les ayudarán a crear una cultura familiar hermosa en la cual la vida sea realmente buena.

Compartiendo Este Capítulo con Adultos y Adolescentes

La Vida Familiar es Como un Viaje en Avión

- Revise la ilustración del avión en las páginas 17 y 19. Pregunte a los miembros de su familia: ¿De qué manera creen que se parezca la vida familiar a un viaje en avión?
- Pregunte: ¿Cuándo sienten que nuestra familia está "fuera de curso"? Las respuestas podrían incluir: durante momentos de presión, en momentos de conflicto cuando hay peleas, gritos, culpas y críticas; durante momentos dolorosos de soledad e inseguridad.
- Pregunte: ¿Cuándo sienten que nuestra familia está "en el camino correcto"? Las respuestas podrían incluir: cuando caminamos juntos, cuando hablamos, nos relajamos, vamos al parque, cuando viajamos juntos o celebramos cenas especiales, fiestas de "trabajo", días de campo familiares, etcétera.
- Aliente a los miembros de la familia a pensar en una ocasión en que supieron que estaban fuera de curso. Pregunte: ¿Qué lo ocasionó? ¿Qué otras cosas pueden pensar de ese impacto negativo que hubo en ustedes?
- Revise la historia "Encontré a Mi Hijo de Nuevo" en las páginas 21 y 22. Pregunte a los miembros de la familia: ¿Cómo podemos regresar al camino correcto? Algunas ideas podrían incluir: dedicar tiempo a cada uno, pedir y recibir retroalimentación, escuchar, perdonar, disculparse, deshacerse del orgullo, volverse humilde, asumir responsabilidad, examinar su pensamiento, conectarse con lo que es importante, respetarse entre sí, considerar las consecuencias.
- Revise las ideas de Sean: "Mamá y papá siempre regresan", en la página 18. Discuta cómo los miembros de la familia pueden corregir su curso más efectivamente.

Aprendiendo Juntos

- Pregunte a los miembros de la familia: ¿Cómo aprendemos y compartimos juntos como familia? Las respuestas podrían incluir: leyendo juntos, compartiendo música, viajando, disfrutando nuevas experiencias juntos, coleccionando fotos familiares, compartiendo historias de la familia. Pregunte: ¿Qué tan importante es para ustedes la familia?
- Discuta cómo pueden hacer un compromiso de leer y discutir este libro juntos.

Nunca es Demasiado Tarde

- Considere el milagro del árbol de bambú chino como se describe en las páginas 30 y 31. Revise la historia "Mamá, siempre ven por mí" en la página 31. Pregunte a los miembros de la familia: ¿De qué manera esto impacta la forma en que pensamos sobre nuestra familia y las luchas que enfrentamos? ¿Existe algún área específica o relación en la cual necesitemos conceder tiempo para el crecimiento?

COMPARTIENDO ESTE CAPÍTULO CON NIÑOS

Juegue este Juego

- Cubra los ojos a un miembro de la familia. Condúzcalo a un lugar en la casa, el patio o un parque cercano, donde pueda volver al punto de partida sin ver y sin dificultad. Verifique que el camino de regreso sea seguro, sin escalones ni otros obstáculos.
- Dé varias vueltas a la persona y explique que su tarea es encontrar el camino de regreso al punto de partida designado.
- Deje que la persona trate de regresar. Después de un momento, pregunte si le gustaría tener ayuda o claves.
- Permita a los miembros de la familia que dirijan a la persona de regreso con instrucciones como "vuelta a la izquierda, derecho, vuelta a la derecha".
- Cuando esté de regreso, pregunte a la persona si le fue difícil encontrar el camino cuando no podía ver y no tenía instrucciones. Dé a cada niño la oportunidad de jugar este juego y encontrar el camino de regreso.

Resuma el Juego

- Ayude a los niños a entender que todos están viviendo una vida juntos, pero nadie puede ver el futuro. Con frecuencia necesitarán instrucciones y claves, y algo de ayuda de su familia para llegar a su destino.
- Hable sobre lo maravilloso que es tener una familia en quien apoyarse.
- Ayude a los niños a ver que un "plan de vuelo" familiar y un poco de "ayuda", para que se convierta en una familia sólida y feliz, es tan valioso como la ayuda que recibieron cuando estaban vendados y trataban de encontrar el camino al punto de partida.

Acción

- Decidan reunirse semanalmente como familia y hablar de su plan de vuelo familiar. Discuta qué pueden hacer para ayudarse entre sí, apoyarse, divertirse juntos y estar cerca toda su vida.
- Durante la semana, coloque pequeños recordatorios en algunas partes, sobre la reunión de la familia.
- Planee actividades de acercamiento divertidas como la visita a un miembro de la familia que no vive en la casa, una visita a la heladería, un día de deportes o compartir una gran lección o historia que muestre claramente cuánto valora a la familia y lo comprometido que está como padre para hacerla una prioridad.

HÁBITO 1
SER PROACTIVO

Estímulo	Libertad para Elegir	Respuesta

Como lo mencioné en el libro original de los 7 Hábitos, hace muchos años cuando me encontraba en Hawai en un sabático, estaba revisando algunos libros en la parte de atrás de la biblioteca de la universidad. Un libro llamó mi atención y al hojearlo mis ojos cayeron en un simple párrafo tan extraordinario, tan memorable, tan asombroso que influenció profundamente el resto de mi vida.

En ese párrafo había tres oraciones que contenían una idea muy poderosa:

Entre el estímulo y la respuesta, existe un espacio.
En ese espacio radica el poder de elegir nuestra respuesta.
En nuestra respuesta radica nuestro crecimiento y nuestra libertad.

No puedo describir el efecto que tuvo en mí esa idea. Estaba impresionado. Reflexioné sobre ella una y otra vez. Me alegré con la libertad de esa idea. La personalicé. Entre cualquier cosa que me suceda y mi respuesta a eso había un espacio. En ese espacio estaba mi libertad y poder para elegir mi respuesta. Y en mi respuesta estaba mi crecimiento y felicidad.

Mientras más lo pensaba, más comprendía que podía elegir respuestas que afectaran el estímulo mismo. Podría convertirme en una fuerza de la naturaleza en mi propio ser.

Esta experiencia vino con fuerza a mi mente de nuevo cuando estaba en medio de una sesión de grabación y recibí una nota diciendo que Sandra estaba en el teléfono y necesitaba hablar conmigo.

"¿Qué estás haciendo?", me preguntó con bastante impaciencia. "Sabes que teníamos invitados a cenar hoy. ¿Dónde estás?"

Estaba bastante molesta, pero lo que sucedió es que yo había estado todo el día metido en la grabación de un video sobre una montaña. Cuando llegamos a la escena final, el director insistió en que se hiciera con el sol viniendo el oeste, así que tuvimos que esperar casi una hora para lograr ese efecto especial.

En medio de mi propia frustración por todas las demoras, contesté con amabilidad: "Mira, Sandra, no es mi culpa que tú hayas programado la cena. Y tampoco puedo evitar que las cosas aquí vayan retrasadas. Tendrás que arreglártelas sin mí, yo no puedo salir de aquí. Y mientras más tiempo hablemos, más tarde se hará. Tengo trabajo que hacer. Llegaré cuando pueda".

Al colgar el teléfono y empezar a caminar hacia la grabación, de repente me di cuenta de que mi respuesta a Sandra había sido completamente reactiva. Su pregunta había sido razonable. Ella se encontraba en una situación social difícil. Se habían creado expectativas y yo no estaba ahí para ayudarle a cumplirlas. Pero en vez de entender, estaba tan lleno de mi propia situación que respondí abruptamente, y esa respuesta sin duda había empeorado las cosas.

Mientras más lo pensaba, más sabía que mis acciones en realidad se habían salido de contexto. Así no era como yo quería actuar con mi esposa. Esos no son los sentimientos que quería en nuestra relación. Si tan sólo hubiera actuado diferente, si hubiera sido más paciente, más comprensivo, más considerado, si hubiera actuado de acuerdo con mi amor en lugar de reaccionar ante las presiones del momento, los resultados habrían sido completamente diferentes.

Pero el problema era que yo *no* pensé en ello en el momento. En vez de actuar con base en los principios que sabía que tendrían resultados positivos, reaccioné con

base en el sentimiento del momento. Me dejé atrapar por la emoción de la situación, la cual parecía tan abrumadora, tan agotadora en ese momento que me cegué completamente a lo que realmente sentía dentro y a lo que realmente quería hacer.

Por fortuna, pudimos terminar la grabación rápido. De camino a casa, era a Sandra, no la grabación, lo que tenía en la mente. Mi irritación había desaparecido. Los sentimientos de amor y comprensión hacia ella llenaban mi corazón. Me preparé para disculparme. Ella terminó disculpándose conmigo también. Las cosas se arreglaron y la calidez y cercanía de nuestra relación estaba restaurada.

Creando un "Botón de Pausa"

¡Es tan fácil ser reactivo! ¿No le parece que éste es el caso en su vida? Se deja atrapar por el momento. Dice cosas que no quería decir. Hace cosas de las que después se arrepiente. Y piensa: "Ay, si tan sólo me hubiera detenido a pensarlo, nunca hubiera reaccionado así".

Obviamente, la vida familiar sería mucho mejor si las personas actuaran con base en sus valores más profundos, en vez de reaccionar a la emoción o las circunstancias del momento. Lo que todos necesitamos es un "botón de pausa", algo que nos permita detenernos entre lo que nos sucede y nuestra respuesta a ello, y elegir nuestra propia respuesta.

Es posible que todos como individuos desarrollemos esta capacidad de pausa. Y también es posible desarrollar el hábito, justo en el centro de la cultura familiar, de aprender a hacer pausas y dar respuestas más sabias. Cómo crear ese botón de pausa en la familia, cómo cultivar el espíritu de actuar con base en valores centrados en principios en vez de reaccionar basados en sentimientos o circunstancias, es el enfoque de los Hábitos 1, 2 y 3.

Sus Cuatro Dotes Humanas Únicas

El Hábito 1, Ser Proactivo, es la habilidad de actuar con base en principios y valores más que reaccionar con base en la emoción o las circunstancias. La habilidad de hacer eso viene del desarrollo y uso de cuatro dotes humanas únicas que los animales no tienen.

Para ayudarle a entender qué son esas dotes, permítame compartir cómo una madre de familia las usó para convertirse en agente de cambio en su familia: Dijo:

Durante años luché con mis hijos y ellos peleaban entre sí. Constantemente los juzgaba, los criticaba y los ofendía. Nuestro hogar estaba lleno de pleitos y yo sabía que mis regaños constantes estaban lastimando la autoestima de mis hijos.

Una y otra vez decidí tratar de cambiar, pero cada vez que sucedía algo volvía de nuevo a mis patrones negativos habituales. La situación me causaba odio a mí misma y desahogaba esa ira contra mis hijos, eso me hacía sentir aún más culpable. Me sentía atrapada en una espiral descendente que empezaba en mi infancia y que no podía evitar. Sabía que tenía que hacer algo, pero no sabía qué.

Eventualmente decidí hacer de mis problemas un asunto de pensamiento sostenido, meditación y oración específica y profunda. Gradualmente llegué a dos discernimientos sobre los motivos reales de mi conducta negativa y crítica.

Primero, llegué a ver con mayor claridad el impacto que mis propias experiencias de infancia tenían sobre mi actitud y mi comportamiento. Comencé a ver las cicatrices psicológicas de mi crecimiento. Mi hogar había sido un hogar roto en casi cualquier sentido. No recuerdo nunca haber visto a mis padres hablar sobre sus problemas o diferencias. Siempre discutían o peleaban, o de mala manera se iba cada quien por su lado y no se hablaban en varios días. En ocasiones podían ser semanas. El matrimonio de mis padres eventualmente terminó en divorcio.

Entonces, cuando yo tuve que manejar los mismos asuntos y problemas con mi propia familia, no supe qué hacer. No tenía un modelo, un ejemplo a seguir. En vez de buscar un modelo o conseguirlo dentro de mí misma, sacaba mi frustración y mi confusión con mis hijos. No me gustaba nada hacerlo, pero me encontraba tratando a mis hijos igual que como mis padres me trataron a mí.

El segundo discernimiento fue que trataba de ganar aprobación social para mí misma a través de la conducta de mis hijos. Quería gustarle a otras personas por medio de su buena conducta. Constantemente temía que en vez de ganar aprobación, la conducta de mis hijos me avergonzara. Debido a la falta de confianza en ellos, los regañaba, amenazaba, sobornaba y manipulaba para que se comportaran como yo quería. Comencé a ver que mis ansias por tener aprobación impedían a mis hijos crecer y responsabilizarse. Mis acciones realmente ayudaban a crear lo que yo más temía: conductas irresponsables.

Esos dos discernimientos me ayudaron a darme cuenta de que necesitaba conquistar mis problemas, en vez de intentar encontrar soluciones haciendo que los demás cambiaran. Mi infancia infeliz y confundida me inclinaba a ser negativa, pero no me forzaba a ser de esa manera. Podía elegir responder de manera diferente. Era inútil culpar a mis padres o a mis circunstancias por mi dolorosa situación.

Fue muy difícil admitirlo. Tuve que luchar con años de orgullo acumulado. Pero gradualmente me tragué la píldora amarga y descubrí un sentimiento maravillosamente libre. Yo tenía el control. Podía elegir el camino. Era responsable de mí misma.

Ahora, cuando estoy en una situación frustrante, hago una pausa. Examino mis tendencias. Las comparo contra mi visión. Evito hablar impulsivamente o perder los estribos. Me esfuerzo constantemente por lograr perspectiva y control.

Como la lucha continúa, con frecuencia me retiro a la soledad de mi yo interno para volver a comprometerme con ganar privadamente mis batallas, para enderezar mis motivos.

Esta mujer pudo crear un botón de pausa o un espacio entre lo que le sucedía y su respuesta a eso. En ese espacio pudo actuar en vez de *reaccionar.* ¿Cómo lo logró?

Note cómo ella pudo detenerse y casi observarse a sí misma, estar consciente de su comportamiento. Ésta es la primera dote humana: *autoconciencia*. Como seres humanos podemos apartarnos de nuestra vida y observarla. Podemos incluso observar nuestros pensamientos. Podemos entonces hacer cambios y mejoras. Los animales no pueden hacerlo, pero nosotros sí. Esta mujer lo hizo. Y la llevó a discernimientos importantes.

La segunda dote que usó fue su *conciencia*. Noten cómo su conciencia, su sentido moral o ético, o "voz interna", le permitió saber que la manera en que trataba a sus hijos era dañina, que la estaba llevando, junto con sus hijos, por el mismo camino destructor que ella recorrió de niña. La conciencia es otra dote humana única. Le permite evaluar lo que observa en su propia vida. Para usar una metáfora de cómputo, podemos decir que este sentido moral de qué está bien y qué esta mal radica en nuestro "hardware". Pero debido a todo el "software" social que recolectamos, y debido a que usamos mal, desechamos y rechazamos esta dote especial de conciencia, podemos perder contacto con esta naturaleza moral dentro de nosotros. La conciencia nos da, no sólo un sentido moral, sino un poder moral. Representa una fuente de energía que nos alinea con los principios más profundos y más finos contenidos en nuestra naturaleza más alta. Las seis religiones principales del mundo, de una u otra manera, y usando diferente lenguaje, nos enseñan una idea básica.

Ahora note la tercera dote que ella usó: *imaginación*. Esta es su habilidad de visualizar algo enteramente diferente a su experiencia pasada. Pudo visualizar o imaginar una respuesta mucho mejor, una que funcionaría en el corto y el largo plazo. Ella reconoció esta capacidad cuando dijo: "Yo tenía el control. Podía elegir un camino mejor". Como ya era autoconsciente, pudo examinar sus tendencias y compararlas contra su visión de un camino mejor.

¿Y cuál es la cuarta dote? Es *voluntad independiente*, el poder de tomar acción. Escuche su lenguaje de nuevo: "Evité hablar impulsivamente o perder los estribos.

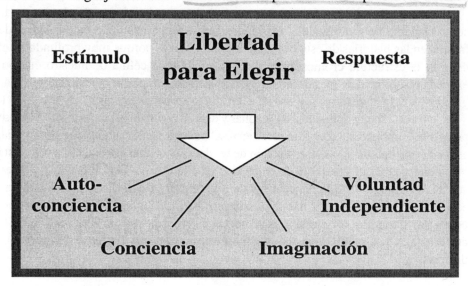

Me esforcé constantemente por lograr perspectiva y control" y "Como la lucha continúa, con frecuencia me retiro a la soledad de mi yo interno para volver a comprometerme con ganar privadamente mis batallas, para enderezar mis motivos". Observe la tremenda intención y fuerza de voluntad que tenía esa mujer. Nadaba contra corriente, incluso contra tendencias profundamente arraigadas. Estaba dispuesta a lograr control en su vida. Hizo que sucediera. Claro que es difícil. Pero ésa es la esencia de la verdadera felicidad: subordinar lo que queremos ahora por lo que queremos eventualmente. Esta mujer subordinó su impulso de regresar, justificarse, ganar, satisfacer su ego, todo en nombre de la sabiduría que su conciencia e imaginación le habían dado, porque eventualmente lo que quería era algo mucho más grande, mucho más poderoso en el espíritu de la familia que la gratificación egoísta a corto plazo que tenía antes.

Estas cuatro dotes, autoconciencia, conciencia, imaginación creativa y voluntad independiente, radican en el espacio que los humanos tenemos entre lo que nos sucede y nuestra respuesta a ello.

Los animales no tienen ese espacio entre el estímulo y la respuesta. Son totalmente un producto de sus instintos naturales y su entrenamiento. Aunque también poseen dotes únicos que nosotros no tenemos, básicamente viven para sobrevivir y procrear.

Pero gracias a este espacio en los seres humanos, hay más, infinitamente más. Y este "más" es la fuerza de la vida, la propensión que nos mantiene siempre alertas. De hecho, "crecer o morir" es el imperativo moral de toda existencia.

Desde la clonación exitosa de la oveja Dolly en Escocia, ha habido un interés renovado en la posibilidad de clonar personas y la cuestión de si sería ético. Hasta ahora, mucha de la discusión está basada en la suposición de que las personas son animales simplemente más avanzados, que no hay espacio entre el estímulo y la respuesta, y que somos fundamentalmente un producto de la naturaleza (nuestros genes) y la nutrición (nuestra capacitación, crianza, cultura y ambiente presente).

Pero esta suposición no empieza a explicar las grandes alturas que las personas como Gandhi, Nelson Mandela o la Madre Teresa han escalado, o tantos padres de familia en las historias de este libro han logrado. Eso es porque muy profundo en el DNA, en la estructura cromosómica del núcleo de toda célula de nuestro cuerpo, existe la posibilidad de más desarrollo y crecimiento, y logros y contribuciones más grandes debido al desarrollo y uso de estas dotes humanas únicas.

Como esta mujer aprendió a desarrollar y usar su botón de pausa, está volviéndose proactiva. También está convirtiéndose en una "persona de transición" para su familia, es decir, está deteniendo la transmisión de tendencias de una generación a otra. Está deteniéndose ella misma. Está deteniéndose en ella misma. Está sufriendo, y usted sufrirá, en alguna medida, lo cual ayuda a extinguir la escoria intergeneracional, esta tendencia heredada, este hábito bien desarrollado de regresar, de ponerse a mano, para estar tranquilo. Su ejemplo es como el fuego que consume la semilla de la cultura familiar, para todos los que han entrado en sus llamas abrasadoras y destructivas.

¿Puede imaginarse todo lo bueno que está haciendo esta mujer?, ¿el cambio que está logrando, el modelo que está brindando, el ejemplo que está dando? Lenta, sutil y casi imperceptiblemente está logrando un cambio profundo en la cultura de la familia. Está escribiendo un nuevo guión. Se ha convertido en agente de cambio.

Todos tenemos la habilidad de hacer esto y nada es más emocionante. Nada es más ennoblecedor, más motivante, más afirmante, más poderoso que la conciencia de estas cuatro dotes y cómo pueden combinarse para hacer surgir el cambio personal y familiar. En este libro vamos a explorar estas dotes con detalle a través de las experiencias de las personas que las han desarrollado y usado.

El hecho de que tenemos estas cuatro dotes únicas no significa que tiene que haber una víctima. Incluso si usted viene de una familia disfuncional o abusiva, puede elegir pasar un legado de amabilidad y amor. Incluso si sólo quiere ser más amable y más paciente y respetuoso que algunos de los modelos que tuvo en su vida, cultivando estas cuatro dotes puede nutrir esa semilla de deseo y explotarla, permitiéndole convertirse en la clase de persona, la clase de miembro de familia que realmente quiere ser.

Una "Quinta" Dote Humana

Cuando Sandra y yo volteamos para atrás y vemos a nuestra vida familiar, hemos llegado a la conclusión de que, en cierto sentido, podríamos decir que hay una quinta dote humana: sentido del humor. Podríamos fácilmente colocar al sentido del humor con la autoconciencia, la imaginación, la conciencia y la voluntad independiente, pero es realmente más una dote humana de segundo orden porque surge de la mezcla de las otras cuatro. Lograr una perspectiva de buen humor requiere *autoconciencia,* la habilidad de ver la ironía y la paradoja en las cosas, y reafirmar lo que es realmente importante. El humor viene de la *imaginación creativa,* la habilidad de poner las cosas juntas de manera que sean verdaderamente nuevas y divertidas. El sentido del humor genuino también viene de la conciencia, de ahí que es muy reconfortante y animador y no cae en el cinismo. También implica fuerza de voluntad para hacer la elección de desarrollar una mentalidad alegre, no ser reactivo, no sentirse agobiado.

Aunque es una dote humana de segundo orden, es vitalmente importante para desarrollar una cultura familiar hermosa. De hecho, yo diría que en nuestra propia familia el elemento central que ha preservado la salud, la diversión, la unidad, la cercanía y la atracción magnética de nuestra cultura familiar es la risa, decir bromas, ver el lado "divertido" de la vida, y sencillamente divertirse juntos.

Recuerdo un día cuando nuestro hijo Stephen era muy pequeño, nos detuvimos en la tienda a comprar helados. Una mujer llegó corriendo, pasó frente a nosotros con mucha prisa. Agarró dos botellas de leche y se apresuró a la caja. En la prisa, el ímpetu ocasionó que las botellas chocaran, explotando y regando leche y vidrios por todo el piso. Todo el lugar se quedó en silencio absoluto. Todos los ojos estaban sobre ella, en su estado vergonzoso. Nadie sabía qué hacer o qué decir.

De repente, el pequeño Stephen dijo: "¡Ríase, señora, ríase!"

Ella y todos los demás instantáneamente comenzamos a reír, poniendo el incidente en perspectiva. Desde entonces, cuando cualquiera de nosotros exagera ante una situación menor, alguien le dice: "¡Ríete!"

Disfrutamos el buen humor incluso alrededor de nuestra tendencia a ser reactivos. Por ejemplo, una vez vimos juntos la película Tarzán, y decidimos aprender un poco del repertorio de los monos. Ahora, cuando nos damos cuenta de que estamos empezando a ponernos reactivos, actuamos este repertorio. Alguien empieza y todos lo seguimos. Nos rascamos los costados y gritamos "¡Uuuu, uuuu! ¡Aahh, aahh!" Para nosotros esto claramente comunica: "¡Detente! No hay espacio entre estímulo y respuesta. Nos estamos volviendo animales".

La risa es un gran liberador de tensiones. Es productora de endorfinas y otros químicos que alteran el estado de ánimo en el cerebro y dan sensación de placer y alivio del dolor. El humor es también un humanizador y equalizador en las relaciones. Es todas estas cosas, pero es también mucho, mucho más. Un sentido del humor refleja la esencia de "Estamos fuera del camino, ¿Y qué?" Pone las cosas en su perspectiva correcta para que no nos preocupemos demasiado. Nos permite darnos cuenta de que, en cierto sentido, todos los problemas son pequeños. Nos impide tomarnos demasiado en serio y estar constantemente tensos, contritos, demandantes, desproporcionados, desequilibrados y perfeccionistas. Nos permite evitar el daño de estar tan inmersos en los valores morales o envueltos en la rigidez moral, que nos cegamos a nuestras necesidades y las realidades de nuestra situación.

Las personas que pueden reírse de sus errores, estupideces y asperezas pueden volver al camino correcto mucho más rápido que aquellas almas perfeccionistas que se ponen en el camino de la culpabilidad. El sentido del humor con frecuencia es la tercera alternativa para la culpa, las expectativas perfeccionistas y una vida más relajada.

Igual que con todo lo demás, el humor puede llevarse al exceso. Puede resultar en una cultura de sarcasmo y burla, y puede incluso producir mentes ligeras donde nada se toma en serio.

Pero el verdadero sentido del humor no es la ligereza de mente, es la ligereza de carga. Y ése es uno de los elementos fundamentales de una cultura familiar hermosa. Ser una persona alegre y sonriente que está siempre contenta y llena de buenas historias y buen humor es el elemento que hace que las personas quieran estar con otras personas. Es también la clave para la proactividad porque le da una manera positiva y animadora para responder a las altas y bajas de la vida cotidiana.

Amor es un Verbo

En un seminario donde me encontraba dando una conferencia sobre el concepto de proactividad, un hombre se me acercó y dijo: "Stephen, me gusta lo que dices, pero toda situación es diferente. Mira mi matrimonio. Estoy muy preocupado. Mi esposa y yo no tenemos los mismos sentimientos que teníamos antes. Creo que ya no la amo y que ella tampoco me ama. ¿Qué puedo hacer?"

"¿El sentimiento ya no está ahí?", pregunté.

"Exacto —reafirmó—. Y tenemos tres hijos que nos preocupan mucho. ¿Qué nos sugieres?"

"Ámala", contesté.

"Te dije que el sentimiento ya no existe."

"Ámala."

"No me entiendes. El sentimiento de amor ya no existe."

"Entonces ámala. Si el sentimiento no está ahí, es una buena razón para amarla."

"Pero, ¿cómo amas a alguien que ya no amas?"

"Amigo, amar es un verbo. Amor, el sentimiento, es un fruto de amar, el verbo. Así que ámala. Sacrifícate. Escúchala. Empatiza. Aprecia. Afírmala. ¿Estás dispuesto a hacerlo?"

Hollywood nos ha enseñado a creer que el amor es un sentimiento. Las relaciones son desechables. El matrimonio y la familia son asuntos de contrato y conveniencia más que de compromiso e integridad. Pero estos mensajes dan un panorama muy distorsionado de la realidad. Si volvemos a nuestra metáfora del avión, estos mensajes son como la estática que impide la recepción clara de las instrucciones de la torre de control. Y sacan a muchas, muchas personas de su camino.

> «No tenemos que amar. Elegimos amar.»

Mire a su alrededor, tal vez incluso a su propia familia. Cualquiera que haya pasado por un divorcio, por el alejamiento de un compañero, un hijo o un padre, o una relación rota, de cualquier modo podrá decirle que hay un dolor profundo, una cicatriz profunda. Y hay consecuencias duraderas que Hollywood por lo general no menciona. Así que aunque pudiera parecer "más fácil" en el corto plazo, con frecuencia es más difícil y más doloroso a largo plazo romper una relación que sanarla, particularmente cuando hay hijos involucrados.

Como dijo M. Scott Peck:

El deseo de amar no es el amor mismo... Amar es un acto de voluntad, una intención y una acción. La voluntad siempre implica elección. No tenemos que amar. Elegimos amar. No importa cuánto podamos pensar que estamos amando, si de hecho no estamos amando, es porque hemos elegido no amar y, por lo tanto, no amamos a pesar de nuestras buenas intenciones. Por otra parte, cuando nos ejercitamos en la causa del crecimiento espiritual, es porque hemos elegido hacerlo así. La elección de amar se ha hecho.[1]

Tengo un amigo que usa sus dones para hacer una elección proactiva poderosa todos los días. Cuando va a casa después del trabajo, se sienta en el auto y presiona su botón de pausa. Literalmente pone su vida en pausa. Logra perspectiva. Piensa en los miembros de su familia y qué están haciendo dentro de las paredes de su casa. Considera qué clase de ambiente y sentimiento quiere ayudar a crear cuando llega. Se dice a sí mismo: "Mi familia es la parte más alegre, más placentera y más importante de mi vida. Voy a llegar a mi casa y a sentir y comunicar mi amor por ellos".

Cuando cruza la puerta, en vez de encontrar errores y criticar, o simplemente ponerse a descansar y relajarse, grita con fuerza: "¡Ya llegué. Por favor, eviten venir a abrazarme y besarme!" Luego pasea por toda la casa interactuando de manera positiva con todos los miembros de la familia, besando a su esposa, rodando en el suelo con los niños o haciendo lo que sea necesario para crear amabilidad y felicidad, ya sea sacando la basura o ayudando en un proyecto o simplemente escuchando. Hacer estas cosas lo libera de su fatiga, sus desafíos y problemas en el trabajo, sus tendencias a encontrar errores o decepcionarse de lo que pudiera encontrar en casa. Se vuelve una fuerza consciente y positiva en la cultura familiar.

Piense en la elección proactiva que este hombre está haciendo y el impacto que tiene en su familia. Piense en las relaciones que está creando y cómo eso va a impactar toda dimensión de la vida familiar durante años, tal vez por generaciones.

Cualquier matrimonio con éxito, cualquier familia con éxito requiere trabajo. No se da por accidente, es cuestión de logro. Requiere esfuerzo y sacrificio. Requiere saber que, "en lo bueno y en lo adverso, en la salud y en la enfermedad, por todos los días de mi vida", amar es un verbo.

Desarrollando Sus Dotes Humanas Únicas

Las cuatro dotes humanas de las que hemos hablado son comunes a todas las personas, excepto quizá a algunos que están discapacitados mentalmente lo suficiente como para carecer de autoconciencia. Pero desarrollarlas requiere un esfuerzo consciente.

Es como desarrollar un músculo. Si alguna vez ha intentado desarrollar sus músculos, sabe que la clave es poner toda la fibra hasta romperlos. Luego la naturaleza compensa en reparar el material roto y la fibra se vuelve más fuerte en 48 horas. Probablemente usted también sabe la importancia de ajustar sus ejercicios para mover los músculos más débiles en vez de tomar el curso de la menor resistencia y quedarse sólo con aquellos músculos que están fuertes y desarrollados.

Por mi problema de rodillas y espalda, he tenido que aprender a hacer ejercicio de manera que me fuerza a trabajar mis músculos e incluso grupos de músculos enteros que de otra manera rara vez usaría o siquiera estaría consciente de ellos. Ahora sé que el desarrollo de estos músculos es necesario para obtener un nivel equilibrado e integrado de salud y acondicionamiento, para la postura, para varias actividades, y en ocasiones incluso para caminar bien. Por ejemplo, para compensar mis lesiones de rodillas, solía enfocarme sólo en desarrollar los cuadríceps, los músculos de enfrente de los muslos, pero me negaba a desarrollar los bíceps femorales, que son los músculos en la parte de atrás del muslo. Y esto afectaba la recuperación completa y balanceada de mis rodillas y también mi espalda.

Así es en la vida. Nuestra tendencia es correr con fuerza y dejar las debilidades sin desarrollar. En ocasiones esto está bien, cuando podemos organizarnos para hacer esas debilidades irrelevantes por medio de las fuerzas de otros, pero la mayoría del tiempo no está bien porque la utilización total de nuestras capacidades requiere superar esas debilidades.

Lo mismo sucede con nuestras dotes humanas. Al pasar por la vida interactuando con circunstancias externas, con otras personas y con nuestra propia naturaleza, tenemos oportunidades constantes de enfrentarnos con nuestras debilidades. Podemos elegir ignorarlas, o podemos presionar contra la resistencia y romperlas con nuevos niveles de competencia y fuerza.

Considere el desarrollo de sus dotes mientras contesta el siguiente cuestionario:[2]

Instrucciones: Encierre en un círculo el número que mejor represente su conducta o actitudes normales respecto a las preguntas de la izquierda. (0=Nunca, 2=A veces, 4=Siempre)

Autoconciencia:

1. ¿Soy capaz de separarme de mis pensamientos o sentimientos y examinarlos y cambiarlos?

N		A V		S
0	1	2	3	4

2. ¿Estoy consciente de la manera en que pienso de las cosas y el impacto que tiene en mis actitudes y conductas, y los resultados que obtengo en mi vida?

N		A V		S
0	1	2	3	4

3. ¿Estoy consciente de la diferencia entre mi guión biológico, genealógico, psicológico y sociológico, de mis pensamientos internos y profundos?

N		A V		S
0	1	2	3	4

4. Cuando la respuesta de otras personas hacia mí, o algo que yo hago, desafía la manera como me veo, ¿soy capaz de evaluar esa retroalimentación contra el autoconocimiento profundo y aprender de él?

N		A V		S
0	1	2	3	4

Conciencia:

1. ¿En ocasiones siento la presión de que debo hacer algo o de que no debo hacer algo respecto a lo que hago?

N   A V   S
x—x—x—x—x
0   1   2   3   4

2. ¿Siento la diferencia entre "conciencia social", lo que la sociedad me ha condicionado a valorar, y mis propios lineamientos internos?

N   A V   S
x—x—x—x—x
0   1   2   3   4

3. ¿Siento internamente la realidad de los principios universales tales como integridad y confiabilidad?

N   A V   S
x—x—x—x—x
0   1   2   3   4

4. ¿Veo un patrón en mi experiencia humana, más grande que la sociedad en la cual vivo, que valida la realidad de los principios?

N   A V   S
x—x—x—x—x
0   1   2   3   4

Imaginación:

1. ¿Pienso por adelantado?

N   A V   S
x—x—x—x—x
0   1   2   3   4

2. ¿Visualizo mi vida más allá de la realidad presente?

N   A V   S
x—x—x—x—x
0   1   2   3   4

3. ¿Uso la visualización para ayudar a reafirmar y alcanzar mis metas?

N   A V   S
x—x—x—x—x
0   1   2   3   4

4. ¿Busco nuevas maneras creativas para resolver problemas en una variedad de situaciones y valoro las diferentes opiniones de los demás?

N   A V   S
x—x—x—x—x
0   1   2   3   4

Voluntad Independiente:

1. ¿Soy capaz de hacer y cumplir promesas a mí mismo como a los demás?

N   A V   S
x—x—x—x—x
0   1   2   3   4

		N	A V	S
2.	¿Tengo la capacidad de actuar sobre mis imperativos internos incluso cuando ello significa nadar contra corriente?	x——x——x——x——x 0 1 2 3 4		

		N	A V	S
3.	¿He desarrollado la habilidad de fijar y lograr metas significativas en mi vida?	x——x——x——x——x 0 1 2 3 4		

		N	A V	S
4.	¿Puedo subordinar mis estados de ánimo a mis compromisos?	x——x——x——x——x 0 1 2 3 4		

Ahora sume su puntuación para cada una de las cuatro dotes. Mida su puntuación en cada una de las secciones siguiendo la clave a continuación:

0-7   **Dote inactiva**
8-12   **Dote activa**
13-16   **Dote altamente desarrollada**

He hecho este cuestionario muchas veces con miles de personas en muchas situaciones diferentes y el hallazgo primordial es éste: La dote más rechazada es la autoconciencia. Tal vez usted haya escuchado la expresión "Estar fuera de onda", que significa estar fuera de la manera normal de pensar, las suposiciones normales y los paradigmas con los cuales operamos. Esa es otra expresión para usar autoconciencia. Hasta que se cultiva la dote de la autoconciencia, el uso de la conciencia, la imaginación y la fuerza de voluntad siempre estarán "fuera de onda", es decir, en las experiencias de vida de uno o su manera presente de pensar o sus paradigmas.

Así, en cierto sentido el único apalancamiento de las cuatro dotes humanas está en la autoconciencia, porque cuando se tiene la habilidad de estar fuera de onda, examinar sus suposiciones y su manera de pensar, para separarse de su mente y examinarla, pensar sobre sus pensamientos, sentimientos e incluso estados de ánimo, entonces se tiene la base para usar la imaginación, la conciencia y la voluntad independiente en formas enteramente nuevas. Literalmente se vuelve transcendente. Ha trascendido; ha trascendido sus antecedentes, su historia, su equipaje psíquico.

Esta trascendencia es fundamental para la fuerza de la vida en todos nosotros y ayuda a liberar la propensión a convertirse, crecer, desarrollarse. También es fundamental en nuestras relaciones con los demás y en cultivar una cultura familiar hermosa. Mientras la familia tenga más una sensación colectiva de autoconciencia, más podrá mejorar: hacer cambios, elegir metas poco tradicionales y establecer estructuras y otros planes para lograr esas metas que radican fuera de los guiones sociales y patrones profundamente establecidos.

El antiguo dicho griego "Conócete a ti mismo"[3] es enormemente significativo porque refleja el entendimiento de que la autoconciencia es la base de todo el conocimiento. Si no nos tomamos en cuenta, todo lo que hacemos es proyectarnos en la vida y en otras personas. Entonces nos juzgamos por nuestros motivos, y a otros por sus conductas. Hasta que nos conocemos y estamos concientes de nosotros mismos separados de los demás y del ambiente, hasta que podemos separarnos incluso de nosotros mismos para poder observar nuestras tendencias, pensamientos y deseos, no tenemos fundamento de donde conocer y respetar a otras personas, sin mencionar crear cambios dentro de nosotros mismos.

Desarrollar todas estas cuatro dotes es vital para la proactividad. No se puede rechazar una de ellas porque la clave está en la sinergia o en la relación entre ellas. Hitler, por ejemplo, tenía tremenda autoconciencia, imaginación y fuerza de voluntad, pero no tenía conciencia. Y se comprobó que le hacía falta. También cambió el curso del mundo en muchas formas trágicas. Otros tienen muchos principios y conciencia, pero no tienen imaginación, ni visión. Son buenos, pero ¿buenos para qué? ¿Con qué fin? Otros tienen gran fuerza de voluntad pero no tienen visión. Con frecuencia hacen las mismas cosas una y otra vez sin un fin significativo en la mente.

Y esto aplica también a una familia. La sensación colectiva de estas cuatro dotes, la relación entre estas dotes así como la relación entre las personas en la familia, es lo que permite a ésta llegar a niveles más y más altos de logro, significado y contribución. La clave radica en la nutrición adecuada de las cuatro dotes en la cultura individual y en la familiar, para que haya una gran sensación de conciencia familiar, una conciencia altamente cultivada, sensible y colectiva, el desarrollo de los instintos creativos e imaginativos en una visión compartida, y el desarrollo y uso de una voluntad personal y social sólida para hacer lo necesario a fin de cumplir con una misión, lograr una visión.

El Círculo de Influencia y el Círculo de Preocupación

La esencia de la proactividad y el uso de esas cuatro dotes únicas radica en asumir la responsabilidad y la iniciativa de enfocarse en la vida en las cosas sobre las que realmente podemos hacer algo. Como escribió San Francisco en su bien conocida "Oración de Serenidad": "Dios dame serenidad para aceptar las cosas que no puedo cambiar, valor para cambiar las cosas que puedo y sabiduría para reconocer la diferencia".[4]

Una manera de hacer esta diferenciación más clara en nuestras mentes es observar nuestras vidas en términos de lo que yo llamo el Círculo de Influencia y el Círculo de Preocupación. El Círculo de Preocupación es un círculo grande que abarca todo lo que en su vida puede preocuparle. El Círculo de Influencia es un círculo más pequeño dentro del Círculo de Preocupación que abarca las cosas sobre las que usted puede realmente hacer algo.

La tendencia reactiva es enfocarse en el Círculo de Preocupación, pero esto sólo ocasiona que el Círculo de Influencia se reduzca. La naturaleza de la energía enfocada en el Círculo de Preocupación es negativa. Y cuando combinamos esa energía negativa con rechazo al Círculo de Influencia, inevitablemente el Círculo de Influencia se hace más pequeño.

Pero las personas proactivas se enfocan en su Círculo de Influencia. Como resultado, ese círculo aumenta su tamaño.

Considere el impacto de la decisión de un hombre de trabajar en su Círculo de Influencia.

Como a los 18 años noté que mamá y papá se estaban volviendo muy críticos uno del otro. Había discusiones y lágrimas. Se decían cosas ofensivas, y sabían lo que decían. También había reconciliaciones y decían "todo está bien". Pero con el tiempo las discusiones aumentaron y las heridas eran más profundas.

Cuando iba a cumplir los 21, finalmente se separaron. Recuerdo que en ese tiempo sentía una gran sensación de deber y deseo de ayudar a "remediarlo". Creo que es una respuesta natural de cualquier hijo. Uno ama a sus padres. Quieres hacer todo lo posible.

Le decía a mi papá: "¿Por qué no vas con mamá y le dices 'Lo siento, he hecho muchas cosas que te lastiman, pero por favor perdóname. Vamos a arreglarlo. Me comprometo a hacerlo'". Y él contestaba: "No puedo. No voy a desnudar mi alma de esa manera para que vuelva a lastimarme".

A mamá le decía: "Miren todo lo que tienen juntos. ¿No vale la pena salvarlo?" Y ella me contestaba: "No puedo hacerlo. Simplemente no puedo manejar a este hombre".

Había una infelicidad profunda, angustia, ira en ambas partes. Y tanto mamá como papá hacían un esfuerzo increíble para que nosotros, los hijos, supiéramos que su parte estaba correcta y la del otro estaba mal.

Cuando finalmente supe que iban a divorciarse, no podía creerlo. Me sentí tan vacío y triste por dentro. En ocasiones lloraba. Una de las cosas más sólidas de mi vida se había ido. Me consumía el autoenfoque. ¿Por qué yo? ¿Por qué no puedo hacer algo para ayudar?

Tenía un muy buen amigo que me dijo: "¿Sabes qué necesitas hacer? Tienes que dejar de sentir pena por ti. Mírate. Éste no es tu problema. Estas conectado a él, pero este problema es de tus padres, no tuyo. Necesitas dejar de lamentarte y sentirte mal, y no tratar de averiguar qué puedes hacer para apoyar y amar a tus padres, porque ellos te necesitan a ti más de lo que te necesitaron antes".

Cuando mi amigo me dijo eso, algo pasó en mi interior. De repente me di cuenta de que yo no era la víctima. Mi voz interna dijo: "Tu mayor responsabilidad como hijo es amar a cada uno de tus padres y seguir tu propio camino. Necesitas elegir tu respuesta a lo que ha sucedido aquí".

Fue un momento profundo en mi vida. Fue un momento de elección. Sabía que no era una víctima y que podía hacer algo al respecto.

Así, me concentré en amar y apoyar a mis padres, y no tomé partido. A ellos no les gustó. Me acusaban de ser neutral, de no estar dispuesto a dar la razón a alguien. Pero con el tiempo ambos llegaron a respetar mi posición.

Cuando lo pienso, fue como si de repente hubiera podido separarme de mi ser, de mi familia, de su matrimonio; sabía que algún día quería casarme y tener una familia. Así que me pregunté: "¿Qué significa esto para ti, Brent? ¿Qué vas a aprender de todo esto? ¿Qué clase de matrimonio vas a construir? ¿A cuáles de tus debilidades que compartes con tus padres vas a renunciar?"

Decidí que lo que realmente quería era un matrimonio sólido, saludable y con crecimiento. Desde entonces he encontrado que cuando tienes esa clase de resolución, te da el poder para digerir los momentos difíciles, para no decir algo que va a herir sentimientos, para disculparte, para volver al camino, porque estás afirmando algo que es más importante para ti que sólo la emoción del momento.

También tomé la decisión de siempre recordar que es más importante ser "uno" que tener la razón o imponer tu criterio. La pequeña victoria que viene de ganar el argumento sólo provoca mayor separación, lo cual te priva de la satisfacción de una relación matrimonial. Considero esto como uno de mis más grandes aprendizajes de la vida. Y por ello estoy determinado a que cuando enfrentara una situación donde quisiera algo diferente de lo que mi esposa quisiera, e hiciera alguna tontería que levantara un muro entre nosotros, no permitiría nunca vivir con ese muro ni dejar que se hiciera más grande, siempre me disculparía. Siempre diría: "Lo siento", y reafirmaría mi amor y compromiso hacia ella y se arreglaría todo. Determiné siempre hacer que todo lo que estuviera a mi alcance, no fuera perfecto, porque sabía que era imposible, pero sí seguir trabajando en ello, seguir intentándolo.

No ha sido fácil. A veces requiere mucho esfuerzo cuando hay asuntos difíciles. Pero creo que mi resolución refleja una prioridad que nunca hubiera surgido si yo no hubiera pasado por la dolorosa experiencia del divorcio de mis padres.

Piense en la experiencia de este hombre. Las dos personas que él más quería en el mundo, las personas de quienes había obtenido su sentido de identidad y seguridad durante años, y su matrimonio se estaba derrumbando. Se sintió traicionado. Su sensación de seguridad se había puesto en riesgo. Su visión, sus sentimientos sobre el matrimonio estaban amenazados. Tenía un dolor muy grande. Más adelante dijo que había sido la experiencia más difícil y desafiante de su vida.

Con la ayuda de un amigo se dio cuenta de que el matrimonio estaba en su Círculo de Preocupación pero no en su Círculo de Influencia. Decidió ser proactivo. Supo que no podía remediar el matrimonio, pero había cosas que sí podía hacer. Y su brújula interna le dijo cuáles eran esas cosas. Así que comenzó a enfocarse en su Círculo de Influencia. Decidió apoyar y amar a sus padres, incluso cuando era difícil, incluso cuando reaccionaban de manera negativa. Obtuvo valor para actuar con base en principios más que reaccionar ante la respuesta emocional de sus padres.

También comenzó a pensar sobre su propio futuro, su matrimonio. Empezó a reconocer valores que quería tener en su relación con su futura esposa. Como resultado, pudo empezar su matrimonio con la visión de esa relación en la mente. Y el poder de esa visión le ha permitido superar los desafíos que se han presentado. Le ha dado el poder para disculparse y volver al camino correcto.

¿Puede ver la diferencia que hace el enfoque en el Círculo de Influencia?

Considere otro ejemplo. Sé de unos padres de familia que decidieron que la conducta de su hija se había deteriorado hasta el punto donde si se le permitía seguir viviendo en la casa destruiría a la familia. El padre determinó que cuando ella llegara a casa esa noche, le diría que tenía que hacer ciertas cosas o mudarse al día siguiente. Así, se sentó a esperarla. Mientras la esperaba, decidió tomar un pedazo de papel y hacer una lista de los cambios que tenía que hacer para quedarse. Cuando terminó la lista, tenía sentimientos que sólo aquellos que han sufrido una situación similar pueden entender.

Pero en este espíritu emocionalmente doloroso, mientras continuaba esperando que llegara a casa, volteó el pedazo de papel. Ese lado estaba en blanco. Decidió anotar ahí las mejoras que él haría si ella estaba de acuerdo con sus cambios. Estaba llorando al darse cuenta que su lista era más larga que la de ella. En ese espíritu humildemente la recibió cuando llegó a casa y empezaron una plática larga y profunda, comenzando con su lado del papel. Su elección de empezar con ese lado hizo toda la diferencia, de dentro hacia fuera.

Ahora sólo piense en la palabra "responsable", "respons-able", capaz de elegir su propia respuesta. Esa es la esencia de la proactividad. Es algo que podemos hacer en nuestra vida. Lo interesante es que cuando nos enfocamos en el Círculo de Influencia y éste crece, también estamos modelando a otros a través de nuestro ejemplo. Y ellos tenderán a enfocarse en su círculo interno también. En ocasiones otros pueden hacer lo opuesto con la ira reactiva, pero si somos sinceros y persistentes, nuestro ejemplo puede impactar eventualmente el espíritu de todos para que se vuelvan proactivos y tomen más iniciativa, más "responsabilidad" en la cultura familiar.

Escuche Su Lenguaje

Una de las mejores maneras de decir si está en su Círculo de Influencia o su Círculo de Preocupación es escuchar su propio lenguaje. Si está en su Círculo de Preocupación, su lenguaje será reactivo, de culpar, acusar.

"No puedo creer la manera en que se portan esos niños. Me están volviendo loca."

"Mi esposo es un desconsiderado."

"¿Por qué mi papá tenía que ser alcohólico?"

Si está en su Círculo de Influencia, su lenguaje será proactivo. Reflejará un enfoque en las cosas sobre las que puede hacer algo.

"Puedo ayudar a crear reglas en nuestra familia que permitirán a los niños aprender sobre las consecuencias de su comportamiento. Puedo buscar oportunidades para enseñar y reforzar el comportamiento positivo."

"Puedo ser considerado. Puedo modelar la clase de interacción amorosa que me gustaría ver en mi matrimonio."

"Puedo aprender más de mi padre y su adicción al alcohol. Puedo buscar entenderlo, amar y perdonar. Puedo elegir un camino diferente para mí y puedo enseñar e influenciar a mi familia para que esto no sea parte de sus vidas."

Con el fin de lograr un discernimiento más profundo de su nivel de proactividad o reactividad, podría intentar el siguiente experimento. Puede pedir a su cónyuge o a otra persona que participe con usted y le dé retroalimentación.

1. Identifique un problema en su cultura familiar.
2. Descríbalo a otra persona (o escriba su descripción), usando completamente términos reactivos. Enfóquese en el Círculo de Preocupación. Trabaje duro. Vea cómo puede convencer a alguien totalmente de que este problema no es su culpa.
3. Describa el mismo problema con términos completamente proactivos. Enfóquese en su respons-abilidad. Hable sobre qué puede hacer en su Círculo de Influencia. Convenza a alguien de que puede hacer una diferencia real en esta situación.
4. Ahora piense en la diferencia de las dos descripciones. ¿Cuál refleja mejor su patrón habitual normal cuando habla sobre problemas familiares?

Si se da cuenta de que está usando esencialmente lenguaje reactivo, puede tomar pasos inmediatos para reemplazar esa clase de lenguaje con palabras y frases reactivas. El simple acto de forzarse a usar las palabras le ayudarán a reconocer hábitos de reactividad y empezar a cambiar.

Enseñar responsabilidad por el lenguaje es otra manera en que podemos ayudar incluso a los jovencitos a aprender a integrar el Hábito 1.

Colleen (nuestra hija):

Recién intenté ayudar a nuestra pequeña de tres años a ser más responsable por su lenguaje. Le dije: "En nuestra familia no decimos odio o cállate, ni le decimos a alguien estúpido. Tienes que tener cuidado de cómo hablas a las personas. Necesitas ser responsable". De vez en cuando tengo que recordárselo: "No insultes a las personas, Erika. Trata de ser responsable por la manera en que hablas y actúas".

Entonces, el otro día sucedió que yo dije: "Odio esa película". Erika inmediatamente contestó: "No digas odio, mami. Tú eres responsable".

Erika es ahora la Gestapo en nuestra familia. Todos tenemos que cuidar nuestro lenguaje cuando ella anda cerca.

Construyendo la Cuenta de Banco Emocional

Una manera muy práctica y útil de entender y aplicar esta idea de la proactividad y este enfoque de dentro hacia fuera enfocándonos en el Círculo de Influencia es usando la analogía o metáfora de la Cuenta de Banco Emocional.

La Cuenta de Banco Emocional representa la calidad de la relación que usted tiene con otras personas. Es como una cuenta de banco en la que puede hacer "depósitos", haciendo proactivamente cosas que construyen confianza en la relación,

o puede hacer "retiros" haciendo reactivamente las cosas que reducen el nivel de confianza. En un momento dado, *el saldo de confianza en la cuenta determina qué tan bien puede usted comunicarse y resolver problemas con otra persona.*

Si tiene un saldo alto en su Cuenta de Banco Emocional con un miembro de su familia, entonces hay un alto nivel de confianza. La comunicación es abierta y libre. Puede incluso cometer un error en la relación, y la "reserva emocional" lo compensará.

Pero si el saldo de la cuenta es bajo o incluso está sobregirado, entonces no hay confianza y así no hay comunicación auténtica. Es como caminar en un campo minado. Siempre está en guardia. Tiene que medir cada palabra. Incluso sus mejores intenciones son malinterpretadas.

Recuerde la historia de mi amigo que "encontró de nuevo a su hijo". Se puede

> *U*sted puede elegir hacer depósitos en vez de retiros. No importa cuál sea la situación, siempre hay cosas que puede hacer que mejorarán las relaciones.

decir que la relación entre este padre y su hijo estaba sobregirada por $100, $200 o incluso $10,000. No había confianza, no había comunicación real, no había habilidad para resolver problemas juntos. Y mientras más presionaba el papá, peor se ponía la situación. Pero luego mi amigo hizo algo proactivo que marcó una gran diferencia. Tomando un enfoque de dentro hacia fuera, se convirtió en un agente de cambio. Dejó de reaccionar ante su hijo. Hizo un depósito enorme en la Cuenta de Banco Emocional del chico. Escuchó, real y profundamente escuchó. Y el chico de repente se sintió valorado, afirmado, reconocido como un ser humano importante.

Uno de los mayores problemas en muchas culturas familiares es la tendencia reactiva a hacer retiros continuamente en vez de depósitos. Considere la siguiente página que mi amigo, el doctor Glen C. Griffin, sugiere como un día normal en la vida de un adolescente.

¿Qué clase de impacto tendrá este tipo de comunicación en el saldo de la Cuenta de Banco Emocional?

Un Día en la Vida de un Adolescente

6:55 a.m.	Levántate o llegarás tarde de nuevo.
7:14 a.m.	Pero tienes que desayunar.
7:16 a.m.	Pareces un punk drogado. Ponte algo decente.
7:18 a.m.	No olvides sacar la basura.
7:23 a.m.	Ponte el abrigo. ¿No sabes que hace mucho frío? No puedes caminar a la escuela con este clima.
7:25 a.m.	Espero que vengas directo a casa después de la escuela y hagas la tarea antes de irte a otra parte.
5.42 p.m.	Olvidaste la basura. Gracias a ti vamos a tener basura hasta las orejas otra semana.
5:46 p.m.	Guarda esta mugrosa patineta. Alguien se va a tropezar y se romperá el cuello.
5:55 p.m.	Ven a cenar. ¿Por qué siempre tengo que buscarte cuando vamos a comer? Deberías haber ayudado a poner la mesa.
6:02 p.m.	¿Cuántas veces tengo que decirte que la cena está lista?
6:12 p.m.	¿Tienes que sentarte a la mesa con los audífonos en la cabeza, conectados a ese ruido que llamas música? ¿Me oyes lo que estoy diciendo? Quítate eso de las orejas.
6:16 p.m.	Las cosas van a tener que cambiar aquí. Tu cuarto es una desgracia y vas a tener que empezar a hacer algo. Esto no es un palacio con sirvientes esperándote.
6:36 p.m.	Apaga ese juego de video y vacía la lavadora de platos, luego pon los platos sucios dentro. Cuando yo tenía tu edad, no teníamos lavadora de platos. Teníamos que lavar los platos con agua caliente.
7:08 p.m.	¿Qué estás viendo? No me parece muy bueno y es tonto pensar que puedes hacer la tarea mejor con la TV encendida.
7:32 p.m.	Te dije que apagaras la TV hasta que termines la tarea. ¿Por qué están esos zapatos y esa envoltura de dulces en medio del piso? Te he dicho un millón de veces que es más fácil poner las cosas en su lugar en el momento y no después. ¿Te gusta oírme gritar?
9:59 p.m.	Esa música está tan fuerte que no oigo ni mis pensamientos. Vete a dormir o llegarás tarde mañana de nuevo.[5]

Recuerde, amor es un verbo. Uno de los grandes beneficios de ser proactivo es que puede elegir hacer depósitos en vez de retiros. No importa cuál sea la situación, siempre hay cosas que puede hacer que mejorarán las relaciones.

Un padre de una familia mezclada compartió esta experiencia:

Siempre me he considerado como un hombre honesto y trabajador. Tuve éxito en el trabajo y en las relaciones con mi esposa e hijos, con la excepción de nuestra hija de 15 años, Tara.

Yo había hecho varios intentos inútiles para remediar mi relación rota con ella, pero cada intento terminaba en un fracaso frustrante. Ella no confiaba en mí. Cuando intentaba resolver nuestras diferencias, parecía que las cosas empeoraban.

Entonces aprendí de la Cuenta de Banco Emocional y me encontré con una pregunta que me golpeó duro: "Pregúntese, ¿las personas que lo rodean son mejores o más felices por su presencia en el hogar?" En mi corazón yo tenía la respuesta: "No. Mi presencia está empeorando las cosas para mi hija Tara".

Esa introspección casi me rompió el alma.

Después del shock inicial me di cuenta de que si esta triste verdad fuera a cambiar, sería sólo porque yo he cambiado, porque he cambiado desde el corazón. No sólo tenía que actuar de manera diferente hacia ella; necesitaba comprometerme a amarla verdaderamente. Tenía que dejar de criticar y siempre culparla, dejar de pensar que ella era la fuente de nuestra mala relación. Tenía que dejar de competir con ella imponiendo siempre mi voluntad.

Sabía que a menos que actuara sobre estos sentimientos de inmediato, probablemente nunca actuaría sobre ellos, así que resolví hacerlo. Hice el compromiso de que durante 30 días haría cinco depósitos diarios en mi Cuenta de Banco Emocional con Tara, y absolutamente ningún retiro.

Mi primer impulso fue ir con mi hija y decirle lo que iba a hacer, pero mi juicio me dijo que no era el momento adecuado para enseñarle con palabras. Era el momento de hacer depósitos. Más tarde, cuando Tara llegó de la escuela, la saludé con una gran sonrisa y le pregunté: "¿Cómo estás?" Su respuesta cortada fue: "Como si te interesara". Tragué saliva y traté de actuar como si no la hubiera oído. Sonreí y contesté: "Sólo me preguntaba cómo estabas".

Durante los siguientes días trabaje duro para cumplir con mi compromiso. Puse recordatorios en todas partes, incluyendo el espejo retrovisor de mi auto. Continué tratando de hablar con ella, lo cual no era fácil porque había estado condicionado a pelear. Cada experiencia me hizo ver lo cínica que se había vuelto nuestra relación. Empecé a darme cuenta con qué frecuencia en el pasado yo había esperado que ella cambiara antes de yo hacer algo para mejorar las cosas.

Como me concentré en cambiar mis sentimientos y acciones más que los de ella, empecé a ver a Tara con una luz completamente nueva. Empecé a apreciar su gran necesidad de ser amada. Y continué mis esfuerzos de desaparecer las cosas negativas, entonces sentí una fuerza para hacerlo sin resentimientos, sino con más amor.

Casi sin esfuerzo me encontré empezando a hacer pequeñas cosas por ella, pequeños favores que sabía que no tenía que hacer. Mientras ella estudiaba, yo entraba en silencio y encendía la luz. Cuando ella preguntaba: "¿Qué estás haciendo?", yo le contestaba: "Pensé que podrías leer mejor con más luz".

Finalmente, después de casi dos semanas, Tara se me quedó viendo y preguntó: "Papá, hay algo diferente en ti. ¿Qué pasa? ¿Qué está sucediendo?"

Le dije: "Llegué a reconocer algunas cosas que tengo que cambiar, eso es todo. Estoy agradecido de poder expresarte mi amor tratándote de la forma en que sé debí haberte tratado siempre".

Empezamos a pasar más tiempo juntos en casa, hablando y escuchándonos. Más de dos meses habían pasado ya y nuestra relación era mucho más profunda y más positiva. Todavía falta por hacer, pero seguimos trabajando. El dolor se ha ido. La confianza y el amor aumentan cada día y es debido a la simple pero profunda idea de hacer sólo depósitos y no retiros en la Cuenta de Banco Emocional, y hacerlo consistente y sinceramente. Al hacerlo comenzará a ver a la persona de manera diferente y a reemplazar los motivos egoístas con motivos de servicio.

Estoy seguro de que si le preguntan a mi hija qué piensa de mí ahora, rápidamente contestaría: "¿Mi papá? Somos amigos, confío en él".

Puede ver cómo este hombre usó la proactividad para hacer una diferencia real en su relación con su hija. Note cómo usó las cuatro dotes humanas. Observe cómo usó la autoconciencia. Cómo se separó de sí mismo, de su hija, de toda la situación y vio lo que estaba pasando. Note cómo pudo comparar lo que sucedía con lo que su conciencia le decía que era correcto. Note cómo tenía la sensación de que era posible. A través de su imaginación pudo visualizar algo diferente. Y note cómo usó su fuerza de voluntad para actuar.

Y al usar las cuatro dotes, observe qué empezó a suceder. Las cosas empezaron a mejorar dramáticamente, no sólo la calidad de la relación, sino también cómo se sentía respecto a él mismo y cómo su hija se sentía respecto a ella misma. Era como drenar una cultura tóxica con un bálsamo curativo. Literalmente eso fue lo que él hizo. Hizo muchos depósitos porque se liberó de las debilidades de otras personas y se concentró en su Círculo de Influencia, en las cosas sobre las que podía hacer algo. Fue verdaderamente un agente de cambio.

Recuerde, cada vez que construye su vida emocional sobre las debilidades de otros, está renunciando a su poder, es decir, a sus dotes humanas, a merced de esas debilidades y entonces su vida emocional es producto de cómo lo tratan. Se queda sin poder y faculta las debilidades de otros.

Pero cuando se enfoca en su Círculo de Influencia y hace lo que puede para construir la Cuenta de Banco Emocional, para construir relaciones, confianza y amor incondicional, dramáticamente aumenta su habilidad para influenciar a los demás en una forma positiva.

Permítame compartirle algunas ideas específicas, algunos "depósitos" que puede hacer en su familia, que pueden ser muy útiles. Son maneras prácticas en que puede empezar a practicar el Hábito 1 en su familia ahora mismo.

Ser Amable

Hace algunos años pasé una noche especial con dos de mis hijos. Era una salida organizada de padre e hijos, con deporte, encuentros de lucha, hot dogs, naranjada y una película.

En medio de la película, Sean, que tenía entonces cuatro años, se quedó dormido. Su hermano mayor, Stephen, que tenía seis, estuvo despierto y vimos el resto de la película juntos. Cuando terminó, cargué a Sean en brazos, lo llevé hasta el auto y lo acosté en el asiento de atrás. Era una noche muy fría, así que me quité el abrigo y se lo puse encima.

Cuando llegamos a casa, rápidamente cargué a Sean y lo puse en su cama. Después de que Stephen se puso la pijama y se lavó los dientes, me acosté junto a él para hablar sobre nuestras actividades.

"¿Qué te pareció, Stephen?"

"Bien", contestó.

"¿Te divertiste?"

"Sí."

"¿Qué fue lo que más te gustó?"

"No sé. El trampolín, creo."

"Fue muy emocionante, ¿verdad? Todas esas vueltas en el aire son impresionantes."

No había mucha respuesta de su parte. Me encontré yo solo haciendo conversación. Me preguntaba por qué Stephen no se abría más. Por lo general lo hacía cuando pasaba algo emocionante. Era un poco decepcionante. Sentí que algo estaba mal; había estado muy callado camino a casa y preparándose para dormir.

De repente Stephen se volteó de cara a la pared. Me pregunté por qué y cuando me asomé a verlo tenía los ojos llenos de lágrimas.

"¿Qué pasa, cariño? ¿Qué es?"

Volteó y vi que se sentía un poco avergonzado por las lágrimas y le temblaban los labios y la barbilla.

"Papi, si yo tuviera frío, ¿también me pondrías encima tu abrigo?"

De todos los eventos de esa noche especial, el más importante fue el pequeño acto de amabilidad, una demostración momentánea e inconsciente de amor a su pequeño hermano. Qué lección personal tan poderosa fue para mí sobre la importancia de la amabilidad.

En las relaciones las cosas pequeñas son grandes. Una mujer hablaba de haber crecido en un hogar donde había una placa en la cocina que decía: "Hacer muchas pequeñas cosas con amabilidad, constancia y cariño no es una cosa pequeña".

Cynthia (hija):
Una cosa que se me quedó en la mente de cuando era adolescente es el sentimiento de sentirme agobiada. Recuerdo la presión tratando de hacer las cosas bien en la escuela y estar en el equipo de debates, e involucrada en tres o cuatro cosas al mismo tiempo.

A veces llegaba a casa y encontraba mi cuarto limpio y organizado. Había una nota que decía: "Te quiero, tu Ada Madrina", y sabía que mamá había trabajado mucho para arreglar mi cuarto porque sabía que yo estaba muy ocupada con tantas cosas.

Realmente me quitaba un peso de encima. Entraba a mi habitación y murmuraba: "Oh, Gracias, Gracias".

Las pequeñas amabilidades recorren un largo camino hacia la construcción de relaciones de confianza y amor incondicional. Piense en el impacto en su familia al usar palabras o frases como: *gracias, por favor, discúlpame, tú primero* y *¿puedo ayudarte?* O hacer pequeños actos de servicio como ayudar con los platos, llevar a los niños de compras por algo que es importante para ellos o llamar para ver si necesitan algo de la tienda para comprarlo camino a casa. O encontrar pequeñas maneras de expresar amor, como enviar flores, poner una nota en la lonchera y el portafolios o llamar para decir "Te quiero" a la mitad del día. O expresar gratitud y aprecio. O hacer cumplidos sinceros. O mostrar reconocimiento, no sólo en momentos especiales de logro o en ocasiones como cumpleaños, sino en días ordinarios, y sólo porque su cónyuge o hijos son lo que son.

Doce abrazos al día, es lo que necesitan las personas. Los abrazos vienen en forma física, verbal, visual y ambiental. Todos necesitamos doce abrazos al día, formas diferentes de alimento emocional de otras personas o quizá alimento espiritual a través de la meditación y la oración.

> «*Hacer* muchas pequeñas cosas con cuidado, constancia y amabilidad, *no* es una pequeña cosa.»

Conozco a una mujer que creció en la pobreza, pero se dio cuenta de la importancia de la amabilidad y la cortesía en el hogar. Lo aprendió donde trabajaba, en un hotel de mucho prestigio donde todo el personal tenía una cultura de cortesía hacia todo huésped. Ella sabía lo bien que hacía a las personas sentirse tratado de manera tan especial. También sabía lo bien que ella se sentía al realizar actos de amabilidad y cortesía. Un día decidió tratar de actuar así en casa con su familia.

Empezó a hacer pequeños actos de servicio por los miembros de la familia. Empezó a usar lenguaje positivo, gentil y amable. Cuando servía el desayuno, por ejemplo, decía, como lo hacía en el trabajo: "Es un placer". Me dijo que transformó a toda su familia y empezó un nuevo ciclo intergeneracional.

Una cosa que mi hermano John y su esposa Jane hacen en su familia es dedicar un tiempo cada mañana a hacerse cumplidos entre sí. ¡Y qué diferencia hace!

Una mañana, su hijo, un chico fuerte y atlético, el héroe del fútbol de su escuela, venía bajando la escalera con tanta energía, tanta emoción que Jane no se imaginaba cuál era el motivo de su animación.

"¿Por qué estás tan emocionado?", preguntó.

"¡Es mi mañana de cumplidos!", contestó con una sonrisa.

Una de las dimensiones más importantes de la amabilidad es expresar aprecio. ¡Qué importante depósito para hacer y enseñar, en la familia!

Disculparse

Tal vez no hay nada que pruebe nuestra capacidad proactiva tanto como decir "Perdón" a otra persona. Si su seguridad está basada en su imagen o su posición o en tener la razón, disculparse es como drenar todo el jugo de su ego. Lo limpia. Presiona cada una de sus dotes humanas hasta el límite.

Colleen (hija):
Hace varios años Matt y yo fuimos a la cabaña para estar con toda la familia en Navidad. No recuerdo los detalles, pero por alguna razón se suponía que yo llevaría a mamá a Salt Lake City al día siguiente. Como sucedió, yo ya tenía otro compromiso y no podía hacerlo. Cuando papá oyó mi respuesta, explotó, totalmente perdió los estribos.

"¡Estás siendo egoísta! —dijo—. Es necesario que lo hagas". Y me dijo muchas cosas que no quería decir.

Sorprendida por su respuesta tan fuerte, empecé a llorar. Estaba profundamente lastimada. Estaba tan acostumbrada a su comprensión y consideración siempre. De hecho, en toda mi vida recuerdo sólo dos ocasiones en que realmente perdió los estribos conmigo, así que me dolió mucho. No debí haberme sentido ofendida, pero lo hice. Finalmente dije: "Está bien, lo haré", sabiendo que él no escucharía mi conflicto.

Me dirigí a casa y mi esposo venía conmigo. "Regresaremos esta noche —dije—. Ni siquiera me importa si nos perdemos la fiesta de Navidad de la familia."
Y todo el camino estuve repitiendo malos sentimientos.

Justo después de llegar a casa, sonó el teléfono. Matt contestó. Me dijo: "Es tu papá".

"No quiero hablar con él", dije, todavía lastimada. Pero finalmente tomé el teléfono y hablé con él.

"Cariño —dijo—. Discúlpame. En realidad no hay excusa que pueda justificar mi actitud contigo, pero déjame decirte qué estaba sucediendo." Me dijo que acababan de empezar a construir la casa, las finanzas estaban en mal estado, las cosas en el negocio estaban tambaleantes, y luego con la Navidad y toda la familia ahí, había sentido mucha presión y lo había demostrado. "Pero me desahogué contigo —me dijo—. Lo siento, discúlpame." Entonces le devolví la disculpa, sabiendo que yo había exagerado.

La disculpa de papá fue un gran depósito en mi Cuenta de Banco Emocional. Y habíamos tenido siempre una gran relación.

Matt y yo regresamos esa noche y arreglé mi programa para el día siguiente, llevé a mamá a Salt Lake City y fue como si nada hubiera sucedido. Si acaso, papá y yo nos acercamos más porque pudimos disculparnos inmediatamente. Creo que se necesitó mucho de él para poder analizar la situación tan rápidamente y decir "perdón".

Aunque nuestro temperamento puede surgir muy de vez en cuando, afectará la calidad de todo el resto del tiempo si no asumimos responsabilidad por ello y nos disculpamos. ¿Por qué? Porque las personas nunca saben cuándo van a dar en una cuerda sensible, así que siempre están preocupadas internamente y defendiéndose, tratando de ver indicios de nuestras respuestas naturales, espontáneas e intuitivas.

Mientras más pronto aprendamos a disculparnos, mejor. Las tradiciones mundiales afirman esta idea. La expresión del Lejano Oriente encaja perfecto aquí: "Si te vas a agachar, agáchate bien". Una gran lección también se encuentra en la Biblia.

Acuerda con tu adversario rápidamente, mientras estás en el camino con él; no dejes que tu adversario te entregue al juez, y el juez te entregue al oficial, y te pongan en una prisión. Verazmente te lo digo, no podrás salir de esa prisión, hasta que hayas pagado la sentencia más enorme.

Indudablemente existe un número de maneras de aplicar esta instrucción a nuestras vidas, pero una puede ser ésta: cuando no estamos de acuerdo con otros, necesitamos rápidamente "acordar" con ellos, no sobre el motivo del desacuerdo (que comprometería nuestra integridad), sino sobre el derecho a no estar de acuerdo, para verlo como ellos lo ven. De otro modo, para protegerse nos pondrán en una "prisión" emocional en sus mentes. No seremos liberados de esta prisión hasta que hayamos pagado una enorme sentencia, hasta que humildemente reconozcamos nuestro error de no permitirles estar en desacuerdo. Debemos hacer esto sin decir por ningún motivo esto: "Yo pediré perdón si tu pides perdón".

Si intenta pagar la sentencia simplemente tratando de ser mejor y no disculpándose, las otras personas tendrán sospechas y lo mantendrán detrás de estas barras de la prisión, detrás de etiquetas mentales y emocionales que le han puesto, que les dan la sensación de seguridad sabiendo que no deben esperar demasiado de usted.

Todos lo "arruinamos" alguna vez. En otras palabras, nos salimos del camino. Y cuando sucede, necesitamos reconocerlo humildemente y disculparnos con sinceridad.

Cariño, perdóname por haberte avergonzado delante de tus amigos. Me equivoqué. Voy a disculparme contigo y también con tus amigos. Nunca debí haberlo hecho. No sé qué me pasó, pero lo siento mucho. Espero que me des otra oportunidad.

Cariño, me disculpo por cortarte así. Tú intentabas compartir conmigo algo que te preocupaba mucho y yo me metí en mis propios problemas y me porté mal contigo. ¿Podrías perdonarme?

Note de nuevo en estas disculpas cómo se usan las cuatro dotes. Primero, está consciente de lo que está sucediendo. Segundo, consulta con su conciencia en un sentido moral o ético. Tercero, tiene la sensación de lo que es posible, lo que sería mejor. Y cuarto, actúa sobre las otras tres. Si alguna de estas cuatro no se usa, todo el esfuerzo será en vano y terminará tratando de defenderse, justificarse, explicar o cubrirse con una conducta ofensiva de alguna manera. Puede disculparse, pero sería superficialmente, no sincero.

Ser Fiel al Que no Está Presente

¿Qué sucede cuando los miembros de la familia no son fieles entre sí, cuando critican y hacen chismes sobre los demás a sus espaldas? ¿Qué hace esto a la relación, a la cultura cuando los miembros de la familia hacen comentarios desleales hacia otros miembros de la familia o sus amigos?

"Mi esposo es muy tacaño. Se preocupa por cada centavo que gasto."

"Mi esposa habla demasiado. Ojalá se callara y me dejara decir algo de vez en cuando."

"¿Supiste lo que me hizo mi hijo el otro día? Habló con un maestro. Me llamaron de la escuela. ¡Me sentí tan avergonzada! No sé qué hacer con ese niño. Siempre está causando problemas."

"No puedo creer a mi suegra. Trata de controlar todo lo que hacemos. No sé por qué mi esposa no puede cortarse el cordón umbilical y librarse de ella."

Comentarios como estos son retiros enormes no sólo de la persona que se está hablando, sino también de la persona con quien se está hablando. Por ejemplo, si descubriera que alguien hizo uno de estos comentarios sobre usted, ¿cómo se sentiría? Probablemente se sentiría mal entendido, violado, criticado injustamente, mal acusado. ¿Cómo afectaría la cantidad de confianza en su relación con esa persona? ¿Se sentiría seguro? ¿Se sentiría afirmado? ¿Sentiría confianza hacia esa persona y su confianza sería tratada con respeto?

Por otro lado, si alguien le dijo algo como esto sobre otra persona, ¿cómo se sentiría usted? Inicialmente podría sentirse complacido de que la persona "confió" en usted, pero ¿no comenzaría usted a dudar si esa misma persona, en circunstancias diferentes, diría algo igualmente negativo sobre usted?

Después de disculparse, los depósitos más difíciles y uno de los más importantes que una persona puede hacer, o una familia entera puede adoptar como un valor y compromiso fundamentales, es ser leal a los miembros de la familia cuando no están presentes. En otras palabras, hablar de los demás como si estuvieran presentes. Eso no significa que no esté consciente de sus debilidades o que tiene que "enterrar la cabeza en la arena" como avestruz. Significa que normalmente se enfoca en lo positivo más que en lo negativo, y si habla de esas debilidades, lo hace de manera tan responsable y constructiva que no se avergonzaría si esas personas estuvieran presentes escuchando su conversación.

Un amigo nuestro tenía un hijo de 18 años cuyos hábitos irritaban a sus hermanos casados y a sus cónyuges. Cuando no estaba presente (lo cual era muy frecuente, ya que la mayoría del tiempo estaba fuera de casa con sus amigos), la familia siempre hablaba de él. Su conversación favorita se centraba en sus amigos, su hábito de dormir hasta tarde y sus demandas hacia su mamá para que le sirviera siempre a su antojo. Este hombre participaba en estas conversaciones sobre su hijo y las discusiones lo hacían creer que su hijo era verdaderamente irresponsable.

> *H*able siempre de los demás como si estuvieran presentes.

En un momento, este amigo se volvió consciente de lo que estaba sucediendo y la parte que él estaba jugando en ello. Decidió seguir el principio de ser fiel al ausente, siendo fiel a su hijo. Desde entonces, cuando comenzaban dichas conversaciones, gentilmente interrumpía los comentarios negativos y decía algo bueno que había observado en su hijo. Siempre tenía una historia buena que se contraponía a los comentarios negativos que los otros hacían. Pronto la conversación perdía su interés y se cambiaba por temas más interesantes.

Nuestro amigo decía que pronto sintió que los demás empezaron a conectarse con este principio de fidelidad a la familia. Comenzaron a darse cuenta de que él también los defendería a ellos si no estaban presentes. De una manera casi inexplicable, quizá porque empezó a ver a su hijo de manera diferente, este cambio también mejoró su Cuenta de Banco Emocional con su hijo, quien ni siquiera había estado consciente de las conversaciones familiares sobre él. El meollo es: La manera en que trate cualquier relación en la familia eventualmente afectará todas las relaciones de la familia.

Recuerdo una vez que estaba corriendo al salir de la casa para ir a algún lado con mucha prisa. Sabía que si me detenía a despedirme de mi hijo de 3 años, Joshua, me atraparía con sus preguntas y necesidades. Me tomaría tiempo y yo estaba enseñando eficiencia. Así que dije a los demás niños, "Adiós, chicos, me voy corriendo. No le digan a Joshua que ya me voy".

> *La manera en que usted trate cualquier relación en la familia, eventualmente afectará a todas las relaciones en la familia.*

Estaba a medio camino hacia el auto cuando me di cuenta de lo que había hecho. Di media vuelta, regresé a la casa y le dije a los niños: "Hice muy mal en no despedirme de Joshua también. Voy a buscarlo para decirle adiós".

Seguro, tuve que quedarme un rato con él. Tuve que hablar con él sobre lo que quería hablar antes de irme. Pero construí una Cuenta de Banco Emocional con Joshua y con los demás niños también.

A veces pienso: ¿Qué hubiera sucedido si no hubiera regresado? ¿Qué tal si hubiera llegado con Joshua esa noche y tratar de tener una buena relación con él? ¿Hubiera estado cariñoso y abierto conmigo después de que me le escapé en la mañana sin despedirme, siendo que él me necesitaba? ¿Cómo hubiera afectado esto mi relación con mis otros hijos e hijas? ¿Habrían pensado que les haría lo mismo a ellos también?

El mensaje enviado a uno se envía realmente a todos y ellos saben que si usted trata a uno de una manera, sólo se necesitan circunstancias diferentes para que los trate igual a ellos. Es por ello que es tan importante ser fiel a aquellos no presentes.

Vea aquí, también, cómo las cuatro dotes están en uso proactivo. Para ser fiel, tiene que ser autoconsciente. Tiene que tener sensación de conciencia, un sentido moral de lo bueno y lo malo. Tiene que tener sentido de qué es posible, qué es mejor. Y tiene que tener fuerza intestinal para hacer que suceda.

Ser fiel a aquellos no presentes es claramente una elección proactiva.

Hacer y Cumplir Promesas

Muchas veces, con los años, las personas preguntan si tengo una idea de qué ayudaría más a las personas a crecer para poder manejar mejor sus problemas, aprovechar las oportunidades y llevar vidas exitosas. He aprendido a dar una respuesta de cuatro palabras: "Haciendo y cumpliendo promesas".

Aunque esto puede sonar como algo muy simple, en verdad creo que es profundo. De hecho, como lo descubrirá, los primeros tres hábitos están personificados en esa simple expresión de cuatro palabras. Si una familia cultivara el espíritu de hacer y cumplir promesas entre sí, crearía una multitud de cosas buenas.

Cynthia *(hija):*
Cuando tenía 12 años, papá prometió llevarme con él a un viaje de negocios a San Francisco. ¡Estaba emocionadísima! Hablamos del viaje durante tres meses. Íbamos a estar allí dos días y una noche, y planeábamos cada detalle. Papá iba a estar ocupado con reuniones el primer día, así que yo me quedaría en el hotel. Después de sus reuniones, planeamos tomar un taxi a Chinatown y comer comida china que es mi favorita. Luego iríamos al cine, pasearíamos en el tren y regresaríamos al hotel a ver una película y pedir helados del servicio a cuartos. Me moría de emoción.

El día finalmente llegó. Pasaron las horas y yo esperando en el hotel. Llegaron las 6 de la tarde y papá no llegó. Finalmente, a las 6:30 llegó con otro hombre, un querido amigo y relación de negocios. Recuerdo cómo me dio una vuelta el alma cuando el hombre dijo: "Me da tanto gusto que estés aquí, Stephen. Esta noche, Lois y yo te llevaremos al embarcadero a una cena espectacular y luego debemos ver la vista desde nuestra casa". Cuando papá le dijo que yo estaba ahí, el hombre dijo: "Claro, también puede venir. Nos encantará que esté con nosotros".

"Oh, perfecto, pensé. Odio el pescado, estaré sentada en una silla mientras papá y su amigo hablan." Podía ver todas mis esperanzas y planes derrumbarse.

Mi desilusión era más grande que nada. Este hombre estaba presionando mucho. Yo quería decirle a papá: "Es nuestro tiempo juntos, ¡tú lo prometiste!" Pero tenía sólo 12 años, así que lloré por dentro.

Nunca olvidaré el sentimiento que tuve cuando papá dijo: "Perdón Bill, me encantaría estar con ustedes, pero este es un viaje especial para mi niña. Ya tenemos planeado cada minuto. Eres muy amable en invitarnos". El hombre estaba obviamente decepcionado, pero, para mi sorpresa, pareció entender.

Hicimos absolutamente todo lo que habíamos planeado para el viaje. No nos perdimos de nada. Fue el viaje más feliz de mi vida. No creo que ninguna niña haya adorado a su papá tanto como yo adoré al mío esa noche.

Estoy convencido de que pensará en un depósito que tenga más impacto en la familia que hacer y cumplir promesas. ¡Piénselo! ¿Cuánta emoción, anticipación y esperanza se crean con una promesa? Y las promesas que hacemos en la familia son las más vitales y con frecuencia las más tiernas de todas las promesas.

La promesa más fundamental que hacemos a otro ser humano está dentro del voto del matrimonio. Es la promesa última. Igual es la promesa que implícitamente hacemos con nuestros hijos, particularmente cuando son pequeños, de que los cuidaremos, los alimentaremos. Es por ello que el divorcio y el abandono son retiros tan dolorosos. Aquellos involucrados a menudo sienten que la promesa se rompió. Así, cuando estas cosas ocurren, se vuelve más importante hacer depósitos que ayuden a reconstruir los puentes de confianza y confiabilidad.

Una vez un hombre que me había ayudado en un proyecto describió el horrible divorcio por el que acababa de pasar. Pero habló con una especie de orgullo sobre cómo había cumplido la promesa que se había hecho a él mismo y a su esposa muchos meses antes, de que no importaba lo que sucediera, él no hablaría mal de ella, especialmente enfrente de los hijos, y que siempre se referiría a ella de manera positiva y con admiración. Esto fue durante la época de las luchas legales y emocionales, y dijo que era lo más difícil que había hecho en su vida. Pero también mencionó lo contento que estaba por haberlo hecho porque hizo una gran diferencia, no sólo para los niños, sino también en cómo se sintieron respecto a sus padres y su sentido de familia, a pesar de la situación tan difícil. No podría expresar lo suficientemente bien que se sentía de haber cumplido esa promesa.

Incluso cuando se han roto promesas en el pasado, en ocasiones se puede convertir la situación en un depósito. Recuerdo a un hombre que no cumplió un compromiso que me había hecho. Más tarde, preguntó si podría tener la oportunidad de hacer algo y yo le dije que no. Con base en mi experiencia pasada, no estaba seguro de poder confiar en él.

Pero el hombre me dijo: "No te cumplí antes. Debo reconocerlo. No me esforcé lo suficiente y me equivoqué. ¿Me podrías dar otra oportunidad por favor? No sólo te voy a cumplir, sino que será de una manera extraordinaria".

Estuve de acuerdo y así fue. Cumplió de una manera asombrosa. Y ante mis ojos, ganó más respeto que si hubiera cumplido la primera promesa. Su valor para volver, tratar un problema difícil y un error de una manera honorable, hizo un depósito masivo en mi Cuenta de Banco Emocional.

Perdonar

Para muchas personas la prueba última del músculo proactivo es perdonar. De hecho, siempre será una víctima hasta que perdone.

Una mujer compartió esta experiencia:

> **Siempre será una víctima hasta que perdone.**

Vengo de una familia muy unida. Siempre estábamos juntos, hijos, padres, hermanos, hermanas, tíos, primos, abuelos, y nos queríamos mucho.

Cuando mi padre siguió a mi madre en su muerte, fue una pena muy grande para todos. Los cuatro hijos nos reunimos para repartirnos las cosas de nuestros padres. Lo que sucedió en esa reunión fue algo tan impredecible que nunca me recuperaré. Siempre habíamos sido una familia emocional y, en ocasiones, teníamos diferentes puntos de vista y discutíamos, pero nada más. Pero en esta ocasión discutimos más allá de lo que nunca habíamos hecho. La pelea se volvía tan acalorada que de repente ya estábamos gritándonos amargamente. Comenzamos a destrozarnos emocionalmente. Sin poder arreglar nuestras diferencias, anunciamos que íbamos a conseguir abogados para que nos representaran y que el asunto se arreglaría en la corte.

Todos salimos de la reunión sintiéndonos tristes y con rencor. Dejamos de visitarnos y ni siquiera nos llamábamos. Dejamos de reunirnos en los cumpleaños o los días de fiesta.

La situación continuó así durante 4 años. Fue el juicio más difícil de mi vida. Con frecuencia sentía el dolor de la soledad y el espíritu de la falta de perdón, y la amargura y las acusaciones que nos dividían, era horrible. Mientras mi pena se hacía cada vez más grande, yo pensaba que si realmente me querían, deberían llamarme. ¿Qué les pasaba? ¿Por qué no me llamaban?

Entonces un día aprendí el concepto de la Cuenta de Banco Emocional. Me di cuenta de que no perdonar a mis hermanos y hermanas era reactivo de mi parte y que amor es un verbo, una acción, algo que debo hacer.

Esa noche, sentada sola en mi habitación, el teléfono parecía gritarme que lo usara. Hice acopio de todo mi valor y marqué el número de mi hermano mayor. Cuando oí su maravillosa voz diciendo "Hola", empecé a llorar y casi no pude hablar.

Cuando él supo quién era, sus emociones se unieron a las mías. Los dos queríamos ser el primero en decir "perdón". La conversación se convirtió en expresiones de amor, perdón y recuerdos.

Llamé a los demás. Me llevó mucho tiempo. Todos respondieron igual que mi hermano mayor.

Ésa fue la noche más importante y grandiosa de mi vida. Por primera vez en 4 años me sentí completa. El dolor que tenía había desaparecido, reemplazado por alegría de perdón y paz. Me sentí renovada.

Note cómo todas las dotes jugaron un rol en esta extraordinaria reconciliación. Observe la profundidad de conciencia de esta mujer sobre lo que estaba pasando. Observe la conexión de esta mujer con su conciencia, su sentido moral. También note cómo el concepto de la Cuenta de Banco Emocional creó una visión de qué es posible y cómo estas tres dotes se unieron para producir la fuerza de voluntad para perdonar y conectarse de nuevo, y para experimentar la felicidad que aporta una reunión así.

Otra mujer compartió su experiencia:

Recuerdo de niña sentirme feliz y segura. Tengo recuerdos cálidos de ir a días de campo con la familia, jugar y arreglar el jardín juntos. Sabía que mis padres se amaban y que amaban a sus hijos.

Pero cuando fui adolescente, las cosas comenzaron a cambiar. Mi papá salía en viajes de negocios ocasionales. Comenzó a trabajar hasta tarde por las noches y en sábados. La relación entre él y mamá parecía tensa. El ya no pasaba tiempo con la familia. Una noche al volver a casa del restaurante donde trabajaba en el turno de la noche, vi a mi papá llegar al mismo tiempo. Me di cuenta de que no había pasado la noche en casa.

Eventualmente, mis padres se separaron cuando descubrimos que papá había sido infiel a mamá. Su infidelidad, supimos después, había comenzado en uno de sus viajes de negocios.

Hace varios años me casé con un hombre maravilloso. Nos amamos mucho y ambos tomamos muy en serio los votos matrimoniales. Todo parecía ir de maravilla, hasta que un día me dijo que tenía que salir unos días en un viaje de negocios. De repente, todo el dolor del pasado se me vino encima. Recordé que fue en sus viajes de negocios que papá empezó a serle infiel a mamá. No tenía ninguna razón para dudar de mi esposo. Nada que justificara mi temor. Pero el miedo estaba ahí, profundo y doloroso.

Cuando se fue pasé mucho tiempo llorando y sufriendo. Cuando intenté explicar mis temores, sabía que él no me entendía. Estaba totalmente comprometido conmigo y no veía sus viajes como un problema. Pero desde mi perspectiva había un gran peligro. El no me entendía porque en su familia nunca se había dado una situación en que alguien hiciera lo que mi padre hizo.

Mi esposo fue a varios viajes de negocios durante los meses siguientes. Traté de ser más positiva en mis interacciones con él. Trabajé duro para controlar mis pensamientos y sentimientos. Pero cada vez que él se iba, sentía pánico por dentro. La presión emocional se volvió tan intensa que empecé con dificultades para comer y dormir cuando él no estaba. Y aunque lo intentaba, nada parecía mejorar las cosas.

Finalmente, después de años de manejar ese dolor, llegué a un punto en el que pude perdonar a mi padre. Pude ver su conducta por lo que era: su conducta. Nos lastimó profundamente, pero pude perdonarlo y amarlo, y dejar ir el dolor y el miedo.

Esto se convirtió en un punto importante en mi vida. De repente descubrí que la tensión en mi matrimonio se había marchado. Podía decir: "Ese era mi padre, no mi esposo". Encontré que podía besar a mi esposo de despedida en sus viajes de negocios y cambié mi enfoque para hacer todo lo que quería concretar antes de que él regresara.

No quiero sugerir que me volví perfecta en una noche. Los años de resentimiento hacia mi padre habían creado hábitos negativos profundos. Pero después de esa experiencia, cuando el pensamiento ocasional surgía a la superficie, pude reconocerlo, dirigirlo rápidamente y moverme hacia adelante.

De nuevo: siempre será una víctima hasta que perdone. Cuando verdaderamente perdona, abre los canales a través de los cuales puede fluir la confianza y el amor incondicional. Limpia su propio corazón. También quita un obstáculo importante que impide que los demás cambien porque cuando usted no perdona, se pone entre las personas y su propia conciencia. Se interpone en el camino. Se vuelve un bloqueo para el cambio. En vez de gastar su energía en trabajo interno profundo con su conciencia, la gastan defendiendo y justificando su conducta hacia usted.

Uno de los depósitos más grandes que puede hacer en sus relaciones con otros miembros de su familia, y en la calidad y riqueza básica de su propia vida, es perdonar. Recuerde, no es la mordida de la serpiente lo que hace el daño real; es perseguir a la serpiente lo que lleva el veneno al corazón.

> *N*o es la mordida de la serpiente lo que hace el daño real; es perseguir a la serpiente lo que lleva el veneno al corazón.

Las Leyes Principales del Amor

En este capítulo hemos visto los cinco depósitos significativos que puede usted proactiva e inmediatamente empezar a hacer en las Cuentas de Banco Emocional de los miembros de su familia. La razón por la que estos depósitos crean una diferencia tan poderosa en la cultura familiar es que están basados en las Leyes Principales del Amor, leyes que reflejan la realidad de que el amor en su forma más pura es incondicional.

Existen tres leyes: aceptación más que rechazo, comprensión más que juicio, y participación más que manipulación. Vivir estas leyes es una elección proactiva que no está basada en la conducta de otro o en la situación social, logro educativo, riqueza, reputación o cualquier otro factor excepto el valor intrínseco de un ser humano.

Estas leyes son el fundamento de una cultura familiar hermosa, porque sólo cuando vivimos las Leyes Principales del Amor tenemos el valor de obedecer a las Leyes Principales de la Vida (como honestidad, responsabilidad, integridad y servicio).

A veces cuando las personas están luchando con un ser amado y haciendo todo lo que pueden para llevar a esa persona por donde ellos creen que es un camino responsable, es muy fácil caer en la trampa de vivir las leyes del amor "secundario" o falso, juicio, rechazo y manipulación. Aman el fin en la mente más de lo que aman a la persona. Aman condicionalmente. En otras palabras, usan el amor para manipular y controlar. Como resultado, los demás se sienten rechazados y luchan por estar así.

> *C*uando vivimos las Leyes Principales del Amor tenemos el valor de obedecer a las Leyes Principales de la Vida.

Pero cuando usted acepta y ama a las personas profundamente como son, en realidad las está alentando a ser mejores. Al aceptar a las personas no está condonando sus debilidades o estando de acuerdo con su opinión, simplemente está afirmando su valor intrínseco. Está reconociendo que piensan o sienten de una manera en particular. Está liberándolas de la necesidad de defenderse, protegerse y preservarse ellas mismas. Así, en vez de desperdiciar su energía defendiéndose, pueden enfocarse en interactuar con su conciencia y liberar su potencial de crecimiento.

Al amar a las personas incondicionalmente, usted libera su poder natural para mejorar. Y puede hacerlo sólo cuando separa a la persona de la conducta y cree en el potencial no visto.

Sólo considere lo valiosa que sería esta perspectiva al tratar con un miembro de la familia, particularmente un niño, que está lleno de energía negativa o quien ha

estado fuera del camino correcto durante un tiempo. ¿Qué sucedería si, más que etiquetar a ese niño con base en conductas actuales, usted afirmara el potencial no visto y lo amara incondicionalmente? Como dijo Goethe: "Trata a un hombre como es y seguirá siendo así. Trata a un hombre como puede y debería ser y se convertirá en lo que puede y debería ser".

Una vez tuve un amigo que era decano en una escuela muy prestigiosa. Planeó y ahorró durante años para dar a su hijo la oportunidad de asistir a esa institución, pero cuando llegó el momento, el chico se negó a ir. Esto preocupó profundamente a su padre. Graduarse de esa escuela hubiera sido un gran beneficio para el chico. Además, era una tradición familiar. Tres generaciones habían asistido a esa escuela. El padre hablaba, suplicaba y rogaba. También trató de escuchar al chico para entenderlo, todo con esperanzas de que cambiara de opinión.

Le decía: "Hijo, ¿qué no ves lo que esto significa para tu vida? No puedes basar decisiones de largo alcance en emociones de corto alcance".

El hijo respondía: "¡Tú no me entiendes! Es mi vida. Quieres que haga lo que tú dices. Ni siquiera sé si voy a querer estudiar".

El padre continuaba: "Para nada, hijo. Tú eres el que no entiende. Sólo quiero lo mejor para ti. No seas tonto".

El mensaje sutil que se estaba comunicando era de amor condicional. El hijo sentía que en cierto sentido el deseo del padre de que asistiera a esa escuela aumentaba su valor ante él como persona y como hijo, lo cual era terriblemente amenazante. En consecuencia, luchaba por su propia identidad e integridad, y aumentaba su resolución y sus esfuerzos para racionalizar su decisión de no ir a esa escuela.

Después de mucho pensarlo, el papá decidió hacer un sacrificio, renunciar al amor condicional. Sabía que su hijo haría una elección diferente de lo que él deseaba; sin embargo, él y su esposa resolvieron amar a su hijo incondicionalmente, sin importar su elección. Fue algo extremadamente difícil porque el valor de su experiencia educativa estaba cerca de sus corazones y porque era algo que habían planeado y por lo que habían trabajado desde que el chico nació.

El padre y la madre pasaron por un proceso muy difícil, usando proactivamente las cuatro dotes y luchando para entender la naturaleza del amor incondicional. Eventualmente lo sintieron muy profundo y comunicaron a su hijo lo que habían hecho y por qué. Le dijeron que habían llegado al punto en el cual podían decir con toda honestidad que su decisión no afectaría los sentimientos de amor incondicional hacia él. No lo hicieron para manipularlo, ni estaban usando psicología para hacerlo que se "formara". Lo hicieron como la extensión emergente de su crecimiento en carácter.

El chico no dio mucha respuesta, pero sus padres tenían tal grado de amor incondicional en ese punto que no hubiera hecho ninguna diferencia en sus sentimientos hacia él. Cerca de una semana después dijo a sus padres que había decidido no ir. Ellos estaban perfectamente preparados para esta respuesta y continuaron mostrándole amor incondicional. Todo estaba arreglado y la vida continuó de manera normal.

Un podo después sucedió algo interesante. Ahora que el chico no sentía que debía defender su posición, buscó dentro de sí mismo más profundamente y encontró que realmente sí quería vivir esta experiencia educativa. Hizo una solicitud de admisión y luego se lo dijo a su padre, quien de nuevo mostró amor incondicional aceptando completamente la decisión de su hijo. Nuestro amigo estaba feliz, pero no excesivamente, porque en verdad había aprendido a amar sin condición.

Como estos padres vivieron las Leyes Principales del Amor, su hijo pudo buscar en su propio corazón y elegir vivir en armonía con una de las Leyes Principales de la Vida que implica crecimiento y educación.

Muchas personas que han recibido amor incondicional y nunca han desarrollado la sensación de valor intrínseco luchan toda la vida por obtener aprobación y reconocimiento. Para compensar el sentimiento de vacío y tristeza que tienen muy dentro, piden prestada fuerza de una posición de poder, status, dinero, posesiones, credenciales o reputación. Con frecuencia se vuelven narcisistas, interpretando todo personalmente. Y su conducta es tan de mal gusto que los demás los rechazan, echándole más leña a la hoguera.

Es por ello que son tan importantes estas Leyes Principales del Amor. Afirman el valor básico de la persona. Las personas que han sido amadas incondicionalmente están entonces libres para desarrollar su propia fuerza a través de la integridad de su brújula interna.

Todo Problema Es una Oportunidad para Hacer un Depósito

Al estudiar el resto de los hábitos, note cómo cada uno surge de las Leyes Principales del Amor y cómo construye la Cuenta de Banco Emocional.

Hacer depósitos proactivamente es algo que podemos llevar a cabo siempre. De hecho, uno de los aspectos más facultadores y emocionantes de la idea de la Cuenta de Banco Emocional es que podemos elegir proactivamente convertir todo problema familiar en una oportunidad para un depósito.

- El "mal día" de alguien se convierte en una oportunidad para ser amable.
- Una ofensa se vuelve una oportunidad para disculparse, para perdonar.
- Los chismes de alguien se convierten en una oportunidad para ser fiel, para defender a aquellos que no están presentes.

Con la imagen de la Cuenta de Banco Emocional en su mente y corazón, los problemas y las circunstancias ya no son obstáculos que se interponen en el camino; *son* el camino. Las interacciones cotidianas se vuelven oportunidades para construir relaciones de amor y confianza. Y los retos se vuelven como inoculaciones que activan y detonan el "sistema inmune" de toda la familia. Muy dentro, todos sabemos que hacer estos depósitos marcará una gran diferencia en la calidad de las relaciones familiares. Sale de nuestra conciencia, de nuestra conexión con los principios que últimamente gobiernan la vida.

¿Puede ver cómo la elección proactiva, de dentro hacia fuera de hacer depósitos, y no retiros, puede ayudarle a crear una cultura familiar hermosa?

Piense en la diferencia que haría en su familia si:

EN VEZ DE HACER RETIROS	HICIERA DEPÓSITOS
Hablando irrespetuosamente, degradando a las personas o actuando de manera ruda y descortés.	*Siendo amable.*
Nunca decir "perdón" o decirlo sin sinceridad.	*Disculpándose.*
Criticar, quejarse y hablar de otros en forma negativa cuando no están presentes.	*Siendo fiel a los ausentes.*
Nunca hacer compromisos con alguien, o hacer compromisos pero rara vez cumplirlos.	*Haciendo y cumpliendo promesas.*
Ser rápido para ofender, con dolo, recordando a las personas sus errores pasados y alimentando rencores.	*Perdonando.*

Recuerde el Árbol de Bambú Chino

Al comenzar a hacer depósitos, puede ver los resultados positivos casi inmediatamente. Con frecuencia llevará tiempo. Encontrará más fácil hacer y continuar haciendo depósitos si mantiene en mente el milagro del árbol de bambú chino.

Conozco a una mujer y su esposo que hicieron depósitos en la Cuenta de Banco Emocional con el padre de ella hace muchos años, aparentemente sin resultados. Después de 15 años de trabajar en un negocio con su padre, el esposo de esta mujer cambió de trabajo para poder estar con su familia los domingos. Esto ocasionó una separación tan profunda, tan dolorosa para el padre que se volvió amargado y no quería hablar con el esposo ni reconocerlo de ninguna manera. Pero ni esta mujer ni su marido se sintieron ofendidos. Hicieron depósitos continuos de amor incondicional. Con frecuencia iban a la granja donde vivía el padre, como a unos 100 kilómetros. El esposo esperaba en el auto, en ocasiones más de una hora, mientras ella visitaba a su padre. Con frecuencia le llevaba pasteles que había horneado o cosas que sabía él disfrutaría. Pasaba un tiempo con él en Navidad, en su cumpleaños y en muchas otras ocasiones. Nunca lo presionó ni incluso le pidió que invitara a su esposo a entrar en su casa.

Cuando su padre llegaba al pueblo, la mujer salía de la oficina donde trabajaba con su esposo y se encontraba con él para ir de compras o para almorzar. Hizo todo lo que pudo para comunicar su amor y su aprecio a su padre. Y su esposo la apoyo en todos sus esfuerzos.

Luego un día cuando estaba visitando a su padre en la granja, de repente él la miró y dijo: "¿Sería mucho más fácil para ti si tu esposo estuviera aquí dentro?"

Ella se quedó helada. "Oh, sí, claro que sí", exclamó con lágrimas en los ojos.

"Bueno —dijo lentamente él—, ve y dile que entre."

A partir de ese punto pudieron hacer depósitos más grandes de amor. El esposo de esta mujer ayudaba al padre en proyectos en la granja. Esto se volvió un depósito incluso mayor cuando los años hicieron que el padre perdiera algo de su capacidad mental. Hacia el final de su vida, él reconoció que se sentía tan cerca de su yerno que lo veía como un hijo.

En todos sus esfuerzos, recuerde eso, como con el árbol de bambú chino, puede no ver los resultados en años. Pero no se desanime. No se deje seducir por aquellos que dicen: "Es inútil. No hay esperanza. No se puede hacer nada. Es demasiado tarde".

Sí puede hacerse. *Nunca* es demasiado tarde. Pero siga trabajando en su Círculo de Influencia. Sea una luz, no un juez; un modelo, no un crítico. Y tenga fe en el resultado final.

He hablado con muchos esposos y esposas en estos años, la mayoría de ellos, amigos que han llegado a mí frustrados con su cónyuge, sintiendo que están en el límite de su resistencia. Con frecuencia, estas personas están llenas de la sensación de su propio sentido de rectitud y la falta de comprensión y responsabilidad de su compañero. Están metidos en un ciclo donde uno de los cónyuges constantemente juzga, predica, molesta, condena, critica y maneja el castigo emocional, y el otro, en cierto sentido, se rebela ignorando, estando a la defensiva y justificando toda conducta por el trato que está recibiendo.

Mi consejo para esas personas que juzgan (quienes generalmente son los que vienen a mí, esperando que yo pueda "formar" a su pareja o afirmar sus razones para querer el divorcio) es que se vuelvan una luz, no un juez, en otras palabras, dejen de tratar de cambiar a su cónyuge y trabajen en ustedes mismos, para salir de la mentalidad de juicio, para dejar de intentar manipular o dar amor condicionado.

Si las personas toman este consejo hasta el alma y se vuelven humildes, y si son pacientes, persistentes y no manipuladores, incluso cuando se les provoca, una dulce suavidad empieza a surgir del compañero. El amor incondicional y el cambio de fuera hacia dentro se vuelven irresistibles.

Hay situaciones, por supuesto, que involucran abusos, en que este consejo no sería el curso a seguir. Pero en la mayoría de los casos he encontrado que este enfoque conduce a las personas a la sabiduría interna que cultiva felicidad en la vida del matrimonio. Poniendo proactivamente el ejemplo y haciendo pacientemente depósitos de amor incondicional, con frecuencia da resultados asombrosos con el tiempo.

Hábito 1: La Clave para Todos los Demás Hábitos

El Hábito 1, Ser Proactivo, es la clave que abre la puerta a todos los demás hábitos. De hecho, encontrará que las personas que continuamente evitan asumir responsabilidad e iniciativa no podrán cultivar completamente ninguno de los otros hábitos. En vez de ello, estarán afuera en su Círculo de Preocupación, por lo general culpando o acusando a otras personas de su situación, porque cuando las personas no son honestas desde la conciencia, tradicionalmente descargan su culpa en otros. La mayoría de la ira es simplemente culpa.

El Hábito 1 personifica la dote más grande que como humanos tenemos: el poder de elegir. Después de la vida misma, ¿existe una dote mejor? La verdad es que las soluciones básicas a nuestros problemas radican dentro de nosotros. No podemos escapar a la naturaleza de las cosas. Nos guste o no, lo sepamos o no, los principios y la conciencia están dentro de nosotros. El maestro y líder religioso David O. McKay dijo: "Las batallas más grandes de la vida se libran a diario en las cámaras silenciosas del alma". Sería inútil pelear batallas en los campos de batalla equivocados.

> «Las batallas más grandes de la vida se libran a diario en las cámaras silenciosas del alma.»

La decisión de ser la fuerza creativa de su propia vida es la elección más fundamental de todas. Es el corazón y el alma de ser una persona de transición. Es la esencia de convertirse en agente de cambio.

Como Joseph Zinker dijo: "Una persona puede descubrir que no importa dónde se encuentre en este momento, todavía es el creador de su propio destino".[6]

Una persona no sólo puede ser proactiva sino también una familia entera puede serlo. Una familia puede volverse una familia de transición dentro de su familia intergeneracional o su familia política, o para otras familias con quienes tiene contacto. Y las cuatro dotes pueden ser colectivas para que en vez de autoconciencia se tenga conciencia familiar; en vez de conciencia individual tenga conciencia social; en vez de la imaginación o visión de una persona tenga una visión compartida; y en vez de voluntad independiente tenga voluntad social. Entonces todos los miembros de la familia pueden decir con sus propias palabras: "Así es como somos nosotros. Somos personas de conciencia y visión, personas que actúan sobre su conciencia de lo que está sucediendo y lo que necesita suceder".

La manera en que esta transformación se lleva a cabo y cómo se desarrolla y se usa el músculo proactivo en una forma maravillosa se encuentra en el Hábito 2: Comenzar con el fin en la mente.

Compartiendo Este Capítulo con Adultos y Adolescentes

Mejorando nuestros Músculos Proactivos

- Discuta con los miembros de la familia: ¿Cuándo sienten que son más proactivos? ¿Cuándo son más reactivos? ¿Cuáles son las consecuencias?
- Revise el material sobre las cuatro dotes humanas (páginas 37 a 41). Pregunte: ¿Qué podemos hacer para fortalecer nuestros músculos proactivos?

Creando un Botón de Pausa: Deténgase, Piense y Elija

- Hable sobre el concepto del botón de pausa.
- Pida a la familia que elija algo para representar un botón de pausa para la familia. Podría ser un movimiento del cuerpo, como señalar con una mano, brincar arriba y abajo o sacudir un brazo; una acción como encender y apagar las luces; un sonido como un silbato, una campana o imitar los sonidos de los animales; o incluso una palabra. Cada vez que se dé esta señal, todos sabrán que se está oprimiendo el botón de pausa. Toda actividad, incluyendo conversación, discusión, debate y demás, deberá detenerse. Esta señal sirve como recordatorio para que todos se detengan, piensen y consideren las consecuencias de continuar como están. Hablen de cómo usar este botón de pausa da a la familia la oportunidad de subordinar lo que puede parecer importante en el momento (ganar un argumento, salirse con la suya, ser el "primero" o el "mejor"), a lo que realmente importa más (crear relaciones más sólidas, tener una familia feliz o construir una hermosa cultura familiar).

Trabajando en Su Círculo de Influencia

- Revise el material de las páginas 48 a 52. Pida a la familia que discutan algunas cosas sobre las que no tienen influencia directa, como los pensamientos y acciones de otras personas, el clima, las estaciones y los desastres naturales. Ayude a todos a entender que, aunque haya algunas cosas que no podemos influenciar, hay mucho que sí podemos influenciar. Hable sobre cómo es mucho más efectivo concentrar la energía y los esfuerzos en lo que podemos influenciar.
- Pregunte a los miembros de la familia: ¿Cuáles son algunas cosas que podemos hacer para cuidar nuestro cuerpo y ayudar a prevenir enfermedades?
- Revise el material de las páginas 53 a 69. Hablen sobre qué puede hacer para construir Cuentas de Banco Emocional en la familia. Aliente a los miembros de la familia a comprometerse a hacer depósitos y limitar los retiros durante una semana. Al final de la semana discuta la diferencia que se ha dado.

COMPARTIENDO ESTE CAPÍTULO CON NIÑOS

Desarrollando conciencia: A la Busca del Tesoro
- Elija un "tesoro" que todos disfrutarán, asegurando que haya suficiente para repartirlo entre todos.
- Elija un punto seguro para esconder el tesoro, asegurando que sea accesible a todos.
- Desarrolle claves que conduzcan al tesoro. Para obtener las claves los participantes deben contestar preguntas que ejercitarán su conciencia. Las respuestas positivas los acercan al tesoro; las negativas los alejan. Algunos ejemplos podrían ser:

Pregunta: Al caminar hacia la escuela, notas que el niño que va frente a ti tiró un billete de cinco dólares. ¿Qué haces? Respuestas positivas podrían ser: Recogerlo y devolverlo al niño. Decirle a un maestro y entregárselo. Respuestas negativas podrían ser: Guardarlo. Ir a la tienda. Burlarme del niño.

Pregunta: Alguien roba las respuestas del examen de matemáticas de la próxima semana y te ofrece una copia. ¿Qué haces? Respuestas positivas: Rechazar la copia y estudiar. Motivar a la persona para que sea honesta. Respuestas negativas: Tomar la copia; necesito una A. Dárselas a todos para hacerte popular.

Entendiendo la Cuenta de Banco Emocional
- Visitar un banco local, abrir una cuenta y explicar los depósitos y los retiros.
- Hacer su "CBE" en una caja. Dejar que los niños la decoren. Pónganla en un lugar especial que sea notable y accesible a todos. Crear algunas "fichas de depósitos" en tarjetas en blanco. Motivar a los niños a hacer "depósitos" durante la semana a otros miembros de la familia. Algunos ejemplos podrían incluir: "Papá, gracias por llevarme al golf. Te quiero". O "Bety, noté lo bien que doblaste la ropa esta semana". O "Juan hizo mi cama hoy y ni siquiera se lo había pedido". O "Mamá me lleva al fútbol todas las semanas. Es muy linda". Encuentre un tiempo para hablar de los depósitos hechos durante la semana. Motive a los miembros de la familia a usar esta oportunidad para compartir qué es un "depósito" para ellos.

HÁBITO 2
COMENZAR CON EL
FIN EN LA MENTE

Un joven padre de familia compartió esta experiencia sobre cómo su esposa pudo ser proactiva en una situación desafiante con su hijo:

El otro día llegué a casa del trabajo y mi hijo Brenton de tres años y medio me encontró en la puerta. Estaba radiante. Me dijo: "Papá, ¡soy un hombre que trabaja duro!"

Más tarde averigüé que mientras mi esposa estaba arriba, Brenton había vaciado un galón y medio de agua del refrigerador, la mayoría estaba en el piso. La reacción inicial de mi esposa había sido gritarle y darle unas nalgadas. Pero en vez de eso se detuvo y dijo con paciencia: "Brenton, ¿qué estabas tratando de hacer?"

"Estaba intentando ser un hombre que ayuda, mamá", contestó con orgullo.

"¿A qué te refieres?"

"Te lavé los platos."

En la mesa de la cocina estaban todos los platos que él había lavado con el agua del refrigerador.

"Bueno, cariño, ¿por qué usaste el agua del refrigerador?"

"Porque no alcanzo el agua de la llave."

"Ah", dijo ella. Entonces vio a su alrededor. "Bueno, ¿qué crees que podrías hacer la próxima vez para que hubiera menos tiradero?"

Se quedó pensando un momento. Luego su carita se iluminó. "¡Podría hacerlo en el baño!" exclamó.

"Los platos podrían romperse en el baño —contestó ella—. Pero, ¿qué te parece esto? ¿Qué tal si yo te ayudo a poner una silla frente al lavadero de la cocina para que puedas hacer el trabajo ahí?"

"¡Buena idea!" exclamó emocionado.

"¿Y ahora qué vamos a hacer con este tiradero?" preguntó ella.

"Bueno —dijo él pensando—, podríamos usar muchas toallas de papel". Entonces ella le dio toallas de papel y fue por el trapeador.

Mientras me contaba lo que había sucedido, supe lo importante que fue que mi esposa hubiera podido detenerse entre el estímulo y la respuesta. Hizo una elección proactiva. Y pudo hacerlo gracias a que pensó sobre el fin en la mente. Lo importante aquí no es tener el piso limpio, sino educar a este niño.

Le llevó casi diez minutos limpiar el piso. Si hubiera sido reactiva, también le hubiera llevado diez minutos, pero la diferencia hubiera sido que Brenton me hubiera encontrado en la puerta para decirme "Papá, soy un mal niño".

Piense en la diferencia que hizo en esta familia el que la mujer actuara en vez de reaccionar. Este pequeño pudo haber salido de esta experiencia sintiéndose culpable, avergonzado y apenado. Pero en vez de ello se sintió afirmado, apreciado y amado. Sus buenas intenciones y su deseo de ayudar se nutrieron. Aprendió cómo ayudar de una manera mejor. Toda su actitud sobre sí mismo y sobre ayudar en su casa fueron afectadas positivamente por esta interacción.

¿Cómo pudo esta mujer cambiar lo que podía haber sido una experiencia muy frustrante en un depósito real en la Cuenta de Banco Emocional del niño? Como lo observó su esposo, tenía claro en su mente lo que era más importante. No era tener el piso limpio; era educar a ese niño. Ella tenía un propósito que era más grande que su problema. Y en ese instante entre lo que sucedió y su respuesta a ello, pudo conectarse con ese propósito. Actuó con el fin en la mente.

El Fin en la Mente: Su "Destino"

El Hábito 2, Comenzar con el fin en la mente, es crear una visión clara y obligatoria del propósito que usted y su familia tienen de existir. Volviendo a la metáfora del avión, el Hábito 2 define su destino. Y tener un destino claramente en la mente afecta toda decisión en el camino.

El Hábito 2 está basado en el principio de visión, y ¡la visión es poderosa! Es el principio que permite a los prisioneros de guerra sobrevivir.[1] Las investigaciones muestran que es lo que da a los niños exitosos el impulso para triunfar.[2] Es un poder móvil detrás de las personas y organizaciones exitosas en todo camino de la vida. La visión es más grande que la "carga", más grande que la carga negativa del pasado e incluso la carga acumulada del presente. El adentrarse en esta sensación de visión le da el poder y el propósito para levantarse por encima de la carga y actuar con base en lo que realmente importa más.

Existen muchas maneras de aplicar este principio de visión, comenzar con el fin en la mente, en la cultura familiar. Puede empezar un año, una semana o un día con un fin en la mente. Puede empezar una experiencia o actividad familiar con el fin en la mente. Puede comenzar una temporada de baile o lecciones de piano, o una cena familiar, o la construcción de una casa, o la búsqueda de una mascota familiar con el fin en la mente.

Pero en este capítulo nos vamos a enfocar en la aplicación más profunda, significativa y poderosa de "comenzar con el fin en la mente" en la familia, la creación de un "enunciado de misión familiar".

> *Un* enunciado de misión familiar es una expresión combinada y unificada de todos los miembros de la familia sobre el propósito de existir de la familia, y los principios que elige para gobernar su vida.

Un enunciado de misión familiar es una expresión combinada y unificada de todos los miembros de la familia sobre el propósito de existir de la familia, qué es realmente lo que quiere hacer y ser, y los principios que elige para gobernar su vida familiar. Está basado en la idea de que todas las cosas se crean dos veces. Primero viene la idea, o la creación mental; luego viene la realidad, o la creación física. Es como hacer un plano antes de construir el edificio, escribir el guión antes de representar la obra, crear el plan de vuelo antes de despegar el avión. Es como la regla del carpintero: "medir dos veces, cortar una vez".

¿Puede imaginarse las consecuencias de lo opuesto, de comenzar sin un fin en la mente?

Suponga que llega a una construcción y le pregunta a los trabajadores de ahí: "¿Qué están construyendo?"

"No tenemos idea", contesta uno de ellos.

"Bueno, ¿qué dicen los planos?", pregunta usted.

El capataz contesta: "No tenemos planos. Creemos que si construimos con mucha habilidad y destreza, al final tendremos un hermoso edificio. Debemos volver al trabajo ahora para poder terminar nuestras labores. Quizá entonces podremos determinar qué es lo que estamos construyendo".

Volviendo a la metáfora del avión, suponga que alguien le preguntara a usted que es el piloto: "¿A dónde va a volar hoy?"

¿Sería ésta su respuesta? "En realidad no lo sé. No tengo un plan de vuelo. Vamos a subir a los pasajeros y despegaremos el avión. Hay muchas corrientes de aire allá arriba. Soplan en diferentes dirección en diferentes días. Agarraremos la corriente más fuerte e iremos a donde nos lleve. Cuando lleguemos ahí, sabremos a donde nos dirigimos".

En mi profesión, si estoy trabajando con una organización o cliente en particular, especialmente con altos ejecutivos, con frecuencia les pido que escriban una respuesta en una oración que conteste esta pregunta: "¿Cuál es la misión esencial o propósito de esta organización, y cuál es su estrategia para lograr ese propósito?" Luego les pido que lean estos papeles en voz alta a los demás y, por lo general, se quedan impresionados por las diferencias. No pueden creer que todos lo ven de manera diferente, particularmente sobre un asunto de tan extrema importancia. Y esto en ocasiones sucede incluso cuando el enunciado de misión de la compañía está sobre la pared en todos los salones.

Podría considerar intentar lo mismo en su familia. Esa noche, pregunte a cada miembro de la familia: "¿Cuál es el propósito de nuestra familia? ¿Para qué existe esta familia?" Pregunte a su cónyuge: "¿Cuál es el propósito de nuestro matrimonio? ¿Cuál es la razón esencial de ser? ¿Cuáles son las metas de más alta prioridad?" Se sorprenderá de las respuestas que reciba.

El punto es que es vital tener toda la cultura alineada, dirigiéndose hacia un destino mutuamente acordado. Es vital que todos en la cabina sepan que van al mismo lugar, más que si el piloto está pensando que van a Nueva York y el ingeniero de vuelo esté pensando que van a Chicago.

Como dice el proverbio: "Sin visión las personas perecen". El opuesto del Hábito 2 en la familia es no tener una creación mental, no es visualizar el futuro, sólo dejar que la vida pase, ser arrastrado con el flujo de los valores y las tendencias de la sociedad sin tener una sensación de visión o propósito. Es simplemente vivir los guiones que se le han dado. De hecho, realmente es no vivir; es ser vivido.

Como todas las cosas se crean dos veces, si no se hace cargo de la primera creación, alguien o algo lo hará. Crear un enunciado de misión familiar es hacerse cargo de la primera creación. Es decidir qué clase de familia realmente quiere ser e identificar los principios que le ayudarán a llegar ahí. Y esa decisión dará contexto a todas las demás decisiones que tome. Se volverá su destino. Actuará como un imán enorme y poderoso que lo impulsa hacia su objetivo y lo ayuda a mantenerse ahí.

Creando Nuestro Enunciado de Misión Familiar

Espero que me disculpe por la larga referencia personal que sigue, pero aprendimos el poder de todo esto no en la lectura, observación, enseñanza o escritura, sino en el hecho de hacerla. Por favor entienda que es algo muy íntimo compartir nuestra vida personal y familiar. Refleja nuestros valores y creencias. Pero sepa que reconocemos y honramos el principio de respeto por todos, incluyendo aquellos que lo crean de manera diferente.

Si nos preguntara a Sandra y a mí: "¿Cuál ha sido el evento más transformador en la historia de su familia?", contestaríamos sin titubear que fue la creación del enunciado de misión de nuestra familia. Nuestro primer enunciado de misión fue creado en una ceremonia sagrada de matrimonio hace más de 41 años. Nuestro segundo enunciado de misión se desarrolló por etapas durante un período de 15 años y varios niños. A través de los años estos enunciados de misión han creado la sensación común de destino y forma de viaje que ha representado la voluntad social, la cultura en la familia. Y ya sea directa o indirectamente, consciente o inconscientemente, casi todo lo demás en nuestra familia ha surgido de ahí.

El día que nos casamos, inmediatamente después de la ceremonia, Sandra y yo fuimos al parque Memory Grove. Nos sentamos juntos y hablamos sobre lo que la ceremonia significaba y cómo íbamos a tratar de vivir nuestras vidas de acuerdo con ella. Hablamos de las dos familias de las que veníamos. Discutimos qué queríamos continuar haciendo en nuestra familia recién formada y qué cosas queríamos hacer de manera diferente.

También reafirmamos que nuestro matrimonio era mucho más que una relación *contractual;* era una relación de *pacto.* Y nuestro compromiso el uno con el otro era total, completo y para siempre. También reconocimos que nuestro pacto no era sólo entre nosotros; sino también con Dios. Determinamos que nos amaríamos más si primero lo amábamos a él.

Así, tomamos la decisión de poner principios por encima de nosotros mismos y de nuestra familia. Sentimos que esa decisión, más que cualquier otro factor, nos ha dado fuerza para disculparnos, perdonar, ser amables y seguir regresando al curso del vuelo una y otra vez. Descubrimos que mientras más pudiéramos centrar nuestras vidas en estos principios, podríamos acceder a más sabiduría y fuerza, especialmente en situaciones donde sería más fácil estar centrado e incluso controlado por otras cosas, como trabajo, dinero, posesiones o aun la familia misma. Sin esa decisión, estamos convencidos, habríamos sido mucho más dependientes del estado de ánimo del otro o de nuestra popularidad con los hijos por la sensación de seguridad, más que de nuestra propia integridad.

Poner los principios primero ha dado sensación de prioridad adecuada a todo lo demás. Ha sido como unos cristales a través de los cuales vemos la vida. Se nos ha dado sensación de "mayordomía", una sensación de que ambos somos responsables por la manera en que manejamos todas las cosas, incluyendo la familia. Nos ha ayudado a darnos cuenta de que la familia misma es un principio universal, eterno y autoevidente.

Ese día que Sandra y yo nos sentamos en Memory Grove, también comenzamos a hablar de los hijos que tendríamos. Tomamos muy en serio las palabras de Daniel Webster:

Si trabajamos en mármol, perecerá. Si trabajamos en bronce, el tiempo lo afectará. Si levantamos templos, se volverán polvo, pero si trabajamos en las mentes inmortales, y les inculcamos principios, estamos entonces grabando esa tableta que ningún tiempo afectará, sino que brillará y brillará por toda la eternidad.

Comenzamos a identificar algunos de los principios que queríamos usar para educar a nuestros hijos. Entonces y durante los siguientes años, conforme empezaron a llegar los hijos, con frecuencia nos preguntamos: "¿Qué clase de fuerza y habilidades necesitarán tener nuestros hijos para triunfar cuando sean grandes?" Y de esas discusiones surgieron diez habilidades que pensamos eran vitalmente importantes, diez cosas que sentimos estos niños necesitarían para poder hacerla cuando se volvieran independientes y emprendieran familias propias. Estos incluían la habilidad para trabajar, aprender, comunicar, resolver problemas, arrepentirse, perdonar, servir, rendir culto, sobrevivir en un ambiente salvaje y jugar y divertirse.

Parte de nuestra visión era reunirnos a la hora de la cena al final del día y compartir experiencias, reír, filosofar y discutir valores. Queríamos que nuestros hijos se disfrutaran y se apreciaran profundamente, para hacer cosas juntos y que les encantara estar juntos.

Cuando los chicos crecieron, esta visión dio dirección a muchas discusiones y actividades familiares. Nos ocasionó planear todos los veranos, nuestras vacaciones y los tiempos de descanso de manera que nos ayudaría a realizar nuestro sueño. Por ejemplo, una de las diez cosas de la lista era la habilidad de sobrevivir en condiciones adversas, entonces, para ayudar a los hijos a desarrollar esta habilidad, iniciamos programas de supervivencia en la familia. Fuimos capacitados y dejados en territorio salvaje durante varios días con nada más que nuestras agallas para sostenernos. Aprendimos a sobrevivir a través de nuestra ingenuidad y a través del conocimiento que habíamos obtenido sobre qué podíamos y no podíamos comer y beber. Aprendimos técnicas que nos permitirían sobrevivir en condiciones congelantes, condiciones extremadamente calientes y condiciones donde no había agua.

Otro punto se refería al valor de la educación. Queríamos que nuestros hijos trabajaran en la escuela y que obtuvieran toda la educación posible, y no que solamente lograran recibir diplomas o grados. Así que leíamos juntos como familia. Organizamos nuestro hogar de manera que los hijos tenían tiempo y lugar para hacer sus tareas. Nos interesamos en lo que los chicos estaban aprendiendo en la escuela, y les dimos oportunidades de enseñarnos lo que estaban aprendiendo. Nos enfocamos principalmente en aprender, no en los grados, y casi nunca tuvimos que recordarles que hicieran sus tareas. Rara vez vimos una calificación menor a nueve.

Con los años, el enfoque en éstos y otros "fines en la mente" hicieron una diferencia poderosa en la dirección de nuestra familia y en la cultura familiar. Pero entonces, comenzando hace unos 20 años, desarrollamos un nuevo nivel de unidad y sinergia familiar. En ese momento empezamos a desarrollar y organizar el material de los 7 Hábitos. Empezamos a darnos cuanta de que las organizaciones exitosas de todo tipo tienen enunciados de misión. Muchas eran sinceras y se convertían en la fuerza principal de toda la toma de decisiones; muchas se escribían sólo para propósitos de relaciones públicas. Comenzamos a ver que los estudios más recientes claramente muestran que el enunciado sincero es un ingrediente absolutamente vital de las organizaciones de alto desempeño, fundamental no sólo para la productividad y el éxito de la organización, sino también para la satisfacción y felicidad de las personas que trabajan en ella.[3]

Aprendimos que aunque la mayoría de las familias empiezan con una ceremonia sagrada de matrimonio (la cual representa una especie de "comenzar con el fin en la mente"), las familias no tienen el enunciado de misión tan vital para el éxito organizacional. Aun así, la familia es la organización más importante y fundamental del mundo, la base literal de la sociedad. Ninguna civilización podría haber sobrevivido sin ella. Ninguna otra institución puede cumplir su propósito esencial. Ninguna otra institución ha tenido su impacto en lo bueno y en lo adverso. Sin embargo, la mayoría de los miembros de familia no tienen una sensación profunda de visión compartida alrededor de su significado y propósito esencial. No han pagado el precio para desarrollar una visión compartida y un sistema de valores, lo cual es la esencia del carácter y la cultura de la familia.

> Las familias no tienen el enunciado de misión tan vital para el éxito organizacional. Aún así, la familia es la organización más importante y fundamental del mundo.

Así nos convencimos de que necesitábamos desarrollar un "enunciado de misión familiar". Teníamos que crear una visión de cómo queríamos que fuera nuestra familia, por qué viviríamos, incluso por qué moriríamos. Sería una visión que estaba compartida y aceptada por todos los miembros de la familia, no sólo dos de nosotros.

Así, comenzamos el proceso de crearla. Nos reuníamos una vez por semana para hablar de ella. Teníamos diferentes actividades divertidas para los niños que les ayudaban a poner sobre la mesa sus cuatro dotes humanas y sus ideas. Hacíamos tormentas de ideas. Entre las reuniones familiares privadamente ponderábamos estas cosas. A veces las discutíamos una a una a la hora de la cena. Una noche preguntamos a los niños: "¿Cómo creen ustedes que podríamos ser mejores padres?" (Después de veinte minutos de ser bombardeados con las ideas y sugerencias que fluían libremente, dijimos: "Está bien, ¡parece que ya entendimos!")

Gradualmente empezamos a dirigir todo el rango de asuntos más profundos. Preguntamos a los miembros de la familia:

¿Qué clase de familia queremos ser realmente?
¿A qué clase de hogar les gustaría invitar a sus amigos?
¿Qué les avergüenza sobre su familia?
¿Qué les hace sentirse cómodos aquí?
¿Qué les hace querer venir a casa?
¿Qué les hace sentirse abiertos a nosotros, sus padres, para que puedan aprovechar nuestra influencia?
¿Qué nos hace sentirnos abiertos a su influencia?
¿De qué manera queremos que nos recuerden?

Pedimos a todos los chicos que escribieran su lista de cosas que eran importantes para ellos. La siguiente semana llegaron con sus ideas y tuvimos una discusión abierta sobre por qué estos rasgos eran tan importantes o deseables. Eventualmente, todos los niños escribieron sus enunciados de misión sobre lo que sentían que era importante y por qué. Juntos leímos y discutimos todos. Todos eran especiales y profundos. Tuvimos que sonreír cuando leímos la de Sean. Viniendo de un adolescente con el fútbol en la mente en ese momento, decía: "Somos una gran familia, y pateamos a todos". No muy refinada, pero al grano.

Nos llevó ocho meses desarrollar nuestro enunciado de misión. Todos participamos. Incluso mi madre estuvo involucrada. Hoy tenemos nietos que también se han convertido en parte de ella, así que ahora hay cuatro generaciones involucradas en nuestro enunciado de misión familiar.

Un Destino y una Brújula

Es casi imposible comunicar el impacto que el crear un enunciado de misión familiar ha tenido en nuestra familia, directa e indirectamente. Quizá la mejor manera de describirlo es en términos de la metáfora del avión: Crear un enunciado de misión familiar nos ha dado un *destino* y una *brújula*.

El enunciado de misión mismo nos ha dado una *visión clara y compartida del destino* a donde queremos llegar como familia. Ha sido una guía para nuestra familia ahora, y por más de una década y media. La tenemos en una pared en la sala de la casa. La vemos con frecuencia y nos preguntamos: "¿Qué tan bien estamos viviendo lo que decidimos ser y hacer? ¿Es nuestro hogar realmente un lugar en donde se encuentran los sonidos del amor? ¿Estamos siendo cínicos y críticos? ¿Usamos el buen humor? ¿Hablamos entre sí pero sin comunicarnos? ¿Estamos dando o solamente recibiendo?"

Al comparar nuestras acciones con este enunciado, obtenemos retroalimentación que nos dice cuándo estamos fuera del camino. De hecho, es este enunciado, esta sensación de destino, lo que hace la retroalimentación significativa. Sin él, la retroalimentación se vuelve confusa y contraproducente. No hay manera de decir si es relevante. No hay nada contra qué medirla. Pero una sensación clara de visión y valores compartidos nos permite evaluar la retroalimentación y usarla para hacer correcciones continuas en el camino, para poder eventualmente llegar a nuestro destino.

Nuestra sensación de destino también nos permite entender mejor nuestra situación presente y saber que los fines y los medios son inseparables; en otras palabras, el destino y la manera de viajar están entretejidos. Cuando el destino representa una cierta calidad de vida familiar y de amor en la relación, ¿es posible imaginar cualquier separación entre ese destino y la manera de viajar para llegar ahí? En realidad, los fines y los medios, el destino y la jornada, son lo mismo.

> *En realidad, los fines y los medios, el destino y la jornada, son lo mismo.*

Ciertamente nuestra familia no está libre de problemas, pero muchas veces, al menos, los miembros de la familia realmente sentimos que nuestro hogar es un lugar de fe, orden, verdad, amor, felicidad y relajación. Tratamos de actuar de manera que seamos responsablemente independientes y efectivamente interdependientes. Intentamos servir a propósitos valiosos en la sociedad. Y estamos agradecidos de ver estas cosas manifestarse en las vidas de nuestros hijos casados, quienes ahora tienen familias propias y han desarrollado sus propios enunciados de misión.

El proceso de crear nuestro enunciado de misión también nos ha *permitido convertir nuestras cuatro dotes humanas en una "brújula"* para ayudarnos a seguir en el camino correcto. Hemos sido conscientes de algunos de los principios por los que queríamos vivir, principios como aquellos mencionados en los depósitos de la Cuenta de Banco Emocional en el Hábito 1, pero cuando nos reuníamos a hablar de ellos como familia, llegamos a un nivel totalmente nuevo de comprensión y compromiso para vivirlos.

Mientras interactuábamos, la *autoconciencia* se convirtió en *conciencia familiar,* nuestra habilidad de vernos como familia. La *conciencia* se volvió *conciencia familiar,* la unidad de la naturaleza moral compartida de todos en la familia y la claridad que vino de discutir estas cosas juntos. La *imaginación* se convirtió en *sinergia creativa* al repasar los temas y llegar a algo en lo que todos estaban de acuerdo. Y la *voluntad independiente* se volvió *voluntad interdependiente* o *voluntad social* mientras todos trabajamos juntos para lograr que sucediera.

Esto fue lo más emocionante que surgió de nuestro enunciado de misión familiar, la creación de esta voluntad social, esta sensación de "nosotros". Ésta es nuestra decisión, nuestra determinación. Esto es lo que hemos decidido que vamos a ser y hacer. Representaba la conciencia colectiva y la imaginación colectiva que se unían

sinérgicamente para producir este compromiso colectivo, esta promesa o expresión colectiva y voluntad colectiva.

Nada acerca más que el hecho de que todos estén involucrados en el proceso de interacción y comunicación sinérgica, hasta que esta voluntad social se diseñe y se forme. Cuando creamos una voluntad social, producimos algo que es mucho más sinérgico que sólo una colección de voluntades individuales. Y esto da una dimensión enteramente nueva al concepto de sinergia. Sinergia es producir no sólo una solución de tercera alternativa, sino un espíritu de tercera alternativa, el espíritu de la familia.

En nuestra familia, combinando nuestras dotes humanas de esta manera, pudimos crear una *brújula familiar* que nos ayudó a determinar nuestra dirección. Esa brújula sirve como un sistema de guía interna para ayudarnos a tener claro nuestro destino y movernos continuamente hacia él. También nos permite interpretar la retroalimentación y nos ayuda a seguir regresando al plan de vuelo una y otra vez.

Creando Su Propio Enunciado de Misión Familiar

Nuestra experiencia familiar, más mi experiencia con miles de familias en todo el mundo, nos ha llevado al desarrollo de un proceso sencillo de tres pasos que cualquier familia puede dar para crear un enunciado de misión familiar.

Paso Uno: Explore Cuál es el Propósito de Su Familia

La meta aquí es poner sobre la mesa los sentimientos y las ideas de todos. Dependiendo de su situación, puede elegir cualquiera de una variedad de maneras para hacer esto.

Un Enunciado de Misión para Dos

Si su familia es sólo usted y su cónyuge en este momento, puede desear ir a algún lado donde puedan estar solos un par de días o incluso algunas cuantas horas. Disfrutando momentos de relajación y estando juntos. Cuando la atmósfera es correcta, querrán visualizar juntos cómo quieren que sea su relación dentro de 10, 25 o 50 años. Pueden buscar inspiración reflexionando en las palabras dichas como parte de su ceremonia de matrimonio. Si no pueden recordarlas, pueden escucharlas cuando asistan a bodas de parientes y amigos. Pueden oír palabras como éstas:

Apegarse el uno al otro y a nadie más.
Observar todas las leyes, convenios y obligaciones que pertenecen al santo estado del matrimonio.
Amarse, honrarse y respetarse por todos los días de su vida.
Ser bendecidos con alegría en su prosperidad.
Tener una larga vida de felicidad juntos.

Si palabras como ésas resuenan en su corazón, pueden convertirse en la base de un enunciado de misión poderoso.

O podría encontrar otras palabras que lo inspiren. En nuestro matrimonio, Sandra y yo encontramos inspiración en el proverbio cuáquero: "Tú me levantas y yo te levantaré y ascenderemos juntos".

También podrían discutir juntos preguntas como éstas:

¿Qué clase de compañeros queremos ser?
¿Cómo queremos tratarnos?
¿Cómo queremos resolver nuestras diferencias?
¿Cómo queremos manejar nuestras finanzas?
¿Qué clase de padres queremos ser?
¿Qué principios queremos enseñar a nuestros hijos para ayudarles a prepararse para la edad adulta y llevar vidas responsables y amorosas?
¿Cómo podemos ayudar a desarrollar el talento potencial de cada niño?
¿Qué clase de disciplina queremos usar con nuestros hijos?
¿Qué roles (administración financiera, manejo de la casa, etc.) tendrá cada uno de nosotros?
¿Cómo podemos relacionarnos mejor con las familias de cada uno?
¿Qué tradiciones traemos con nosotros de las familias en las cuales fuimos educados?
¿Qué tradiciones queremos conservar y crear?
¿Con qué rasgos o tendencias intergeneracionales estamos contentos o no contentos, y cómo hacemos cambios?
¿Cómo queremos devolver lo que recibimos?

Cualquier método que use, recuerde que el proceso es tan importante como el producto. Dedique tiempo a estar juntos. Construya la Cuenta de Banco Emocional. Interactúe profundamente sobre los temas. Asegúrese de que el producto final represente todo lo que está en su mente y en su corazón.

Una mujer dijo esto:

> *El proceso es tan importante como el producto.*

Cuando conocí a mi esposo hace 20 años, ambos teníamos mucho temor de las relaciones porque ya habíamos fracasado en matrimonios antes. Pero una de las cosas que me impresionó de Chuck desde el principio es que realmente había hecho una lista con todo lo que quería de una relación matrimonial y la puso en la puerta de su refrigerador. Así, cada mujer que pasara por su apartamento tenía la opción de decir: "Sí, eso es lo que yo quiero" o "No, eso no es lo que yo quiero". Estaba realmente claro y firme al respecto.

Así que desde el principio pudimos trabajar con esa lista. Yo agregué algunas cosas que me parecían importantes y trabajamos juntos para refinar lo que queríamos de nuestra relación. Dijimos: "No guardaremos secretos del otro", "No guardaremos resentimientos", "Estaremos completamente conscientes de las necesidades del otro", y así sucesivamente.

Al elaborar esa lista hicimos una enorme diferencia en nuestro matrimonio. Estaba escrita en nuestros corazones. No tenemos que voltear y decir: "Esta persona no está haciendo esto o aquello", porque cuando sentimos resentimiento o cuando sentimos que algo que no nos gusta, inmediatamente lo hablamos. Y esto hace surgir lo que originalmente teníamos acordado.

La razón por la que un enunciado de misión es tan importante en un matrimonio es que no hay dos personas completamente iguales. Siempre existen diferencias. Y cuando pone a dos personas juntas en esta relación tierna, sensible e íntima llamada matrimonio, si no dedica tiempo a explorar estas diferencias y crear una sensación de visión compartida, entonces estas diferencias pueden separarlos.

Considere dos personas que llamaremos Sally y Paul. Paul viene de una familia muy apoyadora. Cuando Paul estaba en secundaria y dijo: "Hoy perdí la carrera en la escuela", su madre podría haber respondido (en espíritu, no con las palabras exactas): "Ay, Paul, ¡qué lástima! Debes estar muy desilusionado. Estamos orgullosos de tu esfuerzo. Te queremos mucho". Si él hubiera dicho: "Mamá, acabo de ganar las elecciones escolares", su madre podría haber contestado: "Ay, Paul, ¡qué felicidad! Te queremos mucho. Estamos orgullosos de ti". El éxito o el fracaso de Paul no hacía diferencia. Sus padres eran incondicionalmente cariñosos y apoyadores.

Sally, por otro lado, viene de una familia que no es apoyadora. Sus padres son por lo general desinteresados, poco afectivos y condicionan su amor. Si Sally hubiera dicho a su madre: "Hoy perdí la carrera en la escuela", su madre hubiera contestado:

"Bueno, ¿qué paso? Te dije que deberías ejercitarte y practicar más. Tu hermana fue una gran corredora y se ejercitaba y practicaba mucho más que tú. ¿Qué le voy a decir a tu padre?" Pero si Sally hubiera dicho: "Mamá, acabo de ganar las elecciones estudiantiles en la escuela", su madre habría contestado: "Oh, ¡perfecto! Estoy muy orgullosa de ti. Me muero por decírselo a tu padre".

Ahora, son dos personas con experiencias familiares totalmente diferentes. Una ha aprendido el amor incondicional. La otra ama condicionalmente. Se conocen y empiezan a salir. Después de un tiempo se dicen "Te amo". Se casan. Pero después de unos meses de vivir juntos, de interactuar íntimamente a diario, están en problemas. Con base en las expresiones condicionales de amor de Sally, Paul finalmente le dice: "Tú ya no me amas".

"¿A qué te refieres con que no te amo?" demanda ella. "Cocino, limpio, ayudo al mantenimiento de la casa. ¿Cómo que ya no te amo?"

¿Puede imaginar los problemas que podrían acumularse con el tiempo si estas dos personas nunca desarrollaran un entendimiento común del "amor"?

Además de esta diferencia, ¿qué tal si las personas en la familia de Paul nunca aprendieron a discutir los problemas reales o confrontar los asuntos? ¿Qué tal si simplemente los ponían bajo el tapete, pretendiendo que no existían, esencialmente metiendo la cabeza en la arena? ¿Qué tal si nunca aprendieron a comunicarse realmente porque las cosas eran tan positivas y apoyadoras? Y ¿qué tal si la familia de Sally manejaba los problemas y las diferencias peleando (gritando, culpando o acusando) o "luchando" (saliéndose, azotando puertas, etc.)? Por encima de estas dos experiencias diferentes, habrían aprendido dos enfoques diferentes para resolver sus problemas.

¿Puede ver por qué Sally y Paul podían fácilmente tener pleitos en su matrimonio? ¿Puede ver cómo cada diferencia importante compone un problema? ¿Puede ver cómo los sentimientos negativos producidos por manejar mal esas diferencias podían alimentarse, y cómo la relación de Sally y Paul pronto podía deteriorarse para convertirse finalmente en algo hostil?

En medio de su conflicto, la sociedad puede decir que deberán terminar su relación. Y en algunos casos donde hay abusos extremos, tal vez sea lo mejor. Pero romper puede aportar sufrimiento incluso mayor que el sufrimiento que acabamos de describir. ¿Puede ver la diferencia que haría a esta pareja tener una sensación de visión compartida, particularmente si estuviera basada en principios que proporcionaran un fundamento sólido para resolver e incluso levantarse de estas diferencias?

Si considera detenidamente los problemas que las personas enfrentan en el matrimonio, encontrará que casi en todos los casos surgen de expectativas conflictivas de roles y estrategias de solución de problemas.

Si considera detenidamente los problemas que las personas enfrentan en el matrimonio, encontrará que casi en todos los casos surgen de *expectativas conflictivas de roles,* que son acentuadas por *estrategias conflictivas de solución de problemas.* Un esposo puede pensar que el rol de su esposa es cuidar las finanzas; después de todo su madre lo hizo. Y la esposa puede pensar que es el rol de su esposo, ya que su padre representaba todos los roles. Éste puede no ser un gran problema hasta que tratan de resolverlo y sus guiones de solución de problemas salen a la superficie. El es un "agresivo pasivo". Lentamente arde por dentro y no dice nada, pero continuamente está juzgando y se pone muy irritable. Ella es una "agresiva activa". Quiere hablar las cosas, pelearlas. Se meten en un estado de colusión, incluso co-dependencia, entre ellos, donde cada uno necesita las debilidades del otro para validar su percepción y justificarse. Ambos se echan la culpa. Así, un problema pequeño se vuelve grande; una colina se vuelve una montaña. Puede incluso convertirse en una montaña *gigantesca* porque los guiones conflictivos de solución de problemas exageran todo problema y magnifican toda diferencia. Estudie los desafíos y problemas de su matrimonio para ver si tampoco están fundamentalmente arraigados en expectativas de roles conflictivos y con guiones conflictivos de solución de problemas.

> *Y* el poder de «co-misionar» es que literalmente trasciende a «tu manera» y «mí manera». Crea una nueva manera, una manera más alta, «nuestra manera».

Los guiones conflictivos con frecuencia se revelan en dos áreas relacionadas de cerca y el don de la autoconciencia es la clave para entender ambas. La primera está en el área de valores y metas, o la forma en que deben ser las cosas, y la segunda está en el área de las suposiciones sobre la manera en que son las cosas. Estas dos áreas están interrelacionadas, ya que por lo general definen la manera en que están las cosas en términos de la manera en que las cosas deberían estar. Cuando decimos que tenemos un problema, básicamente estamos diciendo que las cosas no están como deberían estar. Para un cónyuge el problema puede ser trágico; para el otro, inexistente.

Un cónyuge puede pensar en "familia" como un "núcleo" de dos generaciones que son padres e hijos, mientras que para el otro cónyuge el concepto de "familia" es intergeneracional, implicando mucha comunicación abierta, interacción y actividades con tíos, sobrinos, abuelos y así sucesivamente. Una persona puede tener guiones donde cree que el amor es un sentimiento, mientras que otra persona ve el amor como un verbo. Uno puede resolver problemas peleando y gritando, mientras que el otro quiere comunicar y hablarlos. Uno puede ver las diferencias como debilidades, mientras que el otro ve las diferencias como fuerzas. La opinión de las personas en estos respectos tiende a ser un producto de sus experiencias con los modelos significativos de sus vidas, y en cualquier matrimonio, estas cosas necesitan hablarse y arreglarse.

Esta manera de compartir y acordar las expectativas, las estrategias de solución de problemas, la visión y los valores en una relación se llama "co-misionar". En otras palabras, es una unión de misiones o propósitos. Es unirlos para que tengan el mismo destino. Y el poder de esto es que literalmente trasciende a "tu manera" o "mi manera". Crea una nueva manera, una manera más alta, "nuestra manera". Permite a los compañeros trabajar juntos para explorar diferencias y resolver problemas en formas que crean la Cuenta de Banco Emocional y aportan resultados positivos.

Estas co-misiones entre marido y mujer son tan vitales, tan esenciales en una relación y en la familia como un todo, que incluso cuando tiene un enunciado de misión familiar que incluye a sus hijos, también quiere tener un "enunciado de misión matrimonial" que refleje la relación única entre usted y su cónyuge.

Si los dos son ya mayores y sus hijos ya crecieron, puede hacer diferentes preguntas, tales como éstas:

¿Qué podemos hacer para promover el crecimiento y la felicidad de nuestros hijos y nietos?
¿Qué necesidades tienen que podamos ayudar a cumplir?
¿Qué principios deberán gobernar nuestra interacción con ellos?
¿En qué maneras podemos involucrarnos adecuadamente en sus vidas y sus familias?
¿Cómo podemos ayudarles a desarrollar los enunciados de misión de sus familias?
¿Cómo podemos motivarlos a tratar con sus desafíos y problemas dentro del contexto de ese enunciado?
¿Cómo podemos ayudarlos a dar?

También puede considerar planes para crear un enunciado de misión de tercera generación. Piense en actividades que podrían incluir a las tres generaciones (vacaciones, días festivos, cumpleaños). Recuerde que nunca es demasiado tarde para empezar a ser un buen padre para sus hijos mayores. Todavía lo necesitan. Lo necesitarán siempre. Cuando criamos hijos, también estamos criando nietos. Los patrones tienden a persistir. De hecho, con frecuencia tenemos una segunda oportunidad al ayudar a criar a nuestros nietos.

> *Cuando criamos hijos, también estamos criando nietos. Los patrones tienden a persistir.*

Un Enunciado de Misión para Tres o Más

La importancia del enunciado de misión se vuelve incluso más evidente cuando hay niños en la familia. Ahora tiene personas que necesitan tener una sensación de pertenencia, que necesitan ser educados y capacitados, personas que serán influenciadas en muchas maneras diferentes mientras crecen. Y sin una sensación unificada de visión y valores, pueden salirse del camino por no tener una identidad o propósito. Entonces, de nuevo, un enunciado de misión familiar se vuelve supremamente importante.

Cuando los hijos son pequeños, generalmente les encanta estar incluidos en el proceso de crear el enunciado de misión. Les encanta compartir sus ideas y ayudar a crear algo que les da sensación de identidad familiar.

Catherine (hija):

Antes de que mi esposo y yo nos casáramos, hablamos de cómo queríamos que fuera nuestro hogar, especialmente cuando tuviéramos hijos. ¿Queríamos que fuera divertido, relajante, educativo, etcétera? Hablamos de tener honestidad e integridad en nuestra relación, cuánto queríamos que durara nuestro amor. Fue de estas discusiones que salió nuestro enunciado de misión familiar.

Tenemos tres hijos ahora, y aunque nuestra misión es fundamentalmente la misma, ha cambiado un poco con cada hijo. El primer bebé prácticamente nos hizo dar una vuelta completa y todo se centraba alrededor de ella. Pero el siguiente bebé nos puso más en perspectiva y pudimos serenarnos un poco y darnos cuenta mejor de cómo queríamos educar a nuestros hijos juntos, cómo queríamos que fueran ciudadanos extraordinarios en la comunidad, para servir a los demás, etcétera.

Los niños han agregado cosas a la misión también. La mayor tiene ahora seis años. Dice que quiere asegurarse de que digamos muchas bromas en la familia, así que agregamos ese pequeño enunciado para ella y para nuestro hijo de tres años.

Cada año nuevo nos sentamos a trabajar en nuestro enunciado de misión y anotamos nuestras metas para el año que empieza. Nuestros hijos se emocionan mucho con este proceso. Luego ponemos el enunciado de misión en el refrigerador. Los niños continuamente se refieren a él. Me dicen: "Mamá, se supone que no debes levantar la voz. Recuerda, tonos alegres y felices en nuestro hogar". Es un buen recordatorio.

Un esposo y padre compartió esta experiencia:

Hace cuatro años mi esposa y yo, mis dos hijos y mi suegra, que vive con nosotros, creamos un enunciado de misión familiar. Recientemente estuvimos revisando ese enunciado para ver qué pensábamos que debía cambiar.

En el curso de la discusión, Sarah, nuestra hija de 11 años dijo algo realmente importante. Estaba hablando de cómo una persona puede aportar tensión a la familia y afectar a todos los demás. Creo que ella sentía esto en particular por su abuela, porque la abuela estaba pasando por algunas cosas en ese momento y tendía a hablar rudamente a los niños cuando nosotros no estábamos.

Pero cuando Sarah lo dijo, no dijo que era la abuela; dijo que era la familia. Y la abuela lo captó de inmediato. Dijo: "Sabes, sé que yo lo hago y quiero mejorar". Mi esposa y yo rápidamente dijimos: "Mira abuela, todos lo hacemos. Todos necesitamos mejorar". Y así una de las líneas en nuestro enunciado de misión ahora dice: "Reconoceremos cuando estemos experimentando tensión en nuestra vida y no la transmitiremos a los demás".

Estoy convencido de que sólo repasar el proceso mismo es muy saludable para una familia porque proporciona un ambiente seguro para que las personas compartan. Y los ambientes seguros no se dan naturalmente en la conducta humana. La respuesta tradicional es ser crítico o defensivo. Pero cuando decimos: "Muy bien, vamos a hablar de cómo queremos que sea nuestra familia", creamos un espacio seguro para que las personas expresen sus sentimientos e ideas. No es amenazante porque no hablamos de personas, hablamos de asuntos.

Qué maravillosa experiencia para los niños, saber que sus ideas y sentimientos se valoran y que además son una parte vital en hacer que su familia sea todo lo que puede ser.

Ahora, cuando se involucra a adolescentes, el esfuerzo para crear un enunciado de misión familiar puede ser un poco más complejo. De hecho, puede incluso incialmente encontrarse con algo de resistencia. En nuestra familia encontramos que algunos de los chicos mayores no estaban realmente interesados en el proceso al principio. Querían apresurarse y terminar rápido. No veían la razón para dedicar tanto tiempo a hablar de cosas serias. Pero al encontrar maneras de aligerar el proceso y seguir insistiendo en ello, su interés creció.

Sean (hijo):
Creo que estaba en secundaria cuando hicimos nuestro enunciado de misión familiar. En realidad no me importaban las palabras en esa ocasión. Pero todo el proceso de hacerlo, sabiendo que mis padres tenían una visión y un objetivo, me dio una sensación de estabilidad. Sentía que todo estaba bien. Mis padres tienen cosas que arreglar y estábamos concentrados en ello.

Un hombre con hijos crecidos compartió esto:

En mi cumpleaños cincuenta decidí involucrar a mis dos hijas adolescentes en el proceso de enunciado de misión llevándolas con mi esposa y conmigo a Hawai para una "Semana de los 7 Hábitos". Pensé que podríamos pasar la mitad de cada día leyendo y discutiendo uno de los 7 Hábitos y la otra mitad divirtiéndonos, jugando en la playa y haciendo otras cosas normales de vacaciones.

Cuando les dije a mis hijas lo que planeaba, no se entusiasmaron mucho.

"Ay, perfecto. Vacaciones de primavera con un libro en la nariz. ¿Qué le diré a mis amigos?"

"Es otra idea de papá que no durará mucho?"

Permanecí como si nada. Dije: "Les prometo diversión y éste es el regalo de cumpleaños que realmente quiero. Así que, ¿cuento con ustedes?"

Dos grandes suspiros.

"Eso creo", contestó una. (Traducción: "No va a durar. Estaremos todo el tiempo en la playa. Me voy a broncear muchísimo".)

"Eso creo", contestó la otra. (Traducción: "Es lo más chistoso que he oído. Ay, bueno, es su regalo, así que lo haré por él".)

"Magnífico" contesté yo. "Muchas gracias por su regalo". (Traducción: "Ay Dios, ¿en qué me acabo de meter?")

Al abordar el avión, les di copias de los 7 Hábitos y marcadores, y me recliné en mi asiento. Pasó un rato, pero eventualmente, de acuerdo con nuestro convenio, las revistas para jovencitas empezaron a desaparecer y comenzaron a leer. También empezaron a surgir preguntas.

"Oh... Papá, ¿que es un para-dig-ma?"

"Se pronuncia paradigma y significa la forma en que ves las cosas, tu perspectiva, tu punto de vista."

"Papá, he leído dos capítulos y es realmente interesante. Sin embargo, deseo ser "proactiva" y decir que no necesito discutir esto veinticuatro horas al día."

Finalmente me dormí pensando que había algo que me gustaba de todo esto.

Cuando llegamos a la isla, nos alojamos y empezamos una rutina. Dedicamos cierto tiempo a leer cada día y cierto tiempo a jugar en la playa. Durante las comidas involucrábamos a las niñas en la discusión sobre lo que habían leído. Tres días después todas empezaron a sentir el poder de estas ideas. Comenzaron a hablar de ellas, incluso durante todo el día.

En la última noche, redactamos nuestro enunciado de misión familiar. Reuní todas las herramientas necesarias: pluma, papel y rosetas de maíz. "Familia, vamos a expresar nuestra misión", comencé con optimismo. "Este enunciado de misión debe contener lo que todos esperamos de esta familia. ¿Alguien quiere empezar?"

No titubearon. Convencidas de que en realidad quería sus expectativas, ofrecieron sugerencias abiertamente. Me acordé de lo que por lo general pasa cuando pregunto qué quieren para Navidad. Esta fue su creación, no simplemente algo que nosotros dictamos. Ninguna sugerencia se desechó. Fue algo importante y tratamos el proceso con respeto.

Disfrutamos hablar de cómo realmente queríamos que fuera nuestra familia. Trabajamos duro para crear un enunciado de misión que verdaderamente expresara los valores y deseos de todos. Después de terminar, pregunté: "¿Todos sienten que este enunciado tiene lo que queremos y esperamos?"

Una de mis hijas contestó: "Es un buen enunciado de misión familiar".

La otra dijo: "Fue divertido. Las ideas de todos son iguales".

Mi esposa dijo: "¡Lo logramos!"

Camino a casa las niñas comentaron que la experiencia las había hecho pensar más profundo. Una de ellas dijo: "Papá, tu regalo de cumpleaños fue un regalo para nosotros".

Después de un tiempo el hombre me dijo: "No tengo palabras para describir el impacto que esto ha tenido en todos nosotros como personas y como familia". Cuando le pedí que me ilustrara un poco, dijo:

Poco después de regresar a casa, mi esposa y yo tuvimos que salir por unos días. Pregunté a las niñas si querían que alguien viniera a quedarse con ellas durante nuestra ausencia. Nunca olvidaré su respuesta: "Pon el enunciado de misión de nuestra familia en el refrigerador. Tendremos principios para guiarnos mientras ustedes no están".

Dijo que ésa había sido una de una multitud de maneras en las cuales su enunciado de misión había influenciado positivamente sus vidas.

Si su familia incluye hijos viviendo en casa, puede celebrar una "reunión familiar" para presentar la idea y empezar el proceso del enunciado de misión. Si lo hace, asegúrese de que sea divertido. Con niños pequeños, puede usar marcadores de colores y carteles, y dar un pequeño regalo. Recuerde que los niños tienen espacio corto de atención. Pasar diez minutos divertidos juntos cada semana durante varias semanas será mucho más efectivo que tratar de sostener discusiones largas y filosóficas.

Los hijos mayores pueden preferir discusiones más profundas. Pero de nuevo, hágalo divertido. Puede llevarse varias semanas. Puede tener cuadernos y lápices disponibles o sólo hablar y pedir que una persona escriba las ideas. Cualquiera que sea la situación, asegúrese que todos se sientan cómodos y libres para participar.

Si siente que pueda haber resistencia de los chicos mayores, podría preferir empezar hablando informalmente en una cena familiar sobre lo que es importante y ni siquiera mencionar el enunciado de misión. O podría decidir discutir la idea en privado, uno por uno, con los miembros de la familia, tal vez al trabajar en un proyecto o haciendo algo juntos. Podía preguntar a los miembros de la familia cómo se sienten respecto a la familia y qué les gustaría que pasara en ella. De esta manera, puede acondicionar sus mentes para pensar sobre la familia y captar la idea. Tenga paciencia. Puede llevarse semanas de discusiones y de construcción antes de sentir que puede hablar de esto con ellos.

Cuando sienta que es el momento adecuado, reúna a todos para hablarlo. Asegúrese de que todos se sientan bien en ese momento. No trate de hacerlo cuando se sienta emocionalmente agotado, cansado o molesto, o está en medio de una crisis familiar. De nuevo, puede hacerlo en una cena familiar o en vacaciones. Tome tiempo. Hágalo divertido. Y si siente demasiada resistencia, retroceda. Podrá hablarlo otro día. Sea paciente. Tenga fe en las personas y en el proceso. Dele tiempo.

Cuando llegue a un punto donde pueda discutir estos asuntos familiares, sea explícito sobre la idea que quiere transmitir con un enunciado de misión para que sirva como una influencia de unión y motivación para todos en la familia. Haga preguntas que ayudarán a los miembros de la familia a usar sus dotes humanas únicas, tales como:

¿Cuál es el propósito de nuestra familia?
¿Qué clase de familia queremos ser?
¿Qué clase de cosas queremos hacer?
¿Qué clase de sentimientos queremos tener en nuestro hogar?
¿Qué clase de relaciones queremos tener entre nosotros?
¿Cómo queremos tratarnos y hablarnos?
¿Qué cosas son verdaderamente importantes para nosotros como familia?
¿Cuáles son las metas de prioridad más alta de nuestra familia?
¿Cuáles son los talentos únicos, dones y habilidades de los miembros de la familia?
¿Cuáles son nuestras responsabilidades como miembros de la familia?
¿Cuáles son los principios y lineamientos que queremos que nuestra familia siga?
¿Quiénes son nuestros héroes? ¿Qué es lo que queremos imitar?
¿Qué familias nos inspiran y por qué las admiramos?
¿Cómo podemos contribuir a la sociedad como familia y volvernos más orientados al servicio?

Al discutir estas preguntas, probablemente escuchará diversas respuestas. Recuerde que *todos en la familia son importantes. Las ideas de todos son importantes.* Puede tener que tratar con todo tipo de expresiones positivas y negativas. No las juzgue. Respételas. Déjelos que se expresen libremente. No trate de resolver nada. Todo lo que está haciendo en este punto es preparar las mentes y los corazones para que reflexionen. En cierto sentido está preparando el terreno y empezando a sembrar las semillas. No trate de cosechar nada todavía.

Encontrará que estas discusiones probablemente serán mejores si pone tres reglas básicas:

Primera, escuchar con respeto. Asegúrese que todos tengan oportunidad de hablar. Recuerde que la participación en el proceso es tan importante como el producto. A menos que las personas sientan que han dicho algo en la formación de la visión y los valores que los gobernarán, los guiarán y medirán su progreso, no estarán comprometidos. En otras palabras, "no participación, no compromiso". Así que esté seguro de que todos sepan que sus ideas se escucharán y se reconocerán como importantes. Ayude a los niños a entender qué significa mostrar respeto mientras los demás hablan. Dígales que los demás, a su vez, mostrarán respeto por sus ideas.

> *No participación, no compromiso.*

Segunda, repita para mostrar que entiende. Una de las mejores maneras de mostrar respeto es repitiendo los puntos de las otras personas a su entera satisfacción. Luego motive a los demás miembros de la familia a repetir también las ideas que se expresaron a satisfacción del otro, particularmente cuando hay desacuerdos. Cuando todos hacen esto, el entendimiento mutuo suavizará los corazones y liberará las energías creativas.

Tercera, considere escribir las ideas. Tal vez puede asignar a alguien esa labor. Pida a esa persona que anote todas las ideas que se expresen. No que evalúe las ideas, que no las juzgue, no compare su valor relativo. Sólo que las capture para que las ideas de todos estén "sobre la mesa" y visibles.

Entonces puede empezar el proceso de refinamiento. Encontrará que la lucha más grande al hacer enunciados de misión es dar prioridad a los destinos y valores, en otras palabras, decidir cuál es el propósito más alto y el valor más alto, y luego el siguiente y el siguiente. Esto es difícil de hacer.

Asistí a una conferencia con líderes asiáticos en Bangkok, donde se presentaron investigaciones sobre dar prioridades a los valores en el mundo occidental, comparados con el mundo asiático. Las personas de ambas áreas del mundo dijeron que valoraban la cooperación y el trabajo en equipo, pero que tenían poco valor en el mundo occidental y mucho valor en el mundo oriental. Los líderes asiáticos estaban interesados por no perder ese valor como en el mundo occidental, donde se enfocaban principalmente en independencia, libertad de acción e individualidad.

Ahora, no estoy tratando de manejar la cuestión de cuál valor está bien y cuál debería ser el más alto. Sólo trato de demostrar que la base real del desafío al elaborar enunciados de misión está en las prioridades de estas cosas.

Una manera en que he visto que se maneja este desafío con efectividad en la familia es que las personas escriban los cinco valores más altos para ellos y los eliminen uno a la vez hasta que lleguen a uno. Así, las personas se ven forzadas a pensar en lo que realmente importa para ellos. Esto puede ser un gran proceso de enseñanza, ya que los miembros de la familia pueden también descubrir que la integridad es más grande que la lealtad, el honor es más grande que el estado de ánimo, los principios son más grandes que los valores, la misión es más grande que la carga, el liderazgo es más grande que la administración, la efectividad es más grande que la eficiencia, y la imaginación es más poderosa que la actividad consciente de la fuerza de voluntad.

El proceso mismo de explorar el propósito de su familia puede hacer surgir poderosos beneficios para la cultura de la familia. Los enunciados de misión se enfocan en posibilidades, no en limitaciones. En vez de discutir por sus debilidades, en un sentido está discutiendo lo que es posible, lo que puede visualizar. Cualquier cosa que se discuta eventualmente se vuelve suya. Note que la gran literatura, el gran cine y el gran arte (que inspiran y edifican), esencialmente se enfocan en la visión y las posibilidades, y en sacar nuestros motivos e impulsos más nobles, nuestro más alto yo.

> *Los enunciados de misión se enfocan en posibilidades, no en limitaciones.*

Y piense en el impacto de la Cuenta de Banco Emocional. Si nada más se ganara de este proceso, el simple acto de dedicar tiempo escuchándose y relacionándose a un nivel tan profundo, haría enormes depósitos. Piense en lo que comunica a los miembros de la familia sobre su valor individual y el valor de sus ideas.

Este proceso también puede ser ameno. Inicialmente, puede sentir cierta incomodidad. Puede sacar un poco a las personas de su zona de confort porque nunca antes habían estado involucrados tan profundamente en una discusión de reflexión. La comunicación se vuelve muy auténtica y el acercamiento se vuelve muy profundo. Lentamente, casi imperceptiblemente, dentro de los corazones y las mentes de la familia, la sustancia del enunciado de misión empieza a verse clara.

Paso Dos: Escriba Su Enunciado de Misión Familiar

Con las ideas sobre la mesa, está listo para que alguien de la familia las refine, las filtre y las reúna en una expresión que reflejará el sentimiento colectivo de mentes y corazones de aquellos que contribuyeron.

En cierto sentido, es extremadamente importante poner esta expresión en papel. El proceso mismo de escribir aporta cristalización de pensamiento y convierte el aprendizaje y los discernimientos en palabras. También imprime el cerebro y refuerza el aprendizaje, y hace que la expresión esté visible y disponible para todos en la familia.

En otro sentido, escribir un enunciado de misión en papel no es tan poderoso como escribirlo en los corazones y las mentes de la familia. Pero las dos son mutuamente exclusivas. Una conduce a la otra.

Voy a poner énfasis en que lo que va a obtener al principio será un *borrador,* posiblemente el primero de muchos borradores. Los miembros de la familia necesitarán verlo, pensar en él, vivir con él, discutirlo, hacer cambios. Necesitarán trabajar con él hasta que todos lleguen a un acuerdo: "Éste es el propósito de la familia. Ésta es nuestra misión. Creemos en ella. Estamos listos para comprometernos a vivirla".

A continuación hay ejemplos de enunciados de misión familiares que han pasado por este proceso, incluyendo el nuestro, que está en primer lugar. Como pueden ver, cada enunciado es único y refleja los valores y creencias de quienes lo escribieron. No tienen la intención de ser modelos para su enunciado de misión. El suyo debe reflejar sus esperanzas, valores y creencias.

Seguramente sentirá, igual que nosotros, respeto y aprecio por las personas que nos dieron permiso para compartir sus enunciados de misión.

La misión de nuestra familia es crear un lugar de fe, orden, verdad, amor, felicidad y relajamiento, y proporcionar la oportunidad a cada persona de volverse responsablemente independiente y efectivamente interdependiente, con el fin de servir a los propósitos valiosos de la sociedad.

La misión de nuestra familia es:
Valorar la honestidad con nosotros mismos y con los demás.

Crear un ambiente donde todos podemos encontrar apoyo y motivación para lograr nuestras metas de vida.
Respetar y aceptar la personalidad y los talentos únicos de cada persona.
Promover una atmósfera de amor, amabilidad y felicidad.
Apoyar los esfuerzos familiares para hacer una sociedad mejor.
Mantener la paciencia a través de la comprensión.
Resolver siempre los conflictos familiares en vez de promover la ira.
Promover la realización de los tesoros de la vida.

La misión de nuestra familia:
Amarnos...
Ayudarnos...
Creer en cada uno...
Usar con inteligencia nuestro tiempo, talentos y recursos para bendecir a los demás...
Rendir culto juntos...
Siempre.

Nuestro hogar será un lugar donde nuestra familia, amigos e invitados encuentren alegría, confort, paz y felicidad. Buscaremos crear un ambiente limpio y ordenado que sea agradable y cómodo. Ejercitaremos sabiduría para decidir qué comer, leer, ver y hacer en casa. Queremos enseñar a nuestros hijos a amar, aprender, reír, trabajar y desarrollar sus talentos.

Nuestra familia es feliz y se divierte mucho junta.
Todos nos sentimos seguros y tenemos pertenencia.
Nos apoyamos totalmente en nuestro potencial visto y no visto.
Mostramos amor incondicional e inspiración en nuestra familia.
Somos una familia donde continuamente crecemos de manera mental, física, social/emocional y espiritual.
Discutimos y descubrimos todos los aspectos de la vida.
Respetamos todas las formas de vida y protegemos el ambiente.
Somos una familia que sirve internamente y a la comunidad.
Somos una familia con limpieza y orden.
Creemos que la diversidad de raza y cultura es un regalo.
Apreciamos la gracia de Dios.
Esperamos dejar un legado de la fuerza y la importancia de la familia.

> *Un* enunciado de misión no tiene que ser un documento grande y formal. Puede ser incluso una sola palabra o frase, o algo creativo y enteramente diferente como una imagen o un símbolo.

Tenga en mente que un enunciado de misión no tiene que ser un documento grande y formal. Puede ser incluso una sola palabra o frase, o algo creativo y enteramente diferente como una imagen o un símbolo. Conozco algunas familias que han escrito una canción familiar que representa lo que más importa para ellos. Otros han capturado una sensación de visión por medio de la poesía y el arte. He sabido de familias que han estructurado su enunciado de misión creando frases con cada letra de su apellido.

Como ve, no tiene que ser una expresión verbal muy grande. El único criterio real es que represente a todos en la familia, los represente y los una. Y si su enunciado de misión es una palabra, una página o un documento, ya sea escrito en prosa o en poesía, música o arte, si captura y da cohesión a lo que está en los corazones y las mentes de la familia, inspirará, energizará y unificará a su familia en una forma tan maravillosa que tiene que experimentarlo para creerlo.

Paso Tres: Úselo Para Mantenerse en el Camino

Un enunciado de misión no es una lista de verificación de cosas "por hacer". Tiene la intención de ser la constitución literal de su vida familiar. Justo como la Constitución de los Estados Unidos ha sobrevivido por más de doscientos años (a veces turbulentos), la constitución de su familia puede ser el documento fundamental que unirá y mantendrá a su familia junta por décadas, incluso generaciones.

En el Hábito 3 hablaremos más sobre cómo convertir su enunciado de misión en una constitución. Pero por ahora quiero mencionar este paso y resumir todos los pasos mostrando cómo un hombre, padre de una familia mezclada aplicó este proceso de tres pasos. Dijo:

Creamos nuestro enunciado de misión familiar en varias semanas.

La primera semana llamamos a los cuatro hijos y dijimos: "Miren, si todos vamos en diferentes direcciones y siempre peleamos, las cosas no van a ser fáciles". Les dijimos que las cosas serían más sencillas si todos compartiéramos el mismo sistema de valores. Así que les dimos a todos cinco tarjetas en blanco y dijimos: "Escriban una palabra en cada tarjeta que les gustaría usar para describir a esta familia".

Cuando revisamos las tarjetas y eliminamos las duplicadas, nos quedamos con veintiocho palabras diferentes. Así, la siguiente semana pedimos a todos que definieran qué significaban esas palabras para que pudiéramos entenderlos realmente. Por ejemplo, nuestra hija de 8 años escribió la palabra "brutal" en una de las tarjetas. Ella quería que fuéramos una familia "brutal". Entonces le pedimos que nos explicara cómo es una familia "brutal". Eventualmente las definiciones de todos se aclararon y pudimos entendernos.

La siguiente semana pusimos todas las palabras en una hoja de rotafolio y les dimos diez votos a cada quien. Podían usar hasta tres votos por palabra si querían, pero no podían usar más de diez votos en total. Después de votar, nos quedamos con cerca de diez cosas que eran importantes para todos.

La siguiente semana votamos de nuevo por esas diez cosas y la lista se redujo a seis. Luego nos dividimos en tres grupos y cada grupo escribió una o dos frases sobre dos de las palabras, definiendo qué significaban. Nos reunimos de nuevo y leímos nuestras frases a los demás.

La siguiente semana discutimos las frases. Las aclaramos. Nos aseguramos de que dijeran lo que queríamos que dijeran. Las corregimos gramaticalmente. Y las convertimos en nuestro enunciado de misión.

La misión de nuestra familia:
Siempre ser amables, respetuosos y apoyadores con los demás.
Ser honestos y abiertos.
Mantener un sentimiento espiritual en casa.
Amarnos incondicionalmente.
Ser responsables de vivir una vida feliz, sana e íntegra.
Hacer de esta casa un lugar al que todos queremos llegar.

Fue realmente grandioso porque de principio a fin tuvimos participación. El enunciado de misión era sus palabras y sus oraciones, y ellos lo sabían.

Pusimos el enunciado en un marco muy hermoso y lo colgamos en la chimenea. Dijimos: "Esta bien, el que pueda aprender el enunciado de memoria recibirá el dulce que elija".

Cada semana pedíamos a alguien que nos dijera qué significaban para él las frases o palabras de la misión. Sólo se necesitan dos o tres minutos, pero hace que el enunciado de misión cobre vida. También estamos fijando metas alrededor de ese enunciado, haciéndolo una parte central de nuestras vidas.

Este proceso de enunciado de misión nos ha sido muy útil. En una familia normal tendemos a suponer ciertas conductas. Pero cuando mezclamos una familia, se tienen dos series de ideas sobre cómo educar hijos, por ejemplo. Nuestro enunciado de misión nos ha dado estructura, valores comunes y enfoque común sobre a dónde queremos llegar.

Dos de las fuerzas psicológicas más poderosas que se imprimen en el cerebro son la escritura y la visualización, ambas involucradas en este proceso de enunciado de misión. Cuando estas actividades se hacen conscientemente, el contenido rápidamente se traduce en el subconsciente y en las partes más profundas del corazón, ayudándole a mantenerse en el camino correcto.

Estos procesos hacen que las personas cristalicen su pensamiento. Y si se emplean todos los sentidos, esta cristalización se vuelve como de láser. Literalmente imprime en el cerebro el contenido y sentimiento de la escritura o la visualización. Y esto le permite traducir la misión en los momentos de la vida cotidiana.*

El Poder de un Enunciado de Misión Familiar

Muchas familias hablan de cómo, con el tiempo, el enunciado de misión tiene un impacto profundo en los hijos, particularmente cuando sienten que sus ideas son bienvenidas y que afectan genuinamente la dirección que la familia tomará.

Y tiene un profundo impacto en los padres también. Con la participación adecuada en el proceso de crear un enunciado de misión, encontrará que superará el temor de ser padre, de ser decidido. No caerá en la trampa de intentar ganar un concurso de popularidad con sus hijos. Tampoco tomará la rebelión o el rechazo como algo personal sólo porque es emocionalmente dependiente de la aceptación de sus hijos. No entrará en el estado de confabulación que muchos padres hacen y se sienten validados por las debilidades de sus hijos y buscan aliados amistosos que los aprueben y estén de acuerdo con ellos, les abracen el corazón y los hagan sentir que tienen la razón y que sus "malvados hijos" están mal.

Con un sentido claro de misión y valores compartidos, puede ser muy demandante cuando se trata de estándares. Puede tener el valor de hacer a sus hijos responsables y dejarlos experimentar las consecuencias de sus acciones. Irónicamente, también se volverá más amoroso y empático al respetar individualmente a cada niño y permitir que sus hijos sean autoreguladores, tomen sus propias decisiones dentro del alcance de su experiencia y sabiduría.

> Con la participación adecuada en el proceso de crear un enunciado de misión, encontrará que no caerá en la trampa de intentar ganar un concurso de popularidad con sus hijos.

Además, un enunciado de misión creará un lazo poderoso entre padres e hijos, entre esposos y esposas, que simplemente no existe donde no hay visión y valores compartidos. Es como la diferencia entre un diamante y un pedazo de grafito. Ambos se forman del mismo material, pero un diamante es la más dura de todas las sustancias mientras que el grafito se puede partir. La diferencia radica en la profundidad de los vínculos entre los átomos.

---

*Para ejemplos adicionales de enunciados de misión familiares y una hoja de trabajo que le ayude a desarrollar la suya propia, llame al (801) 229-1333 o visite www.franklincovey.com en Internet.

Un padre de familia compartió esta experiencia:

Hace algún tiempo pensaba sobre mi rol como padre y visualicé cómo quería que me recordaran mis hijos. Entonces, ese verano al planear nuestras vacaciones, apliqué el principio de visión con la familia. Llegamos a una especie de enunciado de misión familiar. Le llamamos el "Equipo Smith". Para nosotros describía la perspectiva que queríamos tomar cuando saliéramos de viaje.

Cada uno asumió un rol particular que ayudaría en la formación del Equipo Smith. Mi hija de seis años eligió el rol de porrista de la familia. Su meta era ser una influencia para disipar cualquier disputa en la familia, particularmente al estar viajando juntos en el auto. Inventó varias porras, y cuando había un problema ella gritaba: "¡Smiths, Smiths, no sigan así. Cuando estamos juntos, podemos combatir!" Nos gustara o no teníamos que unirnos a la porra y fue muy útil para disipar los malos sentimientos que a veces había.

También teníamos playeras iguales. En un momento, entramos a una estación de servicio y el asistente no estaba muy atento. Pero cuando vio que todos estábamos ahí parados con las playeras iguales dijo: "Oigan, amigos, parecen un equipo". Eso acabó de concretarlo. Nos miramos y nos sentimos muy altos. Volvimos al auto y arrancamos, ventanas abajo, radio encendido, helados derritiéndose. ¡Éramos una familia!

Después de tres meses, nuestro hijo de tres años fue diagnosticado con leucemia. Esto metió a la familia en meses de desafío. Lo interesante fue que cuando llevábamos al niño al hospital para sus tratamientos de quimioterapia, él siempre preguntaba si podía usar su playera. Tal vez era su manera de conectarse con el equipo y sentir el apoyo y los recuerdos que tenía de las experiencias de estar juntos en esas vacaciones familiares.

Después de seis meses de tratamiento tuvo una terrible infección que lo obligó a estar en terapia intensiva dos semanas. Estuvimos muy cerca de perderlo, pero él luchó. Usó esa playera casi todo el tiempo durante días, ya estaba llena de manchas de vómito, sangre y lágrimas. Cuando finalmente se recuperó y pudimos llevarlo a casa, todos usamos las playeras en su honor. Queríamos conectarnos con ese sentimiento de misión familiar que habíamos creado en nuestras vacaciones.

Esa visión del Equipo Smith nos ayudó a través del desafío más grande que hayamos enfrentado como familia.

Una madre divorciada con cuatro hijos compartió esta experiencia:

Hace 20 años mi esposo se fue y me quedé con mis cuatro hijos, de 4, 6, 8 y 10 años. Durante un tiempo me sentí perdida. Estaba devastada. Por varios días me quedé en la cama y lloré todo el tiempo. El dolor era muy fuerte. Tenía tanto miedo de lo que venía. No sabía cómo iba a hacerlo. Había veces en que pasaba horas sólo pensando. "Bueno, al menos no lloré esta hora. Veamos si puedo no llorar la siguiente hora". Esto era muy duro para los niños porque su papá acababa de irse de la casa y por un tiempo pensaron que su mamá se había "ido" también.

Fueron los niños los que finalmente me dieron la fuerza para continuar. Me di cuenta de que si no hacía algo, no sólo iba a destruirme sino que me llevaría a los cuatro niños conmigo. Ellos fueron mi motivación real, la razón de mi elección consciente.

Comencé a darme cuenta de que necesitaba una nueva visión. Ya no éramos una familia "tradicional". Y como nuestra familia ya no era igual, ya no se parecía a la familia que habíamos sido y que siempre había yo pensado que sería, necesitaba cambiar la visión de esa familia.

Hablamos mucho de esta nueva estructura familiar. Tomamos decisiones fundamentales. Estaba bien ir a reuniones de la iglesia o a obras escolares. Habíamos perdido una parte integral de la familia, no había duda de ello, pero estaba bien. Todavía podíamos hacer las cosas divertidas. Podíamos incluso tener los valores, los principios, las cosas felices en la vida casi igual.

Tuve que llegar a un sitio con mis sentimientos personales sobre el padre de los niños, donde pude valorar su bondad y todavía permitir esas cosas con las que yo no estaba de acuerdo. No quería perdonarlo. No quería permitir que los niños lo vieran e hicieran cosas con él. Pero mi conciencia más alta me dijo que esa clase de actitud no iba a funcionar al final. Sabía que mi odio y mi ira me consumirían y destruirían a mi familia. Así que pedí a Dios valor. Recé por el deseo de querer hacer lo que era correcto, porque si podía al menos hacer eso, entonces no sería tan difícil.

No fue fácil. Hubo veces en que estaba tan enojada que realmente quería matar a ese hombre, especialmente cuando sus actitudes seguían lastimando a los niños. Pero con los años pude manejar mi ira y, finalmente, llegue al punto donde este hombre me importaba lo mismo que un hermano. Empecé a verlo no como mi ex esposo, no como el padre de mis hijos, sino como un hombre que comete algunos errores realmente trágicos.

Todos los niños tuvieron sus crisis con su padre y llegaron al punto de aceptar que no tienen el papá que siempre quisieron y visualizaron. Todos pudieron valorar su bondad e incluso permitirle tener esas imperfecciones que son tan dolorosas. Ahora saben que tienen que tratar con su papá como es, no como ellos quisieran que fuera, porque él no es esa persona, nunca lo fue.

Lo que más nos ayudó fue tener un nuevo fin en la mente. Creamos una visión nueva de cómo sería nuestra familia.

> El enunciado de misión familiar literalmente se convierte en el DNA de la vida familiar.

En ambas situaciones, note el poder que este sentido de visión y valores compartidos tuvo en mantener a la familia enfocada y junta, incluso en medio del desafío. Ese es el poder de un enunciado de misión familiar. Literalmente se convierte en el DNA de la vida familiar.

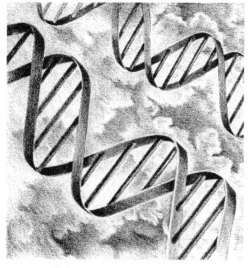

Es como la estructura cromosómica en cada célula del cuerpo que representa la impresión para la operación de todo el cuerpo. Debido a este DNA, cada célula es, en cierto sentido, un holograma del cuerpo entero. Y el DNA define no sólo la función de esa célula, sino también cómo se relaciona con las demás.

Crear una visión compartida hace lazos profundos, una sensación de unidad en el propósito, un "¡sí!" profundo y arrebatador que es tan poderoso y tan motivador que literalmente une a las personas con un propósito lo suficientemente sólido para trascender los obstáculos, los desafíos de la vida diaria, los guiones negativos del pasado, e incluso la carga acumulada del presente.

"Amar" es un Compromiso

¿Por qué un enunciado de misión familiar tiene tanto poder? Una mujer de 43 años que contrajo matrimonio por primera vez dijo esto:

Para mí el enunciado de misión familiar da un aspecto práctico, concreto y factible de lo que es el amor. El amor es ciertamente las rosas y las cenas, y las vacaciones románticas. Pero también es los abrazos, las batas y meter el periódico todas las mañanas, o hacer café y alimentar al perro. Es los detalles así como la sinfonía.

Creo que el enunciado de misión es una manera de hacer ese compromiso real. Y creo que el proceso de hacerlo puede ser tan valioso como el producto final, porque es el trabajar juntos lo que crea esa visión y la hace tan real, que define, refina y hace crecer al amor.

Una esposa y madre en una familia mezclada compartió esto:

Creo que la diferencia de tener un enunciado de misión familiar es que tiene una serie de reglas y principios que te comprometen, de los cuales no es fácil escaparse. Si yo hubiera tenido esta clase de solidez, probablemente hubiera tratado mi primera relación de manera diferente. No había sensación de visión compartida o compromiso a los que pudiera apegarme y decir: "¿Por qué debo quedarme en este matrimonio? ¿Qué puedo hacer para que funcione?" En vez de decir: "Ya basta. Se acabó. Esto se acabó". Y se acabó. Nunca hubo sensación de compromiso real con una visión común.

Pero las cosas son diferentes ahora. Digamos mi relación con Bonnie, por ejemplo, ella no es mi "hijastra", es mi hija. Hicimos un acuerdo: "No habrá hijastros ni padrastros en esta familia. Todos somos uno. Todos fuimos creados igual. Todos tenemos el mismo derecho en esta familia. No importa si vivimos aquí siempre o sólo parte del tiempo".

Con nuestra personalidad y estilo de trabajar, creo que sería muy fácil para una familia como la nuestra desintegrarse, volverse disfuncional. Pero este sentido de visión compartida nos ha dado la fuerza y el compromiso para permanecer juntos como familia, actuar como familia, ser una familia.

De nuevo, recuerde: Amar es un verbo. Es también un compromiso. El enunciado de misión familiar deja explícito qué significa ese compromiso.

Como lo observamos en el Hábito 1, las promesas más fundamentales que hacemos a otros seres humanos son aquellas que hacemos a los miembros de nuestra familia, en nuestros votos matrimoniales, en nuestras promesas implícitas de cuidar y educar a nuestros hijos. Con el enunciado de misión familiar puede hacer que sus hijos sepan que está totalmente comprometido con ellos, que lo ha estado desde el momento de su nacimiento o adopción, que el lazo nunca se ha roto y ni se romperá, y que nada puede romperlo. Puede decirles: "Mi compromiso no es una función de tu conducta o actitud. Es total y completo. Mi amor siempre estará ahí. Tú siempre estarás en mi corazón. Nunca te traicionaré. Nunca te dejaré. Siempre estaré contigo sin importar lo que hagas. Esto es algo que quiero que sepas y que continuaré diciéndotelo con mis palabras y mis acciones. Mi compromiso es total y mi amor es incondicional".

> *Con el enunciado de misión familiar puede hacer que sus hijos sepan que está totalmente comprometido con ellos, que lo ha estado desde el momento de su nacimiento o adopción.*

Cuando los hijos sienten este nivel de compromiso, y cuando se comunica consistentemente con palabras y acciones, están dispuestos a vivir con límites, aceptar responsabilidad por sus acciones. Pero cuando no se ha pagado el precio de tomar decisiones profundas que están contenidas en estos enunciados de misión, los padres pueden fácilmente desarraigarse por las fuerzas sociales y por las presiones que tendrán continuamente en contra de tomar el curso responsable, moverse hacia la interdependencia, mantener estándares en el hogar y asumir las consecuencias.

Crear un enunciado de misión familiar le permite a usted y a su familia examinar, aclarar y renovar esas promesas, y mantenerlas constantemente antes de que esos compromisos estén por escrito en su mente y en su corazón, y afecten la manera en que vive todos los días.

Fortaleciendo las Extensiones Familiares

Como puede ver en las historias que hemos compartido, los enunciados de misión familiar proporcionan fuerza y dirección a las familias de toda configuración: familias de dos padres, familias de un solo padre, familias mezcladas y así sucesivamente. Pueden también dar propósito y fuerza a las relaciones en las familias con extensiones e intergeneracionales. Un esposo y padre de familia dijo esto:

Al trabajar en mi enunciado de misión personal, una cosa importante que surgió fue cómo me sentía sobre la extensión de mi familia: mi hermano y mis hermanas y sus hijos. Recuerdo de niño haber presenciado unos pleitos horribles entre papá y mamá. A veces papá rompía todo lo que encontraba en la casa, tiraba todo lo que podía agarrar, azotándolo contra las paredes. Había cientos de noches en que mi mamá se quedaba parada junto a la ventana, llorando. Eso me dejó muchas impresiones feas.

No sé exactamente qué influencia tuvo eso en la vida de mis hermanas, pero también se casaron con hombres o muy dominantes o muy pasivos, ningún justo medio, y algunos de esos matrimonios no han funcionado.

Entonces, cuando pensé en mi enunciado de misión, sentí una sensación de responsabilidad respecto a sus hijos y un gran deseo de darles un buen modelo. Cada semana cuando reviso mi enunciado de misión, pienso muy seriamente en lo que podía hacer por un sobrino o sobrina.

Su esposa agregó:

Esto lo ha ayudado a convertirse en una persona de transición en su familia. No sólo ha puesto un alto a una cultura de alcoholismo y abuso emocional, sino que también ha establecido un estándar muy alto de educación y contribución para sus sobrinas y sobrinos. Siempre les dice: "Muy bien, no tienen las calificaciones que necesitan para entrar a la universidad, entonces ¿qué van a hacer al respecto?"

Tratamos de invitarlos muy seguido y ellos notan lo que hacemos en nuestra familia. No vemos televisión por la noche. La escuela es realmente importante. Nuestros hijos practican deportes y música. Nos ven trabajando para lograr metas de largo alcance, y tiene un efecto.

Note cómo el sentido de visión y valores de este hombre le permitió asumir un rol positivo y proactivo en la extensión de su familia. Se convirtió en agente de cambio. Está trabajando de dentro hacia fuera. Y ¿qué clase de diferencia va a hacer esto en la vida de sus sobrinos y sobrinas?

No tiene límites lo bueno que puede hacer por su familia cuando tiene una visión clara de su destino, su rol y su oportunidad. Piense en la oportunidad para los abuelos, por ejemplo. Los abuelos pueden adoptar un rol vital y activo para unir a sus hijos y nietos. Mi hermano John y su esposa Jane se contemplaron como padres y abuelos cuando desarrollaron su enunciado de misión. Tenían hijos casados viviendo en diferentes partes del país y también algunos hijos en casa todavía. Pasaron dieciocho meses comunicándose con ellos en varias formas y finalmente llegaron a esta frase sencilla que contiene la esencia de todo lo que piensan y sienten: "No hay sillas vacías".

« No hay sillas vacías.»

Esas simples palabras tienen un significado profundo para ellos. Son códigos. Detrás de ellas hay muchas discusiones e interacciones respecto al espíritu del amor incondicional y el compromiso que los miembros de la familia tienen entre ellos. "Vamos a ayudarnos. No vamos a dejar caer a nadie. Vamos a rezar por los demás. No vamos a guardar rencores. No vamos a ofendernos."

Piense en el poder de esa clase de compromiso en la familia intergeneracional. Piense en el impacto que esas palabras van a tener en las tías, los tíos y los primos, conforme la familia siga creciendo.

Pero no tiene que ser padre o abuelo para iniciar un enunciado de misión familiar intergeneracional. Cualquier pariente mayor de edad puede convertirse en agente de cambio.

Un hombre compartió esto:

Hace un tiempo papá llamó y sugirió que toda nuestra familia se reuniera para ir de vacaciones. Mis padres estaban en Virginia, una hermana y su esposo en Ohio y otra hermana y hermano en Utah, así que estábamos muy dispersos.

En ese momento yo estaba muy metido en los 7 Hábitos y pensé que sería bueno que escribiéramos un enunciado de misión para la extensión de la familia. Así que antes de las vacaciones, le escribí a todos. Explique qué era un enunciado de misión y algo del material para escribirla. Pedí a todos que trajeran un borrador con ellos.

Una de las cosas que realmente me emocionaron al escribir el enunciado de misión fue redefinir nuestra relación. Estaba convencido de que habíamos asignado etiquetas a todos que ya no eran válidas. "Ay, Johnny, él es feliz y tiene mucha suerte. Es muy lindo, pero no siempre puedes depender de él. Jenny siempre se está quejando. Siempre se va a quejar de esto o aquello. David va a criticar, pero siempre hace lo que critica". Y así pasa con todas las familias. Estas etiquetas pueden haber sido ciertas cuando teníamos 12 o 13 años, pero ya no lo son. Entonces, la primera noche que pasamos juntos, hablamos de ello.

Fue una noche increíble. Hicimos copias de los borradores de todos y las distribuimos. Mientras cada uno leía su borrador, marcábamos nuestras líneas favoritas. Fue asombroso cuántos enfoques diferentes había. Mi hermano había escrito un bello poema. El de mi padre era un párrafo. El mío eran tres páginas. Todas eran diferentes.

De doce borradores llegamos a uno y lo mandamos imprimir en playeras. No completamos el enunciado de misión en ese momento, pero hicimos un gran progreso.

Probablemente lo más asombroso sobre la experiencia fue el impacto del proceso mismo. Uno de los beneficios inmediatos llegó durante las vacaciones cuando el hermoso y lujoso hotel que mamá había reservado porque lo vio en un folleto, se convirtió en un "fiasco". Antes, esto hubiera provocado que todos se molestaran. Pero la experiencia del enunciado de misión nos permitió comunicarnos abiertamente y en cuestión de treinta minutos salvamos las vacaciones. Estoy convencido de que fue el resultado de la unión familiar que sentimos.

También, como resultado del trabajo del enunciado de misión, varias familias terminaron mudándose para estar cerca de mamá y papá. Decidimos que la familia era más importante que el dinero o la ubicación. De hecho, incluso decidimos que nos encantaría tener un negocio juntos. Vimos que hay muchos desafíos que vienen con eso, pero sentimos que nos daría la oportunidad de conocernos mejor. Así que empacamos nuestras cosas y nos mudamos para estar juntos.

Antes de esta experiencia del enunciado de misión, era como "¡Nos vemos en Navidad!" Pero ahora sabemos que queremos que nuestros hijos crezcan junto a sus primos. Queremos que conozcan a sus abuelos. Ha comenzado una nueva era en nuestra familia.

Note cómo, aunque no era el padre de esta familia, este hombre aceptó el rol de liderazgo proactivo. Note cómo trabajó en su Círculo de Influencia y creó una experiencia que unió a toda la familia. ¿Qué clase de diferencia va a hacer esto en la familia en el futuro?

La realidad es que todo regresa con creces, lo que sucede dentro de su mente y corazón y las elecciones proactivas que haga para crear un cambio familiar.

Nunca olvidaré una experiencia que tuve con un grupo de padres de familia en la costa este de los Estados Unidos. Estos padres eran presidentes de compañías y habían traído a sus cónyuges e hijos adolescentes para que asistieran a esta conferencia familiar. El propósito de la conferencia de tres días era aprender a desarrollar un enunciado de misión familiar.

Durante el primer día y medio nos enfocamos casi enteramente en crear relaciones. Trabajamos en aprender a escucharnos y expresarnos de maneras que afirmáramos y mostráramos valor a los demás, más que empequeñecerlos o hacerlos sentirse mal o avergonzados.

En la tarde del segundo día, comencé a enfocarme en crear un enunciado de misión familiar. Ya habían hecho mucho trabajo y lectura sobre el tema antes de la conferencia. Pero cuando llegamos a la sesión de preguntas y respuestas al final del día, era obvio que estas personas estaban realmente luchando.

Había personas muy, muy brillantes. Tenían gran talento y capacidad. Habían logrado grandes cosas en sus profesiones. Pero tenían un problema fundamental: a pesar de expresar lo contrario, muchos de ellos simplemente no asignaron alta prioridad al matrimonio y a la familia en sus vidas. Estaban habituados y comprometidos con un estilo de trabajo donde la familia era esencialmente una parte complementaria de sus carreras. Básicamente habían venido a la conferencia esperando aprender técnicas de remedio rápido que les permitieran reconstruir sus relaciones familiares y crear una gran cultura familiar para que pudieran marcar "familia" en sus listas de "cosas por hacer" y volver a enfocarse en sus profesiones.

Traté de conectarlos con un nivel diferente. Los confronté lo más fuerte y directo que pude con esta pregunta: "Supongan que tienen un nuevo producto que quieren introducir y sienten que tiene gran potencial, y quieren efectuar un programa de mercadotecnia a nivel nacional para lanzarlo. ¿Eso les emocionaría? ¿Harían lo necesario para lograr su objetivo? ¿Qué tal si tuvieran un competidor ganándoles terreno y quitándoles muchos clientes? ¿Estarían determinados a dar los pasos inmediatos para remediar la situación? O qué tal si uno de sus servicios o productos estuviera siendo extraordinariamente aceptado en un mercado de prueba y tuvieran dos años para adelantarse a sus competidores. ¿Eso encendería sus talentos y energías? ¿Cómo se organizarían para capitalizar en esa situación tanto como pudieran?"

Sabían qué tenían que hacer o, si no lo sabían, indicaron que pronto lo averiguarían. Se convertiría en un asunto de alta prioridad y organizarían su vida para hacer cualquier cosa necesaria para lograr los resultados deseados. Harían sacrificios. Podrían a un lado los demás proyectos. Pedirían la ayuda necesaria. Emplearían todo su talento, experiencia, destreza, habilidad, sabiduría y dedicación para hacer lo necesario y lograr un éxito del proyecto.

Entonces cambié esta línea de razonamiento y preguntas a sus matrimonios y familias. Si había alguna duda antes, ya no la hubo más. Se volvió casi vergonzosamente obvio para virtualmente todos, que el problema fundamental y la fuente de casi todos los problemas era el hecho de que nunca habían considerado la prioridad de la familia en sus vidas personales.

Estas personas se volvieron profundas. Su falla para triunfar en este esfuerzo familiar los condujo a examinar realmente sus vidas personales. Al hacerlo, se dieron cuenta de que la familia no era sólo una parte complementaria. Era tremendamente importante para ellos. Y comenzaron a ver que ése era un "éxito" en esta área de sus vidas sin importar la técnica o el remedio rápido; estaba basado en principios a largo plazo que gobiernan toda dimensión de la vida.

En ese punto fue que cambió la naturaleza total de la reunión. Empezaron a trabajar en sus talentos y creatividad, y aplicarlos a su matrimonio y vida familiar. Empezaron a buscar principios sólidos y duraderos en vez de remedios y técnicas para las soluciones a sus problemas. Empezaron a pensar en organizarse alrededor de las cosas que realmente importan.

Note cómo su falla al no dar prioridad a su familia condujo a estas personas a pensar con la mente y el corazón. Hasta que tuvieron sus prioridades perfectamente definidas, no pudieron trabajar efectivamente en el nivel familiar. Pero una vez que tuvieron claras sus prioridades, su victoria interna los llevó a la victoria en la familia.

No hay rodeos al hecho de que en el Hábito 2, como en cualquier esfuerzo para mejorar la familia, el éxito viene de dentro hacia fuera. Puede bien encontrar que el desafío de crear su enunciado de misión familiar lo llevará a la necesidad de su propio enunciado de misión personal, porque es ahí donde, en su corazón y su mente, realmente llega al meollo de los asuntos de la vida. Como dice el proverbio: "Mantén el corazón con toda diligencia, porque ahí están todos los temas de la vida".

Un sentido claro de visión personal puede ayudarle mucho a conocer y hacer lo que realmente es importante.

Tuve un consejero que compartió conmigo el éxito que tuvo al usar enunciados de misión para trabajar con un niño de 9 años que tenía varios problemas de conducta. Este niño tenía la opinión de que podía conseguir lo que quería intimidando a las personas. Aventaba a los demás niños y creaba muchos problemas con los demás y con sus padres, que entendiblemente les molestaba la conducta de este niño.

Pero en vez de decir al niño qué hacer, este consejero le enseñó el principio de la proactividad. Se adentró en sus cuatro dotes humanas. Le ayudó a hacer un enunciado de misión personal de cómo quería vivir su vida y qué quería hacer. Esta sensación de propósito y visión se volvió tan poderosa en la vida del niño de 9 años que cambió 180 grados. Pudo ver el panorama completo y cómo su conducta afectaba a otros. Después de un par de meses, el consejero dijo que este niño se había convertido en un "ciudadano modelo".

Un padre dijo esto:

Pensaba en mí como una persona gritona, abrupta, irritable y un poco dominante. Pero cuando escribí mi enunciado de misión, me di cuenta de que necesitaba crear un tono más calmado y reafirmante en el hogar. ¡Y esto ha hecho tal diferencia! Ahora trato de usar un tono más suave de voz y de no dominar la conversación.

Mi enunciado de misión me ayuda a mantener la perspectiva. Es fácil reaccionar cuando se tiene niños pequeños. Y es tan fácil no dedicar tiempo a pensar cómo les está afectando a ellos.

Pero ahora cuando estoy en medio de una situación, me detengo y pienso: ¿es algo que realmente importa? Veo que puedo justificar ser fuerte con los niños sólo si es algo que realmente afecta su vida. Sé que cuando exagero ante un vaso de leche derramado o crayola en la pared, no les estoy haciendo ningún bien.

Como tan hermosamente lo dijo Benjamin Franklin:

Nos detenemos en el cruce de caminos cada minuto, cada hora, cada día, haciendo elecciones. Elegimos los pensamientos que nos permiten pensar, las pasiones que nos permiten sentir, y las acciones que nos permiten desempeñarnos. Cada elección se hace en el contexto de cualquier sistema de valores que elegimos que gobierne nuestra vida. Al seleccionar ese sistema de valores, estamos, en una forma muy real, haciendo la elección más importante que haremos jamás.[4]

En resumen, bien puede usted encontrar que el desafío de crear un enunciado de misión familiar lo llevará a hacer el trabajo interno que necesita para tener su visión y sus valores claros. Puede también descubrir que este desafío lo regresará a su relación con su cónyuge, esta relación fundamental de la cual crece toda la familia. Si no tiene una visión y valores compartidos ahí, va a ser muy difícil crearlos en la familia. También puede querer dedicar tiempo a crear un "enunciado de misión matrimonial" para asegurar que usted y su cónyuge van por el mismo camino.

Tres "Advertencias"

Al trabajar en su enunciado de misión familiar, debe tener en mente tres importantes advertencias:

Es como cuando pregunta a las personas: «¿Cuándo fue la última vez que lavaste un auto rentado?» Si no es tuyo, no lo cuidas igual.

1. No lo "anuncie". Involucrar a todos en el nivel que estamos hablando requiere tiempo y paciencia. Puede estar tentado a escribir un enunciado de misión usted solo o crearlo con su cónyuge y después anunciarlo a los hijos. Pero ¡*no lo haga!* Si los miembros de su familia no sienten que el enunciado de misión los representa a ellos, no lo apoyarán. Como una mujer dijo: "Todos tienen que sentir pertenencia en el enunciado de misión. De otro modo, es como cuando pregunta a las personas: '¿Cuándo fue la última vez que lavaste un auto rentado?' Si no es tuyo, no lo cuidas igual". Así que asegure que todos estén involucrados y comprometidos. Excepto los niños pequeños, recuerde: "No participación, no compromiso". Con los niños pequeños, la identificación (lazos emocionales) es todavía más poderosa que la participación.

2. No se apresure. Si trata de apresurar a su familia con esto, dejarán que lo haga como usted quiera, sólo para acabar rápido y pasar a otra cosa. Pero el enunciado terminado no reflejará sus sentimientos y ellos tendrán poco apego a él. De nuevo, *el proceso es tan importante como el producto.* Requiere involucramiento profundo y genuino, escucharse y trabajar juntos para asegurar que el enunciado de misión representa los pensamientos y sentimientos de todos los involucrados.

3. No ignorarlo. Recuerde, "Comenzar con el fin en la mente" es un *hábito* de las familias efectivas, no un *evento.* La elaboración real de un enunciado de misión es sólo el principio. Los frutos más grandes vienen al traducir esa misión en todas las fibras de su vida familiar, en momentos de su vida cotidiana. Y para hacerlo, debe mantenerla constantemente frente a usted, reflexionar sobre ella y usarla como la constitución literal de su familia. Puede imprimirla y dar una copia a todos, guardar la copia en su bolsa o cartera, enmarcarla y ponerla en la pared. Una familia hizo una placa y la colgó en la puerta de entrada. Decía: "Dentro de esta casa están los sonidos del amor y el espíritu del servicio". Al entrar y salir, ésta actuaba como un recordatorio constante para todos de la clase de familia que querían ser.

Recuerde el Árbol de Bambú Chino

También querrá recordar el árbol de bambú chino. Un padre compartió este fascinante relato de la diferencia que hizo un enunciado de misión y el panorama de los 7 Hábitos cuando él y su esposa tuvieron que manejar a una hija difícil varios años.

Hace casi cinco años nuestra hija brillante y musicalmente talentosa acababa de entrar a secundaria. Empezó a salir con chicos que reprobaban en la escuela y usaban drogas. En ese momento, tratamos de que intentara hacer un enunciado de misión pero no lo logramos.

En un esfuerzo por ayudarla, la sacamos de la escuela pública y la pusimos en un colegio privado. No le permitíamos salir con amigos de la otra escuela. Incluso hasta llegamos a mudarnos a otra parte de la ciudad. Pero a pesar del involucramiento diario de maestros y padres, y de hacerla responsable de su conducta, sus calificaciones continuaban deteriorándose. Empezó a llamar a sus antiguos amigos y ocasionalmente los veía. Se volvió muy irrespetuosa con su madre. Tratamos en todas las formas de darle y quitarle privilegios por su conducta sin ningún efecto. Finalmente la enviamos a estudiar fuera con un grupo de niños patrocinados por una iglesia local.

Durante ese tiempo mi esposa y yo escribimos un enunciado de misión matrimonial. Pasamos casi una hora al día escuchándonos y tomamos muy en serio nuestra misión personal. Volvíamos siempre al principio de elección y a la base de los valores con los que vivíamos, pensábamos mucho en nuestra hija.

Cuando se negó a ir a una escuela privada para la preparatoria, nos mudamos de Tejas a Nueva Jersey, donde teníamos parientes. Nos mudamos de un vecindario pequeño a un ambiente campestre en una parte muy elegante del estado con excelentes escuelas públicas y muy pocos problemas de drogas. Ella empezó la escuela ahí y casi inmediatamente tuvo problemas en la escuela. Bajo la presión de otras personas de que "no hacíamos lo suficiente", intentamos varias formas de "amor rudo" sin efectos positivos. Nuestra hija empezó a cortarse y amenazaba con huir de casa y suicidarse.

La escuela recomendó que se uniera a un grupo con el consejero de la escuela, donde inmediatamente encontró amigos que bebían, usaban drogas y eran sexualmente promiscuos. A veces era destructiva y mi esposa temía por su seguridad. La metimos a terapia, pero tampoco hubo resultados positivos.

Ese año reprobó todas las materias. Se negó a seguir con la terapia y la corrieron del grupo de la escuela. Empezó a alejarse de casa con amigos. Mi esposa y yo sentíamos que habíamos agotado todas las ideas. No estábamos dispuestos a dejarla huir o llamar a la policía, pero sentíamos que habíamos intentado todo lo demás.

En ese punto decidimos poner nuestra fe en principios en vez de en todos los consejos populares que recibíamos. Continuamos nuestras pláticas diarias y aunque yo viajaba mucho, nunca nos faltó un día. Separamos nuestros problemas de nuestra hija y creemos que estábamos haciendo una diferencia mayor de lo que pensábamos.

Nos concentramos en trabajar de dentro hacia fuera. Tomamos con seriedad el ser confiables. No importaba la conducta de nuestra hija, nunca la usamos como excusa para romper nuestra palabra. Nos enfocamos en construir confianza en toda interacción con ella. Le demostramos nuestro amor incondicional, mientras le expresábamos explícitamente las conductas que estaban contra nuestros valores y cuáles serían las consecuencias.

Eramos escrupulosos al mantener las consecuencias en nuestro Círculo de Influencia. Si ella se iba, no intentaríamos buscarla, pero iríamos por ella si nos llamaba. Expresaríamos nuestro amor y preocupación y escucharíamos para entender, pero no cambiaríamos nuestros planes o vidas, ni esconderíamos su conducta a nuestros parientes y amigos. No confiaríamos en ella incondicionalmente. Le explicamos que, como nosotros, tenía que ganarse la confianza.

La tratamos como una persona proactiva. Afirmamos sus talentos y permitimos que sus niveles de iniciativa fueran igual a su confiabilidad en esa área.

Desarrollamos un enunciado de misión familiar aunque ella no participó. Incluimos sólo en lo que sabíamos que ella creía. Constantemente observábamos nuestro sistema formal e informal de recompensas, toma de decisiones e intercambio de información. Por petición de ella, la pusimos en un Centro de Aprendizaje Alternativo y tuvimos reuniones semanales con ella y el personal clave de la escuela sólo para hablar.

Después de dos años ella empezó a responder lentamente, pero continuaba usando marihuana y LSD *con sus amigos. Empezó a respetar el que no permitiéramos drogas o cigarrillos en la casa. En la escuela apenas aprobaba las materias, pero la vida en casa estaba mejorando dramáticamente.*

El siguiente año nuestra relación se fortaleció inmensamente. Ganamos un entendimiento más profundo de ella y empezamos a tener cenas familiares juntos. Sus "amigos" comenzaron a venir a la casa y nosotros siempre estábamos presentes cuando ellos estaban en casa. Las drogas seguían siendo parte de su vida, aunque continuamos expresando nuestro rechazo y falta de confianza en ella en cualquier área donde las drogas pudieran ser un factor.

Quedó embarazada y aunque no lo aprobábamos, le permitimos tomar la decisión de abortar. Continuamos afirmando su potencial y expresando nuestro amor incondicional, y siempre estábamos ahí para ella cuando nos necesitaba, a diferencia de sus amigos.

A principios del año siguiente tuvo una mal experiencia con las drogas y de inmediato llamó a su mamá, quien la llevó al hospital. De repente dejó todas las drogas y el alcohol, y empezó a mejorar su desempeño en la escuela.

Un año después, las relaciones en casa excedían nuestras expectativas más salvajes. Ella empezó a querer demostrar lo responsable que era. Regresó a la escuela para terminar el año y por primera vez tuvo puros 10. Preguntó si podía vivir en casa dos años más para ir a una universidad de la comunidad.

Mi esposa y yo sabemos que no hay garantías, pero sentimos que alineando nuestras vidas con los principios correctos, aumentamos dramáticamente nuestras oportunidades de éxito con esta hija. Los 7 Hábitos nos dieron un panorama para buscar principios en nuestra situación y la confianza de que, sin importar cómo salieran las cosas, podríamos dormir tranquilos por la noche. De la manera más inesperada, ambos crecimos personalmente y cambiamos tanto como nuestra hija, si no es que más.

Hacer que crezcan los hijos, las relaciones y todas las cosas buenas que queremos en nuestras familias, requiere tiempo. En ocasiones, las fuerzas que nos sacan de curso son poderosas y fuertes, incluso dentro de la familia misma.

He conocido a algunos padres, particularmente en familias mezcladas, que me dicen que sus esfuerzos para crear un enunciado de misión familiar han tenido mucha resistencia de los chicos adolescentes. Hay algunos que dicen: "Nosotros no elegimos esta familia. No fue idea nuestra. ¿Por qué querríamos cooperar?"

Para estos padres, y para cualquiera que se encuentre con resistencia, yo les diría esto: Una de sus fuerzas más grandes estará en tener su enunciado de misión personal y su enunciado de misión matrimonial firmemente en su lugar. Estos adolescentes pueden sentirse traumatizados e inseguros con sus vidas y en la familia. Pueden balancearse en las paredes. Usted tiene el potencial de ser lo único sólido en sus vidas. Si tiene su dirección y sus principios claros, gradualmente sentirá la sensación de ese núcleo incambiable. Usted sentirá su fuerza también al interactuar con ellos en formas centradas en principios a través de la tormenta.

Yo diría: No renuncie a tener un enunciado de misión familiar. Haga todo lo que pueda en familia. Haga lo que pueda, uno por uno, con estos hijos que se resisten. Ámelos incondicionalmente. Haga depósitos continuos en su Cuenta de Banco Emocional. Continúe trabajando con los demás hijos también. Puede incluso llegar a una especie de enunciado que refleje los corazones y las mentes de aquellos que cooperarán, y siga tratando de llegar a los demás con amor incondicional.

Con el tiempo, los corazones de estos hijos que se resisten se suavizarán. Puede ser difícil imaginarlo ahora, pero lo he visto suceder, una y otra vez. Al mantener su visión clara, puede actuar con base en principios y amor incondicional, y los hijos lentamente empiezan a desarrollar confianza en esa actitud centrada en principios y en el amor incondicional.

Casi siempre, la fuerza del destino y la brújula lo jalarán, siempre y cuando tenga la paciencia y la fe para conocer el camino correcto y permanecer en él.

Compartiendo Este Capítulo con Adultos y Adolescentes

Todas las cosas se crean dos veces
- Discuta el enunciado de la página 82: "Como todas las cosas se crean dos veces, si no se hace cargo de la primera creación, alguien o algo lo hará". Pregunte: ¿De qué maneras estamos haciéndonos cargo de la primera creación?
- Discuta ejemplos de la primera y segunda creaciones (imprimiendo planes antes de construir, creando planes de vuelo antes de despegar). En la vida diaria, ¿cuál creación mental se requiere en el trabajo?, ¿en la escuela?, ¿en el hogar?, ¿en los deportes?, ¿en la jardinería?, ¿al cocinar?

El poder de la visión
- Revise la metáfora del avión en el Capítulo Uno. Explore el significado de un avión que tiene un destino claro y una brújula.
- Discuta la importancia de la visión y el propósito claro en la experiencia relacionada en "Creando Nuestro Enunciado de Misión Familiar". Discuta como padre: ¿Qué habilidades queremos que desarrollen nuestros hijos para tener éxito cuando sean adultos?
- Identifique algunos de los beneficios que fluyen de desarrollar visión. Las ideas podrían incluir: una sensación más profunda de propósito y significado, sensación de esperanza o de posibilidades futuras y un enfoque en las oportunidades más que en los problemas.

Creando su Enunciado de Misión Familiar
- Discuta y aplique el proceso de tres pasos descrito en las páginas 88 a 104.
- Discuta los tres lineamientos sugeridos y las "advertencias".
- Identifique las cuatro dotes humanas. Discuta cómo desarrollar un enunciado de misión familiar también desarrolla estas dotes.

COMPARTIENDO ESTE CAPÍTULO CON NIÑOS

Planear Hace las Cosas Mejor

- Pregunte: Si mañana fuéramos a salir de viaje, ¿que empacarías? No diga a los miembros de la familia a donde irían o cuánto tiempo estarían fuera. Cuando terminen de empacar o de hacer su lista de lo que empacarían, pregunte qué diferencia habría hecho si les hubiera dicho que el destino era el Polo Norte y el plan era vivir un mes en un iglú.
- Pregunte: ¿Tiene sentido hacer un vestido sin un patrón en la mente? ¿Cocinar una comida sin una receta o plan? ¿Construir una casa sin un plano? Ayude a la familia a entender que una familia también necesita hacer planes para tener éxito.
- Pida a los niños que imaginen qué les gustaría que pasara en su futuro. Ayúdeles a traducir esa visión en palabras o imágenes que puedan colgar en la pared. Las ideas expresadas pueden ser más útiles al empezar a desarrollar un enunciado de misión familiar.

Explorando el Propósito de Cada Niño

- Establezca un tiempo donde cada miembro de la familia deberá decir una fuerza que ha notado de un niño en particular. Escríbalas. Téngalas en mente al desarrollar su enunciado de misión familiar. Continúe hasta que todos hayan tenido su turno.
- Aliente a sus hijos a contribuir con su enunciado de misión familiar. Distribuya de tres a cinco tarjetas para que los niños anoten o dibujen cosas en su familia que los hacen felices, actividades que les gusta hacer con la familia o cualquier cosa buena que ven en otros hogares que les gustaría tener en casa. Guarde las tarjetas para hacer su enunciado de misión familiar.
- Salga por la noche a ver las estrellas y hable del universo. O localice dónde vive en el mapa del mundo y discuta el tamaño del mundo. Hable de qué significa ser parte de la familia humana. Considere maneras diferentes en que cada persona puede contribuir. Pregunte a los miembros de la familia qué piensan que pueden hacer para ayudar al mundo. Anote las ideas y téngalas en mente al desarrollar su enunciado de misión.
- Haga una bandera familiar, seleccione un distintivo familiar o escriba una canción familiar.

Hábito 3
Poner Primero
lo Primero

Muy bien, ya sé que me van a decir: "No tenemos tiempo". Pero si no tienen tiempo para, una noche o al menos una hora a la semana, reunirse todos como familia, entonces la familia no es la prioridad.

—Oprah Winfrey

En este capítulo vamos a ver dos estructuras de organización que le ayudarán a dar prioridad a su familia en el mundo turbulento actual y a convertir su enunciado de misión en la constitución de su familia.

Una de estas estructuras es un "tiempo familiar" a la semana. Y como dijo la animadora de televisión Oprah Winfrey a su público cuando hablaba conmigo sobre este libro en su programa: "Si no tienen tiempo para, una noche o al menos una hora a la semana, reunirse todos como familia, entonces la familia no es la prioridad".

La segunda estructura es momentos de acercamiento uno con uno, con cada miembro de su familia. Sugiero que estas dos estructuras crean una manera poderosa de dar prioridad a su familia y mantener "primero lo primero" en su vida.

Cuando las Cosas Importantes no Están en Primer Lugar

Uno de los peores sentimientos en el mundo es cuando nos damos cuenta de que "las cosas importantes" en la vida, incluyendo a la familia, están en segundo o tercer lugar, o incluso más abajo de la lista. Esto se vuelve aún peor cuando vemos qué está sucediendo.

Recuerdo vívidamente el doloroso sentimiento que tuve una noche al ir a la cama en un hotel en Chicago. Mientras yo estaba dando presentaciones todo el día, mi hija Colleen había tenido su ensayo final con vestuario de una obra en la que participaba: *Amor Sin Barreras*. No había sido elegida como protagonista, pero era importante. Yo sabía que en la mayoría de las presentaciones, posiblemente todas, ella no sería la estrella.

Pero ésta era su noche. Hoy iba a ser la estrella. La llamé para desearle suerte, pero el sentimiento en mi corazón era de arrepentimiento. En realidad quería estar ahí con Colleen. Y, aunque éste no es siempre el caso, esta vez podía haber arreglado mi programa para estar ahí. De alguna forma la obra de Colleen se me había perdido en las presiones de trabajo y otras demandas, y simplemente no la tenía en mi calendario. Aquí estaba, solo, casi a dos mil kilómetros de distancia, mientras que mi hija cantaba y actuaba con toda el alma ante un público que no incluía a su padre.

Aprendí dos cosas esa noche. Una fue que no importa si su hijo tiene el papel principal en el coro, es el número uno de su clase o cualquier otra cosa. Lo que importa es que usted esté ahí para ese niño. Y yo pude estar ahí para muchas de las representaciones cuando Colleen estuvo en el coro. La afirmé. La alabé. Y sé que ella estaba feliz de tenerme ahí.

Pero la segunda cosa que aprendí es que si realmente quiere dar prioridad a su familia, simplemente tenga un plan por anticipado y sea fuerte. No es suficiente decir que su familia es importante. Si la "familia" realmente va a ser su principal prioridad, tiene que "decirlo, demostrarlo y hacer que suceda".

La otra noche después de las noticias de las diez hubo un anuncio en la televisión que he visto con frecuencia. Presenta una niña pequeña acercándose al escritorio de su padre. El está trabajando, con papeles por todas partes y escribiendo en su organizador. Ella se queda junto a él, sin hacer ruido hasta que finalmente dice: "Papi, ¿qué estás haciendo?"

Sin siquiera voltear, él responde: "Oh, no importa cariño. Estoy tratando de planear y organizarme. Estas páginas tienen nombres de todas las personas que necesito visitar y llamar, y todas las cosas importantes que tengo que hacer".

La pequeña titubea y luego pregunta: "¿Yo estoy en ese libro, papi?"

> «Las cosas que importan más nunca deben estar a merced de las cosas que importan menos.»

Como dijo Goethe: "Las cosas que importan más nunca deben estar a merced de las cosas que importan menos". No hay manera de tener éxito en nuestras familias si no damos prioridad a la "familia" en nuestra vida.

Y de eso trata el Hábito 3. En cierto sentido, el Hábito 2 nos dice cuáles son las "cosas importantes". El Hábito 3, entonces, tiene que ver con nuestra disciplina y compromiso para vivir con esas cosas. El Hábito 3 es la prueba de la profundidad de nuestro compromiso con las "cosas importantes" y de nuestra integridad, ya sea que nuestras vidas estén verdaderamente integradas alrededor de principios o no.

¿Entonces Por Qué Ponemos Primero lo Primero?

La mayoría de las personas siente claramente que la familia es la prioridad principal.

La mayoría incluso pone a la familia por encima de su propia salud, llegado el momento. Pondrían a la familia por encima de su vida. Incluso morirían por su familia. Pero cuando les pide que realmente observen su estilo de vida y a dónde dan su tiempo, atención y enfoque principales, casi siempre verá que la familia está subordinada a otros valores: trabajo, amigos, pasatiempos privados.

En nuestras encuestas a más de un cuarto de millón de personas, el Hábito 3 es, de todos los hábitos, en donde las personas consistentemente se dan las calificaciones más bajas. La mayoría de las personas sienten que hay una brecha real entre lo que realmente es importante para ellas, incluyendo a la familia, y la manera en que viven sus vidas diarias.

¿Por qué sucede esto? ¿Cuál es la razón de la brecha?

Después de una de mis presentaciones recibí la visita de un caballero que dijo: "Stephen, no sé si soy feliz con lo que he hecho en mi vida. No sé si el precio que he pagado para estar donde estoy ha valido la pena. Estoy en línea ahora para la presidencia de mi compañía, y no estoy seguro de quererla. Tengo casi 60 años y fácilmente puedo ser presidente durante varios años, pero me consumiría. Sé lo que requiere.

"Me he perdido la infancia de mis hijos. No estuve ahí para ellos e incluso cuando estaba, no estaba en realidad. Mi mente y mi corazón estaban enfocados en otras cosas. Traté de dar tiempo de calidad porque sabía que no tenía cantidad, pero con frecuencia me sentí desorientado y confundido. Incluso traté de comprar a mis hijos dándoles cosas y proporcionándoles experiencias emocionantes, pero el acercamiento real nunca se dio.

"Y mis hijos sienten esa enorme pérdida. Y lo que acabas de decir, Stephen... yo subí la escalera del éxito, y al llegar al último escalón me di cuenta de que la escalera estaba recargada contra la pared equivocada. No tengo este sentimiento en nuestra familia, esta hermosa cultura familiar de la que hablaste. Pero siento como si ahí estuviera la riqueza. No en el dinero; no en las posiciones. Está en esta relación familiar."

Entonces abrió su portafolios. "Déjame mostrarte algo", dijo al sacar un pedazo de papel. "¡Esto es lo que me emociona!" exclamó, extendiendo el papel. Era el plano de una casa que estaba construyendo. Le llamaba el "hogar de tres generaciones". Estaba diseñada para ser un lugar donde los hijos y los nietos pudieran venir a divertirse y disfrutar interactuando con sus primos y otros parientes. Estaba construyéndola en Savana, Georgia, justo en la playa. Al explicarme los planes, dijo: "Lo que más me emociona de esto es cómo emociona a mis hijos. También ellos sienten que se perdieron su infancia conmigo. Extrañan ese sentimiento y lo quieren y lo necesitan.

"En este hogar de tres generaciones tenemos un proyecto común para trabajar juntos. Y al trabajar en este proyecto, pensamos en sus hijos, mis nietos. En cierto sentido estoy llegando a mis hijos a través de sus hijos, y les encanta. Mis hijos quieren que me involucre con sus hijos".

Al enrollar el papel y volverlo a poner en su portafolios, dijo: "Esto es tan importante para mí, Stephen. Si aceptar esta posición significa que tengo que mudarme o que no tendré tiempo para invertir realmente en mis hijos y nietos, he decidido no tomarla".

Note cómo, por muchos años, la "familia" no fue la prioridad más importante para este hombre. Y él y su familia perdieron muchos años de experiencias familiares preciosas por ello. Pero en este momento de su vida se dio cuenta de la importancia de la familia. De hecho, la familia se había vuelto tan importante para él que se eclipsó incluso la presidencia de una compañía internacional importante, el último escalón de la escalera del "éxito".

Claramente, poner a la familia en primer lugar no significa necesariamente que tiene que comprar una nueva casa o renunciar a su trabajo. Pero significa que "haga lo que dice"; que su vida realmente refleje y alimente el valor supremo de la familia.

En medio de las presiones, particularmente respecto a trabajo y carrera, muchas personas están ciegas ante la prioridad real de la familia. Pero piénselo: Su rol profesional es temporal. Cuando se retire de ser vendedor, banquero o diseñador, será reemplazado. La compañía continuará. Y su vida cambiará significativamente al salir de esa cultura y perder la afirmación inmediata de su trabajo y su talento.

> *Al final, la vida nos enseña lo que es importante, y eso es la familia.*

Pero su rol en la familia nunca terminará. Nunca será reemplazado. Su influencia y la necesidad de su influencia nunca termina. Incluso después de muerto, sus hijos, nietos y bisnietos seguirán contemplándolo como su padre o abuelo. La familia es uno de los pocos roles permanentes en la vida, quizá el único rol permanente.

Así, si está usted viviendo su vida alrededor de un rol temporal y permitiendo que su cofre del tesoro permanezca cerrado en términos de su único rol permanente, entonces se está permitiendo ser seducido por la cultura y robado por la verdadera riqueza de su vida; la satisfacción profunda y duradera que sólo viene a través de las relaciones familiares.

Al final, la vida nos enseña lo que es importante, y eso es la familia. A menudo, para muchas personas en su lecho de muerte, las cosas no hechas en la familia son la fuente del más grande arrepentimiento. Los voluntarios en los asilos reportan que en muchos casos los asuntos no resueltos, particularmente con miembros de la familia, parecen hacer que las personas continúen viviendo, apegándose a la vida hasta que haya una resolución: reconocimiento, disculpa, perdón, que les dé paz y tranquilidad.

Entonces, ¿por qué no captamos el mensaje de la prioridad de la familia cuando somos atraídos por alguien, cuando nuestro matrimonio es nuevo, cuando nuestros hijos son pequeños? Y ¿por qué no lo recordamos cuando llega el desafío inevitable? Para muchos de nosotros, la vida fue bien descrita por Rabindranath Tagore cuando dijo:"La canción que aprendí a cantar sigue sin cantarse. He pasado mis días envolviendo y desenvolviendo mi instrumento".[1] Estamos ocupados, increíblemente ocupados. Pasamos por muchas emociones. Pero parece que nunca llegamos al nivel de vida donde se da la música.

La Familia: ¿Complemento Secundario o Primer Lugar?

La primera razón por la cual no ponemos a la familia en primer lugar nos lleva al Hábito 2. Realmente no estamos conectados con nuestras prioridades más profundas. ¿Recuerda la historia sobre el hombre y la mujer y sus cónyuges en el Hábito 2 que tenían dificultad para crear sus enunciados de misión familiar? ¿Recuerda cómo no podían lograr la victoria que querían en sus familias hasta que real y profundamente dieron prioridad a la "familia" en sus corazones y mentes, de dentro hacia fuera?

Muchas personas tienen el sentimiento de que la familia debe ser lo primero. En realidad quieren poner a la familia primero. Pero hasta que llega esa conexión con la prioridad, y se hace un compromiso con ella de que es más fuerte que todas las demás fuerzas que juegan en nuestras vidas diarias, no tendremos lo que se necesita para dar prioridad a la familia. En vez de ello, seremos manejados e impulsados por otras cosas.

En abril de 1997, una revista de noticias publicó un artículo titulado "Las Mentiras que los Padres de Familia se Dicen sobre Por Qué Trabajan" que realmente desafiaba a muchos padres a pensar seriamente y a conciencia en trabajar en esta área. Los autores Shannon Brownlee y Matthew Miller dicen que pocos temas son tan importantes, e implican tanta decepción y deshonestidad, como encontrar el equilibrio adecuado entre los hijos y el trabajo. Señalan cinco mentiras que los padres se dicen para racionalizar (crear mentiras racionales) sobre sus decisiones de preferir el trabajo. En resumen, sus hallazgos son como sigue:

Mentira núm. 1: Necesitamos más dinero. (Pero las investigaciones muestran que es tan probable que los norteamericanos acomodados trabajen por las necesidades básicas como aquellos que viven cerca de la pobreza.)

Mentira núm. 2: Las guarderías son excelentes. ("La mayoría de los estudios recientes conducidos por investigadores de cuatro universidades encontraron que mientras el 15 por ciento de las instalaciones de las guarderías eran excelentes, el 70 por ciento eran 'apenas adecuadas' y el 15 por ciento era abismal. Los niños en esa vasta categoría del centro estaban físicamente seguros pero recibían apoyo emocional inconsistente y poca estimulación intelectual.")

Mentira núm. 3: Las compañías inflexibles son el problema clave. (La verdad es que las políticas que favorecen a la familia, implementadas actualmente, por lo general se ignoran. Muchas personas quieren pasar más tiempo en la oficina. "El hogar se ha convertido en un lugar de trabajo más eficiente pero menos divertido, mientras que el lugar real de trabajo, con su nuevo énfasis en facultamiento y trabajo en equipo, es más como una familia".)

Mentira núm. 4: Los papás con gusto se quedarían en casa si sus esposas ganaran más dinero. (En realidad, pocos hombres contemplan con seriedad esta posibilidad. "Los hombres y las mujeres definen 'masculinidad' no en términos de poder atlético o sexual sino por la habilidad de ser un 'buen proveedor' para sus familias".)

Mentira núm. 5: Los altos impuestos nos fuerzan a trabajar. (Incluso las reducciones en impuestos han hecho que muchas personas se lancen al mercado del trabajo.)

Es fácil ser adicto a la estimulación del ambiente de trabajo y a cierto estándar de vida, y tomar todas las demás decisiones con base en la suposición de que ambos padres trabajan tiempo completo. Como resultado, los padres están presos de esas mentiras, violando su conciencia pero sintiendo que en realidad no tienen alternativa.

> *El* lugar para comenzar no es con la suposición de que el trabajo no es negociable; es con la suposición de que la *familia* no es negociable. Este cambio de mentalidad abre la puerta a todo tipo de posibilidades creativas.

El lugar para comenzar no es con la suposición de que el trabajo no es negociable; es con la suposición de que la *familia* no es negociable. Este cambio de mentalidad abre la puerta a todo tipo de posibilidades creativas.

En su exitoso libro *El Refugio de Cada Uno,* la psicóloga Mary Pipher comparte la historia de una pareja que estaba atrapada en un estilo de vida agitado.[2] Tanto él como ella trabajaban largas horas, tratando de que sus horarios compaginaran. Sentían que no tenían tiempo para intereses personales, para su pareja o para sus gemelos de tres años. Se angustiaban porque eran los empleados de la guardería quienes habían visto los primeros pasos de sus pequeños y habían escuchado sus primeras palabras, y que ahora estaban reportando problemas de conducta. Esta pareja sentía que esencialmente se habían desenamorado y la esposa también se sentía destrozada por no poder ayudar a su madre quien tenía cáncer. Estaban atrapados en lo que les parecía a ellos una situación imposible.

Pero a través de consultoría pudieron hacer algunos cambios que crearon una diferencia dramática en sus vidas. Comenzaron a separar las noches de los domingos para dedicarlas a su familia y ponerse atención, dando masajes de espalda y expresando palabras de afecto. El esposo dijo a su jefe que ya no podría trabajar los sábados. La esposa eventualmente renunció a su empleo y se quedó en casa con los niños. Pidieron a la madre de ella que se mudara a vivir con ellos, juntando los recursos financieros y proporcionando una contadora de cuentos para los niños. Se recortaron en muchas áreas. El esposo compartía su auto para ir al trabajo. Renunciaron a comprar cosas, excepto por las esenciales. Dejaron de salir a comer.

Como dijo Mary Pipher: "La familia tuvo que hacer algunas elecciones. Se dieron cuenta de que podían tener más tiempo o más dinero, pero no ambos. Eligieron el tiempo".[3] Y esa elección hizo una gran diferencia en la calidad de su vida personal y familiar. Fueron más felices, más completos, menos tensos y más enamorados.

Desde luego, ésta puede no ser la solución para todas las familias que se sienten fuera de sincronía. Pero el punto es que hay opciones, hay alternativas. Puede considerar recortar gastos, simplificar su estilo de vida, cambiar empleo, cambiar de un empleo de tiempo completo a uno de medio tiempo, trabajar más cerca de casa, participar en compartir empleos o crear una oficina virtual en su hogar. La base es que no hay necesidad de dejarse atrapar por estas mentiras si la familia es realmente su prioridad principal. Y hacer de la familia una prioridad lo llevará a la exploración creativa de las alternativas posibles.

Paternidad: Un Rol Único

No hay duda que más dinero puede significar mejor estilo de vida no sólo para usted, sino también para sus hijos. Pueden ir a mejores escuelas, tener programas educativos de computadora e incluso mejor cuidado de la salud. Estudios recientes también confirman que un chico cuyo padre o madre está en casa y lo resiente, es peor que si los dos se van a trabajar.

Pero no hay duda de que el rol de los padres es único, algo sagrado en la vida. Tiene que ver con nutrir el potencial de un ser humano que se confió a su cuidado. ¿Existe algo en cualquier lista de valores que supere la importancia de cumplir con ese rol social, mental y espiritual, así como económico?

No hay sustituto para la relación especial entre padre e hijo. Hay veces en que quisiéramos creer que lo hay. Cuando elegimos poner a un niño en una guardería, por ejemplo, queremos creer que es bueno y así lo hacemos. Si alguien parece tener una actitud positiva y disposición de cuidado, fácilmente creemos que tienen el carácter y la competencia para ayudarnos a educar a un hijo. Esto es parte del proceso de racionalización. La realidad es que la mayoría de las guarderías son inadecuadas. Parafraseando al experto en desarrollo de hijos, Urie Bronfenbrenner: "No se puede pagar a alguien porque haga lo que los padres hacen gratis".[4] Incluso una excelente guardería nunca podrá ser tan buena como uno de los padres.

Entonces, los padres necesitan hacer su compromiso con los hijos, con su familia, antes de hacer su compromiso con el trabajo. Y si necesitan ayuda de guarderías, necesitan escoger ese lugar con mucho más detenimiento que cuando están buscando una casa o un auto. Necesitan examinar los registros de la persona que estén considerando para asegurar que tiene carácter y competencia y que puede pasar la "prueba del olor", el sentido de intuición e inspiración que los padres adquieren para cuidar de sus hijos. Necesitan crear una relación con esa persona para que se establezcan las expectativas correctas y la confiabilidad.

La buena fe es absolutamente insuficiente. Las buenas intenciones nunca

> *El* rol de los padres es único, algo sagrado en la vida. ¿Existe algo en cualquier lista de valores que supere la importancia de cumplir con ese rol?

reemplazarán el mal juicio. Los padres necesitan dar confianza, pero también necesitan verificar la competencia. Muchas personas son confiables en términos de carácter, pero simplemente no son competentes, carecen de conocimientos y habilidades, y con frecuencia están completamente inconscientes de su incompetencia. Otros pueden ser muy competentes pero carecer de carácter, madurez e integridad, cuidado sincero y la habilidad para ser amables y valientes.

Incluso con un buen cuidado, la pregunta que todo padre debe preguntar es: "¿Con qué frecuencia es correcto ese cuidar en mi situación?" Sandra y yo tenemos amigos que dicen que cuando sus hijos eran pequeños, sentían que tenían toda clase de opciones y libertades para hacer lo que querían. Sus hijos estaban sujetos a ellos y dependientes de ellos, y esencialmente podrían tener padres sustitutos en forma de guarderías y cuidadoras cuando querían. Así, ambos se involucraron en otras cosas. Pero ahora que ya los chicos están creciendo, están empezando a cosechar la tormenta. No tienen relación. Los hijos tienen estilos de vida destructivos y los padres están muy alarmados. "Si tuviéramos que volver a hacerlo —dijeron—, pondríamos una prioridad más alta en nuestra familia, en esos niños, particualmente cuando eran pequeños. Hubiéramos hecho una inversión más grande".

> «Si tuviéramos que volver a hacerlo, pondríamos una prioridad más alta en nuestra familia, en esos niños, particularmente cuando eran pequeños. Hubiéramos hecho una inversión más grande.»

Como escribió John Greenleaf Whittier: "De todas las palabras tristes que existen, éstas son las más tristes: 'Hubiera podido ser'".[5]

Por otra parte, tenemos otra amiga que dijo: "He aprendido que estos años en que he estado criando niños, mis otros intereses (intereses profesionales, de desarrollo, sociales) se volvieron secundarios. Mi enfoque más importante es estar aquí con mis hijos, invertirme en ellos en esta etapa tan crítica". Continuó diciendo que esto es difícil para ella porque tiene muchos intereses y capacidades, pero está comprometida porque sabe que es vitalmente importante.

¿Cuál es la diferencia en estas dos situaciones? Prioridad y compromiso, una sensación clara de visión y el compromiso de vivir con integridad hacia él. Así que si no estamos dando prioridad a la familia en la vida diaria, el primer lugar donde buscar respuestas es en el Hábito 2: ¿El enunciado de misión es lo suficientemente profundo?

"Cuando la Infraestructura Cambia, Todo Tiembla"

Suponiendo que ya hicimos el trabajo del Hábito 2, el siguiente lugar que debemos ver es el ambiente turbulento en el que tratamos de navegar.

Dimos un breve vistazo a las tendencias principales del Capítulo Uno. Pero ahora vamos a ver más de cerca la sociedad en la que vivimos. Vamos a examinar algunos de los cambios de los pasados 40 o 50 años en las cuatro dimensiones: cultura, leyes, economía y tecnología, y veamos cómo estos cambios impactan a usted y a su familia. Estos hechos que voy a compartir vienen de encuestas realizadas en los Estados Unidos, pero reflejan tendencias de crecimiento en todo el mundo.

Cultura Popular

En los años cincuenta en los Estados Unidos, el niño promedio veía poca o nada de TV y lo que veía en la televisión eran familias estables con dos padres que generalmente interactuaban con respeto. Actualmente, el niño promedio ve siete horas de televisión al día. Al final de la escuela primaria ha visto alrededor de ocho mil asesinatos y cien mil actos de violencia.[6] Durante este tiempo pasa un promedio de cinco minutos al día con su padre y veinte minutos con su madre, y la mayor parte de ese tiempo es comiendo o viendo televisión.[7]

Piénselo: siete horas de TV al día y cinco minutos con su padre. ¡Increíble!

También tiene cada vez más acceso a videos y música que presenta pornografía, sexo ilegal y violencia. Como notamos en el Capítulo Uno, va a escuelas donde la mayor preocupación ha cambiado de la goma de mascar y correr en los pasillos a abuso de drogas, embarazos en adolescentes, suicidio, violación y asaltos.

*P*iénselo: el niño promedio pasa siete horas viendo televisión al día y cinco minutos con su papá. ¡Increíble!

Además de estas influencias, muchos hogares han realmente empezado a adoptar el tono del mundo de negocios. En su impresionante análisis, *El Lazo del Tiempo,* la socióloga Arlie Hochschild señala cómo, para muchas personas, el hogar y la oficina han cambiado lugares. El hogar se ha convertido en un ejercicio frenético que va "contra reloj" donde los miembros de la familia tienen quince minutos para comer antes de correr a un juego de fútbol y tratar de comentarlo en la media hora que tienen antes de ir a la cama para no desperdiciar el tiempo. En el trabajo, por otra parte, puede socializar y relajarse en un descanso. Por comparación, el trabajo parece como un refugio, un paraíso de socialización con adultos, competencia y libertad relativa. Como resultado, algunas personas incluso permiten que su carga de trabajo se alargue porque disfrutan más el trabajo que el hogar. Hochschild dice: "En este nuevo modelo de vida familiar y trabajo, un padre cansado se aleja de un mundo de pleitos no resueltos y ropa no lavada, en un mundo confiable de orden, armonía y alegría del trabajo".[8]

Y esto no es sólo el tono cambiante del ambiente del hogar. Hay enorme afirmación en el trabajo. Hay muchas recompensas extrínsecas, incluyendo reconocimiento, compensación y promoción, que alimentan nuestra sensación de autovalía, nos confortan y ejercen un empuje poderoso lejos de la familia y el hogar.

Crean una visión seductora de un destino diferente, una utopía idílica y cálida que combina la satisfacción del trabajo duro con la aparente justificación de cumplir con horarios y demandas increíbles, rechazando lo más importante.

La recompensa del hogar y la familia, por otra parte, casi siempre es intrínseca.

> *Las recompensas del hogar y la familia son casi todas intrínsecas. No le pagan por hacerlo. No obtiene prestigio por hacerlo. Nadie lo anima a cumplir con su rol.*

En la sociedad actual no está en el guión sentir orgullo y afirmación en su rol como padre o madre. No se le paga por hacerlo. No obtiene prestigio por hacerlo. Nadie lo anima en este rol. Como padre, su compensación es la satisfacción que viene de jugar un rol importante en influenciar una vida para bien que ninguna otra cosa puede llenar. Es una elección proactiva que puede surgir sólo de su corazón.

Leyes

Estos cambios en la cultura popular han llevado a cambios dramáticos en la voluntad política y en la ley resultante. Por ejemplo, siempre el "matrimonio" ha sido reconocido como el fundamento de una sociedad estable. Hace años la Suprema Corte de los Estados Unidos lo llamó "el fundamento de la sociedad, sin el cual no habría ni civilización ni progreso".[9] Era un compromiso, un convenio entre tres partes: un hombre, una mujer y la sociedad. Y por muchos años se incluyó a una cuarta parte: Dios.

El autor y maestro Wendell Berry dijo:

Si tuvieran que considerarse sólo ellos mismos, los enamorados no necesitarían casarse, pero deben pensar en otros y otras cosas. Dicen sus votos a la comunidad igual que entre ellos, y la comunidad se reúne a su alrededor para escucharlos y desearles lo mejor, por su bien y el de todos. Se reúnen a su alrededor porque entienden lo necesario, lo alegre y lo temible de esa unión. Estos enamorados, jurándose amor hasta que "la muerte los separe", se están dando y se están uniendo como ninguna ley o contrato podría unirlos. Los enamorados, entonces, "mueren" en su unión, como su alma "muere" en su unión con Dios. Y así aquí, en el corazón de la comunidad, encontramos no algo que vender como en el mercado público sino este momento de dar. Si la comunidad no puede proteger este momento de dar, no puede proteger nada...

El matrimonio es dos enamorados que se unen ante sí, ante sus familiares, ante la comunidad, ante el Cielo y la tierra. Es la conexión fundamental sin la cual nada se sostiene, y la confianza es su necesidad.[10]

Pero hoy en día, el matrimonio con frecuencia ya no es un convenio o un compromiso. Es simplemente un contrato entre adultos con voluntad, un contrato que a veces se considera innecesario, fácilmente se rompe cuando ya no se ve conveniente y en ocasiones incluso se establece con la anticipación de un posible fracaso a través de un acuerdo prenupcial. La sociedad y Dios ya no son parte de él. El sistema legal ya no lo apoya; en algunos casos, de hecho, lo desalienta penalizando la paternidad responsable y alentando a las madres que reciben ayuda económica a que no se casen.

Como resultado, de acuerdo con el historiador de la Universidad de Princeton, Lawrence Stone: "La escala de rupturas maritales desde 1960 no tiene antecedente histórico que yo conozca, y parece único... Nunca hubo nada igual en los últimos 2,000 años, y probablemente más". Y en palabras de Wendell Berry: "Si desprecia la santidad y solemnidad del matrimonio, no sólo como un lazo entre dos personas sino como un lazo entre esas dos personas y sus familiares, sus hijos y sus vecinos, entonces ha preparado el camino para el divorcio, rechazo a los hijos, ruina de la comunidad y soledad".[11]

> *Hoy en día, el matrimonio con frecuencia ya no es un convenio o un compromiso. Es simplemente un contrato entre adultos con voluntad, un contrato que a veces se considera innecesario y fácilmente se rompe.*

Economía

Desde 1950 el ingreso medio en los Estados Unidos ha aumentado diez veces, pero el costo del hogar promedio ha aumentado quince veces y la inflación se ha elevado el 600 por ciento. Estos cambios solos están forzando a más y más padres a salir de su hogar y trabajar. En una revisión vital de *El Lazo del Tiempo,* Betsy Morris hace una excepción a la opinión de Hochschild de que los padres pasan más tiempo en el trabajo porque lo encuentran más placentero que manejar los desafíos del hogar. "Es más probable —dice ella—, que los padres se estén matando porque tienen que conservar sus empleos".[12]

Para cumplir con sus fines y por otras razones, incluyendo el deseo de mantener cierto estilo de vida, el porcentaje de familias donde hay un padre que trabaja y uno en el hogar con los hijos ha bajado del 66.7 por ciento en 1940, al 16.9 por ciento en 1994. Actualmente unos 14.6 millones de niños viven en la pobreza; el 90 por ciento de quienes viven en hogares con un solo padre.[13] Sencillamente hay mucho menos involucramiento de los padres con los hijos, y la realidad es que por mucho, la familia tiene el "segundo lugar".

La estructura misma del mundo económico en el cual vivimos se ha redefinido. Cuando el gobierno asumió la responsabilidad de cuidar a los ancianos y destituidos en respuesta a la Gran Depresión, el vínculo económico entre las generaciones familiares se rompió. Esto ha tenido un efecto impresionante en todos los otros vínculos familiares. La economía se define como supervivencia, y cuando este sentido económico de responsabilidad entre generaciones se rompe, empiezan a cortarse los otros tendones y lazos que juntan las generaciones, incluyendo el social y el espiritual.

131

Como resultado, la solución a corto plazo se ha convertido en un problema de largo alcance. En la mayoría de los casos la "familia" ya no se ve como una familia intergeneracional y con extensiones que cuida de sí misma. Se ha reducido a la familia nuclear de padres e hijos en el hogar e incluso eso está amenazado. El gobierno se ve como el primer recurso más que como el último.

Ahora vivimos en un mundo que valora la libertad personal y la independencia más que la responsabilidad y la interdependencia; en un mundo con gran movilidad en el cual las comodidades (especialmente la televisión) propician el aislamiento social y el entretenimiento independiente. La vida social se está fracturando. Las familias y los individuos se están aislando cada vez más. En todos lados encontramos escape de las responsabilidades.

Tecnología

Los cambios en la tecnología han acelerado el impacto de los cambios en todas las demás dimensiones. Además de la comunicación global y el acceso instantáneo a las enormes fuentes de información valiosa, la tecnología actual también proporciona acceso inmediato, gráfico y a menudo no filtrado, de un espectro completo de imágenes visuales con alto impacto, incluyendo pornografía y escenas vívidas de sangre y violencia. Apoyada y saturada por la publicidad, la tecnología nos pone en una sobrecarga materialista. Ha ocasionado una revolución en las expectativas. Ciertamente aumenta nuestra habilidad de llegar a otras personas, incluyendo miembros de la familia, y estableciendo conexiones con personas en todo el planeta. Pero también nos separa y nos impide interactuar y relacionarnos de manera significativa con miembros de nuestra familia en nuestro propio hogar.

¿Qué le dice su corazón? ¿Ver mucha televisión lo ha hecho más amable? ¿Más profundo? ¿Más cariñoso? ¿Le ayuda a construir relaciones en su hogar?

Podemos investigar estas respuestas, pero hay una fuente mejor en donde buscarlas. ¿Qué le dice su corazón sobre los efectos de la televisión en usted y sus hijos? ¿Ver mucha televisión lo ha hecho más amable? ¿Más profundo? ¿Más cariñoso? ¿Le ayuda a construir relaciones en su hogar? ¿O lo hace sentirse tonto? ¿Cansado? ¿Solo? ¿Confundido? ¿Malo? ¿Cínico?

Cuando pensamos en los efectos de los medios de comunicación sobre nuestra familia, debemos darnos cuenta de que los medios pueden literalmente manejar la cultura en el hogar. Para tomar en serio lo que está sucediendo en los medios (romance improbable, promiscuidad, robots que pelean, relaciones cínicas, luchas y brutalidad violenta), debemos estar dispuestos a meternos en una "suspensión de no creencia". Debemos estar dispuestos a suspender nuestra no creencia en acciones que sabemos como adultos que no son reales y durante treinta o sesenta minutos permitirnos ser llevados en una jornada para ver si nos gusta.

¿Qué nos sucede? Empezamos a creer que incluso las noticias de la TV son la vida normal. Los niños especialmente lo creen. Por ejemplo, una mamá me dijo que después de ver las noticias de las 6 en la televisión, su hijo de seis años le dijo: "Mami, ¿por qué todos matan a todos?" Ese niño creía que lo que estaba viendo ¡era la vida normal!

Es cierto que hay muchas cosas buenas en la TV, buena información, entretenimiento agradable y cultivador. Pero para la mayoría de nosotros y nuestras familias, la realidad es más como tratar de preparar una rica ensalada con basura. Puede haber algunas buenas ensaladas ahí, pero es muy difícil separarlas de la basura, la mugre y las moscas.

La contaminación gradual puede desensibilizarnos no sólo sobre lo espantoso de la contaminación, sino también sobre lo que estamos intercambiando. Se necesita una gran cantidad de beneficio de la televisión para intercambiar el tiempo que podríamos dedicar a aprender, amar, trabajar y compartir con los miembros de la familia.

Una encuesta reciente del *U.S. News & World Report* informó que el 90 por ciento de los encuestados sentían que la nación estaba declinando su moral cada vez más. En esas mismas personas se encontró que el 62 por ciento sentía que la televisión era hostil para los valores morales y espirituales.[14] Entonces, ¿por qué tantos ven tanta televisión?

Mientras que los indicadores de crimen, uso de drogas, placeres sexuales y violencia van en una escalada rápida, no debemos olvidar que el indicador más importante en cualquier sociedad es el compromiso de amar, cuidar y guiar a las personas más importantes en nuestras vidas: nuestros hijos. Los hijos aprenden las lecciones más importantes no de los "Power Rangers", ni siquiera de Plaza Sésamo, sino de una familia amorosa que lee con ellos, habla con ellos, trabaja con ellos, los escucha y pasa momentos felices con ellos. Cuando los hijos se sienten amados, realmente amados, pueden triunfar.

Reflexione por un momento: ¿Cuáles fueron los momentos familiares más memorables en su vida? Suponga que estuviera en su lecho de muerte. ¿Desearía realmente haber dedicado más tiempo a ver televisión?

En su libro *Tiempo para la Vida,* los sociólogos John Robinson y Geoffrey Godbey reportaron que en promedio, los norteamericanos pasan quince de las cuarenta horas de tiempo libre a la semana, viendo televisión. Sugieren que tal vez no estamos tan ocupados como parece.[15]

Como dijo Marilyn Ferguson en su libro *La Conspiración Acuario:* "Antes de elegir nuestras herramientas y tecnología, debemos elegir nuestros sueños y valores, ya que algunas tecnologías servirán a esos sueños y valores, mientras que otras los harán inalcanzables".[16]

> Suponga que estuviera en su lecho de muerte. ¿Desearía realmente haber dedicado más tiempo a ver televisión?

Se vuelve cada vez más aparente que los cambios en estas mega estructuras están fracturando todo. Casi todos los negocios se están reinventando y reestructurando para hacerlos más competitivos. La globalización de la tecnología, así como la de los mercados está amenazando la supervivencia no sólo de los negocios, sino de los gobiernos, hospitales, centros de salud y sistemas educativos también. Toda institución, incluyendo la familia, está siendo afectada hoy como nunca antes.

Estos cambios representan un cambio profundo en la infraestructura, el marco fundamental de nuestra sociedad. Como dijo Stanley M. Davis, amigo y colega en varias conferencias de desarrollo de liderazgo: "Cuando la infraestructura cambia, todo se tambalea".[17] Estos cambios en la mega estructura representan las ruedas de un engrane principal, el cual a su vez hace girar un engrane más pequeño y luego uno más pequeño y eventualmente a los pequeñitos en el otro extremo del sistema. Toda organización está siendo afectada, incluyendo la familia.

Al movernos de la infraestructura industrial a la informativa, todo se fractura y debe encontrar de nuevo su posición original. Muchas personas no están conscientes de todo lo que está sucediendo. Aunque lo ven y les crea ansiedad, no saben qué está sucediendo y por qué, o qué pueden hacer al respecto.

Un Acto en Trapecio... ¡sin Red de Seguridad!

Donde la infraestructura cambia nos afecta a todos, personal y profundamente, en nuestras familias, en nuestros hogares. Tratar de tener éxito en criar una familia hoy en día es como tratar de realizar un acto en trapecio, un acto que requiere tremenda habilidad y casi interdependencia, y ¡no hay red de seguridad!

Había una red de seguridad; había leyes que apoyaban a la familia. Los medios la promovían, la sostenían. La sociedad la honraba, la mantenía. Y la familia, en cambio, sostenía a la sociedad. Pero ya no hay red de seguridad. La cultura, la economía y las leyes la han rechazado. Y la tecnología está acelerando su desintegración.

En un enunciado de 1992, el Departamento de Justicia Juvenil y Prevención de la Delincuencia de los Estados Unidos resumió literalmente cientos de investigaciones de cambios ambientales en los años recientes:

Desafortunadamente, las circunstancias económicas, las normas culturales y la legislación federal de las últimas dos décadas han ayudado a crear un ambiente que apoya menos a las familias fuertes y estables... y al mismo tiempo que estos cambios económicos han ocurrido, el sistema de apoyo a la familia con extensión se ha terminado.[18]

Todo esto ha sucedido tan gradualmente que muchos ni siquiera están conscientes de ello. Es como la historia que el autor y comentarista Malcolm Muggeridge cuenta sobre unas ranas que murieron sin resistencia al ser hervidas vivas en una olla de agua. Normalmente, una rana que se pone en agua hirviendo inmediatamente salta, salvando su vida. Pero estas ranas no saltaron. Ni siquiera se resistieron. ¿Por qué? Porque cuando las pusieron en la olla, el agua estaba tibia. Luego, poco a poco la temperatura fue aumentando. Se puso más caliente, más caliente... hasta que hirvió. El cambio fue tan gradual que las ranas se acostumbraron a su nuevo ambiente hasta que fue demasiado tarde.

Esto es exactamente lo que sucede con todas estas fuerzas en el mundo. Nos acostumbramos a ellas y se vuelven nuestra zona de confort; aunque literalmente nos estén matando y a nuestras familias. En palabras de Alexander Pope:

El vicio es un monstruo muy temible,
que no necesitamos ver para odiarlo,
aunque lo vemos y conocemos su cara,
primero nos resistimos, luego sentimos pena, luego lo abrazamos.[19]

Es un proceso gradual de desensibilización. Y esto es exactamente lo que sucede cuando gradualmente subordinamos principios a valores sociales. Estas poderosas fuerzas culturales fundamentalmente alteran nuestro sentido moral o ético de qué es, de hecho, lo correcto. Incluso empezamos a pensar en los valores sociales como principios y llamamos "malo" a lo "bueno" y "bueno" a lo "malo". Perdemos nuestras bases morales. Las ondas de aire se contaminan con mugre. La estática hace difícil tener un mensaje claro de la torre de control.

Y, usando de nuevo la metáfora del avión, sentimos vértigo. Esto es lo que sucede a veces a un piloto que está volando sin usar los instrumentos y entra a un banco de nubes, por ejemplo. Ya no puede percibir las referencias terrestres y no puede incluso describir su sensación (la respuesta de terminaciones nerviosas en los músculos y las coyunturas), no puede decir hacia dónde está la tierra, porque estos mecanismos de retroalimentación dependen de la orientación correcta para tener gravedad. Entonces, mientras el cerebro lucha para descifrar los mensajes enviados de los sentidos sin las claves normalmente proporcionadas por la visión, puede resultar en interpretaciones incorrectas y conflictivas. Y el resultado de dicha confusión sensorial es una sensación de mareo conocida como vértigo.

Similarmente en la vida, cuando encontramos fuentes de influencia extremadamente poderosas, como una cultura social poderosa, personas carismáticas o movimientos de grupos, experimentamos una especie de vértigo de conciencia o espiritual. Nos desorientamos. Nuestra brújula moral no funciona y ni siquiera lo sabemos. La aguja que en tiempos

> *Cuando encontramos fuentes de influencia extremadamente poderosas... literalmente experimentamos una especie de vértigo de conciencia o espiritual. Nos desorientamos. Nuestra brújula moral no funciona.*

menos turbulentos señalaba fácilmente hacia el "norte verdadero", o los principios que gobiernan todo en la vida, no está funcionando debido a los campos eléctricos y magnéticos de la tormenta.

La Metáfora de la Brújula

Para demostrar este fenómeno en mi enseñanza, y para señalar cinco puntos relacionados, con frecuencia me paro frente a un público y les pido que cierren los ojos. Les digo: "Ahora sin hacer trampa, señalen el punto norte". Hay un poco de confusión cuando tratan de decidir y señalar la dirección del norte.

Luego les pido que abran los ojos y vean a dónde están señalando. En ese momento por lo general se ríen mucho porque ven que todos están señalando en diferentes direcciones, incluso hacia arriba.

Entonces saco una brújula y les muestro el indicador del norte, explico que el norte está siempre en la misma dirección. Nunca cambia. Representa la fuerza magnética natural de la tierra. He usado esta demostración en todo el mundo, incluyendo en barcos en la mar y en presentaciones vía satélite con cientos de miles de personas participando en diferentes ubicaciones en todo el mundo. Es una de las maneras más poderosas que he encontrado para comunicar que existe un norte magnético.

Uso esta ilustración para señalar el primer punto: Igual como existe un *"norte verdadero", una realidad constante fuera de nosotros que nunca cambia, así existen leyes naturales o principios que nunca cambian. Y estos principios gobiernan la conducta y las consecuencias.* Desde ese punto uso el "norte verdadero" como una metáfora de los principios o las leyes naturales.

Luego procedo a mostrar la diferencia entre "principios" y conducta. Pongo una brújula transparente en un acetato para que puedan ver el indicador del norte, así como la flecha que indica la dirección de viaje. Muevo la brújula en el acetato para que puedan ver que mientras la dirección de viaje cambia, el indicador del norte nunca cambia. Entonces, si quiere ir al este, puede poner la flecha a 90 grados a la derecha del norte y luego seguir ese camino.

Luego explico que la "dirección de viaje" es una expresión interesante porque comunica esencialmente qué hacen las personas; en otras palabras, su conducta surge de sus valores básicos o de lo que creen que es importante. Si ir al este es importante para ellos, lo valoran; por lo tanto, están de acuerdo. Las personas se mueven con base en su deseo y voluntad, pero el indicador del norte es totalmente independiente de su deseo y voluntad.

Señalo el segundo punto: *Hay una diferencia entre principios (o norte verdadero) y nuestra conducta (o dirección de viaje).*

Esta demostración me permite presentar el tercer punto: *Existe una diferencia entre los sistemas naturales (los cuales están basados en principios) y los sistemas sociales (que están basados en valores y conducta).* Para ilustrarlo pregunto: "¿Cuántos de ustedes han 'adelantado en la escuela?" Casi toda la audiencia levanta la mano. Entonces les pregunto: "¿Cuántos lo han hecho bien?" Casi los mismos levantan la mano. En otras palabras, el "adelantarse" funcionó.

Luego pregunto: "¿Cuántos han trabajado en una granja?" Por lo general el 10 o 20 por ciento levantan la mano. A esas personas les pregunto: "¿Cuántos de ustedes se han adelantado en la granja?" Normalmente se ríen porque inmediatamente reconocen que no es posible adelantarse en la granja. Simplemente no funciona. Es patentemente absurdo pensar que se le puede olvidar plantar en primavera y no hacer nada en el verano, y luego trabajar duro en el otoño y esperar tener una buena cosecha.

Les pregunto: "¿Por qué el adelantarse funciona en la escuela y no en la granja?" Y las personas se dan cuenta de que la granja es un sistema natural gobernado por leyes naturales o principios, pero una escuela es un sistema social, un invento social, que está gobernado por reglas sociales y valores sociales.

Pregunto: "¿Es posible tener buenas calificaciones y buenas credenciales de la escuela sin tener una educación?" Casi todos reconocen que es posible. En otras palabras, cuando se trata del sistema natural de desarrollar su mente, está gobernado más por la ley de la granja que por la ley de la escuela, por un sistema natural más que social.

Entonces procedo con este análisis en otras áreas que las personas pueden relacionar, como el cuerpo. Pregunto: "¿Cuántos han intentado perder peso mil veces en su vida?" Un buen porcentaje levanta la mano. Les pregunto: "¿Cuál es realmente la clave para perder peso?" Eventualmente todos se dan cuenta que para lograr una pérdida de peso permanente y sana, debemos alinear la dirección de viaje: nuestros hábitos y estilo de vida, con las leyes naturales o los principios que aportan el resultado deseado, con principios como una nutrición adecuada y ejercicio regular. El sistema social de valores puede recompensar la pérdida inmediata de peso con un programa de dieta rápida, pero el cuerpo eventualmente supera la estrategia de la mente. Disminuirá el metabolismo y quemará la grasa. También eventualmente el cuerpo vuelve a donde estaba o quizá aun peor. Entonces las personas empiezan a ver que no sólo la granja sino también la mente y el cuerpo están gobernados por leyes naturales.

Entonces aplico esta línea de razonamiento a las relaciones. Pregunto: "En el *largo plazo,* ¿las relaciones están gobernadas más por la ley de la granja o la ley de la escuela?" Todos reconocen que están gobernados por la ley de la granja, es decir, las leyes naturales o principios más que por valores sociales. En otras palabras, no puede convencerse de salir de los problemas en los que usted mismo se mete con su conducta, y a menos que sea confiable, no puede producir confianza. Llegan a reconocer que los principios de confiabilidad, integridad y honestidad son el fundamento de cualquier relación que madure con el tiempo. Las personas pueden ocultarlo durante un tiempo o impresionar cosméticamente a los demás, pero eventualmente todo el mundo lo notará. Los principios violados destruyen la confianza. Y no hace ninguna diferencia si está tratando con relaciones entre personas, o relaciones entre organizaciones, o relaciones entre sociedad y gobierno, o entre una nación y otra. Al final, hay una ley moral y un sentido moral (un conocimiento interno, una serie de principios que son universales, eternos y autoevidentes) que controlan.

Entonces aplico esto al nivel de pensamiento en asuntos de nuestra sociedad. Pregunto: "Si tomáramos realmente en serio nuestra salud, ¿en qué nos enfocaríamos principalmente?" Casi todos reconocen que nos enfocaríamos en la prevención, en alinear la conducta de las personas, su sistema de valores, su dirección de viaje con las leyes naturales o principios. Pero el sistema de valores sociales respecto al cuidado de la salud, el cual está en la dirección de viaje de la sociedad, se enfoca principalmente en el diagnóstico y tratamiento de enfermedades, más que en la prevención o la alteración del estilo de vida. De hecho, con frecuencia se gasta más dinero en las últimas pocas semanas o días de la vida de una persona, en esfuerzos heroicos para mantener a esa persona viva, de lo que gastó en prevención en toda su vida. Ahí es donde está el sistema de valores de la sociedad, y le ha asignado este rol a la medicina. Es por ello que casi todo el dinero médico se gasta en el diagnóstico y tratamiento de enfermedades.

Luego llevo este análisis a la reforma educativa, la reforma de bienestar, la reforma política, en realidad a cualquier movimiento de reforma. Las personas se dan cuenta del cuarto punto: *La esencia de la felicidad real y el éxito está en alinear la dirección de viaje con las leyes naturales o principios.*

Por último, muestro el tremendo impacto que las tradiciones, tendencias y valores de la cultura pueden tener en el norte verdadero mismo. Señalo que a menudo incluso el edificio en que estamos puede distorsionar nuestro sentido de norte verdadero porque tiene una fuerza magnética propia. Cuando sale del edificio, el indicador del norte verdadero cambia ligeramente. Comparo esta fuerza con el poder de la cultura más amplia, las mega tradiciones, tendencias y valores que pueden modificar ligeramente nuestra conciencia y no estamos siquiera conscientes de ello hasta que salimos a la naturaleza donde la brújula realmente funciona, donde podemos detenernos, reflexionar y vernos profundamente para escuchar a nuestra conciencia.

Éste es tal vez el mayor rol de ser padre. Más que dirigir y decir a los niños qué hacer, es ayudarles a conectarse con sus dotes, particularmente su conciencia.

Muestro la brújula con el norte cambiante cuando la pongo en el acetato sobre el proyector, porque la máquina misma representa una fuerza magnética. Comparo esto con la subcultura de una persona, la cual podría ser la cultura de la familia o de una organización de negocios o de una banda o de un grupo de amigos. Hay muchos niveles de subcultura y la ilustración de cómo una máquina puede mover la brújula es muy poderosa. Es fácil ver cómo las personas pierden sus lazos morales y se desarraigan por la necesidad de aceptación y pertenencia.

Luego tomo mi pluma y la pongo arriba de la brújula, muestro cómo puedo hacer que la aguja de la brújula brinque por todos lados; cómo puedo ponerla totalmente al revés para que el norte parezca el sur. Uso esto para explicar cómo las personas pueden realmente definir lo "bueno" como "malo" y viceversa, debido a una personalidad extremadamente poderosa con la que entran en contacto o una experiencia igualmente poderosa, como el abuso o la traición de uno de sus padres. Estos traumas pueden ser tan estremecedores y devastadores como para destruir todo el sistema de creencias.

Uso esta demostración para señalar el quinto punto y final: *Es posible que nuestra sensación profunda e interna de saber (nuestro sentido de moral o ética de las leyes naturales o principios) llegue a estar cambiada, subordinada, incluso eclipsada por las tradiciones o por la violación repetida de la conciencia de uno.*

A pesar del trabajo que hacemos en los enunciados de misión, si no los internalizamos en nuestros corazones y mentes, y dentro de la cultura de la familia, estas fuerzas culturales nos confundirán y nos desorientarán. Detonarán nuestro sentido de moralidad para que lo "incorrecto" se defina más por estar atrapado que por hacer las cosas mal.

También por eso es tan importante que los pilotos estén capacitados en el uso de instrumentos, ya sea que vuelen o no en condiciones instrumentales. Y es por eso tan importante que los niños estén capacitados en el uso de instrumentos, las cuatro dotes humanas, que les ayudan a permanecer en el camino correcto. Éste es tal vez el mayor rol de ser padre. Más que dirigir y decir a los niños qué hacer, es ayudarles a conectarse con sus dotes, particularmente su conciencia, para que estén bien capacitados y tengan acceso inmediato a la conexión salvavidas que los mantendrá orientados y en el camino correcto. Sin esa conexión salvavidas, las personas chocan. Se dejan seducir por la cultura.

Cortando de Raíz

En una ocasión asistí a una conferencia llamada "Religiones Unidas Contra la Pornografía" en la que los líderes de organizaciones religiosas, así como grupos de mujeres, grupos étnicos y de educadores se reunieron unidos por la lucha en contra de este pernicioso mal que victimiza principalmente a mujeres y niños. Se hizo claro que aunque el tema era repugnante para la decencia y el pudor de las personas y preferían no discutirlo, sabían que debía discutirse porque es una realidad de nuestra cultura.

En esta conferencia se nos mostraron videos de entrevistas con personas en las calles, incluyendo hombres y parejas jóvenes. No eran miembros de bandas violentas, drogadictos o criminales; eran personas normales que veían pornografía como entretenimiento. Algunos dijeron que la veían a diario, en ocasiones varias veces al día. Al ver estos videos se nos hizo claro que la pornografía se había metido profundamente en la cultura de muchos de los jóvenes en este país.

Di una presentación sobre cómo lograr un cambio en la cultura. Luego asistí a una sesión donde las mujeres líderes dirigían el asunto. Relataron cómo la asociación Madres en Contra de Manejar Ebrios se había convertido en una fuerza genuina en la sociedad, cuando suficientes mujeres se habían alarmado tanto por el asunto del abuso del alcohol que su involucramiento creó un impacto serio en las normas culturales de la sociedad norteamericana. Nos dieron folletos que describían, más que mostrar, la clase de pornografía que se repartía en las calles. Al leerlos, me sentí físicamente enfermo.

En mi segunda y final presentación conté esta experiencia y lo convencido que estaba de que la clave del cambio cultural es que las personas se adentren tanto en la realidad de lo que está sucediendo, que puedan verdaderamente sentir su impacto pernicioso y siniestro en la naturaleza ética y moral de las mentes y corazones de las personas, y cómo esto afecta a toda nuestra sociedad. La clave es *hacer que las personas se sientan enfermas,* como yo me sentí, involucrarlas en los datos hasta que sientan repulsión, y *luego motivarlas y darles esperanza.* Involucrarlas en llegar a soluciones e identificar qué ha sucedido en otras partes que ha tenido éxito. Trabajar a nivel conciencia antes de trabajar en la imaginación y la voluntad. Usar las primeras dos dotes humanas antes de liberar la energía para las otras dos. Luego buscar juntos modelos y tutores u organizaciones que puedan influenciar para bien y desarrollar leyes que promuevan lo bueno y protejan al inocente.

Pero encima de todo, encima de legislaciones, encima de todo esfuerzo por influenciar la cultura popular, fortalecer el hogar. Como lo puso Henry Thoreau: "De cada mil palazos en las hojas del mal, uno llega directo a la raíz". El hogar y la

«*De* cada mil palazos en las hojas del mal, uno llega directo a la raíz.»

familia son la raíz. Ahí es donde se desarrolla el armamento moral de las personas para manejar estas influencias perniciosas, que la tecnología ha hecho disponibles, y para convertir la tecnología en algo que permita y facilite las buenas virtudes, los valores y los estándares para que se mantengan en toda la sociedad.

Para que las leyes sean efectivas tiene que haber voluntad social (serie de costumbres) que refuerce esas leyes. El gran sociólogo Émile Durkheim dijo: "Cuando las costumbres son suficientes, las leyes son innecesarias. Cuando las costumbres son insuficientes, las leyes son obligatorias". Sin voluntad social, siempre habrá maneras legales de romper la ley. Y los niños pueden rápidamente perder su inocencia y volverse sarcásticos, cínicos y mucho más vulnerables como presas para bandas violentas, para adopciones a una nueva "familia" que da aceptación y aprobación social. Entonces, la clave es nutrir las cuatro dotes dentro de cada niño y crear relaciones de confianza y amor incondicional para que pueda enseñar e influenciar a los miembros de su familia en formas centradas en principios.

Interesantemente, otro resultado significativo de la conferencia fue el cambio en la cultura y el sentimiento entre los líderes de diversas religiones. En sólo dos días cambiaron de respeto cortés e intercambio de halagos, a amor genuino, unidad profunda y comunicación abierta y auténtica debido a una misión común y trascendente. Como lo descubrieron los líderes, en estos momentos difíciles debemos enfocarnos en lo que nos une, ¡no en lo que nos divide!

¿Quién Va a Criar a Nuestros Hijos?

En ausencia de una conexión interna con las cuatro dotes humanas y una fuerte influencia familiar, ¿qué impacto va a tener la clase de cultura que hemos descrito en este capítulo (poder dominado por la tecnología) en el pensamiento de un niño? ¿Es realista pensar que los niños van a ser impenetrables a los asesinatos y a la crueldad que ven siete horas al día en la televisión? ¿Realmente podemos creer en los directores de programas de TV que dicen que no hay evidencia científica sólida que muestra una correlación entre la violencia y la inmoralidad en nuestra sociedad y las escenas gráficas que eligen mostrar en la pantalla de televisión, y luego citan que la evidencia científica sólida muestra cuántos anuncios de veinte segundos impactarán la conducta de quienes los ven?[20] ¿Es razonable pensar que los adultos jóvenes expuestos a una dieta de TV visual y emocional de placeres sexuales puede crecer en cualquier parte, cerca de un sentido realista u holístico de principios que crean relaciones buenas y duraderas, y una vida feliz?

En un ambiente tan turbulento, ¿cómo podemos pensar que es posible continuar "como siempre" dentro de nuestras familias? Si no construimos hogares mejores, tendremos que construir más prisiones porque los padres sustitutos crearan bandas. Luego el código social se rodeará de drogas, crímenes y violencia. Las cárceles y las cortes estarán sobrepobladas. "Atrapar y liberar" será la orden del día. Y los niños emocionalmente hambrientos se volverán adultos iracundos, sedientos de amor, respeto y "cosas".

En un estudio épico histórico, uno de los historiadores más grandes del mundo, Edward Gibbon, identificó las cinco causas principales de la caída de la civilización romana:

1. La ruptura de la estructura familiar.
2. El debilitamiento de la sensación de responsabilidad individual.
3. Impuestos excesivos y control e intervención gubernamental.
4. Búsqueda de placeres que eran cada vez más hedonistas, violentos e inmorales.
5. La caída de la religión.[21]

Sus conclusiones proporcionan una perspectiva estimulante e instructiva por medio de la cual podríamos ver bien la cultura de hoy. Esto nos lleva a la pregunta fundamental sobre la cual depende nuestro futuro y el futuro de nuestros hijos:

¿Quién va a criar a mis hijos, la cultura actual alarmantemente destructiva, o yo?

Como dije en el Hábito 2, si no asumimos responsabilidad por la primera creación, alguien o algo lo hará. Y ese "algo" es un ambiente poderoso, turbulento, amoral y áspero para la familia.

Esto es lo que formará a su familia si usted no lo hace.

¿CUÁL ERA LA CULTURA EN EL HOGAR HACE 40 O 50 AÑOS?

Tecnología
· Predominantemente radio
· Poca o nada de TV

Oportunidad de los hijos de crecer con ambos padres: 80%
Fuente: Datos sobre Censos Infantiles

· Tasa de divorcios 1 en 5
Fuente: Centro Nacional de Estadísticas sobre la Salud

Padres en el Trabajo
· Trabajo de 40 horas semanales
· Menos del 20% de los niños necesitan guarderías por las demandas de trabajo de los padres
Fuente: Oficina de Estadísticas Laborales

Escuela
· Se permite la oración en las escuelas
· Principales problemas de disciplina: goma de mascar, ruido, vestido, basura, correr en los pasillos
Fuente: *Trimestre Congresional*

40/50

Religión
· 70% de las personas sienten que la religión está aumentando su influencia en la vida de los norteamericanos
Fuente: Gallup Poll

Rituales Familiares
· Cena familiar
· Reuniones familiares
· Poca o nada de TV

Crimen Juvenil Violento
· 16.1 incidentes por 100,000

Fuente: *Reporte Uniforme de Crímenes*

Vecinos
· Por lo general se conoce bien a los vecinos y se confía en ellos

Extensión Familiar
· Viven más cercanos
· Contacto más frecuente
Fuente: Oficina de Censos USA

"De Fuera Hacia Dentro" Ya No Funciona

Como dije en el Capítulo 1, hace cuarenta años se podía criar una familia con éxito de "fuera hacia dentro". Pero esto ya no funciona. No podemos depender del apoyo social de nuestras familias como lo hacíamos antes. El éxito actualmente viene sólo de dentro hacia fuera. Podemos y debemos ser agentes de cambio y estabilidad en crear las estructuras de apoyo para nuestras familias. Debemos ser sumamente proactivos. Debemos crear. Debemos reinventar. No podemos ya depender de la sociedad ni de sus instituciones. Debemos desarrollar un nuevo plan de vuelo.

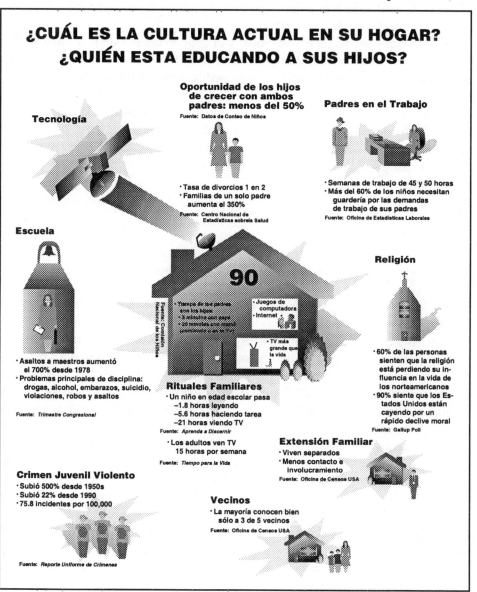

¿CUÁL ES LA CULTURA ACTUAL EN SU HOGAR? ¿QUIÉN ESTA EDUCANDO A SUS HIJOS?

Tecnología

Oportunidad de los hijos de crecer con ambos padres: menos del 50%
Fuente: Datos de Conteo de Niños

Padres en el Trabajo

· Tasa de divorcios 1 en 2
· Familias de un solo padre aumenta el 350%
Fuente: Centro Nacional de Estadísticas sobre la Salud

· Semanas de trabajo de 45 y 50 horas
· Más del 60% de los niños necesitan guardería por las demandas de trabajo de sus padres
Fuente: Oficina de Estadísticas Laborales

Escuela

90

Fuente: Consejo Nacional de los Niños

· Tiempo de los padres con los hijos
· 3 minutos con papá
· 20 minutos con mamá (conectados a un la TV)

· Juegos de computadora
· Internet

· TV más grande que la vida

Religión

· Asaltos a maestros aumentó el 700% desde 1978
· Problemas principales de disciplina: drogas, alcohol, embarazos, suicidio, violaciones, robos y asaltos
Fuente: Trimestre Congresional

Rituales Familiares
· Un niño en edad escolar pasa
  −1.8 horas leyendo
  −5.6 horas haciendo tarea
  −21 horas viendo TV
Fuente: Aprenda a Discernir

· Los adultos ven TV 15 horas por semana
Fuente: Tiempo para la Vida

· 60% de las personas sienten que la religión está perdiendo su influencia en la vida de los norteamericanos
· 90% siente que los Estados Unidos están cayendo por un rápido declive moral
Fuente: Gallup Poll

Extensión Familiar
· Viven separados
· Menos contacto e involucramiento
Fuente: Oficina de Censos USA

Crimen Juvenil Violento
· Subió 500% desde 1950s
· Subió 22% desde 1990
· 75.8 incidentes por 100,000

Vecinos
· La mayoría conocen bien sólo a 3 de 5 vecinos
Fuente: Oficina de Censos USA

Fuente: Reporte Uniforme de Crímenes

Debemos esquivar la turbulencia y llegar al camino del "norte verdadero".

Considere los efectos de estos cambios en la cultura del hogar y el ambiente como se presentan en estas páginas. Piense en el impacto que estos cambios están teniendo en la familia. El objetivo de comparar hoy con el pasado no es sugerir que volvamos a alguna noción idealizada de los años cuarenta o cincuenta. Es reconocer que como las cosas han cambiado tanto, y debido a que el impacto en la familia es tan devastador, debemos responder de la misma manera al desafío.

La historia claramente afirma que la familia es el fundamento de la sociedad. Es la piedra angular de toda nación. Es el núcleo de la civilización. Es la goma por medio de la cual todo está unido. Y la familia misma es un principio construido profundamente dentro de cada persona.

Pero la situación familiar tradicional y el antiguo desafío de la familia se han ido. Debemos entender que, más que nunca en la historia, el rol de ser padre es absolutamente vital e irremplazable. Ya no podemos depender de roles modelos en la sociedad que enseñen a nuestros hijos los principios del norte verdadero que gobiernan todo en la vida. Agradeceríamos si lo hubiera, pero no podemos depender de ello. Debemos proporcionar liderazgo a nuestras familias. Nuestros hijos nos necesitan desesperadamente. Necesitan nuestro apoyo y consejo. Necesitan nuestro juicio y experiencia, nuestra fuerza y decisión. Más que nunca necesitan que les proporcionemos liderazgo familiar.

¿Cómo lo hacemos? ¿Cómo damos prioridad y dirigimos a nuestra familia en una manera significativa y productiva?

Creando Estructura en la Familia

Piense de nuevo en las palabras de Stanley M. Davis: "Cuando la infraestructura cambia, todo lo demás tiembla".

Los cambios tecnológicos profundos y otros cambios de los que hemos hablado han impactado a las organizaciones de todas clases en nuestra sociedad. La mayoría de las organizaciones y las profesiones se están reinventando y reestructurando para adaptarse a esta nueva realidad. Pero la misma clase de reestructura no se ha dado en la familia. A pesar del hecho de que de fuera hacia dentro ya no funciona, y a pesar del impresionante reporte de que hoy sólo del 4 al 6 por ciento de los hogares norteamericanos están formados por el "tradicional" esposo que trabaja, la esposa en casa y sin historia de divorcios en ninguno de los dos,[22] la mayoría de las familias no se están reestructurando efectivamente. Están tratando de continuar igual, como funcionaba con los desafíos en el pasado, o están tratando de reinventar formas que no están en armonía con los principios que crean felicidad y relaciones familiares duraderas. Como un todo, las familias no están subiendo el nivel de respuesta que el desafío demanda.

Así que debemos reinventar. La única respuesta verdaderamente exitosa al cambio estructural es la estructura.

Cuando considere la palabra "estructura", piense detenidamente sobre su respuesta a ella. Al hacerlo, esté consciente de que está tratando de navegar a través de un ambiente donde la cultura popular rechaza la idea de estructura como limitante.

Pero consulte con su brújula interna. Piense en las palabras de Winston Churchill: "Durante los primeros 25 años de mi vida quise libertad. Durante los siguientes 25 años de mi vida quise orden. Durante los siguientes 25 años de mi vida me di cuenta de que orden es libertad". Es la estructura misma del matrimonio y la familia lo que da estabilidad a la sociedad. El padre de un programa muy popular de la televisión durante la era de fuera hacia dentro, dijo: "Algunos hombres ven las reglas del matrimonio como una prisión; otros, los felices, las ven como líneas fronterizas que encierran todas las cosas que quieren". Es el compromiso con la estructura lo que construye confianza en las relaciones.

Piénselo: cuando su vida es un desastre, ¿qué dice? "Tengo que organizarme. Tengo que poner las cosas en orden". Esto significa crear estructura y prioridad o secuencia. Si su habitación es un desastre, ¿qué hace? Organiza sus cosas en las gavetas y en los cajones. Organiza con estructura. Cuando decimos de alguien: "Tiene la cabeza bien atornillada", ¿a qué nos referimos? Básicamente queremos decir que sus prioridades están en orden. Está viviendo por lo que es importante. Cuando decimos a una persona con una enfermedad terminal: "Pon en orden tus asuntos", ¿a qué nos referimos? Queremos decir: "Asegúrate de que tus finanzas, seguros y relaciones estén en orden".

«*L*as fuerzas que arrastran a las familias son demasiado fuertes en el mundo moderno. Debemos decidir si girar o ir a donde nos lleve la corriente. La clave para girar con éxito es ser intencional respecto a los rituales de nuestra familia.»

En una familia, orden significa que la familia tiene prioridad y que alguna estructura está establecida para que esa prioridad se dé. En el mega sentido, el Hábito 2, la creación de un enunciado de misión familiar, proporciona la estructura fundamental para el enfoque de dentro hacia fuera en la vida familiar. Además, hay dos estructuras principales de organización o procesos que le ayudarán a poner a la familia primero en forma significativa en su vida diaria: un "tiempo familiar" semanal y lazos de uno a uno con los miembros de la familia.

Como dijo el prominente terapeuta matrimonial y familiar, William Doherty: "Las fuerzas que arrastran a las familias son demasiado fuertes en el mundo moderno. Debemos decidir si girar o ir a donde nos lleve la corriente. La clave para girar con éxito es ser intencional respecto a los rituales de nuestra familia".[23]

Tiempo Familiar Semanal

Además de hacer y honrar el convenio básico del matrimonio, siento que probablemente ninguna estructura le ayudará a dar prioridad a su familia más que un tiempo específico especial cada semana sólo para la familia. Podría llamarle "tiempo familiar", "hora familiar", "consejo familiar" o "noche familiar" si lo prefiere. Como sea, el propósito principal es tener un tiempo durante la semana donde se concentre en estar con la familia.

Una mujer de 34 años, de Oregon, compartió esto:

Mi madre era la promotora de una actividad familiar semanal donde los niños podíamos escoger lo que quisiéramos. A veces íbamos a patinar. A veces a jugar boliche o al cine. ¡Nos encantaba! Siempre terminábamos la actividad en nuestro restaurante favorito en Portland. Esos días siempre me dejaban una sensación de gran cercanía y de que realmente éramos una familia muy unida.

Tengo recuerdos maravillosos de esas ocasiones. Mi madre murió cuando yo era adolescente y fue algo muy traumático para mí. Pero papá se aseguró de que cada año desde su muerte todos nos reunamos durante al menos una semana, políticos, hijos, todos, para revivir esos sentimientos.

Cuando todos los miembros de la familia se fueron a sus hogares en diferentes estados, me sentí triste pero extrañamente contenta. Hay tanta fuerza dentro de una familia que ha vivido junta bajo el mismo techo. Los nuevos miembros de nuestra familia sienten lo mismo, también se han enriquecido.

Mi madre dejó un gran legado. Yo no me he casado, pero mis hermanos y hermanas tienen su actividad familiar semanal con sus hijos. Y ese restaurante particular en Portland es todavía nuestro lugar de reunión.

Note los sentimientos que esta mujer está expresando sobre los recuerdos de esos tiempos familiares. Y vea el impacto que tiene en su vida ahora, en sus relaciones con sus hermanos, y en sus relaciones con los miembros de sus familias. ¿Puede ver la clase de acercamiento que crea un tiempo familiar semanal? ¿Puede ver la manera en que crea la Cuenta de Banco Emocional?

Una mujer de Suecia compartió esta historia:

Cuando tenía 5 o 6 años, mis padres hablaron con alguien que les dijo lo valioso que es tener reuniones familiares con su familia. Entonces, empezaron a hacerlo en casa.

Recuerdo la primera vez que papá compartió con nosotros un principio de vida. Fue muy poderoso para mí porque nunca lo había visto en el papel de maestro formal y me impresionó. Mi papá era un hombre de negocios exitoso y muy ocupado, y realmente no tenía mucho tiempo para los niños. Recuerdo lo especial e importante que me hizo sentir que nos valorara lo suficiente para salirse de su oficina y sentarse a explicarnos lo que sentía respecto a la vida.

También recuerdo una noche en que mis padres invitaron a un famoso cirujano de los Estados Unidos a nuestro tiempo familiar. Le pidieron que compartiera sus experiencias de medicina con nosotros y cómo había sido capaz de ayudar a personas en todo el mundo.

El cirujano nos contó cómo las decisiones que había tomado en la vida lo habían conducido a alcanzar sus metas y ser más de lo que había imaginado. Nunca olvidé sus palabras y la importancia de tomar los desafíos "uno a la vez". Pero más importante, su visita me dejó el sentimiento de que realmente era fantástico que mis padres invitaran visitas a compartir sus experiencias con nosotros.

Hoy en día tengo cinco hijos y casi cada mes traemos a alguien "externo" a nuestro hogar para conocerlo, para que comparta y de quien podamos aprender. Sé que es el resultado directo de lo que vi hacer en el hogar de mis padres. En nuestros trabajos o en la escuela, tenemos la oportunidad de conocer personas de otros países, y sus visitas han enriquecido nuestras vidas y han resultado en amistades en todo el mundo.

Esta mujer fue influenciada profundamente por un tiempo familiar regular de niña y pasó el legado a sus hijos. Piense en la diferencia que esto hará a sus hijos cuando su familia se enfrente a ambientes turbulentos y poco amables.

Una noche familiar a la semana es algo que hemos tenido siempre como familia desde el principio. Cuando los niños eran muy pequeños, lo usábamos como un tiempo de comunicación y planeación para nosotros dos. Al crecer, usamos el tiempo para enseñarles, para jugar con ellos e involucrarlos en actividades divertidas y decisiones familiares. Ha habido veces en que uno de nosotros o uno de los hijos no pueda estar presente. Pero la mayor parte del tiempo hemos tratado de separar siempre al menos una noche a la semana para la familia.

En una noche familiar tradicional revisamos el calendario de los eventos que vienen para que todos sepan qué está sucediendo. Luego hacemos un consejo familiar y discutimos los problemas. Todos tenemos sugerencias y juntos tomamos decisiones. A menudo tenemos una presentación de talento donde los niños nos muestran cómo van con sus clases de música o de baile. Luego tenemos una lección corta y una actividad familiar, y algo de comer. También siempre rezamos juntos y cantamos una de nuestras canciones favoritas "Amor en el Hogar" de John Hugh McNaughton.

Así logramos sentir lo que son los cuatro ingredientes de un tiempo familiar con éxito: *planear, enseñar, resolver problemas* y *divertirse.*

Note cómo esta estructura puede cumplir las cuatro necesidades: física, social, mental y espiritual, y cómo puede convertirse en un elemento principal de organización en la familia.

Pero el tiempo familiar no tiene que ser tan formal, especialmente al principio. Si quiere, puede sólo comenzar con algunas de estas cosas en una cena familiar. Use su imaginación. Hágalo divertido. Después de un tiempo, los miembros de la familia comenzarán a ver que están recibiendo cosas positivas en diversas formas y será más fácil tener un tiempo más formal. Las personas, particularmente los niños, ansían tener experiencias familiares que los hagan sentirse cerca unos de los otros. Quieren una familia en la que se demuestre que todos se preocupan por todos. También, mientras más seguido haga cosas como ésta en su familia, se volverá más fácil.

No se imagina el impacto positivo que tendrá en su familia. Un amigo mío hizo su disertación doctoral sobre el efecto que tiene en la auto imagen de los niños el hecho de celebrar reuniones familiares. Aunque su investigación mostró que el efecto positivo era importante, un resultado no anticipado y sorprendente fue el enorme efecto positivo que tenían esas reuniones en los padres. Comenta que un padre sintió que era inadecuado y al principio no quería esas reuniones. Pero después de tres meses el hombre dijo esto:

Al crecer, mi familia no hablaba mucho excepto para regañar a alguien o discutir. Yo era el más pequeño y parecía como si todos en la familia me dijeran que no podía hacer nada bien. Pienso que les creía, entonces no hacía mucho en la escuela. Ni siquiera tenía suficiente confianza para intentar algo que requería de cerebro.

Yo no quería tener esas noches familiares porque sentía que no podía hacerlo. Pero después de que mi esposa dirigió la reunión una semana, y mi hija otra semana, decidí intentarlo.

Necesité mucho valor para hacerlo, pero una vez que comencé, fue como si algo se hubiera liberado dentro de mí, algo que estaba anudado desde mi infancia. Las palabras fluían de mi corazón. Dije a mi familia por qué estaba tan contento de ser su papá y por qué sabía que podían hacer muchas cosas buenas en su vida. Luego hice algo que nunca había hecho. Les dije a todos, uno a uno, lo que los quería. Por primera vez me sentí un verdadero padre, la clase de padre que siempre quise que fuera mi padre.

Desde esa noche me sentí mucho más cerca de mi esposa e hijos. Es difícil explicar lo que siento, pero para mí se abrieron muchas puertas nuevas y las cosas en casa parecen diferentes ahora.

El tiempo familiar semanal proporciona una respuesta poderosa y proactiva para el desafío de la familia actual. Proporciona una manera muy práctica de dar prioridad a la familia; el compromiso de tiempo mismo dice a los hijos lo importante que es la familia. Crea recuerdos. Crea Cuentas de Banco Emocional. Le ayuda a crear su red de seguridad para la familia. También le ayuda a satisfacer varias necesidades familiares fundamentales: física, económica, social, mental, estética, cultural y espiritual.

Pienso en esta idea ahora después de 20 años y que muchas parejas y padres solteros han dicho que el tiempo familiar es una idea enormemente valiosa y práctica para llevar a casa. Dicen que ha tenido el efecto más profundo en la prioridad, la cercanía y la alegría de la familia, que cualquier otra idea familiar.

Convirtiendo Su Enunciado de Misión en Su Constitución Por Medio del "Tiempo Familiar"

El tiempo familiar proporciona una gran oportunidad para discutir y crear su enunciado de misión familiar. Y una vez que tiene el enunciado de misión, éste puede ayudarle a satisfacer la necesidad de una manera práctica para convertirla en la constitución de su familia y para satisfacer las cuatro necesidades diarias: espiritual (planear), mental (enseñar), física (resolver problemas) y social (divertirse).

Sandra:

En una de nuestras noches familiares, hablábamos de la clase de familia que queríamos ser al describir nuestro enunciado de misión. Entramos en una discusión sobre servicio y lo importante que es servir a los demás (familiares, vecinos y la comunidad).

La siguiente noche familiar decidí preparar una lección sobre servicio. Rentamos la película Magnífica Obsesión. *Cuenta la historia de un joven millonario que se involucró en un accidente automovilístico que dejó ciega a una niña. Muestra cómo él se sentía culpable y terrible por ello y se dio cuenta de que sus acciones descuidadas habían cambiado para siempre la vida de la niña. De alguna manera quería hacer algo por ella y ayudarle a manejar su nueva situación, así que consultó a un amigo, un artista, que trató de enseñarle cómo dar servicio anónimo y ayudar a otras personas. Al principio tuvo problemas y dificultad para entender las razones de por qué debía hacer esto. Pero eventualmente aprendió cómo buscar necesidades en las personas y situaciones, y crear anónimamente un cambio positivo.*

Al discutir la película, hablamos del gran vecindario en el que vivíamos, de lo cariñosos y responsables que eran los vecinos y cómo los queríamos. Estuvimos de acuerdo en que queríamos que lo supieran y que queríamos hacer algún servicio para ellos. Creamos lo que llamamos la "Familia Fantasma". Durante tres meses en cada noche familiar hacíamos algo especial: rosetas de maíz, manzanas con caramelo, panqués o algo similar. Decidíamos a cuál familia se lo íbamos a dar. Luego lo poníamos en su puerta, junto con una nota que decía cómo admirábamos a esa familia. Terminábamos la nota con "¡la Familia Fantasma ataca de nuevo!" Tocábamos el timbre y corríamos rapidísimo.

Cada semana hacíamos lo mismo. Nunca nos atraparon, aunque en una ocasión fuimos reportados a la policía porque alguien pensó que queríamos entrar a su hogar.

Muy pronto todos los vecinos hablaban de la Familia Fantasma. Actuamos como si no supiéramos nada, preguntando también quién sería la Familia Fantasma. Eventualmente las personas empezaron a sospechar y una noche nos dejaron un pastel con una nota que decía: "¡Para la Familia Fantasma, de Sus Vecinos Sospechosos!"

El drama y el misterio eran una gran aventura. También nos permitía aprender más del principio del servicio anónimo e integrar una parte importante de nuestro enunciado de misión familiar.

Hemos visto que toda idea en nuestro enunciado de misión proporciona una gran base para las discusiones y actividades del tiempo familiar, cosas que nos ayudan a traducir la misión en momentos de vida familiar. Y junto con lo divertido y emocionante, todos aprendemos y disfrutamos.

Creando y viviendo con el enunciado de misión familiar, las familias gradualmente pueden construir una autoridad moral en la familia misma. En otras palabras, los principios se crean en la estructura y la cultura de la familia y todos ven que esos principios son el centro de la familia y que son la clave para mantener a la familia fuerte, unida y comprometida con su destino. Así, el enunciado de misión se vuelve como la Constitución de los Estados Unidos, el árbitro último de toda ley y estatuto. Los principios en los cuales está basada y el sistema de valores que fluye de esos principios crean una voluntad social que se llena de autoridad moral y ética.

Un Tiempo para Planear

Un esposo y padre compartió lo siguiente:

Hace unos años mi esposa y yo notamos que en el verano estábamos muy ocupados y no pasábamos mucho tiempo con los niños, como queríamos hacerlo. Entonces, en cuanto terminó la escuela, tuvimos una noche familiar donde pedimos a los niños que nos dijeran las cosas favoritas que querían hacer en el verano. Mencionaron desde las cosas pequeñas de todos los días como nadar o ir a comer helados, hasta actividades de todo un día como escalar una montaña e ir al parque acuático. Fue divertido porque cada uno de ellos compartió lo que realmente le gustaba hacer.

Una vez que todas estas actividades estuvieron en la mesa, trabajamos para hacer la lista más corta. Obviamente, no podíamos hacer todo, así que tratamos de llegar a las actividades que todos podrían disfrutar. Luego sacamos un calendario grande y planeamos cuándo las haríamos. Apartamos algunos sábados para las actividades de todo el día. Reservamos algunas noches entre semana para las que no requerían tanto tiempo. También marcamos una semana para vacaciones familiares a Lago Tahoe.

> Creando y viviendo con el enunciado de misión familiar, las familias gradualmente pueden construir una autoridad moral en la familia misma.

Los niños estaban muy emocionados de ver que realmente habíamos planeado las cosas importantes para ellos. Vimos durante el verano que esta planeación hizo una gran diferencia en su felicidad y la nuestra. Ya no estaban constantemente preguntado cuándo haríamos algo porque sabían cuándo íbamos a hacerlo. Estaba en el calendario familiar. Teníamos un plan. Lo hicimos una prioridad importante en nuestras vidas. Nos ayudó a formar un compromiso colectivo y este sentido de compromiso nos fortaleció y nos acercó mucho.

Esta planeación también hizo una gran diferencia en mí porque me ayudó a comprometerme con lo que realmente quería hacer, pero con frecuencia no lo hacía por la presión del momento. Hubo veces que estuve tentado a trabajar hasta tarde para terminar un proyecto, pero me di cuenta de que romper el compromiso que había hecho con mi familia sería un gran retiro. Así que continué cumpliendo y nunca me sentí culpable porque eso era lo que había planeado.

Como descubrió este hombre, el tiempo familiar es un momento maravilloso para planear. Todos se involucran. Pueden decidir juntos cómo pasar mejor su tiempo familiar. Y todos saben qué está sucediendo.

Muchas familias hacen cierta planeación semanal durante su tiempo familiar. Una madre dijo:

Planear es una gran parte de nuestro tiempo familiar cada semana. Tratamos de repasar las metas y actividades de cada uno, y ponerlas en una gráfica magnética que colgamos en la puerta. Esto nos permite planear actividades familiares juntos y nos ayuda a saber qué hacen los demás durante la semana para poder apoyarlos. También nos da la información que necesitamos para arreglar la transportación necesaria y alguien que venga a cuidar a los pequeños, y resolver problemas de horarios.

Una de las mejores cosas sobre nuestro calendario es que, cuando alguien llama por teléfono a un miembro de la familia, cualquiera podemos decir: "No, no está. Está ensayando una obra. Estará en casa a las cinco". Nos sentimos bien de saber dónde están los miembros de la familia y poder comunicarnos fácilmente con sus amigos cuando llaman. Y nos sentimos bien de saber que los niños pueden responder nuestras llamadas con eficiencia también.

Tener un calendario familiar le permite planear tiempo de calidad juntos, incluyendo el tiempo familiar semanal. También ayuda a todos a sentir que invirtieron en la familia. El calendario no es sólo de mamá o de papá; refleja las prioridades y decisiones de todos.

Con un tiempo específico cada semana para la familia, puede empezar a sentir más paz espiritual. Puede darse más fácilmente a su familia, a su trabajo y a otras actividades también, porque sabe que tiene un tiempo apartado para las cosas que importan más. Y esto puede lograrse con una simple herramienta como el calendario de pared y un proceso de reunirse regularmente para planear.*

*Para información sobre el calendario de los *7 Hábitos de las Familias Altamente Efectivas,* llame al (801) 229-1333 o visite www.franklincovey.com en Internet.

Un Tiempo para Enseñar

También hemos visto que el tiempo familiar es una gran oportunidad para enseñar los principios básicos de la vida. Sandra y yo hemos tenido tiempos familiares maravillosos enseñando a nuestros hijos los principios detrás de los 7 Hábitos.

Sandra:

Hace algunos años estaban construyendo un enorme centro comercial en Salt Lake City. La intención era hacer que las personas volvieran a la ciudad proporcionando excelentes centros comerciales, teatros, restaurantes y otras cosas. Una noche familiar Stephen explicó que había conocido a uno de los arquitectos. Dijo que había arreglado que fuéramos a la construcción para que el arquitecto nos explicara los detalles y las complejidades de dicho proyecto.

Nos llevó a la azotea de un edificio adyacente para que viéramos la magnitud del proyecto. Nos asombró su tamaño, planeación, visión, tecnología y experiencia en construcción que se requería para dicho desarrollo. El arquitecto nos explicó el concepto de empezar con el fin en la mente. Todo tenía que crearse dos veces. Se había reunido con los dueños, constructores y otros arquitectos, para explicar con detalle tamaño, espacio de piso, función, diseño, propósito y costo de cada área.

Vimos sin aliento cómo revisaba cada sección del edificio con un monitor de TV mientras nos explicaba qué sería esto y qué sería aquello. Luego lo seguimos a un salón muy grande donde nos enseñó cientos y cientos de planos. Algunos eran del sistema de aire acondicionado y calefacción. Otros eran de luces interiores y exteriores. Otros de escaleras, salidas, elevadores, cableado, cemento, columnas, ventanas, sistemas de sonido, etcétera.

Continuó explicando el diseño interior, los planos para pintura, empapelado, esquemas de color, pisos y ambientación. Estábamos asombrados de tanto detalle, imaginación, creatividad y planeación.

Al ponerse el sol, la ciudad cobró vida con sombras y luces, y pudimos ver el proyecto de noche. Fue entonces que Stephen y yo aprovechamos la oportunidad para hablar con los niños sobre cómo el principio de "comenzar con el fin en la mente" aplica a las decisiones y planes que hacemos en nuestra vida todos los días.

Si planeamos ir a la universidad, por ejemplo, debemos ir a la escuela primero. Debemos estudiar, prepararnos para los exámenes, aprender a expresarnos por escrito, terminar los cursos. Si queremos ser buenos en música, debemos tener el deseo y el talento. Debemos practicar. Debemos renunciar a otras cosas para concentrarnos, progresar y mejorar. Para sobresalir en los deportes debemos desarrollar nuestros talentos naturales. Debemos practicar y participar en campos deportivos. Debemos presionarnos, creer que podemos hacerlo, aguantar las lesiones y disfrutar cuando ganamos, pero aprender cuando perdemos. Dijimos que las cosas no suceden por casualidad. Hay que visualizar las metas. Hacer un plano. Considerar el costo. Pagar el precio y hacer que suceda.

Esa noche familiar nos dio una oportunidad maravillosa para compartir un principio importante con nuestros hijos. Fue una noche que todos recordaremos.

El tiempo familiar es un gran momento para enseñar competencia en asuntos prácticos. Una mujer relató esta experiencia:

Uno de los tiempos familiares que mis hijos más recuerdan fue cuando jugamos a enseñarles principios de administración financiera.

Pusimos varias señales en diferentes lugares en el salón que decían cosas como "Banco", "Tienda", "Compañía de Tarjetas de Crédito" y "Caridad". Luego le dimos a cada niño un objeto que representaba el trabajo que podían hacer para ganar dinero. La niña de 8 años tenía toallas que debía doblar. El de 10 años tenía una escoba para barrer el piso. Todos tenían trabajo que hacer para que aprendieran.

Cuando empezó el juego, todos comenzaron a trabajar. Después de unos minutos sonaba un timbre y se le "pagaba" a todos. Les dimos diez monedas por su labor. Luego tenían que decidir qué hacer con su dinero. Podían ponerlo en el banco. Podían donarlo a caridad. Podían comprar algo en la "tienda" donde había muchos globos de colores con nombres de diferentes juguetes y el precio en cada uno de ellos. De hecho, si realmente querían algo de la tienda y no tenían dinero suficiente para comprarlo, podían ir a la compañía de tarjetas de crédito y pedir un préstamo.

Hicimos la misma secuencia varias veces: trabajar, pagar, gastar; trabajar, pagar, gastar. Y luego hicimos sonar un silbato. "¡Tiempo de Intereses!" dijimos. Aquellos que habían puesto dinero en el banco tenían más dinero. Los que habían pedido "prestado" tenían que pagar intereses. Después de varias rondas rápidamente se convencieron de que era mucho más inteligente ganar intereses que pagarlos.

Conforme continuó el juego, los niños también vieron que aquellos que eligieron donar a caridades estaban ayudando a proporcionar comida, ropa y otras necesidades básicas a personas en todo el mundo. Al romper algunos de los globos cuando sonó el silbato de "intereses", también se dieron cuenta de que muchas de las cosas por las que trabajamos tan duro e incluso nos endeudamos por ellas, no duran.

Cuando preguntamos a nuestros hijos cuáles son los tiempos familiares que recuerdan, éste fue el primero de la lista. Hizo una gran diferencia cuando como adultos recibían correo que contenía promociones de "compre ahora, pague después". De nuestros cuatro hijos casados, ninguno tiene saldos en sus tarjetas de crédito que requieren el pago de intereses. Y el único dinero que han pedido prestado ha sido para sus casas, transportación y educación.

Piense en la diferencia que hizo a estos niños aprender algunos de los principios básicos de las finanzas en su hogar, especialmente cuando los problemas financieros son de los principales factores vinculados con el divorcio.[24]

El tiempo familiar es un gran momento para enseñar sobre la familia misma. Una mujer compartió esto:

Una de las mejores noches familiares que hemos tenido fue cuando trajimos un nuevo bebé a casa. Nos dio un momento perfecto para enseñar.

Habíamos hablado con ellos sobre sexo en otras noches familiares. Tuvimos que explicarles que era una parte importante del matrimonio y no algo que se tratara a la ligera.

Pero en el círculo tranquilo del amor familiar, pudimos decirles: "De esto se trata. Se trata de amor entre marido y mujer. Se trata de traer al mundo a una personita, parte de la familia donde será amado y cuidado. Se trata del compromiso de proteger y cuidar a esta persona hasta que crezca y esté listo para formar una familia propia".

No creo que haya algo que hubiera tocado sus corazones más profundamente o influenciado su actitud más poderosamente sobre la intimidad en las relaciones humanas.

> Si no enseñamos a nuestros hijos, la sociedad lo hará y todos viviremos con los resultados.

Como puede ver, el tiempo familiar proporciona un tiempo maravilloso para enseñar. Y el cambio dramático en la sociedad hace aún más imperativo que enseñemos a nuestras familias en el hogar. Si no enseñamos a nuestros hijos, la sociedad lo hará y todos viviremos con los resultados.

Un Tiempo para Resolver Problemas

Una mujer de Dinamarca compartió esta experiencia:

En nuestro hogar tratamos de reunirnos casi cada semana desde que los niños eran pequeños. Hemos usado esas reuniones para muchos propósitos diferentes. Ocasionalmente estas reuniones han sido el foro para poner las cartas sobre la mesa y hablar a los hijos de nuestros problemas y cómo los resolvemos.

Una vez mi esposo perdió su empleo, así que durante el tiempo familiar les explicamos qué había sucedido. Les mostramos cuánto dinero teníamos en el banco y les explicamos que por lo general se requerían seis meses para conseguir un nuevo empleo. Les enseñamos cómo teníamos que dividir el dinero en seis partes, una para cada mes. El dinero de cada mes lo dividimos en lo que necesitábamos para comida, pago de la casa, gas, electricidad, etcétera.

Así pudieron ver claramente a dónde iba el dinero y lo poco que quedaba. Se hubieran aterrado si no les hubiéramos dicho que iba a ser un desafío y que podríamos superarlo. Pero queríamos que ellos vieran a dónde iba el dinero. Queríamos evitar romperles el corazón una y otra vez porque no podíamos comprarles ropa nueva o pagar diversiones.

Luego discutimos lo tensionante que era esta responsabilidad para su padre y qué podíamos hacer para ayudarlo. Decidimos quitar todos los puntos de irritación, como dejar las mochilas tiradas, los abrigos y los zapatos en el piso, y mantener la casa limpia. Todos estuvieron de acuerdo y nos sentimos muy unidos en este difícil proceso que teníamos enfrente.

Durante los siguientes seis meses hicimos muchos pasteles para animarnos. No participábamos en nada que implicara gastar dinero o comprar cosas además de lo indispensable. Los chicos siguieron tratando de animar a su papá, diciéndole que pronto conseguiría empleo. Siempre le demostrábamos nuestra confianza en él porque sabíamos que se sentía mal por no tener trabajo.

Cuando finalmente consiguió un nuevo empleo, la alegría de los niños fue casi tan grande como la nuestra y nunca olvidaremos la celebración. No puedo explicar los dolores de cabeza que nos evitamos por dedicar tiempo con ellos y explicarles la situación por la que estábamos pasando.

El tiempo familiar es un tiempo maravilloso para resolver problemas. Es un tiempo para dirigir las necesidades fundamentales y trabajar juntos para encontrar maneras de satisfacerlas. Es una oportunidad para involucrar a los miembros de la familia en los problemas y buscar soluciones juntos que todos entiendan, para que todos sintamos que la solución nos representa y estemos comprometidos con ella.

María (hija):

Recuerdo una noche familiar, papá revisaba la lista de todas las responsabilidades que necesitaban atenderse en la casa. Y luego volvió a revisar la lista y preguntó quién quería hacer cada cosa.

Dijo: "Muy bien, ¿quién quiere salir a ganar dinero?" Nadie se ofreció, así que dijo: "Bueno, creo que ésa la tendré que hacer yo. Bien, ¿quién quiere pagar impuestos?" De nuevo, nadie se ofreció, así que dijo que también él lo haría. "Vamos, ¿quién quiere dar de comer al bebé?" Mamá era la única calificada para ese trabajo. "Entonces, ¿quién quiere podar el césped?"

Continuó con todas las cosas que debían hacerse y quedó bien claro que él y mamá hacían demasiado por la familia. Fue una gran manera de poner nuestros trabajos como niños en perspectiva. También nos hizo ver que todos necesitábamos tomar parte.

Conocemos a una mujer que ha recibido en su hogar a muchos niños abandonados que el estado ha considerado "incorregibles". Estos niños han tenido una gran variedad de problemas. Casi todos han estado en problemas con la policía. Como esta mujer lo descubrió, los tiempos familiares son magníficos para ventilar y compartir. Dijo:

Al tratar a estos chicos y a los nuestros propios durante años, encontramos que los chicos realmente necesitan relaciones cercanas. Éstas pueden nutrirse durante el tiempo familiar. Les gusta involucrarse realmente. Les gusta estar a cargo de algo: juegos o actividades. Y aprecian un ambiente "seguro" donde puedan expresar sus inquietudes.

Recién habíamos aceptado a un chico que pasaba por desafíos muy difíciles, física, emocional y mentalmente. Mientras estuvo en el hospital, usamos un tiempo familiar para actualizar a los hijos sobre qué esperar cuando él regresara. Tenían preocupaciones sobre su conducta, sobre sus burlas y todo eso, y los dejamos que ventilaran su preocupación. Les dimos confianza para ser honestos y les ayudó a tranquilizarse para que no estuvieran tan aprehensivos. Uno de los chicos no quería siquiera que regresara y, sabiendo eso, pudimos manejarlo mejor.

Crear un foro familiar donde los problemas pueden discutirse abiertamente construye confianza en la relación y en la habilidad de la familia para resolverlos.

Un Tiempo para Divertirse

Sandra:
Creo que las noches familiares favoritas de todos fueron cuando hacíamos varias aventuras. Stephen por lo general las inventaba y nosotros lo seguíamos y ninguno sabía qué esperar. Podría ser un juego de voleibol en el patio de atrás, luego nadar en el gimnasio de la escuela, después cenar pizza. O podía ser ir a la pista de carreras y dejar que todos patearan una cubeta llena de pelotas de golf, luego ir al cine y terminar con un helado en casa. Podía ser también jugar en el golfito en el centro de recreación, luego brincar en el trampolín de la casa, compartir historias de fantasmas al oscurecer y luego dormir en el patio de atrás. O podíamos reunirnos con otra familia para subir una montaña, hacer una fogata, asar malvaviscos y luego ir al boliche. A veces íbamos a museos, el de arte, el de ciencia, el de los dinosaurios. A veces rentábamos películas y las veíamos en casa con rosetas de maíz.

En el verano íbamos a nadar en el río Provo. En el invierno podíamos ir a esquiar en nieve, organizar una batalla de bolas de nieve, patinar en el río. Nunca sabíamos qué sería la aventura, y eso era parte de la diversión.

En ocasiones otra familia o tíos y primos se nos unían. Entonces organizábamos un maratón de un día, incluyendo arco, ping-pong, tenis y basquetbol.

Uno de los ingredientes más importantes de cualquier tiempo familiar es la diversión. Eso es lo que une y acerca a la familia. Eso es lo que crea alegría y placer por estar juntos. Un padre dijo:

El tiempo familiar nos da la oportunidad de hacer algo que con frecuencia no se haría por la prisa de la vida, estar un tiempo juntos para divertirse. Parece que siempre hay tanto que hacer (trabajo en la oficina, trabajo en la casa, preparar la cena, ver que los niños se acuesten), que tomamos tiempo para relajarnos y disfrutar juntos. Y esto es tan importante, especialmente cuando la tensión es alta.

Hemos visto que luchar con los niños, decirles bromas y reír juntos es muy terapéutico. Crea un ambiente donde es seguro hacer bromas con mamá y papá, o que mamá o papá hagan bromas con ellos. Les hace sentirse apreciados.

Cuando las cosas son demasiado serias siempre, creo que se preguntan: "¿Papá y mamá realmente me aprecian? ¿Realmente les gusta estar conmigo?" Pero cuando tenemos este tiempo juntos con regularidad y nos disfrutamos, saben que nos gusta estar con ellos. Asocian el "ser apreciados" con divertirse.

Es casi como si la estructura de este tiempo familiar nos ayudara a ser espontáneos, nos da el tiempo para serlo. Los niños están ansiosos por más durante la semana. Porque se divierten tanto juntos que son los que siempre se aseguran de tenerlo.

Aunque no sucediera ninguna otra cosa durante el tiempo familiar, sólo la alegría de estar juntos y hacer cosas juntos tendrá un efecto positivo tremendo en las Cuentas de Banco Emocional de la familia. Y cuando agrega las otras dimensiones, el tiempo familiar se convierte verdaderamente en una de las estructuras de organización más efectivas en la familia.

Haciendo el Compromiso

Tal vez recuerde, o haya visto en alguna película reciente, los videos del viaje lunar del Apolo 11. Aquellos de nosotros que lo presenciamos estuvimos realmente sorprendidos. No podíamos creer lo que veían nuestros ojos cuando vimos hombres caminando en la luna. Los superlativos como "fantástico" e "increíble" eran insuficientes para describir esos días.

¿Dónde cree usted que se gastó la mayor parte del poder y la energía en ese viaje? ¿En recorrer casi cuatrocientos millones de kilómetros? ¿En regresar a la Tierra? ¿En estar en órbita en la luna? ¿En separar el módulo lunar y el de comando? ¿En despegar de la luna?

No, en nada de esto. Ni siquiera en todo esto junto. Fue en despegar de la Tierra. Se usó más energía en los primeros minutos del despegue de la Tierra, en los primeros kilómetros del viaje, que la que se usó en recorrer millones de kilómetros en varios días.

La fuerza de gravedad durante esos primeros kilómetros es enorme. La atmósfera de la Tierra era muy densa. Se requirió un impulso interno más grande que la fuerza de gravedad y la resistencia de la atmósfera para finalmente llegar a la órbita. Pero al llegar ahí, ya casi no necesitaron poder para hacer todo lo demás. De hecho, cuando se preguntó a uno de los astronautas cuánto poder se había consumido cuando el módulo lunar se separó del módulo de comando para inspeccionar la luna, contestó: "Menos de la respiración de un bebé".[25]

Este viaje lunar proporciona una metáfora poderosa para describir lo que se necesita para romper los viejos hábitos y crear nuevos, como tener tiempos familiares. La fuerza de la gravedad de la Tierra podría compararse con hábitos arraigados profundamente, tendencias programadas por genética, ambiente, padres y otras figuras importantes. El peso de la atmósfera de la Tierra podría compararse con el ambiente turbulento y hostil de la cultura y la sociedad. Éstas son dos fuerzas poderosas y usted tiene una voluntad social colectivizada que es más fuerte que estas fuerzas para que se dé el despegue.

Pero una vez que sucede, le asombrará la libertad que da a usted y a su familia. Durante el despegue, los astronautas no tienen libertad, no tienen poder; lo único que pueden hacer es llevar a cabo lo programado. Pero tan pronto como son jalados por la gravedad de la Tierra y la atmósfera que rodea la Tierra, experimentan una libertad increíble. Y tienen muchas, muchas opciones y alternativas.

Lo más importante es hacer el compromiso: «Una vez a la semana, sin importar nada, tendremos un tiempo familiar juntos».

Como sugirió el gran filósofo y psicólogo norteamericano William James, cuando está intentando hacer un cambio, necesita tomar una resolución firme, aprovechar el primer momento de iniciativa para actuar en esa resolución y no permitir excepciones. Lo más importante es hacer el compromiso con ello: "Una vez a la semana, sin importar nada, tendremos un tiempo familiar juntos". Si puede, separe una noche específica para hacerlo. Prográmela en su calendario familiar. Tal vez tenga que cambiar esa noche ocasionalmente si surge algo realmente urgente, pero si sucediera, reprograme inmediatamente otro tiempo durante la semana. Tendrá mucho mejor oportunidad de hacerlo regularmente si separa una noche específica de la semana. Lo que es más, es preferible comunicar a sus hijos la importancia de un tiempo familiar específico cuando son pequeños, antes de entrar en la etapa de la adolescencia.

No importa qué suceda en su reunión familiar, no se desanime. Hemos tenido reuniones familiares donde dos de los nueve hijos (hijos adolescentes, por supuesto) se la pasaron acostados en el sillón dormidos y algunos de los otros estaban arañando paredes. Han habido reuniones que básicamente empezaron con una gran pelea y terminaron en una oración. Tuvimos incluso reuniones donde todos hacían ruido, sin respeto y les dijimos: "Muy bien, ¡ya basta! ¡Avísenos cuando estén listos para la reunión!" y nos salimos. Por lo general nos pedían que nos quedáramos. Cuando salíamos siempre regresábamos más tarde y nos disculpábamos.

El punto que estoy tratando de hacer es éste: no siempre es fácil. Y por lo general no es conveniente. A veces incluso puede dudar si los hijos están entendiendo algo. De hecho, puede que no vea ningún resultado real en años.

Pero como la historia del hombre en la estación de ferrocarriles en San Luis que accidentalmente movió una pequeña pieza de la vía del ferrocarril sólo tres pulgadas. Como resultado el tren que debía llegar a Newark, Nueva Jersey, terminó en una estación en Nueva Orleáns, Louisiana, como a dos mil kilómetros de distancia. Cualquier cambio, incluso uno muy pequeño, en su dirección actual hará una diferencia importante de cientos de kilómetros en el camino.

María (hija):
Recuerdo a veces en nuestras reuniones familiares semanales que Sean y David se acostaban en el sillón y se dormían. Catherine decía: "Mi novio está tratando de llamar y tenemos el teléfono descolgado". Estoy segura de que en ese momento nuestros padres se preguntaban: "¿Están obteniendo algo de todo esto?"

Catherine (hija):
Recuerdo que me ponía difícil en esas reuniones. Pero cuando crecí y salí de casa, con frecuencia pienso en las cosas específicas que aprendí entonces. Hicieron una diferencia real en mi vida. Eso es muy alentador porque ahora veo a mis propios hijos y pienso: "¿Están obteniendo algo de todo esto?" Y me doy cuenta de que aunque a veces parece como que no, realmente sí están obteniendo algo. Los fundamentos que se marcan ahí hacen una enorme diferencia en el camino. Sólo el hecho de hacerlo, de saber que lo estamos intentando, es tremendamente importante.

Hemos tenido reuniones semanales en la familia por más de 30 años y cuando volteo para atrás y hablo con mis hijos adultos sobre esta experiencia, estoy absolutamente convencido de que ha sido una de las fuerzas más poderosas e importantes para mantener a la familia en el camino correcto.

Tiempos de Acercamiento Uno a Uno

Tal vez haya visto el cartel de una montaña con la invitación al final: "Deje que la montaña lo tenga por este día". La magnífica naturaleza nos envuelve. Nos sentimos más relajados, más en paz, más tranquilos, más en casa.

Lo mismo sucede en las relaciones humanas cuando pasamos tiempo con otra persona. Tal vez debamos cambiar el dicho a: "Deje que su cónyuge lo tenga por este día" o "Deje que su hijo adolescente lo tenga por este día" o "Deje que su niño lo tenga por esta tarde" o "Deje que su hijo adolescente lo tenga por esta noche". De este modo, con una mentalidad relajada, está, en cierto sentido, dejando que otros estén a su manera con usted. No estoy hablando de principios o de volverse suave y permitir todo lo que otra persona quiera hacer. Me refiero a estar "completamente presente" con otra persona, a trascender sus intereses y preocupaciones personales, y sus temores, necesidades y ego, a estar completamente con su esposo, esposa, hijo o hija, y permitir que esa persona exprese o trabaje en sus intereses y metas, subordinando su agenda a la del otro.

Ocasiones como éstas han sido tan significativas en nuestra familia que yo diría, sin duda, que *la segunda estructura familiar más absolutamente fundamental para crear son estas ocasiones de acercamiento uno a uno.* Aquí es donde se efectúa la mayor parte del verdadero trabajo familiar. Es donde hay la compenetración más profunda en el corazón y el alma. Es ahí donde se da la enseñanza más profunda, el acercamiento más profundo.

> *Estos uno a uno es donde se hace la mayor parte del verdadero trabajo familiar. Es donde hay la compenetración más profunda en el corazón y el alma.*

Como dijo Dag Hammarskjöld, antiguo secretario general de las Naciones Unidas: "Es más noble darse uno mismo completamente a una persona, que laborar diligentemente por la salvación de las masas". El acercamiento uno a uno proporciona la oportunidad para darse usted mismo con alguien.

Uno a Uno en el Matrimonio

No hay forma de describir el valor del tiempo en privado con Sandra. Durante muchos años los dos hemos compartido un tiempo juntos durante el día. Cuando ambos estamos en casa, damos paseos en bicicleta. Nos alejamos de los hijos, de los teléfonos, de la oficina, del hogar y de otras personas, y todo lo demás que pudiera distraernos. Vamos al campo y hablamos. Compartimos lo que está sucediendo en nuestras vidas. Discutimos problemas o preocupaciones. Representamos situaciones en la familia

que necesitan dirigirse y resolverse. Y cuando no podemos estar juntos, hablamos por teléfono, con frecuencia varias veces al día. Eso enriquece la comunicación, ese acercamiento construye sobre nuestro matrimonio y lo fortalece de manera que llegamos a la arena familiar con amor profundo y respeto mutuo, y con una tremenda sensación de unidad que nos ayuda a jalar juntos en vez de apartarnos.

Tenemos algunos amigos casados que disfrutan tiempos uno a uno juntos de una manera diferente. Todos los viernes por la noche arreglan que les cuiden a los niños mientras ellos pasan varias horas juntos sólo enfocados en construir su relación. Salen a cenar, al cine o al teatro, o sólo caminan en el campo y toman fotografías de las flores salvajes. Han hecho esto por casi 30 años. También se van a un retiro juntos una o dos veces al año. A menudo vuelan a California, donde caminan descalzos en la plaza, ven las olas, revisan su enunciado de misión matrimonial y trabajan en sus metas para el año siguiente. Luego vuelven a su vida familiar renovados y concentrados. Dan tanto valor a estos tiempos de uno a uno en su matrimonio que en ocasiones cuidan a sus nietos para que sus hijos casados puedan hacer lo mismo con sus cónyuges.

Esta especie de "retiro" es vital para el matrimonio y la familia. Hay una enorme necesidad de que los esposos y esposas se sienten juntos y planeen o, en cierto sentido, creen mental y espiritualmente su futuro. Planear no es fácil. Requiere pensar y muchos de nosotros estamos tan ocupados, tiranizados por el teléfono y enfrentando pequeñas crisis que pasamos grandes períodos sin tener una comunicación profunda y significativa con nuestro cónyuge. Pero planear tiene un valor muy importante en cualquier aspecto de la vida, y ciertamente debe estar en el aspecto más importante criar una familia. Debe jugar un rol vital y central, porque aporta enormes beneficios. Cuando una pareja trabaja junta en los asuntos de la familia, particularmente respecto a los hijos, abre las puertas a la sinergia, el discernimiento y la resolución fortalecida. Los discernimientos son más profundos y las soluciones más prácticas y funcionales, y el proceso completo es en gran medida un acercamiento para la relación.

Al hacer las investigaciones para este libro, encontré que muchas parejas tienen diferentes formas de llevar a cabo estos tiempos uno a uno. Una mujer con hijos mayores compartió esto:

> *Hay una enorme necesidad de que los esposos y esposas se sienten juntos y planeen o, en cierto sentido, creen mental y espiritualmente su futuro.*

Tres o cuatro noches a la semana nuestros hijos nos agobian. Nos retiramos a nuestra habitación una hora antes de que se acuesten ellos. Es cuando nos relajamos. Hablamos. A veces escuchamos música o vemos TV. Compartimos nuestras experiencias en el trabajo. Hablamos los asuntos familiares. Nos ayudamos uno al otro a equilibrarnos.

Este tiempo juntos hace una enorme diferencia en nuestra vida familiar. Cuando llegamos a casa después del trabajo, ya no permitimos que nuestras necesidades superen las necesidades de los hijos. Nos dejamos ir, porque sabemos que cuando lleguen las 10:30, tendremos nuestro tiempo juntos. Así que nos enfocamos en la familia, en los niños, en arreglar la casa, lavar la ropa y dar de comer al perro, porque sabemos que al final del día, vamos a tener un tiempo de calidad juntos.

Y los niños entienden y no interfieren con ese tiempo. A menos que sea algo realmente importante, nunca nos llaman. No tratan de entrar. Nunca se quejan porque saben que este tiempo significa mucho para nosotros como pareja. Saben que si somos una pareja fuerte, vamos a tener una familia fuerte.

Para nosotros, esto funciona mejor que salir afuera donde hay cosas que interfieren con nuestro tiempo privado (un mesero, personas extrañas, etc.). Esto es más que una cita, es un compromiso con una unión verdadera diariamente, una reafirmación de por qué estamos juntos, por qué nos enamoramos, por qué nos elegimos.

Recordar eso diario es probablemente el regalo más grande que una pareja se puede dar. Te metes en una rutina. Estás tan ocupado y enfocado en otras cosas que cuando pasa el tiempo ni siquiera sabes lo que te has perdido. Pero el tiempo juntos nos vuelve a unir y nos recuerda lo que nos estamos perdiendo.

Y no lo dejas morir. No lo permites.

En mi familia he notado que mi tiempo uno a uno con Sandra fortalece mucho a toda la familia. Como alguien dijo: "Lo más grande que puedes hacer por tus hijos es amar a tu cónyuge". La fuerza de este acercamiento en el matrimonio crea una sensación de seguridad en toda la familia. Esto es porque la relación más importante en la familia es por mucho la de marido y mujer. La calidad de esa relación verdaderamente gobierna la calidad de la vida familiar. Incluso cuando han habido problemas y se ha roto la relación, es muy importante que los padres sean civilizados uno con el otro y que uno nunca ataque al otro frente a los hijos, ni incluso a espaldas de los hijos. Las "vibraciones" salen y los hijos lo tomarán como algo personal. Se identificarán con el problema, principalmente si son jóvenes e impresionables.

> «*L*o más grande que puedes hacer por tus hijos es amar a tu cónyuge.»

Recuerdo una vez que manifestaba mi disgusto por una persona y mi hijo de 6 años, Joshua, inmediatamente me dijo: "Papá, ¿yo te gusto?" En otras palabras, me estaba diciendo: "Si tienes esa actitud o sentimiento hacia esa persona, también eres capaz de tenerlos hacia mí. Y quiero la reafirmación de que no sientes eso".

Los hijos toman mucho de su sentido de seguridad de la forma en que su madre y su padre se tratan. Entonces, crear una relación matrimonial tendrá un efecto poderoso en toda la cultura de la familia.

Uno a Uno con Niños

También es vital pasar tiempo uno a uno con cada niño, lo cual los niños anotan en sus agendas. Esto significa tiempo entre un padre y un hijo. Recuerde, en cuanto se presenta una tercera persona, cambia la dinámica. Puede ser adecuado en ocasiones tener ese cambio de dinámica. El padre y la madre pueden dedicar un tiempo a un niño, o dos niños pueden dedicar tiempo a uno de los padres. Por lo general, sin embargo, el tiempo básico para construir una relación es uno a uno. Haga esto bien y eliminará cualquier aspereza entre hermanos.

Uno a uno con los niños incluye visitas privadas, citas privadas, momentos privados de enseñanza y tiempos privados juntos en los cuales la dinámica emocional y social se profundiza y se desarrolla un sentido de amor incondicional, de intercambio positivo y respeto que no cambia, que nunca se altera. Estos momentos especiales crean la seguridad de que cuando haya problemas, se puede depender de la relación, se puede apoyar en ella. Ayudan a crear una base sin cambios, junto con los principios incambiables, que permite a las personas vivir con el cambio externo constante.

Catherine (hija):

Recuerdo cuando tenía diez años y me encantó Star Wars *(La Guerra de las Galaxias). Era todo para mí. Entonces cuando llegó mi turno de uno a uno con papá, quería ver* Star Wars, *aunque ya la había visto cuatro veces.*

Me cruzó por la mente que podría ser un problema porque papá preferiría que le sacaran los dientes en vez de ver ciencia ficción. Pero cuando me preguntó qué quería hacer con él esa noche, él tenía mi agenda en la mente, no la suya. "Haremos lo que quieras, Catherine", dijo. "Ésta es tu noche."

*Para una niña de diez años, esto sonaba como un sueño hecho realidad: una noche sola con mi papá y ver mi película favorita. Entonces le dije el plan. Sentí cierto titubeo de su parte antes de decirme con una sonrisa: "¡¿*Star Wars*?! ¡Magnífico! Me la tienes que explicar". Y nos fuimos.*

Al sentarnos en el cine, con rosetas de maíz y dulces en la mano, recuerdo sentirme tan importante con mi papá. Cuando la música empezó y se apagaron las luces, empecé mi explicación. Le dije de "la fuerza" y lo buena que era. Le platiqué del imperio y que era muy malo. Le dije que era una batalla eterna entre dos poderes impresionantes. Durante toda la película expliqué los planetas, las criaturas, los androides, las naves espaciales, todo lo que le parecía extraño a papá. El se sentó en silencio, afirmando con la cabeza y escuchando.

Después de la película fuimos por helados y continué mi explicación con toda la emoción de mi corazón, todo el tiempo contestando las muchas preguntas que papá me hacía.

Al final de la noche me dio las gracias por tener una cita privada con él y por abrirle los ojos al mundo de la ciencia ficción. Al irme a dormir esa noche, le di gracias a Dios por darme un papá que me escuchaba y me hacía sentir tan importante. Nunca supe si le gustó Star Wars *tanto como a mí, pero sabía que me amaba. Y eso era lo que importaba.*

Nada comunica el valor que pones en un niño o su relación con ese niño más que darle tu tiempo.

Una mujer nos dijo que el recuerdo más maravilloso de su infancia fue que su padre la había llevado a desayunar a McDonald's cada quince días durante casi 10 años. Luego la dejaba en la escuela antes de ir a trabajar.

Una madre de cinco hijos compartió sus discernimientos sobre el profundo acercamiento que resultó de sus consistentes uno a uno con su hijo:

El otro día fui a comer con Brandon, mi hijo de 22 años. Mientras comíamos, empezamos a hablar de muchas cosas en su vida, incluyendo sus clases en la escuela, los planes de él y su esposa para el futuro, y así sucesivamente. De repente me dijo: "Mamá, realmente no sé qué quiero hacer cuando crezca".

Dije: "Bueno, yo tampoco sé qué quiero hacer cuando crezca. La vida cambia con el tiempo, pero en ocasiones sólo tienes que enfocarte en una cosa y permanecer abierto a la posibilidad de cambio".

Tuvimos una gran discusión revisando las posibilidades para su futuro y terminamos con ideas que nunca antes había considerado: obtener una licenciatura en negocios internacionales, un grado en portugués y hacer negocios en Brasil.

Pasamos un tiempo precioso juntos compartiendo y al pensar en ello después, me di cuenta que esto era algo que no sólo se dio. Como resultado de escribir mi enunciado de misión personal hace años, decidí fijar una meta de tener tiempo especial uno a uno con cada uno de mis hijos durante el mes. Empecé esta tradición cuando estaban en primaria y ciertamente no fui muy constante. Pero realmente hizo una diferencia en nuestras relaciones. No creo que hubiera sido posible tener esta conversación con mi hijo de 22 años si no hubiéramos empezado desde que era pequeño. Esto es algo que desarrollamos juntos y nos sentimos cómodos siempre.

Veo que conforme crecen los hijos, los padres necesitamos hacer la transición de ser "el padre" a ser el mejor amigo. Mis uno a uno con mis hijos a través de los años han hecho esa transición mucho más fácil porque tenemos ya una amistad.

Muchos uno a uno pueden programarse en su calendario familiar. Pero esta mujer también observó que no se puede siempre planear con anticipación el tiempo uno a uno de calidad.

Además de nuestros uno a uno planeados, había veces que mi esposo o yo percibíamos algún problemita en uno de los hijos. Como padres, tratábamos de ayudar arreglando tiempo para hablar con él. Dave lo llevaba a pescar o yo lo llevaba a comer. Lo hacíamos en turnos para que no sintieran que estábamos confabulados.

Cuando los chicos se sentían cómodos, por lo general compartían lo que tenían en la mente. A veces era algo que estaba sucediendo con otro de los hermanos que no les gustaba. A veces era un problema en la escuela, sentían que un maestro en particular no era bueno o que estaban atrasados en sus tareas y no sabían cómo remediarlo.

Nosotros decíamos: "¿Te gustaría volver a casa a discutirlo? ¿Quieres que te ayudemos en eso?" Siempre era su decisión. Reconocíamos que necesitaban aprender a tomar decisiones y arreglar las cosas ellos solos. Pero también sabíamos que todos necesitamos de alguien con quien hablar, que nos dé una perspectiva diferente, nos ayude a explorar opciones.

Esto no es algo que siempre se pueda planear. Tiene que estar dentro de uno. Ser parte de su corazón. Tiene que llegar natural, por ser un padre preocupado que observa a sus hijos y se da cuenta de que las cosas no están bien y de que necesita pasar tiempo con ese hijo. Tu hijo te necesita.

Lo más importante es que la familia es primero, sin importar nada. Estamos convencidos de que si ponemos a la familia primero, no tendremos crisis familiares que duren meses, incluso años para tratar de arreglarlas. Se arreglan rápido, justo desde el principio.

Note que incluso más que una cuestión de programar, dar prioridad a la familia es una manera de pensar. Es reconectarse constantemente con la importancia de la familia y actuar con base en ese valor más que reaccionar a lo que esté sucediendo en el momento.

"No Me Importa Cuánto Sabes Hasta Que Sepa Cuánto Te Importa"

Nunca olvidaré una experiencia con una de mis hijas durante nuestro tiempo uno a uno. Ella parecía estar muy sensible, irritable y había estado actuando así con todos en la casa. Cuando le pregunté qué sucedía me contestó: "Nada".

Una de las reglas básicas que Sandra y yo tenemos en nuestros uno a uno con los chicos es que siempre los dejamos hablar sobre lo que quieran, todo el tiempo que quieran. Pueden hablar de lo mismo, pueden quejarse y nosotros no podemos dar consejo a menos que lo pidan. En otras palabras, como padres simplemente buscamos entender.

Entonces yo sólo escuché. Ya como adulto, esta hija escribió lo siguiente respecto a esta experiencia:

Cynthia (hija):
Cuando tenía 5 años, nos mudamos a Belfast, Irlanda, por 3 años. Yo hablaba con acento irlandés como mis compañeros de escuela y cuando regresé a tercer grado fue muy difícil.

Como había vivido en Irlanda, no había aprendido los juegos americanos como el béisbol, bote pateado, etc., y me sentía mal por ello. Sentía que los niños de mi clase pensaban que yo era diferente porque no podían entenderme y yo no sabía cómo jugar ninguno de los juegos que ellos habían jugado durante años.

Mi maestra me mandó a terapia de lenguaje para deshacerme del acento y trató de ayudarme académicamente porque estaba un poco atrasada. Tenía problemas especialmente con matemáticas, pero temía admitir que no sabía las reglas básicas. No quería que me rechazaran más y estaba ansiosa porque mis compañeros me aceptaran y tener amigos.

En vez de pedir ayuda en matemáticas, descubrí que todas las respuestas de las hojas de trabajo estaban en unas tarjetas en la parte de atrás del salón. Empecé a robarme esas tarjetas y copiar las respuestas. Parecía que se habían resuelto mis problemas. En mi corazón sabía que estaba mal, pero me parecía que el fin justificaba los medios. Empecé a tener la atención de la maestra y de otros alumnos porque iba muy bien. De hecho, fui presentada como la estudiante modelo que trabajaba duro, terminaba más rápido y consistentemente tenía la calificación más alta de la clase.

Fue maravilloso por un tiempo porque era popular y ya tenía amigos. Pero mi conciencia me repetía que me estaba traicionando yo sola y que mis padres siempre me habían enseñado honestidad. Quería dejar de hacerlo. Me daba mucha vergüenza engañar a todos. Pero estaba atrapada y no sabía cómo salir sin humillarme totalmente. Me sentía miserable y el problema parecía sin solución para una niña de ocho años.

Sabía que debía decirlo a mis padres, pero me daba mucha vergüenza porque yo era la mayor. Empecé a actuar mal en casa, a perder los estribos fácilmente por la presión de manejar este problema sola. Mis padres me dijeron después que sentían que algo estaba muy mal conmigo, pero no sabían qué era.

En Irlanda, habíamos empezado la práctica de tener "entrevistas privadas" con papá o mamá una vez al mes. Ahí podíamos hablar de lo que quisiéramos, quejarnos de cosas de la casa o injusticias, hablar de amigos o cualquier cosa que nos interesara, dar ideas para actividades, compartir problemas, cualquier cosa. La regla era que mamá y papá sólo escuchaban, no hablaban ni criticaban ni daban consejos o sugerencias si no se los pedías. A todos nos encantaban esas entrevistas privadas.

Durante una de estas entrevistas, papá me dejó hablar de una injusticia y dije que mis padres no me defendían nunca. El se dio cuenta de que no era el problema real y sólo me dejó hablar. Finalmente, cuando me sentí aceptada y no condenada, con precaución empecé a abrirme un poco para ver su reacción. Me preguntó si las cosas iban bien en la escuela y si era feliz ahí. De manera defensiva grité: "¡Si supieras, creerías que soy terrible! No te lo puedo decir".

Durante unos minutos afirmó su amor incondicional y su aceptación hacia mí y sentí su sinceridad. Ya me había abierto con él en otras ocasiones sin problema, así que sentí que podía confiar en él y decirle la horrible verdad.

De repente me salió todo y me encontré llorando y gritando. "ESTOY HACIENDO TRAMPA EN MATEMÁTICAS". Luego me eché en sus brazos. Fue un gran alivio sacarlo, aunque no le veía solución y temía las consecuencias. Había compartido mi terrible secreto con mi padre y todavía sentía su amor y su apoyo a pesar de todo.

Recuerdo que me dijo: "Qué horrible para ti tener esto dentro de ti por tanto tiempo. Ojalá me lo hubieras dicho antes para poder ayudarte". Preguntó si podía llamar a mamá para que entrara y les contara a los dos todo. No veía salida, pero asombrosamente me ayudaron a encontrar una solución que no me humillara totalmente. Iríamos a hablar con mi maestra. Además conseguiríamos alguien que me ayudara en matemáticas.

Ellos me afirmaron y entendieron lo que sucedía, y todavía hoy puedo sentir el alivio de ese momento. No sé qué patrón hubiera establecido en mi vida y qué camino hubiera tomado si hubiera continuado siendo deshonesta. Pero pude compartir el problema con mis padres que ya habían establecido una relación de confianza y de consistente amor y valor. Habían hecho depósitos tan enormes con los años que mi gran retiro no me dejó totalmente en bancarrota. En vez de eso, ese día recuperé intereses.

Con frecuencia pienso en esa experiencia y me pregunto qué hubiera sucedido si yo hubiera estado muy ocupado, con prisas, ansioso por llegar a una cita o con cualquier otra cosa "más importante" y no hubiera tenido tiempo para escuchar realmente. ¿Qué más hubiera pasado esa hija? ¿Qué elecciones diferentes hubiera hecho?

Estoy agradecido, al menos en esa circunstancia, de haber dedicado tiempo a enfocarme en la relación. Esa hora con ella hizo una diferencia muy profunda en la vida de ambos.

Una de las mayores oportunidades de ser padre es enseñar a los hijos los principios que finalmente les aportarán la mayor felicidad y éxito en la vida. Pero no se puede hacer eso sin una relación. "No me importa cuánto sabes hasta que sepa cuánto te importa".

Jenny *(hija):*

Uno de mis recuerdos favoritos de los tiempos uno a uno con papá fue durante el verano de 1996. Cada mañana papá me despertaba a las 6:00 para ir en bicicleta a la montaña juntos. Pasábamos una hora uno junto al otro, hablando de cosas y contando historias. Él me enseñaba muchas cosas y yo le contaba de todo. Terminábamos viendo el sol salir y bebiendo agua fresca de un manantial. Con frecuencia reflexiono en esos paseos y recuerdo lo maravilloso que era.

Los tiempos uno a uno le dan la oportunidad de crear esa relación, esa Cuenta de Banco Emocional, para que pueda enseñar. Sandra y yo hemos visto que cuando llevamos a uno de los hijos aparte de los otros, vamos a algún lado con privacía y le damos atención completa (estamos realmente presentes), nos asombra lo efectivo que puede ser nuestra enseñanza, disciplina o comunicación. Pero cuando intentamos enseñar disciplina en un momento de presión y necesidad práctica, o corregir cuando hay otros presentes, también nos asombra lo inefectivo que es.

Estoy convencido de que muchos hijos saben lo que deben hacer, pero su mente no está lista para hacerlo. Las personas no actúan por lo que saben; actúan por cómo se sienten respecto a lo que saben y a ellos mismos. Si pueden llegar a sentirse bien con ellos mismos y sobre la relación, están motivados para actuar por lo que saben.

Poner las Piedras Grandes Primero

Estos momentos familiares semanales y los uno a uno son vitales, incluso fundamentales para manejar las necesidades básicas de la familia, para construir Cuentas de Banco Emocional y para crear la cultura total de la familia.

¿Usted cómo lo hace? ¿Cómo maneja su tiempo para tener un tiempo familiar a la semana, tiempos uno a uno con los miembros de su familia?

Me gustaría pedirle que use su imaginación por un momento. Imagine que está parado detrás de una mesa y sobre la mesa hay un recipiente que está casi completamente lleno con pequeñas piedritas. En la mesa junto al recipiente hay varias piedras grandes.

Ahora suponga que el recipiente representa la próxima semana en su vida. Y las piedritas representan todas las cosas que normalmente hace. Las piedras grandes representan tiempo familiar, tiempos uno a uno y otras cosas que realmente son importantes para usted, quizá cosas como hacer ejercicio o trabajar en un enunciado de misión familiar o sólo divertirse juntos. Las piedras representan cosas que en su corazón usted sabe que en verdad debe hacer, pero que en este punto no ha podido "meter" en su horario.

Al pararse detrás de la mesa, imagine que su labor es poner dentro todas las piedras grandes que pueda. Empieza a trabajar en ello. Intenta forzar las piedras grandes en el recipiente. Pero puede meter sólo una o dos. Entonces las vuelve a sacar. Contempla todas las piedras grandes. Estudia su tamaño, su forma, se da cuenta de que tal vez si elige piedras diferentes, podrá meter más. Lo intenta de nuevo. Arregla todo de manera que finalmente puede meter tres piedras grandes en el recipiente. Pero no más. Por más que lo intenta, es todo lo que puede meter.

¿Cómo se siente? Mira el recipiente, está lleno de piedritas y tiene todas estas cosas realmente importantes, incluyendo estas cuestiones familiares, que no ha podido realizar. Y cada semana es lo mismo. Tal vez haya que considerar un enfoque diferente.

Suponga que saca las tres piedras grandes. Suponga que tiene otro recipiente y vacía las piedritas ahí; luego pone ¡primero las piedras grandes!

Ahora, ¿cuántas de esas piedras va a meter? Muchas más, seguro. Y cuando tenga el recipiente lleno de piedras grandes, entonces puede variar las piedritas encima. ¡Vea cuántas caben todavía!

El punto es éste: si no pone las piedras grandes primero, difícilmente podrá meterlas. La clave es poner las piedras grandes primero.

Cynthia (hija):
Papá salía mucho de viaje cuando yo estaba creciendo, pero pasaba mucho más tiempo con él que cualquiera de mis amigas, cuyos padres trabajaban de nueve a cinco.

Creo que había dos razones. Una era que él siempre planeaba con anticipación. Realmente creía en ser proactivo, en hacer que sucedieran las cosas, en empezar con el fin en la mente. Al principio de todo año escolar siempre quería saber: "¿Cuándo son los partidos de fútbol de los hombres? ¿Para cuándo están programadas las actividades de las niñas?" Y casi nunca faltaba a nada importante. Rara vez estaba fuera en las noches familiares. Siempre estaba en casa los fines de semana para tener actividades con nosotros e ir juntos a la iglesia.

Había veces en que otras personas decían: "Ay, ¡tú papá está de viaje otra vez!" Pero muchos de mis amigos cuyos padres trabajaban de nueve a cinco se sentaban frente a la televisión y ni siquiera se comunicaban.

Ahora me doy cuenta de lo que se necesitó para tener tiempo familiar juntos, para tener oraciones y actividades familiares. Con un empleo importante y nueve hijos en cinco escuelas diferentes, mis padres realmente tuvieron que luchar. Pero lo hicieron. La cuestión es que era importante para ellos y así lucharon y averiguaron cómo lograrlo.

Creo que la segunda razón de nuestro tiempo familiar eran las reglas. No vas a ningún lado los domingos, es un día familiar, día de ir a la iglesia. Nunca puedes ausentarte un lunes por la noche, es la noche familiar. Por lo general hacemos algo como familia una noche del fin de semana. Y a veces como adolescentes no nos gustaba mucho. Pero era aceptarlo como parte de la cultura, y después de un tiempo ya te acostumbras.

Mis primeras experiencias de sentir dolor y frustración por no dar prioridad a algunas de las obras o partidos de fútbol de los niños y otras actividades importantes me llevaron al hábito de siempre tratar de meter las piedras grandes primero. Al principio de cada año escolar, Sandra y yo hemos presionado a las escuelas para organizar calendarios de eventos que pudieran involucrar a nuestros hijos y nietos. Hemos puesto una prioridad muy alta en programar y estar en los eventos de nuestros hijos. también hemos motivados a los hijos a asistir a los eventos de sus hermanos. Con casi cincuenta personas (hijos, cónyuges y nietos) en la familia actualmente, no podemos ir a toda actividad. Pero hacemos lo que podemos y siempre tratamos de comunicar a todos los miembros de la familia lo importante que son ellos y sus actividades. También planeamos vacaciones familiares con dos, tres o incluso cuatro años de anticipación. Y las noches familiares y los tiempos uno a uno continúan llevándose a cabo en nuestro hogar.

Hemos encontrado que nada se compara con la felicidad de hacer de la familia una prioridad. Con tantas presiones en nuestra vida, no siempre es fácil hacer estas cosas. Pero es mucho, mucho más difícil no hacerlo. Cuando no se pone primero la prevención para formar relaciones e invertir en unir y organizar a la familia, se pasa mucho más tiempo después tratando de reparar las relaciones rotas, salvar matrimonios o influenciar a hijos que están jalados poderosamente por las fuerzas sociales fuera de la familia.

Para aquellos que dicen: "No tenemos tiempo para hacer ese tipo de cosas". Yo les diría: "No tienen tiempo para no hacerlo". La clave es planear por adelantado y ser fuertes. "Donde hay voluntad, hay oportunidad".

> *P*ara aquellos que dicen: «No tenemos tiempo para hacer esas cosas». Yo les diría: «No tienen tiempo para no hacerlo». La clave es planear por adelantado y ser fuertes.

Y cuando realmente pone esas piedras grandes familiares en primer lugar, empieza a sentir esta sensación profunda de paz interna. No se siente constantemente desgarrado entre la familia y el trabajo. De hecho, encontrará que realmente puede contribuir más a otras cosas.

El compromiso con estas estructuras familiares da vida a los principios de una familia efectiva. Crea una hermosa cultura familiar que no le permite dejarse seducir por el sistema de la cultura popular de recompensas extrínsecas. Cuando está en la periferia y no experimenta esta hermosa cultura familiar, es fácil distraerse, dejarse jalar en otras direcciones. Pero cuando está en medio de todo, su única pregunta es: "¿Cómo podría haber algo mejor?"

Organizando Alrededor de Roles

En vez de sólo elegir actividades, Sandra y yo hemos visto que una de las mejores maneras de poner las piedras grandes primero en nuestra vida es organizar alrededor de nuestros roles más importantes, incluyendo nuestros roles familiares, y fijar metas en cada uno de estos roles cada semana. Algunas semanas, una o dos metas consumen tanto que decidimos no fijar metas en otros roles. Por ejemplo, cuando Sandra pasa una semana ayudando a una de las hijas con un nuevo bebé, eso significa que elige no hablar en público, ni dar servicio a la comunidad ni ningún otro proyecto en el hogar esa semana. Pero es una decisión hecha conscientemente y ella se siente en paz sabiendo que la siguiente semana atenderá sus roles y fijará metas de nuevo. Hemos encontrado que usando "roles y metas", nuestras vidas están mucho más equilibradas. Se atiende todo rol y es menos probable que nos agobiemos por la urgencia de todas las presiones cotidianas.*

Una Vista Rápida Atrás y Adelante

Ahora antes de continuar, vamos a tomar un momento para mirar atrás y pensar un poco en los Hábitos 1, 2 y 3.

El Hábito 1, Ser proactivo, es la decisión más fundamental de todas. Determina si va a ser responsable o una víctima.

Si toma la decisión de ser responsable (tomar iniciativa, ser la fuerza creativa de su vida) entonces la decisión más importante que enfrenta es el propósito de su vida. Este es el Hábito 2, Comenzar con el fin en la mente, lo cual es crear su enunciado de misión familiar. Esto es lo que se llama una decisión estratégica porque cualquier otra decisión será gobernada por ella.

El Hábito 3, Poner primero lo primero, se vuelve entonces secundario o táctico. Trata sobre cómo hacer que sucedan las cosas importantes. Nos hemos enfocado principalmente en dos intervenciones estructurales principales en un mundo donde de "fuera hacia dentro" no funciona: el tiempo semanal familiar y experiencias de tiempo uno a uno entre los miembros de la familia. Cuando funcionaba de fuera hacia dentro, dichas estructuras no eran necesarias porque se daban de manera natural todo el tiempo. Pero mientras más se extraiga la sociedad de lo natural, más veamos la globalización de la tecnología y los mercados que cambian todo el panorama económico, más veamos la secularización de la cultura lejos de los principios, más veamos la erosión de leyes y la voluntad social dirigir la voluntad política a donde las elecciones se convierten cada vez más en concursos de popularidad basados en oportunidades de sobresalir, más debemos ser fuertes y decididos para crear y usar nuevas estructuras que nos mantengan en el camino correcto.

Cuando piense en implementar estos hábitos en su familia, quiero recordarle de nuevo que *usted es el experto en su familia,* y sólo usted conoce la situación.

Durante una visita reciente a Argentina, hablé con personas que se habían reunido de toda América Latina para asistir a una conferencia. Les pedí retroalimentación sobre las ideas en este libro. La retroalimentación fue muy positiva y apoyadora,

---

*Para muestras complementarias de la hoja de trabajo de roles y metas del Organizador de los 7 Hábitos, llame al (801) 229-1333 o visite www.franklincovey.com en Internet.

pero estas personas, padres de familia, no dijeron tener formalizado un tiempo familiar semanal o los uno a uno. Viven en una cultura muy orientada a la familia, y para ellos casi cada noche es "tiempo familiar" y los uno a uno son parte natural de su vida.

Pero con otras familias, la idea de desarrollar un enunciado de misión familiar y crear nuevas estructuras en un tiempo familiar semanal y los uno a uno planeados están totalmente fuera de contexto. No quieren ninguna estructura en sus vidas. Tal vez están molestos o se rebelan contra las estructuras que ya tienen en sus vidas, estructuras que sienten que han superado la sensación de libertad e individualidad que tanto valoran. Esas estructuras pueden estar tan llenas de energía negativa y juicios que cualquier otra estructura es culpable por asociación. Hay demasiada carga social y física.

Si ésta es su situación, puede todavía querer dar prioridad a su familia. Puede reconocer algo de valor en un enunciado de misión familiar y algunas de estas estructuras, pero siente que hacer algunas de estas cosas es ir demasiado lejos por ahora. Está bien. Empiece donde está. No se sienta culpable por necesitar toda esta interdependencia si no está listo para moverse en esta dirección.

Puede desear también empezar simplemente aplicando algunas de estas ideas a su propia vida. Tal vez siente que puede hacer una promesa y cumplirla, o elegir simplemente una meta y luchar por alcanzarla. Esto puede ser una estructura suficiente para usted en este momento. Más adelante, quizá sienta que puede realizar algo más o escoger otra meta. Eventualmente, haciendo y cumpliendo promesas, su sentido de honor se volverá mayor que sus estados de ánimo o cualquier carga que pueda llevar a cuestas. Entonces encontrará que puede moverse enteramente a terrenos nuevos, incluyendo trabajar hacia estas actividades interdependientes como crear un enunciado de misión familiar, pasar una tarde a la semana en casa, y tener experiencias uno a uno con su familia.

> *E*ventualmente haciendo y cumpliendo promesas, su sentido de honor se volverá mayor que sus estados de ánimo o cualquier carga que pueda llevar a cuestas.

La clave es reconocer dónde está y empezar ahí. No puede saber cálculo si no entiende álgebra. No puede correr antes de caminar. Algunas cosas necesarias vienen antes que otras. Téngase paciencia. Incluso sea paciente con su propia impaciencia.

Puede decir: "¡Pero mi situación es diferente! Es demasiado difícil y desafiante. No hay forma en que pueda hacer estas cosas". Si es así, lo aliento a pensar sobre la experiencia del almirante James B. Stockdale como lo relata en su libro *Una Experiencia en Vietnam*. Prisionero en Vietnam durante varios años, el almirante Stockdale cuenta cómo los prisioneros de guerra norteamericanos, en confinamiento solitario y completamente aislados durante períodos muy largos, pudieron desarrollar su cultura con sus propias reglas, normas y procesos de comunicación. Sin interactuar verbalmente, podían establecer comunicación entre sí dando golpecitos en las paredes y usando cables. Pudieron incluso enseñar esta comunicación a los prisioneros nuevos que no conocían el código.

El almirante Stockdale escribió:

El régimen comunista nos puso en confinamiento solitario. Esto es difícil después de unos meses, particularmente en los meses de intermitente tortura y extorsión. En una depresión así, un hombre empieza a ver el fondo de las cosas y ve que a menos que consiga cierta estructura, cierto ritual, cierta poesía en su vida, va a convertirse en un animal.

En estas condiciones, improvisamos golpes en las paredes y códigos clandestinos, y empezamos a vincular vidas y sueños juntos. Luego viene la necesidad de la práctica común y la resistencia unida, y el curso debido si las cosas están funcionando bien, la ley codificada comienza a emanar de la celda del prisionero más importante. La red de comunicación fortalece los lazos de camaradería y con los meses y años toma forma un cuerpo político de costumbres comunes, lealtades comunes y valores comunes.[26]

Piénsenlo: casi nunca podían siquiera verse. Pero por medio del brillante uso de sus dotes, estos prisioneros construyeron una civilización, una cultura poderosa de voluntad social increíble. Crearon una sensación de responsabilidad social para así poder alentarse y ayudarse a superar tiempos increíblemente difíciles.

Hay mucha verdad en la expresión: "¡Donde hay voluntad, hay oportunidad!"

Aunque menos dramático, consideren cómo podría usted usar sus tiempos familiares o los uno a uno para crear la misma clase de acercamiento y voluntad social en la familia.

Catherine (hija):

A mamá le encanta el arte y disfruta planeando ir al ballet, a la sinfónica, a la ópera o a cualquier obra de teatro. Conseguir boletos para estos eventos por lo general eran una prioridad y estaban antes de gastar dinero en el cine, comida rápida o cualquier otra cosa. A veces, recuerdo que yo me quejaba de que toda esta cultura no era nada bueno. Pero ahora que veo en retrospectiva estas experiencias, me doy cuenta de lo equivocada que estaba.

Nunca olvidaré una experiencia que tuve con mamá que cambió mi vida para siempre. Había un festival de Shakespeare cerca de casa y un día mamá anunció que había comprado boletos para que todos viéramos Macbeth. En ese momento, no significó nada para mí, porque tenía sólo once años y en realidad no me importaba Shakespeare.

La noche de la obra, nos subimos al auto para ir al teatro. Recuerdo la cantidad de comentarios que hacíamos todos. Dijimos al fin: "¿Por qué no podemos simplemente ir al cine?"

Pero mamá sólo sonrió y siguió manejando, sabiendo secretamente que el increíble talento de "el Poeta" le haría justicia. ¡Y así fue! Fue algo impresionante cuando todas las emociones del universo me parecían tan vívidamente claras. Los oscuros secretos de Macbeth y su esposa me atraparon durante toda la obra, mientras la inocencia de mi juventud desaparecía. En el mismo lugar, la comprensión y la epifanía que sólo Shakespeare pudo haber creado me abrieron el corazón y me hablaron. Inmediatamente supe que mi vida nunca sería la misma, porque había descubierto algo que me llegó tan profundamente que sabía que no podía revertir sus efectos aunque quisiera.

De regreso a casa esa noche, todos estábamos en silencio de una manera inexplicable. El amor de mi madre por las cosas hermosas del mundo se me había transmitido al igual que a mis hijos, y nunca podré agradecer lo suficiente a mamá por este hermoso don.

Piensen en el poder de este acercamiento, esta creación de voluntad social, este espíritu de "nosotros" en la familia. Cómo desarrollar más ese espíritu de "nosotros" en la familia será nuestro enfoque en los Hábitos 4, 5 y 6.

COMPARTIENDO ESTE CAPÍTULO CON ADULTOS Y ADOLESCENTES

Dar Prioridad a la Familia

- Pregunte a los miembros de la familia: ¿Qué tan importante es la familia para nosotros? ¿Cuando tiempo dedicamos la semana pasada a actividades familiares? ¿Cómo nos sentimos al respecto? ¿Estamos haciendo de la familia una prioridad en nuestras vidas?
- Revise el material de las páginas 128 a 144. Discutan juntos: ¿Cuáles son las fuerzas en la sociedad que tienden a destruir a la familia? ¿Cómo podemos superar estas fuerzas?
- Discuta la idea del tiempo familiar y los uno a uno. Pregunte: ¿De qué manera nos puede ayudar como familia un tiempo familiar semanal? ¿Cómo podría promover la planeación? ¿La enseñanza? ¿La solución de problemas? ¿Divertirnos juntos? Discuta hacer el compromiso para tener un tiempo familiar semanal. Trabajen juntos para generar una variedad de ideas para actividades en el tiempo familiar.
- Hable de los momentos de acercamiento uno a uno. Motive a las personas a compartir tiempos especiales uno a uno que hayan tenido con otros miembros de la familia. Considere: ¿Qué tiempo de acercamiento le gustaría planear para su matrimonio? ¿Con sus hijos?
- Revise la demostración de las "piedras grandes" en las páginas 168 y 169 e intente este experimento con su familia. Discuta qué son las "piedras grandes" para cada persona y para la familia como un todo.

Para Pensamiento Más Profundo:

- Discuta esta idea: "Este tal vez sea el rol más grande en la paternidad: ayudar a los hijos a conectarse con sus propias dotes, particularmente la conciencia". ¿Cómo puede ayudar a su hijo a conectarse con sus cuatro dotes humanas únicas?

COMPARTIENDO ESTE CAPÍTULO CON NIÑOS

Algunas Actividades Divertidas

- Siéntese con su familia y programe actividades familiares para el próximo mes o dos meses. Planee cosas como visitas a familiares, días de fiesta, uno a uno con miembros de la familia, eventos deportivos o eventos que quieran presenciar juntos, y paseos al parque. Asegúrese de que los niños contribuyan a sus ideas.
- Visite a un pariente y señale la importancia de valorar a cada miembro de la extensión de la familia. En camino a casa de su pariente, comparta historias divertidas y momentos interesantes que ha disfrutado con sus familiares.
- Pida a los niños que ayuden a hacer una gráfica visual para recordarles lo importante y también lo divertido que harán cada semana.
- Haga la demostración de piedras grandes en las páginas 168 y 169, y pida a cada niño que identifique sus piedras grandes: las cosas más importantes que tiene que hacer esa semana. Esto podría incluir actividades como prácticas deportivas, lecciones de piano, natación, ir a la fiesta de cumpleaños de un amigo y hacer la tarea. Puede usar nueces o malvaviscos como piedras grandes, y dulces para las pequeñas, o los niños pueden traer piedras reales que encuentren en el parque, pintadas o decoradas.
- Haga una colección de fotografías familiares.
- Haga el compromiso de tener tiempos familiares, planeando reuniones o días de actividades. Los niños sentirán más alegría y orgullo en su familia al revisar los logros y las actividades semanales que se han llevado a cabo y lo que se planea para la siguiente semana.
- Enseñe a los niños que sepan escribir cómo dar seguimiento a sus actividades en una especie de organizador. También pídales que programen tiempos para hacer actividades y servicios especiales para fortalecer relaciones. Recuérdeles siempre traer su organizador a las reuniones familiares.
- Identifique qué tipo de actividades uno a uno puede disfrutar cada miembro de la familia. Programe tiempos uno a uno con uno de sus hijos cada semana. Podría llamarlo: "El día especial de Susan" o cualquier otra cosa que lo haga único.
- Comparta la historia de la "Familia Fantasma" en la página 149 y decida cómo podría servir a sus vecinos y amigos en una manera inteligente y original.

HÁBITO 4
PENSAR «GANAR-GANAR»

Al inicio de este capítulo me gustaría darle una visión general de los Hábitos 4, 5 y 6. Puede preguntarse: "¿Por qué vamos a ver los Hábitos 5 y 6 si estamos apenas empezando el Hábito 4?" Es porque estos tres hábitos están entrelazados y juntos crean un proceso que le será inmensamente útil para lograr todas las cosas de las que hemos hablado hasta aquí. De hecho, con frecuencia enseño estos hábitos primero porque una vez que entiende la esencia de este proceso, tiene la clave para trabajar juntos efectivamente y resolver cualquier problema o lograr cualquier meta.

Para ilustrar lo útil que es este proceso, permítame compartir con usted una demostración que a menudo uso para enseñar estos hábitos. Por lo general selecciono a un hombre del público que sea joven, alto, fuerte y que tenga obviamente buena condición. Lo invito a subir al estrado y luego lo desafío a un concurso de vencidas brazo a brazo. Al ir subiendo, le digo que nunca he perdido y que no voy a hacerlo ahora. Le digo que va a perder y lo acondiciono para perder. Cuando sube al estrado, lo miro directamente a los ojos y le digo lo mismo una y otra vez. Soy en realidad bastante molesto. Obviamente exagerando un poco, le aviso que en unos segundos va a estar tirado en el piso. Veo su cinturón y le digo que yo soy cinta negra y que su cinturón café es algo de magnitud totalmente diferente. Le digo que aunque es mucho más alto y fuerte que yo, lo voy a derrotar. Casi inevitablemente este tipo de confrontación impulsa al hombre a vencerme.

Luego aviso a las personas en la fila de enfrente que harán un pequeño pago, que si yo lo derribo me darán diez centavos, y que si él me derriba le darán a él diez centavos. Pido a otro miembro del público que observe de cerca todo el concurso y que nos diga cuándo empezar. Entonces tomo la mano derecha del hombre, me paro junto a él y lo miro de manera intimidante mientras espero la señal para empezar.

En este momento la persona casi siempre está un poco tensa. La señal se da e inmediatamente pongo el brazo suelto. El me derriba. Por lo general trata de tenerme en esa posición. A veces, sintiéndose confundido, me deja levantar el brazo un poco y me vuelve a derribar, lo cual permito que haga rápidamente. Luego lucho para retroceder y de nuevo empieza la resistencia. Cuando llego hasta arriba, él me derriba de nuevo.

Esto normalmente dura varios segundos y luego trato de decir a la persona: "Oye, ¿por qué no ganamos los dos?" Por lo general la otra persona capta el mensaje y me permite derribarlo una vez. Pero todavía hay tensión. Luego me pongo suelto y lo dejo derribarme de nuevo. Son sólo unos segundos más antes de que los dos trabajemos juntos, casi sin esfuerzo, moviendo hacia arriba y hacia abajo rápidamente, derribando al otro.

Luego veo a la fila de enfrente y digo: "Muy bien, ¿cuánto nos deben?" Todos ven el punto y empiezan a reír.

¿Puede ver la tremenda diferencia en lo que está sucediendo al principio y al final de esta demostración? Al principio el sentimiento era completamente de adversarios. Es "ganar-perder": "Yo gano; tú pierdes". No hay esfuerzo para entender, para cooperar. No hay búsqueda de una solución que sea buena para ambos. Sólo hay un sentimiento de competencia y el deseo de ganar, de derribar al otro. ¿Puede ver cómo la tensión de este enfoque "ganar-perder" se traduce en problemas familiares clásicos, en discusiones entre esposos, entre padres e hijos, entre miembros de la extensión familiar?

Pero para el final de la demostración ha habido un cambio de pensamiento significativo. Ya no es "Yo gano; tú pierdes". Es "Oye, ambos podemos ganar y ganar mucho". Entendiendo y cooperando creativamente juntos, podemos hacer algo totalmente diferente que nos beneficie a ambos mucho más de lo que lograríamos si cualquiera de los dos tuviera que "ganar". ¿Pueden sentir algo de la libertad, la creatividad, el sentimiento de unidad y logro compartido que viene cuando éste es el enfoque clásico para resolver problemas familiares?

Hasta cierto grado todos tenemos interacción con la familia que se parece al principio, pero mientras más podamos movernos hacia la clase de interacción creativa y sinérgica donde todos ganan, más "hermosa" y más efectiva será nuestra cultura familiar.

Con frecuencia me gusta pensar en estos tres hábitos en términos de la *raíz*, la *ruta* y el *fruto*.

- El Hábito 4, Pensar "ganar-ganar", es la *raíz*. Es el paradigma fundamental para buscar beneficio mutuo o la "Regla de Oro". Es el motivo básico, la actitud de nutrirnos de donde crece la comprensión y la sinergia.

- El Hábito 5, Buscar primero entender... luego ser entendido, es la *ruta*. Es el método, el camino que conduce a la interacción interdependiente. Es la habilidad de separarse de su autobiografía y realmente llegar a la mente y el corazón de otra persona.

- El Hábito 6, Sinergizar, es el *fruto*. Es el resultado, el producto final, la recompensa del esfuerzo. Es crear soluciones trascendentes de tercera alternativa. No es "a tu manera" o "a mi manera"; es una manera mejor y más alta.

Juntos, estos tres hábitos crean el proceso que conduce a la mágica más fenomenal en la vida familiar, la habilidad de trabajar juntos para crear nuevas ideas, nuevas soluciones que son mejores de las que cualquier miembro de la familia pudiera lograr solo. Además, crean autoridad moral dentro de la cultura integrando los principios de respeto mutuo, entendimiento mutuo y cooperación creativa en todas las estructuras, los sistemas y los procesos de la familia. Esto va más allá de la bondad de las personas y la calidad de sus relaciones. Propicia la internalización y la institucionalización de estos principios en las normas y tradiciones de la cultura misma.

> *La* pregunta es: «¿Estarías dispuesto a buscar una solución que sea mejor de la que cada uno de nosotros está proponiendo?»

¡Y qué gran diferencia hace! Volviendo a la metáfora del avión, podríamos decir que mientras puede ser desafiante llegar a su destino cuando hay turbulencia *fuera* del avión, es todavía más difícil cuando la turbulencia está en el ambiente social *dentro* del avión, cuando hay contención, luchas, peleas, quejas y críticas entre los pilotos o entre los pilotos y la tripulación o la torre de control.

Crear un gran ambiente social dentro de la cabina es el enfoque de los Hábitos 4, 5 y 6. Y lo que esto implica esencialmente es ayudar a los miembros de la familia a aprender a hacer una pregunta y un compromiso.

La pregunta es: "¿Estarías dispuesto a buscar una solución que sea mejor de la que cada uno de nosotros está proponiendo?"

El compromiso es éste: "Déjame escucharte primero" o "Ayúdame a entender".

Si tiene la seguridad personal y la habilidad y voluntad para

> *El* compromiso es éste: «Déjame escucharte primero» o «Ayúdame a entender».

hacer estas dos cosas sincera y consistentemente, podrá vivir los Hábitos 4, 5 y 6.

La mayor parte de este proceso está completamente dentro de su Círculo de Influencia. Volviendo a la demostración de las vencidas, note que lo único que se requiere para cambiar la situación es que una persona piense ganar-ganar, no dos, sólo una.

Este es un punto extremadamente importante porque la mayoría de las personas están dispuestas a pensar ganar-ganar si los otros también, pero sólo se requiere que una persona proactiva piense profundamente y que quiera genuinamente una solución que sea ganar-ganar. Usted piensa ganar-ganar, no ganar-perder o perder-ganar, incluso cuando otros no lo hacen.

También se requiere una sola persona para buscar entender. En el ejemplo de las vencidas, esto se manifiesta inmediatamente poniéndose suelto y buscando primero el interés de la otra persona. En la vida significa buscar primero el interés del otro, entender las necesidades, los deseos y las preocupaciones de la otra persona.

Así, los Hábitos 4 y 5 pueden hacerse por una persona proactiva.

Pero el Hábito 6, Sinergizar, requiere de dos. Esta es la aventura emocionante de buscar algo nuevo con alguien, y crece del pensamiento ganar-ganar y del entendimiento que crearon los Hábitos 4 y 5. Lo mágico sobre la sinergia es que no sólo crea nuevas alternativas, sino que también un tremendo acercamiento en las relaciones porque crean algo juntos. Es como lo que sucede entre los padres que han creado a un hijo juntos. Ese hijo se vuelve una fuerza poderosa en la relación. Los une. Les da un lazo común, una visión común, un interés común que trasciende y subordina a los demás intereses. ¿Puede ver cómo esto construye la relación, cómo crea la Cuenta de Banco Emocional?

Estos tres hábitos representan la esencia de la "familia", el movimiento interno profundo de "yo" a "nosotros". Vamos a ver más de cerca estos hábitos, comenzando con el Hábito 4: Pensar "ganar-ganar".

A Nadie le Gusta Perder

Un padre compartió esta experiencia que vivió al tratar de entender por qué su hijo eran tan infeliz:

Nuestros dos hijos eran muy competitivos en su relación entre ellos. Esto resultaba en frecuentes pleitos entre los dos. Cuando el mayor tenía 12 años y el menor 10, nos fuimos a unas esperadas vacaciones. Pero justo cuando debíamos haberlas disfrutado al máximo, los conflictos entre los dos chicos llegaron hasta el punto en que nos afectó a todos de manera negativa. Yo sentía que el mayor tenía más culpa que el otro, así que tomé un paseo con él para poder hablarlo. Cuando lo confronté con mi crítica de su conducta, abruptamente anunció: "Lo que tú no entiendes es que no soporto a mi hermano".

Cuando le pregunté por qué, me dijo: "Siempre me está diciendo cosas que me molestan. En estas vacaciones siempre estamos juntos en el auto o en otra parte y me molesta tanto que no puedo soportar estar cerca de él. Quisiera comprar un boleto de autobús y regresarme a casa para ya no verlo".

Me impresionó la intensidad de sus pensamientos negativos hacia su hermano. Nada que yo dijera tenía efecto en hacerlo ver las cosas de manera diferente.

Volvimos a la tienda donde estábamos acampando. Le pedí a mi hijo menor que viniera a caminar con nosotros. No quiso ir cuando vio que su hermano mayor iba también. El mayor no quería ir tampoco, pero motivé a los dos a que se dieran una oportunidad. Finalmente estuvieron de acuerdo, así que subimos hasta la cima de una colina donde nos sentamos los tres y empezamos a hablar.

Me dirigí al mayor: "Tú dijiste unas cosas de tu hermano. Ahora está aquí y me gustaría que le dijeras personalmente lo que me dijiste".

Habló casi a gritos: "Odio estas vacaciones y quiero irme a casa para estar lejos de ti".

El menor estaba lastimado por estas palabras. Tratando de luchar contra las lágrimas que salían de sus ojos, miró hacia abajo y dijo en voz muy baja: "¿Por qué?"

Su hermano mayor rápido le contestó: "Porque siempre estás diciendo cosas que me molestan. No quiero estar cerca de ti".

El menor suspiró. "Pues yo lo hago porque siempre que jugamos a algo tú ganas".

"Pues claro que siempre gano", contestó el mayor. "Soy mejor que tú."

Con esto el pequeño casi no podía hablar. Pero luego desde lo más profundo de su corazón dijo: "Sí, pero cada vez que tú ganas, yo pierdo. Y no soporto estar perdiendo siempre. Entonces te digo cosas que te molestan... no quiero que te vayas a casa. Me gusta estar contigo. Pero no puedo soportar perder siempre".

Estas palabras entre lágrimas llegaron al corazón del hermano mayor. El tono de su voz se suavizó al decir: "Muy bien, no iré a casa. Pero, por favor, ¿podrías dejar de decir y hacer las cosas estúpidas que me molestan tanto?"

"Bueno", contestó el menor. "¿Y tú dejarás de sentir que siempre tienes que ganar?"

Esa pequeña plática salvó nuestras vacaciones. No hizo las cosas perfectas, pero las hizo tolerables. Creo que el chico mayor nunca olvidó las palabras de su hermano pequeño: "No puedo soportar perder siempre".

Sé que yo nunca las olvidaré. Perder siempre o incluso la mayor parte del tiempo puede hacernos decir y hacer cosas que molesten a los demás e incluso a nosotros mismos.

A nadie le gusta perder, especialmente en relaciones familiares cercanas. Pero tradicionalmente nos metemos en las situaciones con una mentalidad ganar-perder. Y la mayoría del tiempo ni siquiera nos damos cuenta de ello.

Muchos de nosotros venimos de hogares donde siempre éramos comparados con un hermano o hermana. En la escuela se nos calificaba "en la curva", lo cual significa que si una persona tenía una A, era porque por lo general alguien tenía una C. Nuestra sociedad está literalmente saturada con ganar-perder: sistemas forzados de calificación, escuelas de distribución normal, atletismo competitivo, aperturas de empleos, concursos políticos, concursos de belleza, juegos de televisión y demandas legales.

Y todo esto también está grabado en nuestra vida familiar. Entonces, cuando tenemos hijos preescolares luchando por autonomía, o adolescentes luchando por identidad, o familiares compitiendo por atención, o padres tratando de mantener orden y disciplina, o esposos discutiendo a su manera, naturalmente caemos en patrones de conducta ganar-perder.

La Consecuencia de Ganar-Perder

Recuerdo un día que volví a casa para la fiesta de cumpleaños número tres de mi hija y la encontré en la esquina de la sala, protegiendo todos sus regalos y no dejando que los demás niños jugaran con ellos. Lo primero que noté fue a varios padres en el salón presenciando esta manifestación egoísta. Me sentí avergonzado y doblemente porque en esa época yo enseñaba relaciones humanas en la universidad. Y sabía, o al menos presentía, las expectativas de estos padres.

La atmósfera en la habitación estaba muy cargada. Los niños alrededor de mi hija con las manos extendidas, pidiendo jugar con los regalos que acababan de darle, y mi hija negándose a prestárselos. Me dije: "Ciertamente debo enseñar a mi hija a compartir. El valor de compartir es una de las cosas más básicas en las que creemos".

Al principio intenté una petición simple: "Cariño, ¿ puedes compartir tus juguetes con tus amigos?"

"¡No!", contestó.

Mi segundo método fue usar un poco de razonamiento: "Cariño, si aprendes a compartir tus juguetes con ellos cuando están en tu casa, cuando tu vayas a la casa de ellos, ellos compartirán sus juguetes contigo".

De nuevo la respuesta inmediata fue: "¡No!"

Me sentía un poco avergonzado, porque era evidente que no tenía influencia. El tercer método fue el soborno. Le dije muy suave: "Cariño, si compartes, tengo una sorpresa especial para ti. Te daré una goma de mascar".

"¡No quiero goma de mascar!", explotó.

Ya me estaba desesperando. Mi cuarto intento implicaba miedo y amenaza: "Si no compartes, vas a estar en serios problemas".

"¡No me importa!", gritó. "¡Son míos! ¡No tengo por qué compartir!"

Por último, empleé la fuerza. Simplemente tomé los juguetes y los repartí a todos los niños. Les dije: "Tomen, niños, jueguen con ellos".

Desde esa fiesta de cumpleaños, Sandra y yo hemos recorrido un largo camino como padres para entender que los niños pasan por etapas de desarrollo. Ahora entendemos que esperar esa clase de conducta de compartir en un niño menor de 5 o 6 años no es realista. Incluso entonces, el cansancio, la confusión o los asuntos especiales de propiedad pueden hacerla difícil.

Pero cuando se está atrapado en un momento así, con toda la emoción, con toda la presión, ¡es difícil! Siente que tiene la razón. De hecho, sabe que tiene la razón. Es más grande. Es más fuerte. Y parece *mucho más fácil* ir por "ganar-perder", hacerlo a su manera.

Pero, ¿cuál es el resultado de esa elección en términos de la relación, en términos de la Cuenta de Banco Emocional? Y ¿qué va a suceder si sigue pensando ganar-perder todo el tiempo? Y ¿qué hay de un matrimonio? ¿Qué sucede cuando ganar-perder es la interacción normal?

> *T*ienes la razón. Eres más grande. Eres más fuerte. Y parece *mucho más fácil* ir por «ganar-perder», que hacerlo a su manera.

Conozco un hombre que trabajaba en una profesión que no era interesante para su esposa. A ella no le gustaba lo que él hacía o las personas con las que trabajaba. No eran "de su clase". Cuando su grupo de trabajo planeó una fiesta de Navidad, él con esperanzas pero escépticamente pidió a su esposa que fuera. Ella se negó, diciendo que de ninguna manera iría a esa fiesta con personas que tenían actividades tan repulsivas para ella. El asistió a la fiesta solo. Ella ganó. El perdió.

Dos meses después el grupo social de ella patrocinó una conferencia. Un autor famoso vendría a hablar. Habría una recepción antes de la conferencia. Ella era la anfitriona. Supuso que él iría con ella. Le impresionó cuando él dijo que no iba a ir. Con un tono muy enojado ella preguntó: "¿Por qué no?" El simplemente contestó: "No quiero estar con tus amigos más de lo que tú quisiste estar cerca de los míos en mi fiesta de Navidad". El ganó. Ella perdió.

No le habló en toda la tarde cuando regresó a casa del trabajo. Se fue a la recepción sin decir adiós, y él fue a la sala prendió la TV y se puso a ver el fútbol.

¿Cuál es el impacto en la relación y en la familia cuando un matrimonio está lleno de batallas de ego, donde los padres están más preocupados por hacer las cosas a su manera que en construir la relación? ¿Realmente alguien "gana"?

La Consecuencia de Perder-Ganar

Por otro lado, ¿qué sucede si la interacción clásica es perder-ganar?

Una mujer compartió esta experiencia:

Yo era muy buena en la escuela, capitán del equipo de debates, editora del anuario, primer clarinete en la orquesta. Siempre sobresalía en cualquier cosa que decidía hacer. Pero al entrar a la universidad, supe que realmente no quería una carrera. Sentía que ser esposa y madre era lo más importante que podía hacer con mi vida.

Después de mi primer año en la universidad me casé con Steve, un joven con el que había salido desde que tenía catorce años. Siendo Miss Maravilla, tuve varios hijos en muy poco tiempo. Recuerdo sentirme agobiada por todo lo relacionado con tener tantos hijos.

La parte más difícil fue que virtualmente no recibía ayuda de mi esposo. Su trabajo lo obligaba a viajar mucho, pero incluso cuando estaba en casa, básicamente sentía que su obligación era proveer y que todas las responsabilidades del cuidado del hogar y los niños eran mías.

Mi idea había sido diferente. Pensé que íbamos a funcionar juntos como una unidad, y aunque entendía que yo estaba en casa para alimentar a estos niños y ayudar con el cuidado de sus necesidades físicas y todo eso, había pensado que trabajaríamos juntos como marido y mujer al decidir el curso de nuestras vidas. Pero para nada fue así.

Recuerdo pasar por días en que miraba el reloj y pensaba: "Bien, son las 9:00. Puedo hacer esto los siguientes quince minutos y con una buena actitud". Casi tenía que adaptarme en esos quince minutos siempre porque si trataba de ver todo el día, me parecía demasiado agobiante.

Las expectativas de mi esposo sobre mí eran extremadamente altas. Esperaba que fuera la ama de casa perfecta, la cocinera perfecta, la madre perfecta. Llegaba a casa después de un viaje de una semana y toda la casa debía estar inmaculada, los niños dormidos y yo ofreciéndole un pedazo de pastel de cerezas que acababa de hornear. Era su pastel favorito. Se sentaba en la mesa mirando el pastel y decía: "¿Sabes algo? Está un poquito quemado". Me sentía desvalida. Pensaba que había fracasado. Sin importar lo que lograra, parecía que nunca hacía las cosas bien. Nunca había una palabra de aliento, siempre sólo crítica continua y, finalmente, abuso.

El se volvió más y más violento. También se involucró en relaciones extramaritales. En sus viajes de negocios iba a lugares con el propósito de conocer mujeres con las que pudiera tener sexo. Incluso descubrí después que tenía tarjetas de membresía para ese tipo de lugares en ocho ciudades diferentes en todo el país.

En un punto le rogué que fuera a terapia conmigo. Finalmente estuvo de acuerdo, pero no había un interés real de su parte. Una noche cuando fuimos, estaba particularmente enojado. Al entrar en la oficina y sentarnos, el terapeuta se volvió a mi esposo y dijo: "Pareces muy agitado hoy. ¿Algo te molesta?"

Mi esposo dijo: "Sí. Estoy harto de tener que estar limpiando atrás de todo el mundo".

Yo me moría por dentro, pensando que había dado todo ese trabajo y esa energía, y años de esfuerzo para crear el hogar perfecto. Yo misma hice las cortinas, los adornos, y la ropa de los niños. Horneaba el pan, tenía la casa muy, muy limpia, y siempre estaba ocupada con lavar la ropa y esas cosas. ¿En qué había fallado?

El terapeuta dijo a Steve: "¿Podrías explicarme exactamente a qué te refieres con que estás limpiando atrás de otras personas?" Hubo un largo silencio y sentíamos que Steve estaba pensando. Pensaba y pensaba, y finalmente con mucha pasión, dijo: "Hoy al bañarme, alguien dejó el shampoo sin tapa".

Recuerdo sentir que me hacía cada vez más pequeña ahí sentada en mi silla y pensé, algo no está bien aquí. Nada bien.

Entonces el terapeuta hizo otra pregunta: "Steve, ¿qué más has tenido que arreglar hoy?" De nuevo, una larga pausa. Steve pensando y pensando y su respuesta fue: "Bueno, con eso fue suficiente".

Fue justo en ese punto que yo me sentí tres centímetros más alta, que vi por primera vez que no importaba lo que yo hiciera, él continuaría criticando y viendo las cosas mal. Por primera vez empecé a ver que el problema era de él, no mío.

Pasé por muchas luchas internas esos años. Dediqué mucho tiempo a tratar de complacerlo y enmendarme. Incluso fui a emergencias de un hospital y les pedí que me internaran. Cuando me preguntaron por qué creía que debía internarme en el hospital, les dije: "Tengo la respuesta a mi problema, y esa respuesta me da miedo".

Ellos dijeron: "¿A qué se refiere?"

Y yo dije: "He tomado una decisión y compré el equipo necesario para disparar a mis hijos cuando lleguen de la escuela y luego voltear el arma y dispararme yo porque la vida es insoportable". En ese momento estaba pensando que el mundo era un lugar grande y malvado y que lo mejor que podría hacer era llevármelos conmigo. Me asusté mucho cuando me di cuenta de que ésa era mi decisión. Por fortuna, fui lo suficientemente lúcida para ir al hospital y decir: "He decidido hacerlo, tengo con qué hacerlo y planeo hacerlo. Pero sé que no está bien. Por favor ayúdenme".

Ahora veo en retrospectiva y me doy cuenta de lo interesante que es que no fuera a dispararle a él. Era yo. Siempre era yo.

Finalmente, esta mujer mostró un tremendo valor proactivo para darse cuenta de que el problema era de su esposo. Terminó una carrera en la universidad, mudando a su familia a la localidad y construyendo una nueva vida, sin "Steve". Pero observen lo que pasó como resultado de todos esos años en que su actitud era esencialmente perder-ganar y era co-dependiente de un esposo que estaba lleno del espíritu chauvinista e irresponsable.

Para la mayoría de las personas la actitud perder-ganar es "Yo soy un mártir. Adelante, písenme. Hagan lo que quieran conmigo. Todos lo hacen". Pero, ¿cuál es la consecuencia de este tipo de actitud en una relación? ¿Existe alguna manera en que este patrón construya una relación rica y duradera de confianza y amor?

Ganar-Ganar—la Única Alternativa Viable a Largo Plazo

En realidad, la única alternativa viable a largo plazo es ganar-ganar. De hecho, es la esencia de una cultura familiar hermosa. Ambos ganar-perder y perder-ganar resultarán invariablemente en perder-perder.

Si usted es padre de familia, el habitual ganar-perder dejará en bancarrota la Cuenta de Banco Emocional. Puede hacer las cosas a su manera por un tiempo, particularmente cuando los niños son pequeños. Usted es más grande, más fuerte, puede hacerlo a su manera. Pero, ¿qué sucede cuando esos niños se vuelven adolescentes? ¿Serán adolescentes limpios, facultados para tomar buenas elecciones solos? ¿O se meterán en una lucha reactiva en busca de identidad, tan enfocada en "ganar" en la relación, que no tienen oportunidad real de conectarse con sus dotes únicas o con usted como una fuente genuina de ayuda?

Por otra parte, con perder-ganar usted puede ser popular a corto plazo porque esencialmente toma el curso de la menor resistencia y continuamente deja que los demás hagan lo que quieran con usted. Pero no hay visión, no hay estándares, no hay respeto. Y los niños terminan cosechando las consecuencias de decisiones miopes hechas sin la perspectiva de la guía, la experiencia de un padre y la fuerza decisiva de él. No hay duda que es una pérdida a largo plazo para un niño que crece sin valores basados en principios, y sin una relación de respeto con sus padres. Y es una pérdida tanto para el niño como para el padre cuando la relación está basada en manipulación y popularidad más que en confianza.

> No hay duda que es una pérdida a largo plazo para un niño que crece sin valores basados en principios y sin una relación de respeto con sus padres.

¿Y qué hay del matrimonio? ¿Qué clase de impacto tiene en la relación y en la cultura cuando los esposos están constantemente metidos en batallas de ego, cuando están más preocupados sobre quién está bien y qué está bien? ¿O cuál es el impacto cuando uno de los cónyuges se deja pisotear, un mártir? No hay manera de ganar. Es un perder para todos en la familia.

He trabajado con este hábito de ganar-ganar en el contexto de los 7 Hábitos por más de 20 años y muchos me han preguntado, particularmente cuando se trata de la familia, si siempre es aplicable. De acuerdo con mi experiencia el concepto de tratar de desarrollar una relación ganar-ganar es siempre aplicable, pero todas las decisiones y los acuerdos no necesariamente serán ganar-ganar.

En ocasiones se puede tomar una decisión poco popular o una ganar-perder con un hijo porque sabe que es sabia. Sabe que no es ganar, por ejemplo, que un niño se salga de la escuela, que no quiera que lo vacunen o que quiera jugar en la calle en vez de en el patio de juegos, aunque el niño realmente quiera hacerlo. Pero puede explicar las decisiones poco populares de manera que no muestren falta de respeto hacia ese niño y que evite que su decisión se convierta en un retiro. Si es sobre un asunto que es muy importante para el niño, puede necesitar dedicar más tiempo entendiendo y explicando, para que así el niño eventualmente sienta el espíritu ganar-ganar aunque no le guste la decisión, y en ocasiones ni siquiera le guste usted por un tiempo.

En otras ocasiones puede elegir ir por lo que parece ser perder-ganar debido a tiempos de presión y porque el asunto es periférico o secundario y la persona es central o primaria. El principio es éste: Lo que es importante para otra persona debe ser tan importante para usted, como la otra persona es para usted. En otras palabras, en su corazón usted esencialmente dice: "Mi amor por ti es tan grande y nuestra felicidad está tan entrelazada que no me sentiría bien si lo hago a mi manera y tú eres infeliz, particularmente cuando sientes tan profundamente al respecto".

> *El principio es éste: Lo que es importante para la otra persona debe ser tan importante para usted, como la otra persona lo es para usted.*

Algunos podrían decir que haciendo esto usted está rindiéndose, pero no es así. Simplemente ha cambiado su enfoque emocional del asunto particular o la decisión al valor de la persona que ama y la calidad de su relación con esa persona. Y al hacerlo, lo que podría parecer perder-ganar es en realidad ganar-ganar.

En otras situaciones puede ser que el asunto que es importante para otra persona es también realmente importante para usted, y entonces necesitará moverse hacia la sinergia, encontrar algún propósito o valor transcendental que los una, permitiendo la liberación de los juegos creativos para encontrar una manera mejor y actualizar ese valor o lograr esa meta o propósito. Pero como puede ver, en todas estas instancias el espíritu y el resultado eventual siempre es ganar-ganar.

Ganar-ganar es realmente el único fundamento sólido para la interacción familiar efectiva. Es el único patrón de pensamiento e interacción que construye relaciones a largo plazo de confianza y amor incondicional.

De "Yo" a "Nosotros"

Un hombre compartió esta experiencia:

Un día hace varios años se nos avisó, a mi esposa y a mí, que mi madre y su esposo habían muerto en un accidente de aviación. Estábamos deshechos. Vinieron familiares de todo el país para el funeral y después tuvimos la triste tarea de empacar todas sus pertenencias.

Al hacerlo fue evidente que algunos de mis familiares querían conservar algunas cosas y no titubearon en hacerlo saber.

"¿Quién te crees que eres para quedarte con ese mueble?"

187

"No puedo creer que él piense que se va a quedar con esa pintura."

"Mira nada más cuántas cosas está guardando, y eso que es política."

Me encontré rodeado por el mismo espíritu de crítica y pronto vi que dividir estas posesiones dividiría profundamente a la familia y nos dejaría dolor y soledad. Para evitar que eso sucediera, decidí enfocarme en las cosas que podía influenciar positivamente.

Primero, sugería a los demás que nos diéramos un tiempo, semanas o incluso meses si fuera necesario, antes de intentar decidir quién se queda con qué. Mientras tanto, todo podía ponerse en una bodega.

Segundo, sugería que todos trabajáramos en desarrollar un proceso para dividir las cosas, que nos ayudara a estar juntos como familia y fortaleciera nuestras relaciones, y nos permitiera tener las cosas que realmente queríamos o disfrutábamos y que nos recordaban a mamá y a John. Pareció que a todos les gustó la idea y estuvieron de acuerdo.

Pero no fue tan sencillo. En los meses que siguieron, fue fácil pensar cosas como: "Oigan, yo también quería eso". Pero yo seguía regresando al fin que tenía en la mente. Dije: "Muy bien, ¿qué es lo más importante aquí? Las relaciones. El resultado. Entonces, ¿cómo podemos hacer esto?" Seguía tratando de afirmar que lo que necesitábamos era trabajar para que todos quedáramos felices.

Finalmente tuvimos una lista de todas las posesiones para que todos supieran qué había disponible. Dimos una copia de la lista a todos con una notita recordándoles nuestra meta como familia. Dijimos: "¿Podrían por favor revisar la lista y numerar en orden las cinco cosas que más les gustaría tener? Al hacerlo, consideren a los otros miembros de la familia, porque queremos que todos estén felices".

Pedimos a todos que vinieran preparados a que si otro miembro de la familia tenía un deseo muy profundo de tener algo, podríamos ser sensibles y permitirle que lo tuviera.

Cuando llegó el día de dividir las posesiones, vi que, a pesar de nuestras buenas intenciones, había un alto potencial de tener una situación negativa. Sintiendo la necesidad de reconectarnos con nuestro propósito, dije: "Recuerden, estamos aquí porque amamos a estas dos personas y nos amamos nosotros también. Queremos salir felices de esta experiencia. Queremos que estos momentos que siguen sean algo que daría felicidad a mamá y a John si estuvieran aquí".

Entonces todos estuvimos de acuerdo: "No vamos a salir de este lugar hasta que nos sintamos bien con todos". Recordamos nuestro amor por estas dos personas y nuestro sentido de responsabilidad para mantener un espíritu de amor, amabilidad y consideración hacia otros miembros de la familia. Recordamos las cualidades más grandes de las personas. Y los resultados fueron asombrosos.

Cada uno tomó su turno en expresar lo que habíamos puesto en la lista y por qué era importante para nosotros. Al compartir nuestros recuerdos de estas cosas, nos encontramos recordando experiencias con mamá y John. Nos encontramos riendo y haciendo bromas, y disfrutando realmente compartir y estar juntos.

Cuando todos habíamos tenido un turno, vimos que había realmente pocas cosas repetidas. Y cuando dos personas expresaban su deseo por la misma cosa, uno decía: "Bueno, lo tenía en mi lista. Pero realmente entiendo por qué significa tanto para ti. Me gustaría que tú te quedaras con él".

Y hacia el final sentíamos mucho amor entre nosotros, y amor y gratitud por mamá y John y sus vidas. Fue como una experiencia dedicada en su honor.

Note cómo este hombre pudo convertirse en una persona de transición en su familia. Note cómo hizo la elección proactiva de que el bienestar de toda esta familia era la prioridad más alta. Este hombre verdaderamente pensaba ganar-ganar.

La mayoría de las personas en esta situación tienen lo que llamamos *mentalidad de escasez:* "Hay sólo un pastel, así que si tú tienes una rebanada más grande, yo tendré una más chica". Entonces todo tiene que ser ganar-perder.

Pero este hombre pudo desarrollar una *mentalidad de abundancia,* la idea de que hay demasiado para todos y que hay un número infinito de soluciones de tercera alternativa, mejores maneras de arreglar las cosas que logran un ganar para todos.

Esta mentalidad de abundancia es el espíritu de "familia". Es el espíritu de "nosotros". Y de eso se trata el matrimonio y la familia.

Algunas personas dirían: "Lo más difícil del matrimonio o de tener hijos es que cambia todo tu estilo de vida. Ya no puedes sólo enfocarte en tu propia agenda, en tus prioridades. Tienes que sacrificarte. Tienes que pensar en otros, en satisfacer sus necesidades, en hacerlos felices".

Y esto es cierto. Un buen matrimonio y una buena familia requiere servicio y sacrificio. Pero cuando realmente ama a otra persona y comparte un sentido trascendente de propósito para crear el "nosotros", como educar a un niño, entonces el sacrificio no es nada más que cambiar algo pequeño por algo grande. El logro real viene del sacrificio. Es este cambio de "yo" a "nosotros" que hace que una familia sea una ¡familia!

Como lo dijeron J. S. Kirtley y Edward Bok:

Esta mentalidad de abundancia es el espíritu de «familia». Es el espíritu de «nosotros». Y de eso se trata el matrimonio y la familia.

Aquel que lleve un corazón equivocado al matrimonio y albergue el egoísmo, o encuentre ahí un corazón egoísta que persiste en seguir equivocado, hará y encontrará la vida de casado irritable e insoportable... Aquel que espera ser obligado al matrimonio está actuando con un principio que pervertirá toda su vida. Aquel que se casa con el propósito de recibir, más que conceder, hace un comienzo falso... "La vida matrimonial nunca puede ser lo que debe ser mientras el esposo o la esposa hagan su felicidad personal el objetivo principal".[1]

El espíritu de querer lo mejor para todos y estar dispuesto a amar y sacrificarse hace que suceda el espíritu verdadero de ganar-ganar.

La realidad es que, no a pesar de sino debido a sus desafíos, el matrimonio y la vida familiar son la prueba severa de formación de carácter del cual surge la verdadera alegría y el logro. Como observó Michael Novak:

El matrimonio es un ataque al ego solitario y atómico. El matrimonio es una amenaza al individuo solitario. El matrimonio impone responsabilidades humillantes, desconcertantes y frustrantes. Aun así, si uno supone que precisamente dichas cosas son las condiciones previas para la verdadera liberación, el matrimonio no es el enemigo del desarrollo moral de los adultos. Es justo lo opuesto...

Estar casado y tener hijos ha impreso varias lecciones en mi mente, para las cuales no puedo estar agradecido. La mayoría son lecciones de dificultad y dureza. La mayoría de lo que estoy forzado a aprender no es placentero... Mi dignidad como ser humano depende quizá más de la clase de esposo o padre que soy, que de cualquier trabajo profesional que haga. Mis lazos con mi familia me alejan (y mi esposa todavía más) de muchas clases de oportunidades. Y aún así éstos no se sienten como lazos. Son, lo sé, mi liberación. Me fuerzan a ser un ser humano diferente, en una manera en que quiero y necesito ser forzado.[2]

Es total y tristemente sorprendente ver ceremonias preciosas de bodas que se celebran con toda la emoción, el apoyo social, belleza y romance, y luego ver esos matrimonios volverse tristes y terminar en amargura, en la polarización de familias y amigos que una vez fueron cálidos entre ellos, tan amorosos.

Cuando uno lo piensa, las dos personas no han cambiado mucho. Lo que ha cambiado es el movimiento de independencia a interdependencia, el cual por último cambia las circunstancias. Con la llegada de niños y responsabilidades, los rigores y las demandas de la interdependencia emocional, intelectual, social y espiritual excede por mucho cualquier comprensión o visión que los "recién casados" tuvieron. Si hay crecimiento continuo de ambas partes, y crecimiento juntos, las crecientes responsabilidades y obligaciones los unirán de maneras muy profundas. Si no, eventualmente los separarán.

También es interesante ver cómo hay siempre dos lados en toda ruptura y cómo ambos lados están por lo general convencidos de que tienen la razón y el otro está equivocado. Y de nuevo, ambas partes normalmente representan individuos que son básicamente buenos y que no han cambiado tanto. Pero las mentalidades independientes simplemente no funcionarán en una relación y ambiente interdependiente. La vida matrimonial y familiar es verdaderamente la "escuela de graduación" de la moralidad.

Un hombre que se casó a los 30 años dijo esto:

Cuando me casé pensé que era la persona más linda, amable, generosa, poco egoísta. Pero llegué a ver que soy una de las personas más egoísta y autoabsorbente del mundo. Y se me recuerda constantemente porque el desafío siempre está ahí: hacer lo que sé que debo hacer contra hacer lo que quiero hacer.

Llego a casa después del trabajo. Ha sido un día largo y estoy cansado, y lo que quiero hacer es meterme a mi cueva. Quiero escapar. No quiero preocuparme por una relación o por alguien o algo. Sólo quiero sumirme en un pasatiempo o un proyecto o cualquier cosa donde no tenga que pensar.

Aun así, sé que debo enfocarme en esa relación y pasar un tiempo de calidad con mi esposa. Necesito ver que ella tiene necesidades y deseos, y necesito escucharla.

Durante 30 años mi vida fue sobre mí. No había nadie más. Y ahora que estoy casado, veo que mi vida no puede ser ya nada más sobre mí. Es nosotros. Si quiero que mi matrimonio funcione, entonces tengo que hacer ese compromiso. "Mi vida no es sobre mí; es sobre nosotros". Seguro hay un desarrollo personal y todavía necesito tiempo personal. Pero hay también esa relación y si es importante para mí, debo poner el tiempo y el esfuerzo en ella, incluso cuando no sienta que me gusta, incluso cuando estoy cansado o de mal humor.

En su libro *Suerte Enamorada: Los Secretos de las Parejas Felices y Cómo Impulsan Sus Matrimonios,* Catherine Johnson comparte su investigación respecto a factores que hacen los matrimonios felices y duraderos. Entre esos factores, ella destaca dos hermosas ideas:

1. Ambos compañeros dejan de ser solteros de corazón y se vuelven casados de corazón. Sus dos almas se vuelven una, y cada uno ve al otro como su mejor amigo.

2. Se preocupan más por la salud de la relación que por ganar las discusiones. Son autoconscientes y pueden escucharse y evaluarse desde la perspectiva de su compañero.[3]

La clase de sacrificio y servicio requerido para lograr una hermosa cultura familiar crea el último "ganar" en términos de carácter y logro para aquellos que aman, así como para aquellos que son amados. Y ése es el verdadero espíritu de ganar-ganar. De hecho, es realmente ganar-ganar-ganar, un ganar para el individuo, un ganar para el matrimonio y un enorme ganar para la sociedad que se beneficia de individuos íntegros y familias fuertes.

Cómo Cultivar el Espíritu de Ganar-Ganar

Pensar ganar-ganar significa que usted trata de tener este espíritu de ganar-ganar en todas las interacciones de la familia. Siempre quiere lo que es mejor para todos los involucrados.

Como padre, sabe que hay veces en que sus hijos quieren hacer cosas que no van a crearles un ganar. La mayoría de los jóvenes e inexpertos tienden a actuar con base en sus deseos, no en sus necesidades. Aquellos que se preocupan por ellos por lo general son más maduros, más experimentados y más sabios, y están dispuestos a enfocarse en las necesidades más que en los deseos. Por lo tanto, con frecuencia toman decisiones poco populares y que parecen ser ganar-perder.

Pero ser padres no significa ser populares y satisfacer todos los deseos de los hijos. Significa tomar decisiones que verdaderamente sean ganar-ganar, aunque en el momento puede que no le parezca así al niño.

> Ser padres no significa ser populares y satisfacer todos los deseos de los hijos. Significa tomar decisiones que verdaderamente sean ganar-ganar, aunque en el momento puede que no le parezca así al niño.

Siempre tenga en mente que ser padre es básicamente un negocio de "insatisfacción" y requiere un alto nivel de madurez y compromiso de los padres para darse cuenta y ajustar sus expectativas de acuerdo con ello. Recuerde, lo que hace niños felices no es el opuesto de qué los hace infelices o qué los hace insatisfechos. La falta de aire, por ejemplo, es un insatisfactor. El aire no lo satisface en realidad, pero si no lo tiene, está extremadamente insatisfecho. El "aire" en el hogar es lo que usted como padre proporciona en términos de comprensión, apoyo, valor, amor y consistencia. No tener estas cosas es un insatisfactor. Sin ellas, los niños serán infelices. Pero teniéndolas no los hará niños felices. Así que los padres necesitan ajustar sus expectativas de acuerdo con esto.

Frederick Herzberg introdujo primero la idea de satisfacción/insatisfacción en su "teoría de motivación de la higiene", la cual tiene implicaciones impresionantes para los padres.

1. No espere mucho reconocimiento o aprecio de sus hijos. Si llega, es la miel que escurre del pastel. Pero no lo espere.
2. Sea feliz y elimine todos los insatisfactores posibles.
3. No defina satisfacciones para sus hijos. Simplemente no puede forzar los procesos naturales.[4]

Como padre, va a enfrentarse a todo tipo de expresiones de insatisfacción de sus hijos. Pero recuerde que todas las cosas que haga para proporcionar el apuntalamiento básico de la felicidad y seguridad de su hijo por lo general no se comentan. Así que no cometa el error de pensar que las expresiones de insatisfacción de sus hijos representan la calidad de trabajo que está usted haciendo como padre.

La clave es la relación. Las personas básicamente le permiten tratar con sus necesidades más que con sus deseos cuando confían en usted y saben que se preocupa sinceramente. Entonces, si cultiva el espíritu de ganar-ganar cuando sea posible, los hijos tendrán el contexto para entender y aceptar esas decisiones que les parecen un ganar-perder. Y hay varias maneras de hacer esto.

Puede dejarlos ganar en las cosas pequeñas. Cuando los niños son pequeños, el 90 por ciento de las cosas son pequeñas. En nuestra familia, si nuestros hijos querían poner un columpio en la sala, salir a la calle, ensuciarse o hacer de la casa un fuerte durante semanas, por lo general los dejábamos hacerlo. Era un ganar para ellos; era un ganar para nosotros. Fortalecía la relación. En general tratamos de distinguir entre asuntos de principios y asuntos de preferencias, y nos poníamos firmes sólo en las cosas que realmente contaban.

Puede interactuar con ellos alrededor de las grandes cosas. En esta forma sabrán que usted tiene su bienestar en la mente, que no está tratando de construir su propio ego o enfocarse en sus preocupaciones egoístas. Puede abrirse a su influencia. Todo lo que pueda, involúcrelos en el problema y busquen juntos la solución. Pueden tener una idea que sea genuinamente mejor que la suya. O tal vez interactuando puede sinergizar y crear una tercera alternativa que sea mejor que la suya o la de ellos.

Puede dar pasos para compensar el enfoque de competencia. Una vez fui a ver a mi nieta jugar un partido de fútbol soccer. Es buena jugadora y todos estábamos emocionados porque éste era el juego clave entre dos equipos importantes de dos ciudades diferentes. Los padres de ambos lados del campo se involucraron bastante durante el partido. Finalmente, el juego terminó con un empate, lo cual para nuestro entrenador no era tan malo como perder, pero casi.

Después del juego, los jugadores de ambos equipos pasaron por el proceso mecánico de decir: "Buen juego, buen juego", y se estrechaban las manos. Pero nuestro equipo estaba desmoralizado. Podía verse en sus caras. Y el entrenador estaba tratando de animarlas un poco, pero sabían que él también estaba muy decepcionado. Caminaron por la cancha con las cabezas agachadas.

Al acercarse al grupo de padres donde yo estaba parado, grité con entusiasmo: "Muy bien, niñas. ¡Fue un gran juego! Tenían cinco metas: dar lo mejor, divertirse, trabajar en equipo, aprender y ganar. Y lograron cuatro y media de esas metas. Es el noventa por ciento. ¡Es fantástico! ¡Felicidades!"

Sus ojos empezaron a brillar y en poco tiempo tanto los jugadores como los padres estábamos celebrando las cuatro y media metas que estas niñas habían alcanzado.

Un niña adolescente compartió esta experiencia:

Yo jugué en el equipo de basquetbol femenil en la escuela. Era muy buena para mi edad y lo suficientemente alta para formar parte del equipo de avanzadas aunque apenas estaba en segundo año. Mi amiga Pam, igual de segundo año, también la metieron al equipo de avanzadas.

Yo tenía un tiro muy largo regularmente. Empecé a hacer cuatro o cinco de esos tiros en un partido y me reconocían por ello. Pronto se volvió aparente que a Pam no le gustaba toda la atención que yo recibía y decidió, consciente o no, alejarme del balón. No importaba lo abierta que yo estuviera para el tiro, Pam no me pasaba nunca el balón.

Una noche, después de un terrible juego en el que Pam me quitó el balón casi todo el tiempo, yo estaba más enojada que nunca. Pasé muchas horas hablando con mi papá, revisando todo y expresando mi enojo hacia mi amiga-enemiga, Pam la tonta.

Después de una larga discusión, papá me dijo que lo mejor sería darle el balón a Pam siempre que yo lo tuviera. Siempre. Me pareció la sugerencia más estúpida que me pudo haber dado. Me dijo que funcionaría y me dejó en la mesa de la cocina para que lo pensara. Pero no lo pensé. Sabía que no iba a funcionar y la deseché como un tonto consejo paterno.

Para el siguiente partido planeé mi misión de arruinarle el juego a Pam. La primera vez que tuve el balón, oí a papá entre la multitud. Tenía una voz muy fuerte y aunque me aíslo cuando estoy jugando basquetbol, siempre podía oír la voz de papá. En el momento en que agarré el balón, me gritó: "¡Dale el balón!" Yo titubeé un poco y luego hice lo que sabía que estaba bien. Aunque estaba libre para tirar, busqué a Pam y le pasé el balón. Ella se quedó helada un momento, luego volteó y tiró, obteniendo dos puntos.

Mientras corría para ponerme como defensa, sentí algo que nunca antes había sentido: verdadera alegría por el éxito de otro ser humano. Lo que es más, vi que eso nos puso a la delantera en el partido. Me dio gusto estar ganando. Continué dándole a Pam el balón siempre que lo tenía en el primer tiempo. Siempre. En el segundo tiempo hice lo mismo, tirando sólo si era una jugada diseñada o si estaba completamente libre para tirar.

Ganamos el juego y los juegos que siguieron, Pam empezó a pasarme el balón igual que yo a ella. Nuestro trabajo en equipo se volvió más y más fuerte, igual que nuestra amistad. Ganamos la mayoría de los partidos ese año y nos convertimos en un par legendario en la ciudad. El diario local incluso publicó un artículo sobre nuestra habilidad para pasarnos el balón y sentir la presencia de la otra. Cuando yo anotaba, sentía su felicidad genuina por mí. Y cuando ella anotaba más que yo, me sentía especialmente bien.*

Incluso en una situación ganar-perder como en atletismo, hay cosas que se pueden hacer para crear un espíritu ganar-ganar y poner énfasis en el contexto global de ganar-ganar. En nuestra familia hemos descubierto que con frecuencia disfrutamos más juntos si buscamos una anotación de "equipo".

Sandra:

Como nuestra familia incluía bebés y adolescentes, era difícil encontrar una actividad que todos disfrutáramos. A veces íbamos al boliche. Todos podían participar en el nivel en que estaban, pero los ganadores siempre eran los mismos, los más grandes, más fuertes y con más habilidad.

---

*Para información adicional sobre cómo los adolescentes pueden aplicar los 7 Hábitos, busque el libro que está por salir de Sean Covey, *Los 7 Hábitos de los Adolescentes Altamente Efectivos.*

Tratamos de encontrar una manera en que pudiera convertirse un ganar para todos y finalmente encontramos un sistema que funcionó. En vez de sumar las puntuaciones individuales y que ganara la persona con la puntuación más alta, sumábamos el total de la puntuación de todos. Fijamos una meta arbitraria de cuántos puntos podíamos llegar a tener para ganar como familia. Si alcanzábamos la meta, podríamos tener helados y sodas como recompensa. Entonces, en vez de molestarnos cuando alguien hacía un buen tiro, nos daba gusto a todos porque significaba puntos para la puntuación final.

Esto se volvió un ganar-ganar para toda la familia y una solución muy sinérgica. En vez de tener ganadores y perdedores, esperábamos que todos dieran lo mejor. Nos motivábamos unos a otros. Teníamos una meta común. Un punto extra haría la diferencia entre salir a comer pizza o helado en vez de ir a casa.

También hemos encontrado que involucrar a un niño en el entrenamiento de otro niño disminuye la rivalidad entre esos niños. Ambos niños honran y respetan los logros del niño porque ambos estuvieron involucrados.

Sandra:

Sean y David se llevaban sólo dieciocho meses. A veces había competencia y rivalidad. Cuando David estaba aprendiendo a leer, Sean lo imitaba y lo hacía llorar. Lentamente y con dificultad, David intentaba leer: "María... fue... a... la... tienda". Sean salía entonces de su escondite y repetía en tono de burla: "María... fue... a... la... tienda", riéndose y burlándose de David hasta que éste empezaba a llorar.

Nosotros interactuábamos con él: "Sean, David está tratando de aprender a leer. Tú ya sabes leer. Es difícil al principio. Deja de molestarlo. Es tu hermano menor, por favor, ¡ya basta! No lo hagas llorar, déjalo en paz".

Esto continuó por un tiempo hasta que finalmente encontramos una solución mejor. Quitar a Sean del camino. "Sean, ¿te gustaría tener una asignación? Tú eres mayor que David y ya sabes leer. ¿Crees que podrías enseñarle a David a leer? Sería magnífico. Siéntate con él todos los días media hora y ve si puedes ayudarle mejor que nosotros".

Sean lo pensó y decidió hacerlo. Después de unos días trajo a David de la mano y nos lo presentó con esta exclamación: "¡Escuchen a David leer! Yo le enseñé todos los días y lo hace muy bien". David abrió su libro y empezó a leer: "María... fue... a... la... tienda", lo hacía lentamente igual que unos días antes.

Dijimos: "Felicidades, Sean. Le enseñaste a David a leer". Sean no cabía en sí, lleno de orgullo por su éxito como el gran maestro. David estaba feliz también, sabiendo que su hermano pensaba que lo hacía muy bien. Fue un ganar para ambos. Sean se convirtió en el maestro, presentándonos a su alumno para aprobación. David se convirtió en el alumno, orgulloso de sus logros.

Hay muchas maneras de crear situaciones ganar-ganar, incluso para los niños más pequeños. Como quedó claro en la fiesta de cumpleaños de nuestra hija, los niños pequeños pasan por muchas etapas de desarrollo, incluyendo la necesidad de poseer sus juguetes antes de querer compartirlos. Una vez que como padres entendemos estos tipos de conceptos, podemos ayudar a nuestros niños a llegar a ganar-ganar:

"¿Por qué tanto llanto? Mira, Johnnie se siente mal. ¿Por qué crees que se siente mal? ¿Crees que es porque le quitaste ese juguete? Esos son tus juguetes. Te pertenecen. ¿Por qué crees que Johnnie se siente feliz y te hace sentir bien también? ¿Quieres compartir? ¡Qué buena idea! Ahora ambos estarán felices."

Sandra:
Recuerdo a mi hija de dos años un poco resentida y celosa por el tiempo que yo dedicaba a alimentar a su hermanito. Finalmente dije: "¿Por qué no vas y traes tu libro favorito para que te lo lea mientras alimento al bebé? El bebé es tan pequeñito, sólo come y duerme, y tú y yo tenemos mucho tiempo para estar juntas". Se convirtió en nuestra hora de leer cuentos y se resolvió el problema.

Creando Acuerdos Ganar-Ganar

Unos de los depósitos y retiros más grandes en la familia vienen de cómo se manejan las expectativas. En ocasiones las personas sólo suponen ciertas cosas sobre las relaciones. Estas cosas nunca se hablan, pero las suposiciones, las expectativas están ahí. Y cuando estas expectativas no se cumplen, se vuelve un retiro mayor.

La clave es crear expectativas claras desde el principio, y los "acuerdos ganar-ganar" familiares pueden ayudarle a hacerlo. Una mujer compartió esta experiencia de elaborar un acuerdo ganar-ganar con una hija que se estaba saliendo del camino:

Tenemos una hija muy social. Disfruta todas las formas de actividades y siempre está involucrada en todos los bailes, porras, deportes, dramas y música.

Cuando entró a secundaria, le pareció el paraíso con tantas oportunidades de divertirse y socializar, y especialmente de conocer a todos los chicos nuevos de la escuela. Pero pronto sus calificaciones empezaron a bajar y la casa se volvió más un hotel. Parecía como si hubiera perdido su sentido y estuviera balanceándose en la pared en su intento por ser parte del "mundo real" y encajar en él.

Nosotros estábamos muy preocupados porque veíamos a una chica inteligente empezar a tomar caminos no sanos e improductivos. Entonces una noche nos sentamos con ella y explicamos con detalle qué era un acuerdo ganar-ganar y cómo funcionaba. Le pedimos que lo pensara y pusimos una hora para reunirnos con ella la noche siguiente, para elaborar un acuerdo con el que todos pudiéramos vivir.

La noche siguiente nos reunimos en la sala y sacamos cuadernos. Primero le pedimos que nos hablara de sus necesidades. Había tantas: necesitaba más libertad, más participación en las actividades de la escuela, permiso para llegar más tarde, permiso para salir en auto con chicos, dinero para asistir a bailes, clases particulares para mejorar en ciertas áreas, mejor ropa, padres que entendieran más y no fueran tan "anticuados", y muchas cosas más. Al escucharla podíamos decir que estas preocupaciones eran muy importantes para ella en esta etapa de su vida.

Luego preguntamos si podíamos expresar nuestras preocupaciones, y así lo hicimos. Teníamos también muchas. Pusimos cosas como calificaciones aceptables, planear para el futuro, ayudar en casa, obedecer las horas de llegada, leer regularmente, ser amable con sus hermanos y hermanas, y salir sólo con chicos que tuvieran buenos valores y hábitos.

Naturalmente, tenía objeciones a todo lo que expresamos. Pero el hecho de que lo hiciéramos en una reunión, que escribiéramos todo y que pareciéramos tan organizados, y que tuviéramos la actitud de realmente querer llegar a una solución con la que todos estuviéramos felices, creó una impresión muy positiva en ella. Pudimos hacer un acuerdo ganar-ganar muy rápido, que involucraba todo aspecto de su vida. Cedimos algunas cosas, y ella cedió otras. Ella insistió en que todos lo firmáramos y lo guardó en su cuarto como su contrato con nosotros.

Desde esa noche está totalmente relajada. Aunque ella ya no tiene que demostrarlo a nadie está creciendo y necesita nuevas fronteras. Ya no hay una razón para situaciones de desafíos ni nada de eso.

Ella se refiere al acuerdo con mucha frecuencia, porque siempre olvidamos algo en lo que habíamos acordado. Le dio paz. Sabe dónde está parada. Y le impresionó que estuviéramos dispuestos a negociar y tratar de entender todas sus necesidades.

Una mujer divorciada compartió esta experiencia sobre el desarrollo de un acuerdo ganar-ganar con un hijo que estaba involucrado en drogas:

Mi esposo y yo nos divorciamos cuando nuestro hijo tenía dieciséis años y fue muy difícil para él. Fue tan doloroso que se metió en drogas y otros problemas.

Cuando tuve la oportunidad de asistir al curso de los 7 Hábitos, invité a este hijo a venir conmigo y aceptó. Esto estableció el fundamento para una transformación importante en su vida.

Al principio estaba cada vez peor. Pero finalmente pudo usar estos hábitos para enderezarse. Juntos desarrollamos un acuerdo ganar-ganar. Parte del acuerdo era que yo le ayudaría a comprar un auto, que necesitaba desesperadamente, y que él haría los pagos restantes. Estaba en dificultades financieras así que no podía conseguir un préstamo, pero yo lo haría. También entró a una terapia para drogas. Fuimos muy específicos sobre los cinco o seis puntos que necesitaban atenderse y estuvimos de acuerdo. El redactó el acuerdo y lo firmamos. Ambos teníamos muy claro lo que debía suceder.

Él había tenido muchos problemas y enfrentado muchos desafíos difíciles, pero se volvió enteramente responsable por su pasado y con valor empezó a ir por otro camino. Honraba todo compromiso que hacía. En un período de tres meses fue capaz de dar un giro total a su vida.

Ahora tiene un buen empleo y va a la universidad. Es el mejor estudiante de su grupo. Quiere ser médico y está de nuevo en el camino correcto, aunque antes pensé que nunca alcanzaría su meta.

¿Puede ver cómo, en cada una de estas situaciones, los acuerdos nutrieron el espíritu de ganar-ganar en la cultura?

¿Puede ver también cómo estos acuerdos ayudaron a crear la Cuenta de Banco Emocional? Estaban basados en comprensión compartida. Ayudaron a crear visión compartida. Aclararon expectativas. Implicaron compromiso. Construyeron confianza. Y fueron un ganar para todos los involucrados.

Permita que el Acuerdo Gobierne

Una mujer compartió cómo un acuerdo ganar-ganar le ayudó a cortarse el cordón umbilical con sus hijos y enseñarles responsabilidad:

Cuando mis hijos eran pequeños, siempre me aseguré que su ropa estuviera limpia, impecablemente doblada y guardada. Cuando crecieron, les enseñé a escoger su ropa, doblarla y guardarla. Pero cuando fueron adolescentes, sentimos que había llegado el momento de darles la facultad de ser realmente responsables de su ropa. Entonces, en uno de nuestros tiempos familiares, justo antes de que empezara la escuela, hablamos del asunto. Decidimos juntos que sería un ganar para ellos y un ganar para nosotros. Hicimos un acuerdo ganar-ganar sobre la ropa.

Acordamos que les proporcionaríamos cierta cantidad de dinero para "ropa", transportación para ir a comprar ropa y les ayudaríamos con las reparaciones de la ropa. En cambio ellos acordaron que lavarían, doblarían y guardarían su ropa limpia cada semana, que mantendrían los clósets y los cajones limpios y en orden, y no dejarían ropa por todas partes. Pusimos una "caja de lo que no quiero" para el que dejara algo fuera de su lugar. Cualquier prenda puesta en la caja costaría veinticinco centavos recuperarla.

También acordamos que cada semana tendríamos una sesión de responsabilidad. Presentarían una lista del dinero que habían ganado esa semana. También en el papel había un lugar para que señalaran si habían lavado su ropa o no.

El año empezó de maravilla. Les enseñamos cómo usar la lavadora. Estaban emocionados por tener dinero para ropa y durante varias semanas se portaron perfectamente. Pero al involucrarse más en actividades escolares, empezaron a brincarse una semana de vez en cuando. En un punto ya era casi imposible tanta ropa sucia.

Era una gran tentación regañarlos y a veces lo hice. Siempre pedían disculpas y siempre tenían planeado actuar mejor. Pero después de un tiempo comencé a ver que les había dado una responsabilidad y luego se las estaba quitando. Hasta donde recuerdo, ahora era mi problema, no de ellos.

Así que me mordí la lengua y dejé que el acuerdo actuara por sí solo. Cada semana me sentaba alegremente con ellos y aceptaba su lista. Les pagaba lo que habían ganado. Si habían arreglado su ropa, les daba su dinero, Si no, no lo hacía. Semana tras semana se enfrentaron con su propio desempeño.

Al poco tiempo la ropa empezó a gastarse. Los zapatos a ser pequeños. Empezaron a decir: "Necesito ropa nueva".

"Perfecto", dije. "Tienes tu dinero para ropa. ¿Cuándo quieres que te lleve de compras?"

La realidad fue aparente. Vieron que la manera en que usaron su tiempo no había sido la mejor. Pero no podían quejarse. Ellos habían ayudado a crear el acuerdo. Al poco tiempo empezaron a poner mucho más interés en arreglar su ropa.

Lo mejor de esta experiencia es que el acuerdo me ayudó a calmarme y dejarlos aprender. Ellos eligieron; ellos tuvieron las consecuencias. Yo era amorosa, apoyadora, pero no me metí en el camino. No me metí en: "Mamá, por favor, cómprame una camisa nueva" o "¿Podemos ir a comprarme unos pantalones nuevos?" El acuerdo gobernaba. Ellos sabían que no podían venir conmigo a pedirme dinero para ropa.

Note cómo esta mujer dejó que el acuerdo ganar-ganar gobernara la relación. ¿Puede ver cómo al hacer eso ella pudo ser menos reactiva cuando llegaron los problemas? El acuerdo le dio sensación de seguridad. La liberó para ser más amorosa y amable cuando los hijos tenían problemas porque que no estaba sujeta a rabietas y persuasiones.

¿Puede ver cómo este enfoque crea la Cuenta de Banco Emocional? La relación no se volvió una lucha de poderes porque el acuerdo estaba en su lugar. Esta mujer hacía lo que había acordado. Los dejó aprender de las consecuencias de su elección. Y se liberó para ser amorosa y comprensiva cuando no tuvieron el resultado que querían.

Note, también, cómo esta mujer pudo enseñar a sus hijos varios principios importantes a través de este acuerdo ganar-ganar. Les había puesto el ejemplo: habían vivido con ropa limpia y doblada por muchos años. Les dio la educación y la capacitación que necesitaban para triunfar: les enseñó a escoger su ropa y también cómo usar la lavadora. Luego fijó la responsabilidad por medio del acuerdo y no se retractó. Pacientemente y con amor los dejó aprender.

Los Cinco Elementos de un Acuerdo Ganar-Ganar

No se puede hacer a las personas responsables por los resultados si supervisas sus métodos.

Hace algunos años Sandra y yo tuvimos una experiencia interesante que nos enseñó mucho sobre crear acuerdos ganar-ganar con nuestros hijos. Probablemente lo más significativo que nos enseñó fue esto: No se puede hacer a las personas responsables por los resultados si supervisas sus métodos.

Esta historia es la más popular que he contado. De hecho, conferencias completas para grupos diferentes han estado basadas en ella. Mientras lee esta historia, note cómo entran en juego los cinco elementos de un acuerdo ganar-ganar (resultados deseados, lineamientos, recursos, responsabilidades y consecuencias).

Verde y Limpio

Nuestro pequeño hijo Stephen se había ofrecido a cuidar el jardín. Antes de que yo le diera realmente el trabajo, comencé un proceso de entrenamiento.

[Note en los siguientes párrafos cómo identificamos los resultados deseados.]

Yo quería que él tuviera un panorama claro en su mente de qué significa un jardín bien cuidado como el de nuestro vecino. "Mira hijo —le dije—. ¿Ves lo limpio y verde que está el del vecino? Eso es lo que queremos: verde y limpio. Ahora ven a ver nuestro jardín. ¿Ves los colores mezclados? Exacto; no está verde. Verde y limpio es lo que queremos. [Note cómo fijamos los lineamientos.] Ahora, cómo lo vas a hacer depende de ti. Eres libre de hacerlo como quieras excepto pintándolo. Pero te diré qué haría yo."

"¿Qué harías tú, papá?"

"Yo encendería los aspersores. Pero tú puedes usar una cubeta o la manguera. No hay diferencia para mí. Todo lo que queremos es que sea verde. ¿De acuerdo?"

"De acuerdo."

"Ahora vamos a hablar de 'limpio', hijo. Limpio significa no papeles, no hojas, no huesos, no palos, no cualquier cosa que arruine el lugar. Te diré qué haremos. Vamos a limpiar la mitad del jardín para que veas la diferencia."

Entonces tomamos dos bolsas de papel y recogimos un lado del jardín. "Ahora vamos a ver este lado. Mira el otro lado. ¿Ves la diferencia? Eso se llama limpio."

"¡Espera!" dijo. "¡Veo unos papeles detrás de ese arbusto!"

"Ah, perfecto. No vi esos papeles ahí atrás. Buen ojo, hijo.

"Ahora, antes de decidir si vas a tomar el trabajo o no, déjame decirte algunas cosas más, porque cuando tomes el trabajo, no lo volveré a hacer. Es tu trabajo. Es tu responsabilidad que significa 'un trabajo con confianza'. Yo confío en que harás el trabajo bien."

"¿Quién va a ser tu jefe?"

"Tú, papá."

"No, yo no. Tu serás el jefe. Eres tu propio jefe. ¿Te gusta que mamá y papá estén tras de ti todo el tiempo?"

"No."

"A nosotros tampoco nos gusta. A veces causa un mal sentimiento, ¿verdad? Así que eres tu propio jefe. [Note cómo hacemos claro cuáles son sus recursos.] *Ahora adivina quién es tu ayudante."*

"¿Quién?"

"Yo —dije—. Tú eres mi jefe".

"¿En serio?"

"Sí. Pero mi tiempo para ayudar es limitado. A veces no estoy en casa. Pero cuando esté aquí tu me dirás cómo ayudarte. Haré lo que sea que tú digas."

"¡Perfecto!"

"Adivina quién te juzga."

"¿Quién?"

"Tú te juzgas solo."

"¿Sí?"

"Sí. [Note como se establece responsabilidad.] *Dos veces a la semana vamos a recorrer el jardín y puedes mostrarme cómo va. ¿Cómo vas a juzgar?"*

"Verde y limpio."

"¡Exacto!"

Lo entrené con esas dos palabras durante dos semanas antes de que sintiera que estaba listo para tomar el trabajo. Finalmente, llegó el gran día.

"¿Es un trato, hijo?"

"Es un trato."

"¿Cuál es el trabajo?"

"Verde y limpio."

"¿Qué es verde?"

Volteó a nuestro jardín, que empezaba a verse mejor. Luego señaló el de junto. "Es el color de su jardín."

"¿Qué es limpio?"

"Sin basura."

"¿Quién es el jefe?"

"Yo soy."

"¿Quién es tu ayudante?"

"Tú, cuando tengas tiempo."

"¿Quién es el juez?"

"Yo soy. Recorreremos el jardín dos veces por semana para que te muestre cómo va."

"¿Y qué perseguimos?"

"Verde y limpio."

En ese momento, no fije una consecuencia extrínseca como no darle dinero, sino que me enfoqué en ayudarle a entender la satisfacción intrínseca y las consecuencias naturales de un trabajo bien hecho. [Note el reconocimiento y la explicación de las consecuencias.]

Dos semanas y dos palabras. Pensé que estaba listo.

Era sábado y el no había hecho nada. Domingo, nada. Lunes, nada. Al salir rumbo al trabajo el martes, vi el jardín amarillento, seco y el sol de julio quemándolo. "Seguro lo hará hoy", pensé. Podía entender el sábado porque ese día hicimos el acuerdo. Podía entender el domingo; el domingo era para otras cosas, pero no podía racionalizar el lunes. Y ahora ya era martes. Ciertamente lo hará hoy. Era verano. ¿Qué más tenía que hacer?

Todo el día pensé en volver a casa y ver qué había pasado. Al dar vuelta en la equina, me encontré con el mismo panorama que dejé en la mañana. Y mi hijo estaba en el parque de enfrente jugando.

Esto era inaceptable. Me molesté y me desilusioné por su actuación después de dos semanas de capacitación y todos esos compromisos. Teníamos mucho esfuerzo, orgullo y dinero invertido en el jardín, y yo veía cómo se deterioraba cada vez más. Además, el jardín del vecino estaba arreglado y hermoso, y la situación estaba empezando a avergonzarme.

Estaba listo para volver a ser el jefe. "Hijo, ven aquí y recoge esa basura en este momento." Sabía que así conseguiría el huevo de oro. Pero, ¿qué pasaría con la gallina? ¿Qué le sucedería a su compromiso interno?

Así que fingí una sonrisa y grité: "Hola, hijo, ¿cómo va todo?"

"¡Perfecto!", contestó.

"¿Cómo va el jardín?" Sabía que en el momento de decirlo había roto nuestro acuerdo. Esa no es la manera en que establecemos una responsabilidad. No es lo que habíamos acordado.

Así que él se sintió justificado a romperlo también. "Bien, papá."

Me mordí la lengua y esperé hasta después de la cena. Luego le dije: "Hijo, hagamos lo que acordamos. Vamos a caminar por el jardín para que me muestres cómo va".

Al acercarnos a la puerta, le empezó a temblar la barbilla. Tenía lágrimas en los ojos y para cuando salimos de la casa, estaba francamente llorando.

"Es tan difícil, papá."

¿Qué era tan difícil? No había hecho absolutamente nada. Pero yo sabía qué era difícil, autoadministración, autosupervisión. Entonces dije: "¿Hay algo que pueda hacer para ayudar?"

"¿Lo harías, papá?"

"¿Cuál fue nuestro acuerdo?"

"Dijiste que ayudarías cuando pudieras."

"Ahora puedo."

Corrió a la casa y regresó con dos bolsas para basura. Me dio una. "¿Podrías recoger esa basura?" Señaló la basura del sábado en la noche. "Me da mucho asco."

Lo hice. Hice exactamente lo que me pidió que hiciera. Y fue entonces que firmamos el acuerdo en su corazón. Se convirtió en su jardín, su responsabilidad.

Sólo pidió ayuda dos o tres veces más en todo el verano. Se hizo cargo del jardín. Lo mantuvo más verde y más limpio de lo que nunca antes estuvo. Incluso regañaba a sus hermanos si dejaban papeles en el jardín.

Fue difícil vivir por el acuerdo que habíamos creado. Pero aprendí el poder de hacerlo y el poder de un acuerdo ganar-ganar que tiene los cinco elementos. El hecho es que usted va a tratar con estos cinco elementos tarde o temprano. Si no elige hacerlo con anticipación, lo hará en momentos de crisis.

"¿Qué se suponía que debía hacer? No entendí."

"Bueno, ¿por qué no me dijiste lo que no debía hacer?"

"No sabía dónde estaban las instrucciones."

"Nunca dijiste que tenía que hacerlo para hoy."

"¿A qué te refieres con que no puedo salir hoy? Nunca dijiste que no podría salir si no lo hacía. Sharon no hizo su trabajo y la dejaste salir?"

Al principio probablemente parecerá como si los cinco elementos requirieran mucho tiempo y así es. Pero es mucho más efectivo invertir el tiempo antes que enfrentar después las consecuencias de no hacerlo.

El "Panorama Completo"—la Clave para Pensar Ganar-Ganar

Obviamente, pensar ganar-ganar está en el corazón del propósito de una familia. Pero como dije al principio de este capítulo, cuando te atrapa la emoción y la conducta del momento, puede ser increíblemente difícil de hacer. Entonces esa pausa entre qué nos sucede y nuestra respuesta se vuelve vitalmente importante.

En nuestra vida familiar Sandra y yo hemos encontrado que la clave más grande para vivir el Hábito 4 es usando esa pausa para conectarnos con el "panorama completo".

Hace varios años Sandra cubrió las paredes de la sala con fotografías de la familia en todas las etapas de su vida. Hay fotos de nuestros padres, madres, abuelos y bisabuelos; fotografías en blanco y negro tomadas justo después de nuestra boda, fotografías de bebés y escolares de nuestros nueve hijos tomadas a través de los años, fotografías de los niños sin dientes, con pecas, con brackets, fotografías de todos en la secundaria, fotografías de la universidad, fotografías de la misión y fotografías de boda. Hay fotografías de grupos familiares y una pared para nietos. Hay incluso fotografías mías de hace años cuando tenía cabello.

Sandra quería crear esta pared familiar porque quería que todos los miembros de la familia se vieran como ella los veía. Cuando veía a nuestro hijo de 33 años casado y con cuatro hijos, por ejemplo, en su mente también vería a este mismo hijo a los cuatro años corriendo hacia la casa en busca de cariño y una bandita para su rodilla raspada. Lo veía a los 12 años enfrentando sus temores del primer día en la secundaria. Lo veía a los 17 años en el equipo de fútbol en la primera mitad del partido de campeonato, a los 19 años saliendo de casa para pasar dos años en un país extranjero, a los 23 años abrazando a su esposa el día de su boda, a los 24 cargando a su primer hijo.

Como ven, para Sandra hay mucho más de todos en la familia que lo que podemos ver en cualquier momento dado. Ella quería comunicar a los demás todo lo que ella apreciaba en esta visión que tenía de las personas que ama.

Sandra:
Ha sido maravilloso ver cómo todos lo que llegan a nuestra casa inmediatamente se ponen a ver la pared. Notan parecidos familiares y señalan cómo uno de los nietos se parece a su mamá o papá cuando tenían su edad. A nuestros hijos y nietos les encanta.

"Recuerdo ese vestido rosa, ¡era mi favorito!"
"¿No era hermosa tu mamá?"
"Ves, yo también tuve brackets."
"Esta foto fue tomada al equipo cuando ganamos el campeonato estatal de fútbol."
"Es el vestido formal que me puse cuando fui Reina del Día de los Niños."

Les encantó tanto que pusiera una fotografía de ellos cuando acababan de ganar el concurso de esquí en agua, que la mandé amplificar y se las regalé para Navidad. Se la enseñaban a sus hijos con mucho orgullo.

"Miren qué músculos tenía."

Estaban en la foto bronceados, con cuerpos musculosos, en el sol.

"Ese es tu papá", le dicen a sus hijos. "Levanté pesas por más de tres años para verme así."

Cuando pienso en mis hijos, no pienso en cómo se ven y actúan hoy. Estoy llena de recuerdos de expresiones familiares que usaban, la ropa favorita que se ponían. Bebés, preescolares, escolares, adolescentes y jóvenes adultos, todas estas imágenes vienen a mi mente cuando veo ante mí el producto terminado. Recuerdo las edades y etapas, cómo se veían, las risas, las lágrimas, los fracasos y los triunfos.

Una mirada a esta pared de fotografías es como tener toda tu vida ante ti en unos segundos. Me lleno de recuerdos, nostalgia, orgullo, alegría y renovación. La vida continúa y es maravillosa. Tenemos muchos libros de fotografías y los disfruto mucho también. Pero esta es nuestra familia, nuestra vida, a mi alrededor. Y me encanta.

A menudo he deseado poder expandir esa pared para incluir fotografías del futuro también, para vernos, ver a nuestros cónyuges y a nuestros hijos dentro de 10, 20, incluso 50 años. Cómo sería bueno para el corazón y la mente si pudiéramos ver los desafíos que enfrentarán, la fuerza de carácter que desarrollarán, las contribuciones que harán. Y qué diferencia haría en nuestras interacciones si pudiéramos ver más allá de la conducta del momento, si pudiéramos tratar a todos en la familia desde la perspectiva de todo lo que han sido y en todo lo que podemos ayudarles a convertirse, así como cualquier cosa que puedan estar haciendo en cualquier momento dado.

Actuar con esa clase de visión, en vez de sobre la emoción o la conducta del momento, hace toda la diferencia en ser padres. Tomemos un asunto medular como disciplinar a un niño, por ejemplo. Una de las cosas más valiosas que Sandra y yo hemos aprendido como resultado de pensar en el "panorama completo" es la diferencia entre *castigo* y *disciplina*. Tal vez puedo ilustrar esto con la práctica común de enviar a un hijo encerrado a su habitación.

Muchas personas usan el "tiempo de encierro" como un lugar para enviar a un niño mal portado hasta que se reforme. La manera en que se usa este tiempo representa claramente la distinción entre castigo y disciplina. El castigo sería decir al niño: "Muy bien, vas a estar en tu habitación durante treinta minutos". La disciplina sería decir: "Muy bien, necesitas ir a tu habitación y estar ahí hasta que decidas vivir con lo que hemos acordado". Si el niño se queda en su cuarto un minuto o una hora no importa, siempre y cuando el niño haya ejercitado la proactividad necesaria para hacer la elección correcta.

Por ejemplo, si un hijo se porta mal, entonces necesita ir a su habitación un tiempo hasta que piense de otra manera. Si sale y continuamente se porta mal, entonces significa que no ha ordenado su mente, así que el asunto debería discutirse. Pero el punto es que usted está mostrando respeto y afirmando que él tiene el poder para elegir la conducta que sea consistente con los principios en el acuerdo. La disciplina no es emocional. Se maneja de manera muy directa y concreta, conociendo de antemano las consecuencias acordadas.

Cuando un niño se comporta mal, es importante recordar el Hábito 2 (Comenzar con el fin en la mente) y ser muy claro respecto a exactamente qué está tratando de hacer. Su fin en la mente como padre es ayudar al niño a aprender y crecer, a crear una persona responsable. El objetivo de la disciplina es ayudar al niño a desarrollar disciplina interna, la capacidad de hacer elecciones correctas incluso cuando hay influencias en otra dirección.

En la luz de eso, una de las cosas más importantes que puede hacer es involucrar el Hábito 1 (Ser Proactivo) en el nivel del niño y afirmar su capacidad para ser "responsable". Aclare que el asunto es la conducta, no el niño. Afirme, más que negar, la habilidad del niño para hacer elecciones. También puede ayudar a los niños a mejorar su habilidad para hacer buenas elecciones motivándolos a llevar un diario personal. Así fortalecen sus dotes humanas, observando su involucramiento y educando su conciencia. También puede usar el Hábito 4 para llegar a acuerdos ganar-ganar respecto a reglas y consecuencias por anticipado.

Sandra y yo sentimos que cuando nuestros hijos experimentan esta clase de disciplina, tienen un espíritu totalmente diferente. Su energía se enfoca en manejar su propia conciencia en vez de hacerlo con nosotros. Se abren más y aprenden más. Y con frecuencia, la disciplina realmente crea la Cuenta de Banco Emocional. Hay buena voluntad en la relación más que rechazo y crítica. Los niños pueden todavía hacer malas elecciones, pero llegan a confiar en el sentido de responsabilidad y estabilidad de los principios, y en un ambiente familiar centrado en principios.

La habilidad de ver el "panorama completo" hace una gran diferencia en toda interacción familiar. Tal vez cuando todos vemos a los miembros de nuestra familia (incluyendo nosotros), debemos visualizar a todos usando una playera que diga: "Sé paciente; todavía no termino". Debemos también suponer siempre la buena fe. Actuando bajo la suposición de que los demás están tratando de hacer lo mejor que pueden, podemos ejercitar una influencia poderosa para sacar lo mejor de ellos.

Si podemos vernos como siempre cambiando y creciendo, y actuando con buena fe, y si podemos mantener nuestro destino (el fin) en la mente, tendremos la motivación y el compromiso que se necesitan para siempre ir por ganar-ganar.

Compartiendo Este Capítulo con Adultos y Adolescentes

Aprendiendo a Pensar "Ganar-Ganar"

- Discuta la demostración de vencidas de las páginas 177 y 178. ¿Por qué ganar-ganar es la forma de jugar vencidas y pensar mucho mejor para las relaciones familiares?
- Discuta cómo una persona con una actitud ganar-ganar puede cambiar una situación.
- Pregunte a los miembros de la familia: ¿Por qué la contención interna es más destructiva para la familia que las presiones turbulentas del exterior?

Interdependencia es la Meta

- Pregunte a los miembros de la familia: ¿Qué necesita suceder para que los miembros de la familia puedan trabajar juntos para llegar a soluciones que sean mejores que las que ofrecen los miembros individualmente? ¿De qué manera sería útil la idea "una pregunta, un compromiso"?
- Discuta las consecuencias de pensar ganar-perder y perder-ganar. Pregunte: ¿Pueden pensar en una situación en la cual cualquiera de estas alternativas funcionaría mejor que ganar-ganar?

Moviéndose de "Yo" a "Nosotros"

- Revise la historia del funeral en las páginas 187 a 189 como ejemplo de cómo una situación muy sensible se convirtió en un ganar-ganar para todos debido a un hombre con visión y con un plan. Discuta cómo puede desarrollar y modelar la actitud y la conducta ganar-ganar en algunas situaciones de su vida.
- Hable de la diferencia entre mentalidad de "escasez" y de "abundancia" como se describen en la página 189. Identifique una situación en que la mentalidad de abundancia beneficiaría a la familia. Traten de usar el pensamiento de abundancia durante una semana. Hable de la diferencia que hace en su cultura familiar.

Desarrollando Acuerdos Ganar-Ganar con Miembros de la Familia

- Discuta las historias de este capítulo que tratan del desarrollo de los acuerdos ganar-ganar familiares (páginas 193 a 203). Hable de la diferencia que estos acuerdos hacen para los hijos y los padres. Trate de crear un acuerdo ganar-ganar con otro miembro de la familia. Vívanlo durante una semana. Discuta los beneficios y desafíos.
- Discuta la diferencia entre disciplina y castigo. Pregunte: ¿Cómo podemos disciplinar sin castigar?
- Discuta qué significa ver el panorama completo. Cuando un miembro de la familia está en desacuerdo, ¿cómo puede ayudarle ver más allá de la conducta del momento a pensar ganar-ganar?

Compartiendo Este Capítulo con Niños

Suficiente para todos

- Disfrute una tarde en el sol con sus hijos. Vaya a un lugar como la playa, el parque o las montañas y hable con ellos sobre lo maravilloso que es el sol y cómo hay suficiente para todos. Señale que no le quita nada al sol si una persona o un millón de personas lo disfrutan. Hay abundancia de sol, igual que hay abundancia de amor. Amar a una persona no significa que no puedes amar a otras personas también.

- Haga un juego. Diga a los niños que esta vez, "ganar" significa que todos tienen que ganar. Decida algunas reglas que digan que ser amable y considerado con los demás jugadores es más importante que conseguir más puntos. Vea qué sucede. Los niños pueden decidir pasar un turno, compartir el dinero o los dulces del juego, buscar una puntuación de equipo u ofrecer consejos sobre cómo hacer un mejor movimiento. Después del juego, pídales que discutan cómo se sintieron al ayudar a todos a ganar. Ayúdeles a entender que el mundo tiene espacio para muchos ganadores.

- Invite a la familia a un juego de pelota y explique en el camino que el plan es que todos tomen nota de lo "mejor" que vean en la cancha: la mejor jugada, el mejor trabajo en equipo, el mejor deportistá, la mejor coordinación, no sólo de su equipo, sino también del equipo opositor. Después del equipo, compare las notas y pídales que señalen todas las cosas buenas que observaron. Pida a los miembros de la familia que compartan sus discernimientos y sentimientos.

- Comparta la historia sobre los dos hermanos que tenían una relación tan competitiva que no podían disfrutar estar juntos. Discuta cómo el enfoque ganar-ganar que desarrollaron podría ayudar a resolver problemas similares que pudiera tener entre sus hijos.

- Elija un asunto que haya creado una lucha entre usted y sus hijos. Podría ser algo como comprarles lo que quieren, visitar un parque de diversiones o hacer algo que no está seguro de que quieran hacer. Siéntense y discútanlo. Ponga las cartas sobre la mesa. Determine qué constituiría un ganar para cada persona involucrada y trate de llegar a una solución verdaderamente ganar-ganar. Discutan juntos cómo se sienten cuando se llega a una solución.

- Escoja áreas en su vida familiar que necesiten cooperación adicional, trabajo en equipo y mejores actitudes. Anótelas en un papel cada una y póngalas en algún recipiente. Pida a los niños que saquen un papel cada uno y explique que van a hacer de esa situación un ganar para todos.

HÁBITO 5
BUSCAR PRIMERO
ENTENDER... LUEGO SER
ENTENDIDO

Aprender a buscar primero entender y luego ser entendido abre las puertas para vivir a conciencia en la familia. Como dijo la zorra en el clásico *La Princesita:* "Y éste es mi secreto, un secreto muy sencillo: es sólo con el corazón que una persona puede ver correctamente; lo que es esencial es invisible para los ojos".

Al comenzar este capítulo, me gustaría pedirle que intente un experimento. Por favor dedique algunos segundos sólo a ver la ilustración de esta página.

Ahora vea esta ilustración y describa con detalle qué es lo que ve.

¿Ve a un indio? ¿Cómo se ve? ¿Cómo está vestido? ¿Hacia dónde está mirando?

Probablemente dirá que el indio tiene una nariz prominente, que está usando un penacho de plumas y que está viendo hacia el frente de la página.

Pero, ¿qué tal si yo le dijera que está equivocado? ¿Qué tal si le dijera que no está viendo a un indio sino a un esquimal, y que está usando un abrigo con gorro que le cubre la cabeza, que tiene una lanza en la mano y que está mirando hacia el lado derecho de la página?

¿Quién tendría la razón? Mire la ilustración de nuevo. ¿Puede ver al esquimal? Si no puede, siga intentándolo. ¿Puede ver su lanza y el abrigo?

Si estuviéramos hablando frente a frente, podríamos discutir esta ilustración. Usted podría describir lo que ve y yo le diría lo que veo. Podríamos continuar comunicándonos hasta que usted me demostrara lo que ve en la ilustración y yo le demostrara lo que yo veo.

Como no podemos hacerlo, vaya a la página 252 y estudie la ilustración ahí. Luego vea ésta de nuevo. ¿Puede ver al esquimal ahora? Es importante que lo vea claramente antes de continuar leyendo.

Durante muchos años he usado esta clase de ilustración de percepción para hacer a las personas conscientes de que la manera en que ven al mundo no es necesariamente como lo ven otras personas. De hecho, las personas no ven al mundo como *es;* lo ven como *ellas son,* por lo que han estado condicionadas a ser.

Casi siempre esta clase de experiencia de percepción ocasiona que las personas sean humildes y mucho más respetuosas, más reverentes, más abiertas a entender.

> *Las personas no ven al mundo como es; lo ven como ellas son, por lo que han estado condicionadas a ser.*

Con frecuencia cuando enseño el Hábito 5 me acerco al público, tomo unos anteojos de una persona y trato de convencer a otra persona de que se los ponga. Por lo general le digo al público que voy a usar varios métodos de influencia humana para intentar que esta persona se ponga los lentes.

Cuando le pongo estos anteojos a la persona (digamos que es una mujer), normalmente se hace para atrás, especialmente si tienen mucho aumento. Entonces apelo a su motivación, le digo: "Inténtalo más". Y se hace todavía más para atrás. O si se siente intimidada por mí, intenta seguirme, pero no hay convencimiento real. Entonces le digo: "Bueno, presiento que eres rebelde. Tienes una 'actitud'. Tienes que ser positiva. Piensa más positivamente. Puedes hacerlo". Entonces ella sonríe, pero esto no está funcionando para nada y ella lo sabe. Entonces por lo general dice: "Esto no ayuda para nada".

Entonces trato de crear un poco de presión o de intimidarla. Me pongo en el rol de papá y digo: "Oye, ¿tienes idea de los sacrificios que tu madre y yo hemos hecho por ti, las cosas que hemos hecho por ti, las cosas que nos hemos negado para ayudarte? ¡Y mira nada más qué actitud tienes! ¡Ahora póntelos!" A veces eso detona más sentimientos de rebelión. Entonces me pongo en el rol de jefe y trato de ejercer presión económica: "¿Qué tan actualizado está tu curriculum?" Apelo a la presión social: "¿No vas a ser parte de este equipo?" Apelo a su vanidad: "¡Es que se te ven muy bien! Miren, todos, ¿no les parece que resaltan sus facciones?"

Uso motivación, actitud, vanidad, presión económica y social. Intimido. La hago sentirse culpable. Le digo que piense positivamente, que lo intente. Pero ninguno de estos métodos de influencia funciona. ¿Por qué? Simplemente porque todos vienen de mí, no de ella y la situación única de sus ojos.

Esto nos indica la importancia de buscar entender antes de buscar influenciar, de diagnosticar antes de recetar, como lo hace un optometrista. Sin entender, usted podría estar gritando al viento. Nadie lo escuchará. Su esfuerzo puede satisfacer su ego por un momento, pero realmente no hay influencia.

Todos vemos al mundo a través de nuestro par de anteojos; anteojos que vienen de nuestros antecedentes únicos y experiencias de acondicionamiento, anteojos que crean nuestro sistema de valores, nuestras expectativas, nuestras suposiciones implícitas sobre cómo es el mundo y cómo debería ser. Piensen en la experiencia del

indio/esquimal al inicio de este capítulo. La primera ilustración condicionó su mente para "ver" o interpretar de manera similar la segunda ilustración. Pero había otra forma de verlo que era igualmente acertada.

Una de las principales razones detrás de las rupturas de comunicación es que las personas involucradas interpretan el mismo evento de manera diferente. Sus naturalezas y antecedentes diferentes los condicionan a hacerlo así. Entonces si interactúan sin tener en cuenta por qué ven las cosas de manera diferente, empiezan a juzgarse. Por ejemplo, tomemos algo pequeño como una diferencia en la temperatura del salón. El termostato de la pared dice 26 grados. Una persona se queja: "Hace mucho calor" y abre la ventana; la otra dice: "Hace mucho frío" y la cierra. ¿Quién tiene razón? ¿Hace mucho calor o mucho frío? El hecho es que ambos tienen razón. La lógica diría que si dos personas difieren y una está en lo correcto, la otra está equivocada. Pero eso no es lógica; es psico-lógica. Ambos tienen razón, cada uno desde su punto de vista.

Al proyectar nuestras experiencias condicionantes al mundo exterior, suponemos que estamos viendo el mundo como es. Pero no es así. Estamos viendo el mundo como nosotros somos, o como hemos sido condicionados a ser. Y hasta que obtengamos la capacidad de separarnos de nuestra autobiografía (quitarnos nuestros propios lentes y ver realmente el mundo con los ojos de otros), nunca podremos formar relaciones profundas y auténticas, ni tener la capacidad de influenciar de manera positiva.

De eso trata el Hábito 5.

En el Corazón del Dolor Familiar están los Malos Entendidos

Hace años tuve una experiencia muy profunda que me enseñó la esencia del Hábito 5 de una manera forzada y humilde.

Estábamos en un sabático de cerca de quince meses en Hawai, y Sandra y yo habíamos empezado lo que sería una de las tradiciones más grandes de nuestra vida. Yo la recogía un poco antes del mediodía en una bicicleta doble roja. Llevábamos con nosotros a dos de nuestros hijos preescolares, uno entre nosotros y el otro en mi rodilla izquierda, y paseábamos por los campos de caña de azúcar cerca de mi oficina. Íbamos despacio casi una hora, sólo hablando. Por lo general terminábamos en una isla aislada; estacionábamos la bicicleta y caminábamos unos 180 metros hasta un punto donde nos sentábamos a comer. Los niños jugaban en la playa y nosotros comentábamos todo tipo de cosas. Hablábamos casi de todo.

Un día empezamos a hablar sobre un tema que era muy sensible para ambos. Nunca había entendido bien lo que yo consideraba una obsesión de Sandra por los electrodomésticos de la marca Frigidaire. Realmente era una especie de obsesión que yo no entendía. Ni siquiera consideraba comprar otra marca. Incluso cuando estábamos empezando y con un presupuesto muy limitado, insistía en que fuéramos a la "ciudad" a donde vendían los aparatos de Frigidaire, porque en nuestro pequeño pueblo no había ningún distribuidor.

Lo que me molestaba no era que le gustara Frigidaire, sino que persistía en hacer lo que yo consideraba enunciados ilógicos que no tenían ninguna base firme. Si me hubiera dicho que su respuesta era irracional y puramente emocional, creo que hubiera podido manejarlo. Pero su justificación era muy molesta. De hecho, era un asunto tan delicado que en esta ocasión en particular seguí caminando y lo pospuse. Creo que ambos teníamos temor de vernos a los ojos.

Pero el espíritu era tal que nos abrimos. Empezamos a hablar de los electrodomésticos que teníamos en Hawai y le dije: "Sé que preferirías Frigidaire".

"Así es —afirmó—, pero éstos parecen funcionar bien". Entonces empezó a abrirse. Dijo que de niña, veía que su padre trabajaba muy duro para mantener a su familia. Trabajaba como maestro de historia y entrenador en una escuela, y para tener un poco más de dinero, entró al negocio de los electrodomésticos. Una de las marcas que manejaba en la tienda era Frigidaire. Cuando regresaba a casa después de un día de mucho trabajo, se recostaba en el sillón y ella le daba un masaje en los pies y le cantaba una canción. Fue una época preciosa que ambos disfrutaron mucho casi a diario por años. Con frecuencia durante esta época él comentaba sus preocupaciones sobre el negocio y compartía con Sandra su gran aprecio por Frigidaire. Durante una mala situación económica, él tenía dificultades financieras serias y lo único que le había permitido seguir en el negocio era que Frigidaire financiaba su inventario.

Cuando Sandra compartió estas cosas, hubieron largas pausas. Sabía que estaba sufriendo. Fue algo emocionalmente muy profundo para ella. La comunicación entre padre e hija se había dado espontánea y naturalmente. Y tal vez Sandra había olvidado todo esto hasta que la seguridad de nuestros años de comunicación lo hizo salir a la superficie en forma natural y espontánea.

También yo lloré. Finalmente empecé a entender. Nunca había podido hablarlo con ella. Nunca había empatizado. Simplemente había juzgado. Me había dejado llevar por mi lógica, mi consejo y mi condena, y nunca siquiera hice el esfuerzo de entender realmente. Pero como dijo Blas Pascal: "El corazón tiene sus razones que la razón no conoce".

Pasamos mucho tiempo en el campo ese día. Y cuando finalmente llegamos a la playa, nos sentimos renovados, tan cerca el uno del otro, tan reafirmados en la belleza de nuestra relación, que sólo nos abrazamos. Ni siquiera hablamos.

$\mathcal{N}$o hay manera de tener relaciones familiares ricas y recompensantes sin entendimiento real.

No hay manera de tener relaciones familiares ricas y recompensantes sin entendimiento real. Las relaciones pueden ser superficiales. Pueden ser transaccionales. Pero no es posible que sean transformacionales y profundamente satisfactorias, a menos que se construyan sobre una base de entendimiento genuino.

De hecho, en el corazón de la mayoría del dolor real en las familias están los malos entendidos.

Hace un tiempo un papá compartió conmigo la experiencia de castigar a su hijo pequeño que siempre lo desobedecía yéndose constantemente hasta la esquina. Cada vez que lo hacía, el papá lo castigaba y le decía que no volviera a ir a la esquina. Pero el pequeño niño seguía haciéndolo. Finalmente, después de un severo castigo, el niño miró a su padre con lágrimas en los ojos y dijo: "¿Qué significa 'esquina' papi?"

Catherine (hija):
Por un tiempo no entendí por qué nuestro hijo de tres años no iba a casa de su amigo a jugar. El amigo venía muchas veces en la semana y jugaban en nuestra casa, se llevaban muy bien. Luego este amigo lo invitaba a jugar en su casa, tenía una gran pila de arena, columpios, árboles y jardín. Siempre decía que iría pero a la mitad del camino, se regresaba corriendo con lágrimas en los ojos.

Después de escucharlo y tratar de descubrir cuáles eran sus temores, finalmente se abrió y me dijo que tenía miedo de ir al baño en casa de su amigo. No sabía dónde estaba. Tenía temor de accidentalmente mojar los pantalones.

Lo tomé de la mano y caminamos hasta la casa de su amigo. Hablamos con su mamá y ella nos mostró dónde estaba el baño y cómo abrir la puerta. Ofreció ayudarle a encontrarlo si necesitaba usarlo. Sintiéndose muy aliviado, decidió quedarse a jugar y no ha habido problema desde entonces.

Uno de nuestros vecinos relató una experiencia que tuvo con una de sus hijas que estaba en primaria. Sus demás hijos eran muy brillantes y la escuela les era fácil. Fue una sorpresa para él cuando esta niña empezó con malas calificaciones en matemáticas. La clase estaba estudiando restas y ella no las entendía. Llegaba a casa frustrada y llorando.

El papá decidió dedicar una tarde a su hija para encontrar la raíz del problema. Le explicó el concepto de restar y le puso algunos ejercicios. Ella todavía no hacía conexión. No entendía.

Pacientemente alineó cinco manzanas rojas. Quitó dos manzanas. De repente la cara de la niña se iluminó. Fue como si una luz le hubiera salido de adentro. Gritó: "Nadie me dijo que lo que hacíamos era quitar". Nadie notó que ella no tenía idea de que "restar" significaba "quitar".

A partir de ese momento, entendió. Con los niños pequeños tenemos que entender de dónde vienen, qué están pensando, porque por lo general no tienen las palabras para explicarlo.

La mayoría de los errores con nuestros hijos, cónyuges y con todos los miembros de la familia no son el resultado de una mala intención. Es sólo que en realidad no entendemos. No vemos claramente el corazón del otro.

Si lo hiciéramos, si una familia entera pudiera desarrollar la clase de apertura de que estamos hablando, más del 90 por ciento de las dificultades y los problemas podrían resolverse.

> *L*a mayoría de los errores con los miembros de nuestra familia no son el resultado de una mala intención. Es sólo que en realidad no entendemos. No vemos claramente la razón del otro.

Un Conjunto de Testigos

Las personas han empezado a ver que mucho del dolor en las familias es ocasionado por la falta de entendimiento. Si usted ve los libros sobre la familia más vendidos en el mercado actual, puede darse una idea de lo importantes que son este dolor y esta conciencia creciente.

Libros como el de Deborah Tannen: *Simplemente No Entiendes* y el de John Gray: *Los Hombres Son de Marte, las Mujeres Son de Venus* se han vuelto muy populares porque tocan este dolor. Y estos libros vienen de la cumbre de una ola de reconocimiento del problema. En el pasado reciente han habido muchos otros escritores sobre la familia, incluyendo a Carl Rogers, Thomas Gordon y Haim Ginott, que reconocieron e intentaron manejar este asunto. Proporcionan un conjunto de testigos que afirman la importancia vital de buscar entender.[1]

El hecho de que estos libros, programas y movimientos hayan tenido valor duradero ilustra cuántas personas están sedientas de sentirse entendidas.

Satisfacciones y Juicios Alrededor de Expectativas

Quizá la contribución más grande de éstos materiales es ayudarnos a ver que por medio de entender las diferencias entre las personas, podemos aprender a tomarlas en cuenta y ajustar nuestras expectativas de acuerdo con ellas. Mucho del material se enfoca en diferencias de género, pero también hay otras dimensiones poderosas que crean diferencias, como experiencias pasadas y presentes en la familia y en el trabajo. Entendiendo estas diferencias podemos ajustar nuestras expectativas.

Básicamente, nuestras satisfacciones vienen de nuestras expectativas. Entonces, si estamos conscientes de nuestras expectativas, podremos ajustarlas de acuerdo con esto y, en un sentido muy real, ajustar también nuestras satisfacciones. Para ilustrar: Conocí a una pareja que llegó al matrimonio con expectativas totalmente diferentes. Ella esperaba que todo fuera miel sobre hojuelas y "vivieron felices para siempre". Cuando las realidades del matrimonio y la vida familiar llegaron, se pasó mucho tiempo decepcionada, frustrada e insatisfecha. El, por otro lado, anticipó tener que manejar los desafíos del matrimonio y la vida familiar. Y todo momento de alegría era una sorpresa maravillosa y feliz para él, por lo cual estaba profundamente agradecido.

Como lo comentó Gordon B. Hinckley, un sabio líder:

Por supuesto que en el matrimonio no todo es dicha. Ocasionalmente tiempos tormentosos llegan a cualquier casa. Conectarse inevitablemente con el proceso completo significa mucho dolor físico, mental y emocional. Hay mucha presión y lucha, temor y preocupación. Para muchos está la eterna batalla de la cuestión económica. Parece que nunca hay dinero suficiente para cubrir las necesidades familiares. La enfermedad golpea periódicamente. Suceden accidentes. La mano de la muerte puede llegar y con frialdad llevarse a un ser querido. Pero todo esto parece ser parte de los procesos de la vida familiar. En realidad son pocos los que pasan sin experimentar algo de esto.[2]

Cuando uno entiende, no juzga.

Entender esa realidad y ajustar las expectativas es, en un buen grado, controlar nuestra propia satisfacción.

Nuestras expectativas también son la base de nuestros juicios. Si usted supiera, por ejemplo, que los niños en etapa de crecimiento de entre seis y siete años tienen una tendencia muy marcada a exagerar, no reaccionaría ante esa conducta porque entendería. Es por ello que es tan importante entender las etapas de crecimiento y las necesidades emocionales no satisfechas, así como qué cambios se llevan a cambio en el ambiente que dirigen las necesidades emocionales y conducen a una conducta particular. La mayoría de los expertos en niños están de acuerdo en que casi toda la "actuación" puede explicarse en términos de etapas de crecimiento, necesidades emocionales no satisfechas, cambios ambientales, ignorancia plena o una combinación.

Es interesante: cuando uno entiende, no juzga. Incluso nos decimos: "Si sólo entendieras, no juzgarías". Puede ver por qué el antiguo rey, el sabio Salomón, que rezaba para tener un corazón que entendiera, escribió esto: "En todo lo que consigues, consigue entendimiento". La sabiduría viene de ese entendimiento. Sin él, las personas actúan tontamente. Incluso desde su marco de referencia, lo que hacen tiene perfecto sentido.

La razón por la que juzgamos es protegernos. No tenemos que tratar con la persona; podemos sólo tratar con la etiqueta. Además, cuando no espera nada, nunca se decepciona.

Pero el problema con juzgar o etiquetar es que empieza a interpretar todos los datos de manera que confirmen su juicio. Esto es lo que llamamos "prejuicio" o "prejuzgar". Si usted ha juzgado a un niño como ingrato, por ejemplo, entonces inconscientemente buscará evidencias en su conducta que apoyen ese juicio. Otra persona observando la misma conducta puede verla como evidencia de gratitud y apreciación. Y el problema se combina cuando actúa sobre la base de lo que considera juicio reconfirmado, y produce más de la misma conducta. Se vuelve una profecía autorealizada.

Si usted etiqueta a su hijo como flojo, por ejemplo, y actúa con base en esa etiqueta, su hijo probablemente lo ve a usted como mandón, dominante y crítico. Su conducta misma invocará una respuesta de resistencia en su hijo que usted interpreta como más evidencia de su flojera, lo cual le da justificación para ser incluso más mandón, dominante y crítico. Crea una espiral descendente, una forma de codependencia y colusión que se alimenta de sí misma hasta que ambas partes están convencidas de que tienen razón y realmente necesitan la mala conducta del otro para confirmar su razón.

Esta es la razón de por qué la tendencia a juzgar es un obstáculo tan importante para las relaciones saludables. Provoca que usted interprete todos los datos para apoyar su juicio. Y cualquier mal entendido que haya existido antes está combinado diez veces por la energía emocional que rodea esta colusión.

Dos problemas importantes en la comunicación son la percepción, o cómo las personas interpretan los mismos datos, y la semántica, o cómo las personas definen la misma palabra. A través del entender empático, ambos problemas pueden superarse.

Buscar Entender: El Depósito Fundamental

Considere el siguiente relato de la jornada de un padre buscando entender a su hija y cómo los influenció profundamente a ambos:

Cuando mi hija Karen tenía 16 años, empezó a tratarnos muy irrespetuosamente. Hacía muchos comentarios sarcásticos y ofensivos. Esto lo hacía también con sus hermanos más pequeños.

Yo no hice mucho hasta que finalmente me llegó a la cabeza una noche. Mi esposa, mi hija y yo estábamos en nuestra habitación y Karen hizo algunos comentarios inadecuados. Decidí que ya era suficiente y le dije: "Karen, escucha, déjame decirte cómo funciona la vida en esta casa". Y empecé un argumento autoritario y enorme, estaba seguro de que la convencería de tratar a sus padres con respeto. Mencioné todas las cosas que hicimos para su reciente cumpleaños. Hablé del vestido que le habíamos comprado. Le recordé cómo la ayudamos a conseguir su licencia para conducir y que ahora la dejábamos usar el auto. Seguí y seguí y la lista parecía muy impresionante. Para cuando terminé, esperaba que

Karen casi se pusiera de rodillas y venerara a sus padres. En vez de eso, de manera déspota dijo: "¿Y?"

Estaba furioso. Le dije muy enojado: "Karen, ve a tu habitación. Tu madre y yo vamos a hablar de las consecuencias y te avisaremos qué va a pasar". Se fue y azotó la puerta. Yo estaba muy enojado, literalmente caminaba de un lado a otro, hirviendo de ira. Entonces, de repente me llegó. No había hecho nada para entender a Karen. Ciertamente no estaba pensando ganar-ganar. Estaba totalmente con mi agenda. Esta comprensión ocasionó un gran cambio en mi manera de pensar y en la forma en que me sentía hacia Karen.

Cuando fui a su habitación unos minutos después, lo primero que hice fue disculparme por mi conducta. No excusé el comportamiento de ella, sino que me disculpé por el mío. Había sido muy abrupto. Le dije: "Mira, puedo sentir que algo está sucediendo aquí y no sé qué es". Le dije que quería realmente entenderla y finalmente pude crear una atmósfera donde ella estuvo dispuesta a hablar.

Empezó con titubeos a compartir sus sentimientos sobre ser completamente nueva en la escuela: la lucha que tenía tratando de sacar buenas calificaciones y hacer nuevos amigos. Dijo que le preocupaba conducir el auto. Era una experiencia tan diferente y nueva para ella que le preocupaba estar en peligro. Acababa de empezar en un trabajo de medio tiempo y no sabía qué pensaba su jefe de su desempeño. Estaba tomando lecciones de piano. Daba clases a los estudiantes de piano. Estaba extremadamente ocupada.

Por último, dije: "Karen, te sientes totalmente agobiada". Y eso fue todo. ¡Lotería! Se sintió entendida. Se había estado sintiendo agobiada por todos estos desafíos y sus comentarios sarcásticos y su falta de respeto a la familia eran básicamente una petición de atención. Decía: "¡Por favor, alguien escúcheme!"

Entonces le dije: "Entonces cuando te pedí que nos trataras con un poco más de respeto, sonó como una cosa más que debías hacer".

"Exacto —dijo—. Otra cosa que debía hacer y no puedo hacer nada más por ahora".

Involucré a mi esposa y los tres nos sentamos a buscar maneras para que Karen simplificara su vida. Al final decidió dejar de tomar lecciones de piano y enseñar a los estudiantes de piano, y se sintió muy liberada con eso. En las siguientes semanas, fue como si se tratara de otra persona.

Con esa experiencia obtuvo más confianza en su habilidad de hacer elecciones en su vida. Sabía que sus padres la entendían y la apoyaban. Y poco después de eso, decidió dejar su empleo porque no era tan bueno como ella quería. Encontró un empleo muy bueno en otra parte y llegó a gerente.

Veo en retrospectiva y pienso mucho en que esa confianza llegó porque no le dijimos: "Muy bien, no hay excusa para tu comportamiento. ¡Estás castigada!" En vez de eso, estuvimos dispuestos a dedicarle tiempo para sentarnos a entenderla.

Note cómo el papá de Karen pudo ponerse por encima de su preocupación por la conducta negativa de Karen y buscar entender qué estaba pasando en su mente y corazón. Sólo después de hacer esto pudo llegar a la verdadera raíz.

El argumento entre Karen y sus padres fue superficial. La conducta de Karen ocultaba la preocupación real. Y como sus padres se enfocaban sólo en su conducta, nunca llegaron a esa preocupación. Pero entonces su padre se separó del rol de juez y se preocupó genuinamente, convirtiéndose en un amigo y alguien que escucha. Cuando Karen sintió que su padre realmente quería entenderla, empezó a sentirse a salvo para abrirse y compartir en un nivel más profundo. Tal vez ni siquiera ella misma veía cuál era su preocupación real hasta que tuvo a alguien dispuesto a escucharla y darle la oportunidad de sacarlo. Una vez que el problema fue claro y se sintió realmente entendida, Karen *quería* entonces la guía y dirección que sus padres podían ofrecer.

Mientras estemos en el rol de juez y jurado, rara vez tenemos la clase de influencia que queremos. Tal vez recuerde la historia del primer capítulo de este libro sobre el hombre que "encontró a su hijo de nuevo". ¿Recuerda lo "sobregirada" que estaba esa relación, lo tensa y lo totalmente carente de comunicación auténtica? (Puede revisar esa historia en la página 21 porque es un ejemplo maravilloso del poder del Hábito 5.) Esa era otra situación en la cual había problemas difíciles y dolorosos entre padre e hijo, pero no había comunicación real. Sólo cuando el padre dejó de juzgar y realmente intentó entender a su hijo fue que pudo empezar a hacer una diferencia.

En ambos casos, los padres pudieron girar la situación porque hicieron el depósito más importante que uno puede hacer en la Cuenta de Banco Emocional de una persona: buscaron entender.

> *Mientras estemos en el rol de juez y jurado, rara vez tenemos la clase de influencia que queremos.*

Dando "Aire Psicológico"

Una de las razones principales de por qué buscar entender es el primer y más importante depósito que puede hacer, es que da a las otras personas "aire psicológico".

Trate de recordar una ocasión en que se haya sentido noqueado y le haya faltado aire. En ese momento, ¿importaba alguna otra cosa? ¿Algo era más importante que conseguir aire?

Esa experiencia demuestra por qué buscar entender es tan importante. Ser entendido es el equivalente emocional y psicológico de conseguir aire, y cuando las personas necesitan aire (o entendimiento), hasta que lo consiguen, nada más importa. Nada.

Sandra:

Recuerdo un sábado en la mañana que Stephen estaba trabajando en la oficina. Le llamé y dije: "Stephen, ven rápido. Voy a llegar tarde a mi cita y necesito ayuda".

"¿Por qué no le pides a Cynthia que te ayude? —sugirió—. Ella puede hacerse cargo y ya puedes irte."

Yo contesté: "Ella no me ayudará. No quiere cooperar en nada. Necesito que vengas a casa".

"Algo debe haber pasado en tu relación con Cynthia —dijo Stephen—. Arregla esa relación y todo funcionará."

"Mira Stephen", dije con impaciencia, "no tengo tiempo. Debo irme. Voy a llegar tarde. ¿Podrías, por favor, venir a casa?"

"Sandra, me llevará quince minutos llegar —contestó—. Tú puedes resolver esto en cuestión de cinco o diez minutos si te sientas con ella. Trata de identificar qué hiciste que de alguna manera la ofendiste. Luego discúlpate. Si no encuentras lo que hiciste, sólo dile: 'Cariño, he estado tan ocupada que realmente no he puesto atención a tus preocupaciones. Estoy segura de que algo te molesta. ¿Qué es?'"

"No me imagino qué hice que la ofendió."

"Bueno, entonces siéntate y escucha."

Así que fui con Cynthia. Al principio no quería cooperar. Estaba como muy insensible. No respondía. Entonces le dije: "Cariño, he estado tan ocupada que no te he escuchado y siento que algo realmente importante te está molestando. ¿Te gustaría hablar de ello?"

Durante unos minutos Cynthia se negó a abrirse, pero finalmente dijo: "¡No es justo! ¡No es justo!" Luego me dijo que le habíamos dicho que podía dormir con sus amigas igual que su hermana y nunca sucedió.

Me quedé escuchándola. En ese punto ni siquiera intenté resolver el problema. Pero al sacar todos sus sentimientos, el aire empezó a aclararse.

De repente dijo: "Vamos mamá. Ya vete. Yo me encargo". Sabía el desafío por el que había pasado, tratando de manejar todo tipo de asuntos con los niños sin la ayuda de nadie. Pero hasta que logró ese aire emocional, nada más importó. Una vez que consiguió el aire, estuvo dispuesta a enfocarse en el problema y hacer lo que sabía era necesario para ayudar.

Recuerde la frase "No me importa cuánto sabes hasta que sepa cuánto te importa". Las personas no se preocupan por nada que usted tenga que decir cuando les está faltando aire psicológico: ser entendido, la primera evidencia de que le importa.

Piénselo: ¿Por qué las personas se gritan? Quieren ser entendidas. Básicamente están gritando: ¡Entiéndeme! ¡Escúchame! ¡Respétame!" El problema es que los gritos tienen tanta carga emocional y tanta falta de respeto hacia la otra persona que crea más ira, ocasiona que se ponga a la defensiva e incluso tenga carácter vengativo, y el ciclo se alimenta solo. Mientras la interacción continúa, la ira se profundiza y aumenta, y las personas terminan sin poder expresarse. La relación está lastimada y requiere mucho más tiempo y esfuerzo manejar el problema creado por los gritos que simplemente practicar el Hábito 5 en primer lugar: ejercer suficiente paciencia y autocontrol para primero escuchar.

Junto con la supervivencia física, nuestra necesidad más fuerte es la supervivencia psicológica. El hambre más grande del corazón humano es ser entendido, ya que el entendimiento implícitamente afirma, valida, reconoce y aprecia el valor intrínseco de otro. Cuando realmente escucha a otra persona, reconoce y responde a la necesidad más insistente.

> El hambre más grande del corazón humano es ser entendido.

Saber Qué Constituye un "Depósito" en la Cuenta de Alguien

Tengo una amiga felizmente casada. Por años su esposo constantemente decía: "Te amo" y con mucho amor le traía una rosa preciosa. Ella estaba encantada con esta comunicación especial de afecto. Era un depósito en su Cuenta de Banco Emocional.

Pero a veces se sentía frustrada cuando él no concretaba los proyectos que ella sentía necesarios en la casa: colgar cortinas, pintar una habitación, construir un armario. Cuando finalmente él hacía estas cosas, ella respondía como si él hubiera hecho un depósito muy grande en la cuenta, comparado con los depósitos más pequeños que él hacía cuando le traía una rosa.

Esto continuó por años. Ninguno de ellos realmente entendía qué estaba pasando. Y luego, una noche mientras hablaban, ella empezó a recordar a su padre, respecto a cómo él siempre trabajaba en los proyectos de la casa, reparando cosas que estaban rotas, pintando o construyendo algo que agregaría valor a su hogar. Al compartir estas cosas, de repente se dio cuenta de que para ella, las cosas que su padre hacía representaban una comunicación profunda de su amor por su madre. El siempre estaba haciendo cosas para ella, ayudándola, haciendo su hogar más hermoso para complacerla. En vez de traerle rosas, plantaba rosales. El servicio era el lenguaje de su amor.

Sin darse cuenta de ello, nuestra amiga había transferido la importancia de esta forma de comunicación a su propio matrimonio. Cuando su esposo no respondió inmediatamente a las necesidades de la casa, se convirtió en un enorme pero no reconocido retiro. Y los "te amo" y las rosas, aunque eran importantes para ella, ya no balanceaban la cuenta.

Cuando descubrieron esto, ella pudo usar su dote de autoconciencia para entender el impacto que la cultura de su hogar de niña había tenido en ella. Usó su conciencia e imaginación creativa para ver su situación actual con una perspectiva nueva. Usó su voluntad independiente para empezar a dar más valor a las expresiones de su esposo.

En cambio, su esposo también usó sus cuatro dotes humanas. Se dio cuenta de que lo que él pensaba que serían grandes depósitos con los años no eran tan importantes para ella como estos pequeños actos de servicio. Empezó a comunicarse con ella más a menudo en este lenguaje diferente del amor.

Esta historia demuestra otra razón de que buscar primero entender es el primer y más importante depósito que usted puede hacer: hasta que entiende a la otra persona, nunca va a saber qué constituye un depósito en su cuenta.

María (hija):
Una vez planeé una fiesta sorpresa de cumpleaños muy elaborada para mi esposo, esperando que le encantaría la idea. ¡No fue así! De hecho, lo odió. No le gustaban las fiestas sorpresa. No le gustaba todo el ruido en torno a él. Lo que realmente le parecía perfecto era una cena tranquila conmigo y el cine después de eso. Aprendí de la manera más dura que es mejor averiguar qué es realmente importante para alguien antes de tratar de hacer un depósito.

> *Cada persona necesita ser amada a su propia manera especial. La clave para hacer depósitos, por lo tanto, es entender y hablar el lenguaje del amor de esa persona.*

Es una tendencia común proyectar nuestros sentimientos y motivos en la conducta de otra persona. "Si esto significa algo para mí, debe significar algo para ellos". Pero nunca se sabe qué constituye un depósito para los demás hasta que entendemos lo que es importante para ellos. Las personas viven en sus mundos privados. Su misión puede ser pequeñeces. Puede no importarles para nada.

Porque todos somos únicos, cada persona necesita ser amada a su propia manera especial. La clave para hacer depósitos, por lo tanto, es entender y hablar el lenguaje del amor de esa persona.

Un padre de familia compartió esta experiencia de cómo entender, más que tratar de "remediar" las cosas, funcionó en su familia:

Tengo una hija de diez años, Amber, que adora los caballos más que otra cosa en el mundo. Recientemente, su abuelo la invitó a ir a una exhibición de caballos. Estaba tan emocionada. Le emocionaba la exhibición de caballos y también el hecho de que estaría con su abuelo todo el día, quien también adora los caballos.

La noche anterior a la exhibición llegué a casa después de un viaje y encontré a Amber en cama resfriada. Le dije: "¿Cómo estás, Amber?"

Me miró y dijo: "¡Estoy tan enferma!" y empezó a llorar.

"Cielos, debes sentirte muy mal."

"No es eso —dijo—, no podré ir a la exhibición de caballos". Y empezó a llorar de nuevo.

Por mi mente pasaron las cosas que como padre debía decir: "No importa, cariño, puedes ir en otra ocasión. Haremos otra cosa aquí". Pero en vez de eso sólo me senté con ella y no le dije nada. Pensé en las veces en que yo me había sentido amargamente decepcionado. La abracé y sentí su pena.

Bueno, pues se puso peor. Empezó con fiebre, temblaba todo su cuerpo mientras yo la abrazaba. Y luego pasó. Me dio un beso en la mejilla y dijo: "Gracias, papá". Y eso fue todo.

Pensé de nuevo en todas esas cosas maravillosas que pude haber dicho, todos los consejos que pude haber dado. Pero ella no necesitaba eso. Sólo necesitaba que alguien le dijera: "Está bien sentirse lastimada, y llorar cuando estás decepcionada".

Note cómo en ambas situaciones las personas pudieron hacer depósitos significativos en las Cuentas de Banco Emocional. Porque buscaron entender, pudieron hablar el lenguaje del amor de su ser querido.

Las Personas Son Muy Tiernas, Muy Vulnerables en su Interior

Hace unos años alguien compartió una hermosa expresión conmigo, anónimamente, por correo. Leerla en voz alta ha movido lentamente públicos de maneras increíbles. Captura la esencia de por qué el Hábito 5 es tan poderoso. Sugiero que la lean lenta y cuidadosamente, e intenten visualizar una situación segura donde otra persona que ustedes quieren mucho esté realmente abriéndose.

No se dejen engañar por mí. No se dejen engañar por la máscara que uso. Porque uso una máscara. Uso miles de máscaras, máscaras que temo quitarme, y ninguna de ellas es mía. Pretender es un arte que es de segunda naturaleza conmigo, pero no se dejen engañar.

Doy la impresión de que soy seguro, que todo conmigo está bien y sin problemas, por dentro y por fuera; que la confianza es mi nombre y la frialdad es mi juego; que las aguas son calmadas, y que controlo todo y no necesito a nadie. Pero no lo crean. Por favor no.

Mi superficie puede parecer suave, pero mi superficie es mi máscara, mi máscara siempre cambiante y que me oculta. Debajo no hay pulcritud, no hay frialdad, no hay complacencia. Debajo está el verdadero yo, en confusión, con miedo, con soledad. Pero escondo esto; no quiero que nadie lo sepa. Me da pánico que el pensamiento de mi debilidad sea expuesto. Es por ello que fabrico frenéticamente una máscara donde esconderme, una fachada sofisticada que me ayude a pretender, un escudo contra la mirada que conoce. Pero dicha mirada es precisamente mi salvación, mi única salvación. Y lo sé. Es lo único que puede liberarme de mí mismo, de mi prisión autoconstruida, de las barreras que erigí con tanto dolor. Pero no les digo esto. No me atrevo. Tengo miedo.

Tengo miedo de que su mirada no venga con amor y aceptación. Tengo miedo de que pensarán menos de mí, de que reirán, y de que su risa me matará. Tengo miedo de que en lo profundo no sea yo nada, que no sea bueno, y que ustedes me rechazarán. Entonces juego juegos, mis juegos desesperados de pretender, con la fachada de seguridad en el exterior y un niño asustado por dentro. Y así empieza el desfile de máscaras, el brillante pero vacío desfile de máscaras. Y mi vida se convierte en un frente.

Idílicamente converso con ustedes en los tonos suaves de plática superficial. Les digo que todo es realmente nada, nada de lo que está gritando dentro de mí. Entonces, cuando paso por mi rutina, no me dejo engañar por lo que estoy diciendo. Por favor escuchen detenidamente y traten de oír lo que NO estoy diciendo... lo que me gustaría poder decir... lo que necesito decir para sobrevivir, pero no puedo decir. Me disgusta esconderme. Honestamente. Me disgustan los juegos falsos y superficiales que estoy jugando. Realmente me gustaría ser genuino.

Realmente me gustaría ser genuino, espontáneo y ser yo; pero ustedes deben ayudarme. Tienen que ayudarme sosteniendo mi mano, incluso cuando parezca que es lo último que deseo o necesito. Cada vez que son amables y gentiles, y me dan valor, cada vez que intentan entender porque realmente les importo, mi corazón empieza a desarrollar alas, alas muy pequeñas, alas muy débiles, pero alas. Con su sensibilidad y simpatía, y su poder de entendimiento, puedo hacerlo. Pueden inyectarme vida. No será fácil para ustedes. Una gran falta de valía construye paredes sólidas. Pero el amor es más fuerte que las paredes sólidas, y ahí radica mi esperanza. Por favor traten de derribar esas paredes con manos firmes, pero con manos amables, porque un niño es muy sensible, y YO SOY un niño.

¿Quién soy? se preguntarán. Soy alguien que conocen muy bien. Porque soy todo hombre, toda mujer, todo niño... todo ser humano que conozcan.

C rear un ambiente cálido, cariñoso, apoyador y motivador es probablemente lo más importante que puede hacer por su familia.

Todas las personas son muy, muy tiernas y sensibles. Algunas han aprendido a protegerse de este nivel de vulnerabilidad, a cubrirse, a posar y adoptar posturas, a usar una "máscara" segura. Pero el amor incondicional, la amabilidad y la cortesía con frecuencia penetran estos exteriores. Encuentran un hogar en los corazones de otros, y los otros empiezan a responder.

Es por ello que es tan importante crear un ambiente de amor en el hogar, un ambiente donde sea seguro ser vulnerable, ser abierto. De hecho, el consenso de casi todos los expertos en el campo de las relaciones matrimoniales, familiares y desarrollo infantil es que crear un ambiente cálido, cariñoso, apoyador y motivador es probablemente lo más importante que puede hacer por su familia.

Y esto no es sólo para niños pequeños. Es también para su cónyuge, sus nietos, sus tías, tíos, sobrinos, primos, todos. La creación de una cultura así, un sentimiento de amar incondicionalmente, es más importante que casi todo lo demás junto. En un sentido muy real, crear una cultura motivadora es equivalente a tener todo lo demás junto.

Manejando una Carga Negativa

Crear dicha cultura es en ocasiones muy difícil de hacer, especialmente si está tratando con carga negativa del pasado y emociones negativas en el presente.

Un hombre compartió esta experiencia:

Cuando conocí a la mujer que sería mi esposa, Jane, tenía un niño de seis meses llamado Jared. Jane se había casado con Tom cuando ambos eran muy jóvenes y ninguno de los dos había estado listo para el matrimonio en ningún sentido. Las realidades y presiones de la vida matrimonial los golpearon duro. Había algo de violencia física involucrada y él la dejó cuando tenía cinco meses de embarazo.

Cuando conocí a Jane, Tom había demandado el divorcio y la custodia compartida del niño que nunca había visto. Fue una situación difícil y complicada. Había muchos sentimientos amargos. No había comunicación entre Jane y Tom. El juez se inclinó mucho en favor de Jane.

Después de que Jane y yo nos casamos, tomé un empleo que nos hizo mudarnos a otro estado. Cada dos meses Tom venía a visitar a Jared y en meses alternativos nosotros llevábamos a Jared a California.

Las cosas empezaron a establecerse en una manera que parecía superficialmente bien. Pero terminé haciendo yo la mayoría de la comunicación entre Jane y Tom. Casi una de cada tres veces que Tom llamaba, Jane le colgaba el teléfono. Con frecuencia Jane se salía antes de que Tom llegara a su visita, y yo era el que tenía que entregar a Jared. Tom frecuentemente me llamaba y decía: "¿Debo hablar esto contigo o debo hablarlo con Jane?" Era muy incómodo para mí.

Esa primavera, Tom me llamó y dijo: "Oigan, Jared cumple cinco años en agosto y entonces podrá legalmente volar solo. Mejor que ir a visitarlo allá y sentarme en un hotel sin amigos y sin auto, ¿por qué no le pago un boleto de avión para que Jared venga acá?" Le dije que se lo diría a Jane.

"¡De ninguna manera! —dijo enfáticamente—. Absolutamente no. Es muy pequeño. Ni siquiera puede ir al baño solo en un avión". No lo quiso discutir conmigo, y especialmente tampoco con Tom. En un momento dijo: "Déjamelo a mí. Yo lo arreglo". Pero cuando los meses pasaron, nada sucedió. Finalmente, Tom llamó y me dijo: "¿Qué sucede? ¿Jared va a venir? ¿Qué te dijo?"

Estaba convencido de que tanto Jane como Tom tenían mucho buen potencial. Sabía que si pudieran enfocarse en hacer lo que fuera mejor para Jared, podrían comunicarse y entenderse y llegar a un acuerdo. Pero había tantos conflictos personales y sentimientos amargos que no podían ver más allá de sí mismos.

Traté de motivarlos a tener una charla. Les dije que habría lineamientos estrictos para evitar ataques verbales y cosas de esa naturaleza. Ambos confiaron en mí y estuvieron de acuerdo. Pero cada vez me sentía más nervioso porque no iba a poder facilitar esa discusión debido a que yo era demasiado cercano a ella. Sentía que uno o ambos terminarían odiándome por una u otra razón. En el pasado, cuando Jane y yo discutíamos y yo trataba de ver el asunto objetivamente, ella me acusaba de ponerme del "lado" de Tom. Por otro lado, Tom sentía que Jane y yo teníamos una agenda. Yo no sabía qué hacer.

Finalmente decidí llamar a Adam, un amigo y compañero que facilita los 7 Hábitos y estuvo de acuerdo en hablar con los dos. Adam les enseñó el principio del escuchar empático. Les enseñó a poner a un lado su autobiografía y escuchar realmente las palabras y sentimientos que se están expresando. Después de que Jane compartió algunos de sus sentimientos, Adam dijo a Tom: "Tom, ¿qué te acaba de decir Jane?" El dijo: "Me tiene miedo. Tiene miedo de que un día pueda perder los estribos y golpear a Jared". Jane tenía los ojos muy abiertos. Se dio cuenta de que Tom había podido escuchar más que sus palabras. Ella dijo: "Eso es exactamente lo que siento en mi corazón. Estoy preocupada de que un día este hombre pueda fácilmente golpear y lastimar a Jared".

Y después de que Tom se expresó, Adam preguntó a Jane: "¿Qué acaba de decir Tom?" Ella contestó: "El dijo, 'Tengo miedo al rechazo. Tengo miedo de quedarme solo. Tengo miedo de que nadie se preocupe por mí'". Aunque lo conocía por más de 15 años, Jane no tenía idea de que Tom había sido abandonado por su padre cuando era pequeño y que estaba determinado a no hacer eso a Jared. Ella no vio lo enajenado que se sintió de su familia después del divorcio. Para Tom había sido como abandonado de nuevo. Ella empezó a ver lo solo que Tom había estado durante los pasados cinco años. Empezó a entender cómo su declaración de quiebra hace unos años hizo imposible conseguir una tarjeta de crédito, así que cuando venía a visitar a Jared no tenía auto. Estaba solo en un cuarto de hotel, sin amigos y sin transporte.

Una vez que Jane y Tom se sintieron entendidos realmente, descubrieron que no había una sola cosa en las listas de ambos que el otro no quisiera también. Hablaron durante tres horas y media y el asunto de las visitas nunca se tocó. Independientemente, ambos me dijeron después: "Sabes, esto no es sobre Jared. Es sobre confianza entre nosotros dos. Una vez que tengamos esto resuelto, el problema con Jared no será grande".

Después de esta reunión con Adam, la atmósfera era mucho más relajada y amable. Todos fuimos a un restaurante juntos y Jane dijo a Tom: "Sabes, es algo difícil comentar algunas cosas con los niños aquí, pero cuando nos veamos el mes próximo para la visita, debemos sentarnos a hablar".

Yo pensé, ¿es Jane la que habla? Nunca antes la había oído decir algo así.

Cuando dejamos a Tom en su hotel con Jared, Jane dijo: "¿A qué hora vamos a recoger a Jared mañana?"

El contestó: "Bueno, mi camión al aeropuerto sale a las 4 de la tarde".

"Nosotros te llevaremos al aeropuerto", dijo ella.

"Sería magnífico, si quieren hacerlo."

"No hay problema."

De nuevo yo pensaba: ¡Vaya! ¡Éste es un cambio radical!

Dos semanas después, Jane fue a la visita. Una de sus barras de contención había sido que Tom nunca reconocía lo que le había hecho a ella. Pero cuando tuvieron su plática, por primera vez él se disculpó con ella en gran detalle por todo. "Siento haberte jalado el cabello. Siento haber tomado drogas. Siento haberte dejado". Y esto la llevó a decir: "Bueno, yo también lo siento".

Durante la siguiente visita, Tom empezó diciendo: "Gracias". Nunca había dicho "gracias" por muchas cosas antes. Sus conversaciones ahora estaban llenas de "gracias". La semana después de su visita aquí, Jane recibió esta breve carta de él:

Querida Jane:

Creo necesario poner por escrito mi agradecimiento hacia ti. Hemos compartido tantos sentimientos enfermizos en el pasado, pero los pasos iniciales que tomamos el sábado pasado hacia su solución deberán documentarse. Así que... gracias.

Gracias por acceder a reunirte con Adam. Gracias por compartir las cosas que compartiste. Gracias por escucharme. Gracias por el amor con el cual creamos a nuestro hijo. Gracias por ser su madre.

Sinceramente,

                                 Tom

Al mismo tiempo me envío a mí una carta.

Querido Mike:

Quería tener un momento formal para agradecerte por poner a Jane y a mi juntos con Adam. Se logró tanto respecto a mi relación con Jared y Jane que no encuentro palabras para expresarlo...

Tu deseo de hacer lo correcto ahora y en años pasados es muy loable. Sin tus buenas acciones, ni mencionar siquiera lo horrible que se hubieran puesto las cosas entre Jane y yo...

                                Mi agradecimiento más profundo,
                                Tom

Cuando recibimos estas cartas, nos quedamos helados. Y en las conversaciones telefónicas que siguieron, Jane decía: "Hablamos casi como niños aturdidos". El entendimiento, el dejar ir las cosas, el perdonar, fue tan reconfortante.

Ahora están pasando muchas cosas buenas. Jane incluso llegó a decirme: "Tal vez cuando Tom venga podríamos prestarle uno de nuestros autos". Lo había pensado muchas veces, pero no me atreví a mencionarlo por temor a ser acusado de estar de su lado. Pensaba que su actitud sería: "¡Cómo te atreves! Estás tratando de unirte al enemigo". Pero ahora ella lo recomendaba. Hasta dijo: "¿Qué te parecería que Tom se quedara en el cuarto vacío que tenemos para ayudarle con sus gastos?" Y yo pensé, ¿es realmente Jane? Fue un cambio de 180 grados.

Estoy seguro de que habrá más desafíos, pero creo que lo básico se ha establecido. Las herramientas para la comunicación adecuada están en su lugar. Hay casi un sentimiento de profundo respeto ahora entre todos y una preocupación genuina que veo en Jane y Tom por ellos y por nuestros hijos.

Ha sido un desafío real a veces, pero con todo lo que hemos pasado es bastante claro para mí que cualquier cosa menos que esto hubiera hecho la vida peor para todos.

Note cómo Tom y Jane pudieron ponerse por encima de su odio, las culpas y las acusaciones. Pudieron difundir el conflicto y actuar con base en principios en vez de reaccionar entre ellos. ¿Cómo lo lograron?

Al buscar entenderse, ambos consiguieron aire psicológico. Los liberó para dejar de pelear y conectarse con sus dotes internas, particularmente conciencia y autoconciencia. Se volvieron abiertos y vulnerables. Pudieron reconocer su parte en la situación, disculparse y perdonar. Y esta curación, esta limpieza, abrió la puerta a relaciones más auténticas, a crear una sinergia en la cual pudieron establecer una situación mejor para su hijo, para ellos mismos y para todos los involucrados.

Como puede ver en esta historia, y en todas las historias de este capítulo, no buscar entender conduce a juicios (generalmente equivocados), rechazo y manipulación. Buscar entender conduce a comprensión, aceptación y participación. Obviamente, sólo uno de estos caminos se construye con los principios que crean calidad en la vida familiar.

Superando la Ira y la Ofensa

Probablemente más que cualquier otro factor, lo que saca a las familias del camino y se interpone a la sinergia son las emociones negativas, incluyendo ira y ofensas. El temperamento nos mete en problemas y el orgullo nos mantiene ahí. Como dijo C. S. Lewis: "El orgullo es competitivo por naturaleza. El orgullo no obtiene placer de tener algo, sólo de tener más que otros... Es la comparación lo que lo hace orgulloso:

el placer de estar arriba del resto. Una vez que el elemento de la competencia ha desaparecido, el orgullo desaparece también".[3] Una de las formas más comunes y debilitadoras del orgullo es la necesidad de tener la "razón", de hacerlo a su manera.

De nuevo, recuerde: incluso si la ira surge un décimo del uno por ciento del tiempo, eso afectará la calidad del resto del tiempo porque las personas nunca están seguras cuándo volverá a surgir de nuevo.

Sé de un hombre que era complaciente y agradable la mayoría del tiempo, pero ocasionalmente surgía su temperamento iracundo. Esto afectaba la calidad del resto del tiempo porque los miembros de la familia tenían que contemplar la posibilidad de que sucedería de nuevo. Evitaban situaciones sociales por temor a la vergüenza. Andaban con mucho cuidado todo el día para evitar caer en uno de sus arranques. Nunca eran auténticos, reales o abiertos. Nunca se atrevían a darle retroalimentación por temor a que la ira fuera aún peor. Y sin retroalimentación, este hombre perdía todo contacto con lo que realmente estaba sucediendo en su familia.

> *El temperamento nos mete en problemas y el orgullo nos mantiene ahí.*

Cuando alguien en la familia se enoja y pierde control, los efectos son tan hirientes, tan intimidantes, tan amenazantes, tan poderosos que los demás pierden sus modales. Tienden a pelear, lo cual sólo agranda el problema, o a capitular y rendirse en un espíritu ganar-perder. Y entonces ni siquiera es posible arreglarse. El escenario más probable es que las personas se separarán e irán por diferentes caminos, rehusando comunicarse sobre cosas significativas. Tratan de vivir con la satisfacción de la independencia, ya que la interdependencia parece demasiado difícil, demasiado lejana y demasiado irreal. Y nadie tiene la mentalidad o la habilidad para perseguirla.

Por eso es tan importante que se desarrolle este tipo de cultura para que las personas vean en su interior. Entonces pueden hacer lo necesario ahí para reconocer sus tendencias negativas, superarlas, disculparse con los demás y procesar sus experiencias para que gradualmente esas etiquetas se descongelen y las personas puedan llegar a confiar en la estructura básica, en la relación básica de nuevo.

> *Sentirse ofendido es una elección. Podemos sentirnos lastimados, pero hay una gran diferencia entre estar lastimado y sentirse ofendido.*

Por supuesto, el trabajo interno más importante es la prevención. Incluye cambiar de idea para no decir o hacer esas cosas que sabemos que ofenderán, y aprender a superar nuestra ira o expresarla en mejores momentos y en maneras más productivas. Necesitamos ser profundamente honestos con nosotros mismos y ver que la mayoría de la ira es simplemente culpa que emana cuando la provoca la debilidad de otro. También podemos cambiar de idea para no permitir que los demás nos ofendan. Sentirse ofendido es una elección. Podemos sentirnos lastimados, pero hay una gran diferencia entre estar lastimado y sentirse ofendido. Estar lastimado es tener los sentimientos heridos, duele por un tiempo, pero sentirse ofendido es elegir actuar con base en esa herida contestando igual, poniéndose a mano, saliéndose, quejándose con otros o juzgando al que hizo la ofensa.

La mayor parte del tiempo las ofensas son no intencionales. Incluso cuando son intencionales, podemos recordar que perdonar, como amar, es un verbo. Es la elección de moverse de reactividad a proactividad, tomar la iniciativa (ya sea que usted haya ofendido a alguien o lo hayan ofendido a usted), para buscar una reconciliación. Es la elección de cultivar y depender de una fuente externa de seguridad personal para que no seamos vulnerables a las ofensas externas.

Y encima de todo esto está la elección de dar prioridad a la familia, ver que la familia es demasiado importante como para permitir que las ofensas separen a los miembros de la familia, impedir que hermanos asistan a los mismos eventos, o debilitar o romper los lazos de la familia intergeneracional que proporcionan tanta fuerza y apoyo.

La interdependencia es difícil. Requiere mucho esfuerzo, esfuerzo constante y valor. Es mucho más fácil en el corto plazo vivir independientemente dentro de una familia, hacer sus cosas, entrar y salir a su antojo, atender sus propias necesidades e interactuar lo menos posible con los demás. Pero la alegría real de la vida familiar está perdida. Cuando los hijos crecen con este modelo, piensan que la familia así es y el ciclo continúa. El efecto devastador de estas guerras frías cíclicas es casi tan malo como la destrucción de cualquier guerra.

A menudo es importante procesar las experiencias negativas: hablarlas, resolverlas, poner énfasis y buscar el perdón. Cuando se dan experiencias feas, puede descongelarlas reconociendo su parte en ellas y escuchando empáticamente para entender cómo las otras personas las vieron y cómo se sintieron al respecto. En otras palabras, modelando la vulnerabilidad puede ayudar a los demás a volverse vulnerables. Los lazos más profundos surgen de esa vulnerabilidad mutua. Usted minimiza las cicatrices psíquicas y sociales, y limpia el camino para la creación de sinergia.

Convertirse en un "Traductor Fiel"

Escuchar realmente para entrar en la mente de otra persona se llama escuchar "empático". Es escuchar con empatía. Es tratar de ver el mundo a través de los ojos de otra persona. De cinco clases diferentes de escuchar, es la única que realmente llega al marco de referencia de la otra persona.

Usted puede ignorar a la persona. Puede pretender escuchar. Puede escuchar selectivamente o incluso atentamente. Pero hasta que escucha empáticamente, está todavía dentro de su propio marco de referencia. No sabe qué constituye un "ganar" para los demás. En realidad no sabe cómo ven el mundo, cómo se ven a sí mismos y cómo lo ven a usted.

5 Escuchar Empático

DENTRO DEL MARCO DE REFERENCIA DEL OTRO

4 **Escuchar Atento**

3 **Escuchar Selectivo**

2 **Pretender Escuchar**

1 **Ignorar**

DENTRO DEL MARCO DE REFERENCIA PROPIO

Una vez estaba en Jakarta, Indonesia, enseñando el principio del escuchar empático. Cuando vi en el público muchas personas usando audífonos, me surgió una idea. Dije: "Si quieren una buena ilustración del escuchar empático, piensen en lo que el intérprete o traductor está haciendo ahora mismo a través de sus audífonos". Estos traductores hacían traducción simultánea, lo cual significa que tenían que escuchar lo que yo decía en el momento y al mismo tiempo repetir en otra lengua lo que yo acababa de decir. Requería un esfuerzo mental increíble y concentración, y requería dos traductores trabajando uno tras otro, basado en su nivel de fatiga. Ambos traductores se me acercaron después y me dijeron que lo que había dicho era el cumplido más grande que habían recibido jamás.

Aunque puede estar emocionalmente involucrado en un intercambio particular con alguien, puede oprimir su botón de pausa y separarse de esa emoción, sencillamente cambiando la manera en que ve su rol, si piensa en usted mismo como un "traductor fiel". Su trabajo, entonces, es traducir y comunicar a otra persona con palabras nuevas el significado esencial (verbal y no verbal) o lo que esa persona le comunicó. Al hacer esto no está asumiendo una posición sobre lo que la persona está diciendo. Simplemente está alimentando la esencia de lo que le dijo.

Una de las formas más efectivas para aprender a escuchar empáticamente es simplemente cambiar la manera de ver su rol; verse como un «traductor fiel».

El psicólogo y autor John Powell dijo:

Escuchar en diálogo es escuchar más los significados que las palabras... En el escuchar verdadero, llegamos detrás de las palabras, vemos a través de ellas, para encontrar a la persona que se está revelando. Escuchar es una búsqueda para entender el tesoro de la persona como se revela verbal y no verbalmente. Desde luego, existe el problema de la semántica. Las palabras tienen diferentes connotaciones para usted y para mí.

En consecuencia, nunca podré decirle lo que usted dijo, sino sólo lo que escuché. Tendré que refrasear lo que usted dijo y verificar con usted para asegurar que lo que salió de su mente y corazón llegó a mi mente y corazón intacto y sin distorsión.

Cómo Hacerlo: Principios del Escuchar Empático

Ahora vamos a ver un escenario que nos ayudará a llegar al corazón del entendimiento o "traductor fiel".

Suponga por varios días que ha sentido que su hija adolescente es infeliz. Cuando le preguntó qué estaba mal, contestó: "Nada, todo está bien". Pero una noche mientras lavaban los platos juntas, ella empezó a abrirse.

"Nuestra regla familiar de no poder salir con chicos hasta ser mayor me avergüenza muchísimo. Todas mis amigas lo hacen y es de lo único que hablan. Me siento como fuera de la jugada. John me sigue invitando y tengo que seguir diciéndole que no tengo edad suficiente. Sé que me va a pedir que vaya con él a la fiesta del viernes y que si vuelvo a decirle que no, no volverá a hablarme. Igual harán Carol y Mary. Todos hablan de lo mismo."

¿Cómo respondería?

"No te preocupes, cariño. Nadie va a dejar de hablarte."

"Diles que no. No te preocupes por lo que digan y piensen los demás."

"Dime qué dicen de ti."

"Al hablar de ti así, realmente están admirando tu firmeza. Lo que tú sientes es inseguridad normal."

Cualquiera de éstas sería una respuesta clásica, pero no de entendimiento.

"No te preocupes, cariño. Nadie va a dejar de hablarte." Ésta es una respuesta que **evalúa** y juzga con base en *sus* valores y *sus* necesidades.

"Diles que no. No te preocupes por lo que digan y piensen los demás." Éste es un **consejo** desde *su* punto de vista o en términos de sus necesidades.

"Dime qué dicen de ti." Esta respuesta es **probar** la información que *usted* siente que es importante.

"Al hablar de ti así, realmente están admirando tu firmeza. Lo que tú sientes es inseguridad normal." Esto es **interpretar** lo que está sucediendo con los amigos de su hija y dentro de ella como *usted* lo ve.

Casi todos buscamos primero ser entendidos, o si buscamos entender, con frecuencia estamos preparando nuestra respuesta mientras "escuchamos". De esta manera, *evaluamos, aconsejamos, probamos* o *interpretamos* desde nuestro propio punto de vista. Pero ninguna de éstas es una respuesta con entendimiento. Todas vienen de nuestra biografía, nuestro mundo, nuestros valores.

¿Cuál sería entonces una respuesta con entendimiento?

Primero, deberá intentar reflejar lo que siente y dice su hija para que ella sienta que usted realmente entiende. Por ejemplo, podría decir: "Te sientes como destrozada por dentro. Entiendes la regla de la familia sobre salir con chicos, pero también te sientes mal porque todas las chicas pueden hacerlo y tú tienes que decir no. ¿Así es?"

Entonces ella podría contestar: "Sí, a eso me refiero". Y ella podría continuar: "Pero lo que realmente temo es que no sabré cómo actuar con los chicos cuando empiece a salir con ellos. Todas están aprendiendo menos yo".

De nuevo, una respuesta con entendimiento sería: "Te da temor que cuando llegue el momento, no sabrás qué hacer".

Ella podría decir sí y continuar sacando sus sentimientos, o podría decir: "Bueno, no exactamente. En realidad me refiero a que..." y continuaría tratando de darle un panorama más claro de lo que está sintiendo y enfrentando.

Si observa las otras respuestas, verá que ninguna de ellas logra los mismos resultados como la respuesta con entendimiento. Cuando da una respuesta con entendimiento, ambas partes obtienen mayor entendimiento de lo que ella está realmente pensando y sintiendo. Crea un escenario seguro para que ella se abra y comparta. Hace que se sienta cómoda para usar sus dotes internas para ayudar a manejar la preocupación. Y construye la relación, lo cual será inmensamente útil más adelante.

Vamos a ver otra experiencia que muestra la diferencia entre la respuesta tradicional y la respuesta empática. Considere el contraste en estas dos conversaciones entre Cindy, porrista universitaria, y su madre. Al principio, la mamá de Cindy busca primero ser entendida:

CINDY: *Ay mamá, te tengo malas noticias. Corrieron a Meggie del equipo de porristas hoy.*

MAMÁ: *¿Por qué?*

CINDY: *La encontraron en el auto de su novio en terreno escolar y estaba bebiendo. Si te encuentran bebiendo en terrenos de la escuela estás en graves problemas. En realidad, no es justo porque Meggie no estaba bebiendo. Pero su novio estaba ebrio.*

MAMÁ: *Bueno, Cindy, creo que Meggie se lo merece por andar con malas compañías. Te he advertido que las personas te juzgarán por tus amigos. Te lo he dicho cientos de veces. No veo por qué tú y tus amigas no entienden. Espero que aprendas esta lección. La vida ya es bastante difícil sin relacionarte con alguien como ese chico. ¿Por qué no estaba Meggie en clases? Espero que tú si estabas en clases cuando sucedió todo esto. Así es, ¿verdad?*

CINDY: *Mamá, ¡está bien! Cálmate. No te enojes. No fui yo, fue Meggie. Dios, sólo quería contarte algo sobre otra persona y me encuentro con un sermón de diez minutos sobre mis malos amigos. Me voy a dormir.*

Ahora vean la diferencia cuando la madre de Cindy busca primero entender:

CINDY: *Ay mamá, te tengo malas noticias. Corrieron a Meggie del equipo de porristas hoy.*

MAMÁ: *Ay, cariño, te ves muy contrariada.*

CINDY: *Me siento muy mal, mamá. No fue culpa de ella. Fue su novio. Es un idiota.*

MAMÁ: *Vaya, no te cae bien.*

CINDY: *Claro que no, mamá. Siempre está en problemas. Ella es muy buena, pero él la presiona. Me da tristeza.*

MAMÁ: *Sientes que él es una mala influencia para ella y eso te lastima porque es buena amiga tuya.*

CINDY: *Ojalá cortara a ese idiota y conociera a alguien mejor. Las malas amistades siempre te meten en problemas.*

Note cómo el deseo de esta madre de entender se reflejó en la manera en que respondió a su hija la segunda vez. En ese punto no intentó compartir sus experiencias o ideas, aunque pudo haber tenido valor real que agregar. No evaluó, probó, aconsejó o interpretó. Y no la tomó contra Cindy aunque posiblemente no estaba de acuerdo en lo que le estaba diciendo.

Lo que hizo fue responder de una manera que ayudó a aclarar su entendimiento de lo que Cindy estaba diciendo y comunicar ese entendimiento a Cindy. Como Cindy no tuvo que meterse en una conversación perder-ganar con su madre, pudo conectarse con sus cuatro dotes y llegar a una opinión propia del problema.

La Punta y la Masa del Iceberg

Ahora, no siempre es necesario reflejar con palabras lo que alguien está diciendo y sintiendo para empatizar. El núcleo de la empatía es entender cómo las personas ven la situación y cómo se sienten sobre ella, y la esencia de lo que están tratando de decir. No es imitar. No es necesariamente resumir. No es incluso intentar reflejar en todos los casos. Puede no necesitar decir nada. O tal vez una expresión facial comunicará que usted entiende. El punto es que no se quede atrapado en la técnica de reflejar sino en vez de ello enfocarse en empatizar verdaderamente y luego permitir que la emoción genuina y sincera lo lleve a la técnica.

El problema viene cuando las personas piensan que la técnica es la empatía. Imitan, usan las mismas frases repetidamente y refrasean lo que otros dicen en formas que parecen manipuladoras o insultantes. Es como la historia de un militar quien se quejaba con el capellán sobre lo mucho que odiaba la vida de la milicia.

El capellán respondió: "No te gusta la vida de la milicia".

"Sí —decía el militar—. ¡Y ese comandante! No confío ni un ápice en él."

"Así que sientes que no puedes confiar ni un ápice en él."

"Sí, y la comida es tan insulsa."

"Sientes que la comida es muy insulsa."

"Y las personas, son de tan bajo calibre."

"Sientes que las personas son de bajo calibre."

"Sí... y a propósito, ¿qué tiene de malo la manera en que lo estoy diciendo?"

Puede ser bueno practicar la habilidad. Puede incluso aumentar el deseo. Pero siempre recuerde que la técnica es sólo la punta del iceberg. La gran masa del iceberg es un deseo profundo y sincero de verdaderamente entender.

> *L*a técnica es sólo la punta del iceberg. La gran masa del iceberg es un deseo profundo y sincero de verdaderamente entender.

Ese deseo se basa últimamente en el respeto. Esto es lo que evita que el escuchar empático se convierta en sólo una técnica.

Si este deseo sincero de entender no está ahí, los esfuerzos de empatizar se percibirán como manipuladores y no sinceros. Manipulación significa que el motivo real está oculto aunque se están usando buenas técnicas. Cuando las personas se sienten manipuladas, no se comprometen. Pueden decir "sí", pero quieren decir "no" y esto será evidente en su conducta más adelante. La seudodemocracia eventualmente muestra sus colores verdaderos. Y cuando las personas se sienten manipuladas, se realiza un retiro masivo, y sus esfuerzos siguientes, aunque sean sinceros, se percibirán como otra forma de manipulación.

Cuando usted está dispuesto a reconocer el motivo verdadero detrás de sus métodos, entonces la verdad y la sinceridad reemplazan la manipulación. Otros pueden no estar de acuerdo, pero al menos usted ha sido franco. Nada confunde más a una persona que está llena de trucos y duplicidad que la honestidad simple y directa por parte del otro.

Con base en ese respeto y un deseo sincero de entender, las respuestas diferentes a las "respuestas reflexivas" pueden también volverse empáticas. Si alguien le preguntara: "¿Dónde están los baños?" usted no contestaría: "Me estás lastimando".

También hay ocasiones en que si realmente entiende, puede sentir que alguien quiere ponerlo a prueba. Quieren la perspectiva y el discernimiento adicionales en que están basadas sus preguntas. Esto podría compararse con visitar a un médico. Quiere que el médico pruebe, que pregunte sobre sus síntomas. Sabe que las preguntas están basadas en el conocimiento experto y son necesarias para darle un diagnóstico adecuado. Así, en este caso probar se vuelve empático más que controlador y autobiográfico.

Cuando siente que alguien realmente quiere que usted haga preguntas para reafirmar, podría considerar las siguientes:

¿Qué te preocupa?

¿Qué es verdaderamente importante para ti?

¿Qué valores quieres preservar más?

¿Cuáles son tus necesidades más presionantes?

¿Cuáles son tus prioridades más altas en esta situación?

¿Cuáles son las posibles consecuencias no intencionadas para dicho plan de acción?

Esta clase de preguntas puede combinarse con enunciados reflexivos como:

Siento que tu preocupación fundamental es...

Corrígeme si me equivoco, pero siento que...

Estoy tratando de verlo desde tu punto de vista, y lo que percibo es...

Lo que te escucho decir es...

Sientes que...

Siento que te refieres a...

En la situación correcta cualquiera de estas preguntas y frases podría mostrar un intento por lograr entendimiento o empatía. El punto es que la actitud o el deseo es lo que debemos cultivar primero y siempre. La técnica es secundaria y emana del deseo.

Empatía: Algunas Preguntas y Lineamientos

Mientras trabaja en el Hábito 5, puede estar interesado en las respuestas a algunas de las preguntas que las personas han hecho a través de los años.

¿La empatía es siempre adecuada? La respuesta es "¡sí!". Sin excepción, la empatía siempre es adecuada. Pero reflejar, resumir e imitar son en ocasiones extremadamente inadecuados e insultantes. Pueden incluso percibirse como manipulación. Así que recuerde que el meollo del asunto es un deseo sincero de entender.

¿Qué puede hacer si la otra persona no se abre? Recuerde que el 70 u 80 por ciento de toda la comunicación es no verbal. En este sentido es imposible no comunicar. Si verdaderamente tiene un corazón empático, un corazón que desea entender, siempre estará leyendo las claves no verbales. Notará el lenguaje corporal y facial, el tono de voz y el contexto. La inflexión de la voz y el tono son las claves para descifrar el corazón por teléfono. Intentará discernir el espíritu y el corazón de otra persona, así que no lo fuerce. Tenga paciencia. Puede incluso sentir que necesita disculparse o restituir algún mal proceder. Actúe sobre ese entendimiento y hágalo. En otras palabras, si siente que la Cuenta de Banco Emocional está sobregirada, actúe bajo ese entendimiento y haga los depósitos pertinentes.

Recuerde que el 70 u 80 por ciento de toda la comunicación no es verbal. Si verdaderamente tiene un corazón empático, siempre estará leyendo las claves no verbales.

¿Cuáles son otras expresiones de empatía además de las técnicas de imitar, resumir y reflejar? De nuevo, la respuesta es hacer lo que la masa del iceberg le diga, lo que su entendimiento de la persona, la necesidad y la situación le indiquen. A veces el silencio total es empático. Algunas veces hacer preguntas o usar conocimiento experto mostrando conciencia conceptual es empático. En ocasiones una inclinación de cabeza o una simple palabra es empático. La empatía es un proceso muy sincero, no manipulador, flexible y humilde. Usted reconoce que está en terreno sagrado y que la otra persona está tal vez incluso un poco más vulnerable que usted.

También puede encontrar útiles estos lineamientos:

- Mientras más alto sea el nivel de confianza, más fácilmente puede entrar y salir de las respuestas empáticas y autobiográficas, particularmente entre reflejar y probar. La energía negativa y positiva a menudo es, aunque no siempre, un indicador clave del nivel de confianza.
- Si la confianza es muy alta, puede ser extremadamente cándido y eficiente con los demás. Pero si está intentando reconstruir confianza o si está de algún modo temblando y la persona no arriesgará vulnerabilidad, entonces necesita quedarse más tiempo y con más paciencia en el modo empático.
- Si no está seguro de que entiende o si no está seguro de que el otro se siente entendido, entonces dígalo y trate de nuevo.
- Justo como llegar a la profundidad del iceberg debajo del agua, aprenda a escuchar la profundidad del iceberg dentro de la otra persona. En otras palabras, enfóquese principalmente en el significado fundamental, el cual por lo general se encuentra más en el sentimiento y la emoción que en el contenido o las palabras que la persona está usando. Escuche con los ojos y con el "tercer oído", el corazón.
- La calidad en una relación es tal vez el factor que más determina lo que es

adecuado. Recuerde que las relaciones en la familia requieren atención constante porque la expectativa de ser alimentado y apoyado emocionalmente es constante. Ahí es donde las personas se meten en problemas, cuando dan por hecho a otros, particularmente a sus seres queridos, y tratan a un extraño mejor que a la persona más querida en su vida. Debe haber esfuerzo constante en la familia para disculparse, pedir perdón, expresar amor, aprecio y valorar a los demás.

• Lea el contexto, el ambiente y la cultura para que la técnica que use no se interprete de manera diferente a la intención que usted le dio. En ocasiones tiene que ser muy explícito diciendo: "Voy a tratar de entender lo que estás diciendo. No voy a evaluar, ni a estar de acuerdo o en desacuerdo. No voy a tratar de 'investigarte'. Quiero entender sólo lo que quieras que entienda". Y ese entendimiento a menudo viene sólo cuando usted también entiende el "panorama completo".

Cuando está verdaderamente empatizando, también está entendiendo lo que sucede en la relación y en la naturaleza de la comunicación que se está dando entre ustedes, no sólo en las palabras que la otra persona está tratando de comunicar. Usted es empático respecto al contexto completo así como al significado que se está comunicando. Y entonces actúa con base en ese entender empático más amplio.

Por ejemplo, si la historia completa de la relación es de juicio y evaluación, el esfuerzo mismo de empatizar probablemente se verá en ese contexto. Cambiar la relación probablemente requerirá disculpas y trabajo interior profundo para asegurar que la actitud y la conducta de uno sea congruente con esa disculpa, y luego ser abierto y sensible a las oportunidades para mostrar entendimiento.

Recuerdo una vez que Sandra y yo habíamos estado preocupados varias semanas por nuestro hijo respecto a su trabajo escolar. Una noche le preguntamos si quería ir a cenar con nosotros a algo así como una cita especial. Dijo que quería ir y preguntó quién más iría. Le dijimos: "Nadie más. Es un tiempo especial contigo".

Entonces dijo que no quería ir. Lo convencimos de ir, pero hubo poca apertura a pesar de nuestros mejores esfuerzos por mostrar entendimiento. Cerca del final de la cena, empezamos a hablar de otro asunto que estaba directamente relacionado con el trabajo escolar y la energía emocional fue tanta que nos llevó al tema sensible y ocasionó malos sentimientos, y además todos nos pusimos a la defensiva. Después nos disculpamos y mi hijo nos dijo: "Por eso no quería venir a cenar". Sabía que sería otra experiencia de juicios. Nos llevó un tiempo hacer depósitos suficientes para que él confiara en la relación y volviera a abrirse.

Una de las cosas más grandes que hemos aprendido en esta área es que las horas de las comidas siempre deben ser ocasiones felices y placenteras, compartiendo conversaciones agradables y aprendiendo, a veces incluso discusiones serias sobre temas intelectuales o espirituales, pero nunca un lugar para disciplinar, corregir o juzgar. Cuando las personas están extremadamente ocupadas, pueden estar con la familia sólo a las horas de los alimentos, y por lo tanto tratan de atender todos los asuntos familiares entonces. Pero hay momentos mejores para manejar estas cosas.

Cuando las comidas son placenteras y evitan juicios o instrucciones, las personas están ansiosas por reunirse y estar juntos. Bien vale la pena la planeación cuidadosa y la disciplina considerable que se requiere para preservar la felicidad de las horas de comidas y hacerlas momentos en que la familia disfrute y se sientan relajados y emocionalmente a salvo.

Cuando las relaciones son buenas, y ambas partes están entendiendo genuinamente, las personas pueden con frecuencia comunicarse con candidez poco usual. A veces inclinar la cabeza y algunos "ajá" son suficientes. En estas situaciones las personas pueden cubrir mucho territorio rápidamente. Una persona externa, que contempla esto sin entender la calidad de la relación y el contexto completo, podría observar que no había escuchar reflexivo, o entendimiento o empatía dándose ahí, cuando de hecho era profundamente empático y muy eficiente.

Sandra y yo pudimos lograr este nivel de comunicación en nuestro matrimonio en ese sabático en Hawai. A través de los años, hemos caído de nuevo en las formas antiguas de vez en cuando. Pero encontramos que trabajando en ello, podemos volver a ganarlo rápidamente. Así, mucho depende de la cantidad de emoción que se genera, la naturaleza del tema, la hora del día, el nivel de fatiga personal y la naturaleza de nuestro enfoque mental.

Muchas personas luchan con este enfoque del iceberg para empatizar porque no es una habilidad tan fácil de desarrollar. Requiere mucho trabajo interno y también más del enfoque de dentro hacia fuera. El desarrollo de cualquier habilidad mejora practicándola.

La Segunda Mitad del Hábito

"Buscar primero entender" no significa que sólo entendamos. No significa que usted se apodera de su rol para enseñar e influenciar a otros. Simplemente significa que escucha y entiende primero. Y como puede ver en los ejemplos dados, ésta es realmente la clave para influenciar a otros. Cuando está abierto a su influencia, encontrará que casi siempre tiene mayor influencia con ellos.

Ahora llegamos a la segunda mitad del hábito: "buscar ser entendido". Esto tiene que ver con compartir la forma en que usted ve el mundo, con dar retroalimentación, con enseñar a sus hijos, con tener el valor de confrontar con amor. Y cuando intenta hacer cualquiera de estas cosas, puede ver otra razón muy práctica para buscar primero entender: cuando realmente entiende a alguien, es mucho más fácil compartir, enseñar, confrontar con amor. Usted sabe cómo hablar a los demás en el lenguaje que ellos entienden.

Una mujer compartió esta experiencia:

Durante mucho tiempo en nuestro matrimonio, mi esposo y yo no estuvimos de acuerdo en cómo gastar el dinero. El quería comprar cosas que a mí me parecían innecesarias y costosas. Yo no podía explicarle el dolor que sentía al ver nuestra deuda apilándose, y teníamos que gastar más y más de nuestros ingresos en pagar intereses y tarjetas de crédito.

Por último, decidí que necesitaba encontrar una manera diferente de expresar mi punto de vista e influenciar la situación. Traté de escuchar más, de entender cómo pensaba él. Entendí que el pensaba más en el "gran panorama", pero a veces no veía la conexión entre sus decisiones de gastar y las consecuencias que traían.

Entonces cuando él decía: "Mira, sería bueno comprar [algo]", en vez de discutir con él, yo le contestaba: "Creo que sí. Veamos qué pasaría si lo compráramos. Vamos a ver el panorama completo". Y sacaba el presupuesto y decía: "Mira, si gastamos esto aquí, no tendremos dinero para esto". Encontré que cuando él veía las consecuencias de las decisiones de comprar, con frecuencia llegaba a la conclusión de que era mejor no comprar el artículo en cuestión.

Haciendo esto descubrí también que con algunas de las compras que él quería hacer, los beneficios superaban los conflictos. Quería comprar una computadora, por ejemplo. Yo estaba en contra al principio, pero cuando calculé la diferencia que haría en nuestra capacidad de generar ingresos, pude ver que mi respuesta llegó de la carga del pasado en vez de la lógica del presente.

También encontré que tener un enunciado de misión financiero nos ayudaba a hacer las cosas mejor. Cuando tuvimos un propósito compartido frente a nosotros, se volvió mucho más fácil que trabajáramos juntos para lograrlo.

Note cómo entender ayudó a esta pareja a trabajar juntos para tomar mejores decisiones. Pero note también, cómo entender la forma en que su esposo pensaba hizo posible que esta mujer "buscara ser entendida" mucho más efectivamente. Ella pudo comunicarse mejor porque sabía cómo expresar sus ideas en el lenguaje que él entendía.

Dando Retroalimentación

Conozco a un hombre que las personas consideraban generalmente fácil de tratar y que aceptaba a los demás. Un día su esposa dijo: "Nuestros hijos casados me comentaron que sienten que eres demasiado controlador en tu relación con ellos. Te adoran en muchas maneras, pero resienten la forma en que tratas de canalizar sus actividades y su energía".

Este hombre se sintió devastado. Su primera respuesta fue: "¡No hay forma de que mis hijos hayan dicho eso! Tú sabes que no es cierto. Yo nunca interfiero con sus deseos. Eso es ridículo y tú lo sabes tan bien como yo".

"Sin embargo, así se sienten —contestó ella—. Y tengo que decirte que también lo he notado. Tienes una manera de presionarlos para que hagan lo que tú crees es lo mejor."

"¿Cuándo? ¿Cuándo? ¿Cuándo he hecho eso? Dime una vez en que lo haya hecho."

"¿Realmente quieres oírlo?"

"No, no quiero oírlo, porque no es cierto."

Hay veces en que "ser entendido" significa dar retroalimentación a otros miembros de la familia. Y esto puede ser muy difícil de hacer. Las personas con frecuencia no quieren escuchar la retroalimentación. No concuerda con la imagen que tienen de sí mismos y no quieren escuchar nada que refleje una imagen que es algo menos de la que tienen en su mente.

> *Cuando usted realmente ama a alguien, necesita mucho cuidado para confrontarlo, y hacerlo con una forma llena de energía positiva y respeto.*

Todos tenemos "puntos ciegos": áreas en la vida que ni siquiera vemos pero que necesitan cambiarse o mejorarse. Entonces, cuando usted realmente ama a alguien, necesita mucho cuidado para confrontarlo, y hacerlo con una forma llena de energía positiva y respeto. Necesita poder dar retroalimentación que realmente construya la Cuenta de Banco Emocional en vez de hacer retiros.

Cuando usted necesita dar retroalimentación, puede encontrar útil estas cinco claves:

1. Siempre pregúntese: "¿Esta retroalimentación será útil para esta persona o es sólo para cumplir mi propia necesidad de enderezar a esta persona?" Si hay algo de ira en su interior, probablemente no sea el momento o el lugar de dar retroalimentación.

2. Busque primero entender. Conozca lo que es importante para la persona y cómo ayudará su retroalimentación a esa persona a lograr sus metas. Siempre trate de hablar el lenguaje de amor de la persona.

3. Separe a la persona de la conducta. Debemos continuamente hacer esto y nunca juzgar a la persona. Podríamos juzgar contra estándares y principios. Podríamos describir nuestros sentimientos y observar las consecuencias de esta conducta. Pero debemos rechazar absolutamente el poner una etiqueta en la otra persona. Es muy dañino para la persona y para la relación. En vez de describir a una persona como "floja" o "estúpida" o "egoísta" o "dominante" o "chovinista", es siempre mejor describir nuestra observación de las consecuencias de estas conductas y/o nuestros propios sentimientos, preocupaciones y percepciones que emanan de estas conductas.

4. Sea especialmente sensible y paciente respecto a los puntos ciegos. Son puntos "ciegos" porque son demasiado sensibles para admitirse en la conciencia. A menos que las personas estén preparadas para mejorar las cosas que ya saben que deben mejorar, darles información sobre los puntos ciegos es amenazador y

contraproducente. También, no dé retroalimentación acerca de alguna cosa sobre lo que no puedan realistamente hacer algo.

5. Use mensajes "yo". Cuando dé retroalimentación, es importante recordar que está compartiendo su percepción, la manera en que ve al mundo. Así que dé mensajes "yo": "Esta es mi percepción". "Mi preocupación es..." "Así es cómo lo veo yo". "Así lo siento yo". "Así es como lo observé". En el momento en que empiece a mandar mensajes "tú": "Eres tan complicado", "Causas demasiados problemas", está jugando a Dios. Se está convirtiendo en el juez último de esa persona. Es como si la persona fuera así. Y esto se vuelve un retiro enorme. Lo que más ofende a las personas, particularmente cuando en su corazón están bien pero en su conducta no, es la idea de ser arreglado, etiquetado, categorizado o juzgado. Que pueden cambiar. Los mensajes "yo" son más horizontales, entre seres humanos iguales. Los mensajes "tú" son más verticales, indicando que una persona es mejor o vale más que la otra.

> *L*os mensajes «yo» son más horizontales, entre seres humanos iguales. Los mensajes «tú» son mas verticales, indicando que una persona es mejor o vale más que la otra.

Recuerdo una vez que Sandra y yo estábamos preocupados porque sentíamos que había un patrón egoísta desarrollándose en uno de nuestros hijos. Había sucedido por un cierto tiempo y se estaba volviendo ofensivo para todos en la familia. Fácilmente podíamos haber dado retroalimentación rápida, esperando que el patrón cambiara. Lo hemos hecho a veces. Pero en este caso me dije a mí mismo que realmente tenía que pagar el precio. Esta es una tendencia muy arraigada, pero no es la naturaleza de mi hijo. El no es así. El tiene tanta gracia, desprendimiento y bondad. El necesita saber cómo nos sentimos por sus acciones.

En ese momento, estábamos en vacaciones familiares en el lago. Le pregunté si quería dar un paseo por el lago en la bicicleta doble. Dimos un largo paseo, lentamente. Nos detuvimos por bebidas en una tienda. Teníamos paseando ya dos horas y media o tres, y estábamos muy divertidos. La profundidad de nuestra interacción, la risa, la diversión, realmente mejoró nuestra relación.

Hacia el final del paseo, finalmente le fije: "Hijo, una de las razones por las que quería tener este tiempo privado contigo es que tu mamá y yo tenemos una preocupación. ¿Te importaría si la comparto contigo?"

El dijo: "Claro que no, papá".

Así que compartí con el lo que sentíamos. No se sintió ofendido porque yo estaba describiéndonos a nosotros, no a él. "Esto es lo que nos preocupa. Esto es lo que sentimos. Ésta es nuestra percepción". No le decía: "Eres tan egoísta. Estás ofendiendo a toda la familia".

Igual que como compartí nuestras preocupaciones, también compartí nuestra percepción de su verdadera naturaleza. Y la respuesta inmediata fue tan positiva. Dijo: "Ah, sí, papá. Ya veo. Creo que he pensado sólo en mí y eso no está bien". Y reconoció esto a su madre y a los demás miembros de la familia, empezó un proceso que podríamos llamar "recorrer la segunda milla".

Carl Rogers, uno de los más grandes investigadores y escritores en materia de comunicaciones, creó un modelo de "congruencia" que enseña la importancia de la autoconciencia y el valor para expresar esa conciencia en comunicarse con los demás. Enseñó que cuando las personas no están conscientes de lo que están sintiendo por dentro, son "incongruentes". Entonces tienen la tendencia a intelectualizar, dividir o a proyectar inconscientemente sus motivos sobre el otro. Esta incongruencia interna la sienten los demás y contribuye a una comunicación poco auténtica que es superficial y aburrida, como las pláticas en las fiestas.

Pero también enseñó que cuando las personas son congruentes internamente, es decir, que están conscientes de lo que están sintiendo, pero lo niegan y tratan de actuar o expresarse de otra manera, esta incongruencia externa por lo general se llama falta de sinceridad, posturas o incluso hipocresía.

Ambas formas de incongruencia deterioran la habilidad de escuchar completamente al otro, y es por eso que debe hacerse una gran cantidad de trabajo interno, tanto para hacer crecer la autoconciencia como para tener el valor de expresar auténticamente lo que está sintiendo y pensando por dentro a través de mensajes "yo" auténticos más que mensajes con juicios.

Simplemente debemos tener suficiente cuidado al confrontar a otras personas. A menudo la clave para desarrollar relaciones sólidas y profundas con las personas es ponernos en el mismo nivel, hablar la verdad con amor, no rendirnos a ellos pero tampoco renunciar a ellos. Esto lleva tiempo y paciencia, pero también lleva tremendo valor y la habilidad de saber cuándo y cómo dar mensajes "yo" con respeto y tacto, a veces incluso fuertes y directos. Hay veces en que las personas realmente amorosas quieren darles un trato que los sacuda, sacudiéndolos hacia la conciencia de lo que están haciendo, y luego mostrándoles más amor que nunca después para que sepan que se preocupan por ellos.

Cuando pienso en los alumnos que he tenido con los años, aquellos con quienes he tenido las relaciones más profundas y continuas, y quienes me han expresado su aprecio genuino son por lo general aquellos con quienes realmente me "nivelé" en un momento y lugar adecuados. Incluso puede ayudarles a entender sus puntos ciegos y las consecuencias últimas de esos puntos ciegos, y ayudarlos a trabajar por el proceso de permanecer en el camino del crecimiento.

Joshua (hijo):
Lo mejor de tener hermanos y hermanas mayores es la retroalimentación que te dan.

Cuando llego a casa después de un juego de basquetbol o fútbol, mamá y papá me encuentran en la puerta y les cuento todas las jugadas que hice. Mamá siempre habla del talento que tengo y papá dice que fue mi habilidad de liderazgo lo que conduzco al equipo a la victoria.

Cuando Jenny entra a la cocina, le preguntó cómo lo hice. Ella me dice lo común y corriente que soy como jugador y que debo practicar mucho más si quiero seguir en esa posición, y que espera que la próxima vez juegue mejor y no la avergüence.

¡Eso es retroalimentación!

Cuando dé retroalimentación, siempre recuerde que en la relación, el nivel de confianza en la Cuenta de Banco Emocional determina el nivel de comunicación que tendrá. Recuerde tambien que los mensajes "yo" construyen esa cuenta. Afirman, especialmente cuando da retroalimentación constructiva con el mejor de todos los mensajes "yo": "Te quiero. Creo que eres una persona con un valor infinito. Sé que esta conducta es sólo una parte pequeña de todo lo que eres. Y por todo lo que eres, ¡te quiero!"

Sin duda, esas dos palabras mágicas "te quiero" son el mejor mensaje de todos. Recuerdo haber llegado a casa una noche después de viajar todo el día, cubriendo cientos de kilómetros en avión, estando en aeropuertos repletos de personas y manejar a casa en medio del tráfico. Estaba literalmente exhausto.

Cuando llegué a casa, me encontró mi hijo que había pasado casi todo el día en el cuarto de trabajo. El proyecto había involucrado mucho esfuerzo, cargar cosas, limpiar cosas, tirar la "basura". Era un niño pequeño pero con edad suficiente para tener juicio sobre qué cosas guardar y cuáles tirar con base en los lineamientos que yo le había dado.

En cuanto llegué al cuarto y lo vi, mi primera observación fue negativa: "¿Por qué no hiciste esto? ¿Por qué no hiciste aquello?" Ni siquiera recuerdo ahora qué fue lo que no hizo. Pero lo que sí recuerdo, y nunca olvidaré, fue ver cómo se apagaba la luz de sus ojos. Había estado tan emocionado con lo que había hecho, y tan ansioso de mi aprobación favorable. Había estado con la energía de esa expectativa positiva por horas mientras hacía el trabajo. Y ahora mi primera observación era negativa.

Cuando vi apagarse la luz de sus ojos, supe de inmediato que había cometido un error. Traté de disculparme. Traté de explicar. Traté de enfocarme en las cosas buenas que él había hecho y expresar mi amor y aprecio por todo, pero la luz nunca regresó en toda esa noche.

No fue sino hasta varios días después que hablamos más de la experiencia y la procesamos cuando su sentimiento empezó a surgir. Esto me enseñó forzadamente que cuando las personas han hecho su mejor esfuerzo, es irrelevante si cumple o no con nuestras expectativas. Es el momento de darles aprecio y alabanzas. Cuando alguien ha terminado una tarea o proyecto importante, o ha logrado algo que requirió esfuerzo supremo, siempre exprese admiración, aprecio y orgullo. Nunca dé retroalimentación negativa, aunque sea lo que merece y aunque lo haga de manera constructiva y con buenos motivos para ayudar a la persona a mejorar. Dé la retroalimentación constructiva en un momento posterior, cuando la persona esté lista para ello.

Pero en ese momento, alabe el esfuerzo. Alabe el corazón que se puso. Alabe el valor de la persona, la identidad personal que se transmitió en el proyecto o trabajo. No está comprometiendo su integridad cuando toma un enfoque tan valiente, apreciador y reafirmante. Sencillamente está enfocándose en lo que es más importante que alguna definición nerviosa de excelencia.

Alimentando una Cultura de Hábito 5

Como en cualquier otro hábito, los frutos verdaderos del Hábito 5 no están sólo en el momentáneo "¡Ajá!" que viene cuando tiene un entendimiento real de la otra persona. Están en el hábito, en el efecto acumulativo de buscar constantemente entender y ser entendido en las interacciones cotidianas de la vida familiar. Y hay varias maneras en que puede desarrollar esta cultura de Hábito 5 en el hogar.

Una mujer compartió esto:

Hace varios años teníamos dos chicos adolescentes que a menudo estaban riñendo. Cuando aprendimos del Hábito 5, decidimos que esto podría ser la clave para tener más paz en el hogar.

Durante uno de nuestros tiempos familiares semanales, presentamos la idea a los niños. Les enseñamos el proceso del escuchar empático. Representamos para ellos situaciones donde dos personas están en desacuerdo y les mostramos cómo una persona se deshacía de sus juicios o de intentar hacer un punto y simplemente buscaba entender. Luego, cuando esa persona se sentía totalmente entendida, la otra persona podría hacer lo mismo. Dijimos a los niños que si tenían alguna riña durante la semana, los íbamos a poner juntos en una habitación y que no podrían salir hasta que ambos estuvieran convencidos de que habían sido entendidos.

Cuando llegó la primera riña, los puse en una habitación donde pudieran estar solos. Los senté en dos sillas y dije: "Muy bien, Andrew, dile a David exactamente cómo te sientes". Empezó a hablar, pero antes de decir dos oraciones, David interrumpió diciendo: "Oye, ¡eso no fue lo que pasó!"

Yo dije: "Un minuto. No es tu turno todavía. Tu trabajo es simplemente entender lo que Andrew está diciendo y poder explicar su posición a su satisfacción".

David volteó los ojos hacia arriba. Lo intentamos de nuevo.

Después de cinco oraciones, David brincó de la silla. "¡No es justo!" gritó. "Tú fuiste el que..."

"¡David! —dije—, siéntate. Ya llegará tu turno. Pero no antes de que me expliques lo que Andrew está diciendo y él esté satisfecho de que realmente entiendes. Podrías sentarte y tratar de escuchar. No tienes que estar de acuerdo con Andrew; sólo tienes que explicar su punto de vista a su satisfacción. No puedes decir tu

versión del asunto hasta que puedas explicar la de él completamente."

David se sentó. Por unos minutos más hizo ruidos de disgusto en algunas cosas que Andrew decía. Pero cuando se dio cuenta de que realmente no iba a ninguna parte hasta que hiciera esto, se quedó quieto y trató de entender.

Cada vez que pensaba que entendía, yo le pedía que repitiera lo que Andrew acababa de decir. "¿Es correcto, Andrew? ¿Eso es lo que dijiste?"

Y cada vez que Andrew decía "¡Así es!" o "¡No. David no entiende lo que quiero decir", lo intentábamos de nuevo. Finalmente llegamos a un punto donde David pudo explicar cómo se sentía Andrew a la entera satisfacción de Andrew.

Luego fue el turno de David. Fue casi divertido ver cómo, cuando él trataba de volver a su punto de vista, sus sentimientos realmente habían cambiado. Veía algunas cosas de manera diferente, pero mucha de su arrogancia había desaparecido cuando vio cómo Andrew veía la situación. Y sintiéndose genuinamente entendido, Andrew estaba mucho más dispuesto a escuchar el punto de vista de David. Así los niños pudieron hablar sin culparse o acusarse. Una vez que todos los sentimientos se sacaron, encontraron relativamente fácil llegar a una solución que ambos sentían correcta.

Esa primera experiencia tomó casi cuarenta y cinco minutos de su tiempo y el mío. Pero valió la pena. La próxima vez que suceda, sabían qué íbamos a hacer. Al seguir trabajando con los años, encontramos que no siempre es fácil. A veces había sentimientos intensos y profundos involucrados. Había incluso veces que empezaban a revisar un argumento y de repente se detenían, viendo que preferían estar con sus amigos, que pasar media hora en un cuarto juntos arreglando cosas. Pero mientras más lo hicieron, se fueron mejorando más las cosas.

Uno de mis mejores momentos como madre llegó varios años después de que ambos salieron de casa. Uno había estado en otro estado y el otro en otro país, y no se habían visto en varios años. Vinieron a nuestro hogar a recibir algunas cosas que les había dejado su bisabuelo. Su camaradería fue maravillosa. Reían y hacían bromas juntos, y se disfrutaron inmensamente. Cuando llegó el momento de decidir quién se quedaba con qué, fueron extremadamente complacientes el uno con el otro. "Tu puedes usar esto, tómalo." "Sé que te gustaría tener esto. Llévatelo."

Fue fácil ver que tenían una actitud ganar-ganar, y creció del entendimiento profundo de ambos. Estoy convencida de que buscar entenderse cuando estaban creciendo marcó una gran diferencia.

Note cómo esta mujer pacientemente usó el tiempo familiar para enseñar los principios del escuchar empático en su hogar. Note cómo siguió ayudándolos a integrar los principios en sus vidas diarias, y note los frutos de dichos esfuerzos años más tarde.

En nuestra familia hemos encontrado que esta simple regla es muy poderosa para crear legitimidad para el escuchar empático en la cultura: *Cuando hay una diferencia o desacuerdo, las personas no pueden expresar su punto de vista hasta que repitan el punto de vista de la otra persona a satisfacción de ésta. Esto es* sorprendentemente poderoso. Podría ser precedido con palabras para este efecto, particularmente si usted siente que las personas ya se decidieron y están básicamente buscando pelear: "Vamos a hablar de las cosas importantes sobre las que las personas tienen sentimientos fuertes. Para ayudarnos en esta comunicación, por qué no acordamos en esta simple regla básica", y luego diga la regla. Inicialmente, este enfoque puede parecer que alarga las cosas, pero a largo plazo ahorra diez veces más de tiempo, nervios y relaciones.

También intentamos organizarnos para que los miembros de la familia sepan que tendrán "su día en la corte" en reuniones familiares o en tiempos uno a uno. Respecto a las reuniones familiares, desarrollamos un proceso de solución de problemas en el cual la persona que tenía la preocupación o el problema asume la responsabilidad de conducir a la familia durante esa reunión sobre el problema mismo. Colocamos una hoja de papel sobre el refrigerador y todo el que quería hablar sobre cualquier asunto, problema, esperanza o plan sencillamente escribía el asunto y su nombre en el papel. Este papel nos ayudaba a desarrollar el contenido de la discusión del consejo familiar. Y cada persona que ponía algo en la agenda era responsable de llevarnos a todos por el proceso de resolver el problema o de hacer lo que fuera necesario.

Encontramos que cuando la cultura básicamente recompensa a quienes hablan primero y a quienes toman acción primero, entonces las personas sienten que su día en la corte nunca llega. Los sentimientos gradualmente empiezan a quedarse dentro, donde permanecen embotellados y sin expresarse. Esos sentimientos no expresados nunca mueren. Se entierran vivos y surgen más adelante en maneras más feas: comentarios muy reactivos, ira, expresiones de violencia verbal o física, enfermedades psicosomáticas, dando a las personas trato silencioso, en enunciados o juicios extremos o simplemente actuado en otras formas disfuncionales y lastimosas.

Pero cuando las personas saben que tendrán su día en la corte, es decir, que tendrán la oportunidad de ser escuchadas completamente y de procesar las reacciones de otros a lo que dicen, pueden relajarse. No tienen que ponerse impacientes o muy reactivos porque saben que su tiempo de ser escuchados y entendidos llegará. Esto disipa la energía negativa y ayuda a las personas a desarrollar paciencia y autocontrol.

> Cuando las personas saben que tendrán su día en la corte, pueden relajarse. Saben que su tiempo de ser escuchados y entendidos llegará.

Ésta es una de las grandes fuerzas del Hábito 5. Y si puede cultivar una cultura familiar donde el Hábito 5 sea el centro de toda la estrategia para manejar las cosas, entonces todos se sentirán que su día en la corte llegará. Y esto elimina muchas de las reacciones tontas e impulsivas que las personas tienen cuando se sienten que no serán escuchadas.

Aunque tenemos que admitir que incluso con todo nuestro esfuerzo para asegurar que todos en la familia sean escuchados, algunos han tenido que ser realmente proactivos para lograrlo.

Jenny (hija):
Crecer en una familia de nueve niños a veces me hizo difícil obtener la atención que quería. Había siempre muchas cosas sucediendo en casa y todos constantemente hablaban o hacían algo. Entonces, para obtener atención, me acercaba a mamá o papá y les murmuraba en el oído lo que quería decir. Me aseguraba de decírselos lo suficientemente suave, para de esa manera lograr toda su atención y hacer que todos se quedaran callados. Funcionaba.

Asegurar que es escuchado y entendido, es el propósito de la segunda mitad del Háito 5.

Entendiendo las Etapas de Desarrollo

Otra forma de practicar el Hábito 5 en el hogar es buscar entender la forma en que sus hijos ven el mundo haciéndose consciente de sus "edades y etapas".

El crecimiento está basado en principios universales. Un niño aprende a voltearse, sentarse, gatear, luego caminar y correr. Cada paso es importante. Ningún paso debe saltarse. Y siempre algunas cosas deben venir antes que las otras.

Sabemos que esto es cierto en el área de las cosas físicas, pero también es cierto en las áreas de las emociones y las relaciones humanas. Aunque las cosas en el área física se ven y proporcionan evidencia constante, las cosas en otras áreas no se ven y la evidencia no es tan directa o tan plena. Por lo tanto, es muy importante que entendamos no sólo la etapa física de desarrollo sino también la mental, emocional y espiritual. Y que nunca intentemos tomar atajos, violar o alterar el proceso.

Si no hacemos un esfuerzo sincero por entender el desarrollo de nuestros hijos y comunicarnos con ellos en su nivel de conciencia, a menudo nos encontraremos con expectativas no razonables de ellos y frustrados cuando veamos que no podemos lograrlas.

Recuerdo una tarde que estaba criticando a nuestro hijo por dejar la ropa tirada en el piso de su habitación. Dije: "¿Qué no ves que no debes hacerlo? ¿No entiendes que pasará, cómo la ropa se ensuciará y se arrugará?"

El chico no me contestó. No era rebelde. Estuvo de acuerdo. Incluso sentí que quería hacer lo que yo le pedía, pero todos los días dejaba la ropa tirada en el piso.

Finalmente, un día pensé que tal vez simplemente él no sabía colgar la ropa. Es todavía muy pequeño. Así que estuve media hora con él enseñándole a colgar su ropa. Practicamos cómo colgar los pantalones del traje para que no se arrugaran.

Practicamos cómo abrochar la camisa, voltearla y doblarla hacia el centro y ponerla en el cajón.

Estaba disfrutando este entrenamiento. De hecho, cuando terminamos sacamos toda su ropa del armario y la volvimos a guardar de nuevo, nos divertimos mucho. Había un buen sentimiento entre nosotros y él aprendió. Pudo desde entonces guardar su ropa.

Como lo descubrí con este hijo, el problema no era que él no reconociera la importancia de colgar su ropa. No era siquiera que no quería hacerlo. Simplemente era que no tenía la competencia, no sabía cómo hacerlo.

Años después, ya adolescente, este hijo tuvo el mismo problema de nuevo. Pero la naturaleza del problema en esa época no era competencia, era motivación. Y tuvimos que usar una solución motivacional para resolverlo.

La primera clave para resolver cualquier problema de capacitación es diagnosticarlo correctamente. No vamos a ver a un cardiólogo si nos duele un pie. No llamamos a un plomero si el techo está goteando. Tampoco podemos resolver un problema de competencia con una solución de valor o motivación, o viceversa.

Cuando queremos que un niño realice una tarea en la familia, siempre he encontrado útil hacer estas tres preguntas:

¿El niño *debe* hacerlo? (cuestión de valor)
¿El niño *puede* hacerlo? (cuestión de competencia)
¿El niño *quiere* hacerlo? (cuestión de motivación)

Con base en la respuesta, sabemos a dónde dirigir nuestro esfuerzo efectivamente. Si es cuestión de valor, la solución por lo general está en construir la Cuenta de Banco Emocional y educar. Si es cuestión de competencia, la respuesta es normalmente capacitación. Hay una diferencia entre educar y capacitar. Educación significa "hacer salir", en este caso es proporcionar una explicación profunda y adecuada que tienda a hacer salir el sentido de "esto es lo que debo hacer". Capacitar significa "poner", en este caso, poner en el niño el conocimiento de cómo realizar la tarea. Educar y capacitar son ambos importantes, y cuál usar depende de la naturaleza del problema. Si la cuestión de valor está involucrando "deberías": "¿Debería hacer mi parte con mis amigos?", entonces la clave está en la calidad de la relación y el carácter y la cultura de la familia.

Si es una cuestión de motivación, la respuesta radica en reforzar la conducta deseada ya sea externa o internamente, o combinadas. Puede proporcionar recompensas externas (como dinero extra, reconocimiento o algún privilegio o "distinción") o puede dar recompensas intrínsecas (la paz interna y la satisfacción que viene cuando las personas hacen cosas porque son lo correcto, cuando escuchan y obedecen a su conciencia). O puede dar ambas. Determinar la naturaleza del problema es un asunto del Hábito 5 (Buscar primero entender, luego ser entendido).

Con los años, Sandra ha aportado a nuestra familia increíble sabiduría iluminadora e intuitiva en el área de entender las etapas de desarrollo de nuestros hijos. Ella se graduó en la universidad en desarrollo de niños, y lo ha estudiado y practicado toda su vida. Como resultado, ha logrado magníficos discernimientos sobre la importancia de escuchar a tu corazón y las etapas naturales de desarrollo por las que pasan los niños.[4]

Sandra:
Estaba en la tienda el otro día y vi a una joven mamá luchando con su niño de dos años. Ella trataba de complacerlo, consolarlo y razonar con él, pero el niño estaba completamente fuera de control: temblando, gritando, llorando y aguantando la respiración hasta que explotaba en un gran berrinche, para desgracia de su avergonzada y desesperada madre.

Como madre, mi corazón estaba con ella cuando trataba de controlar la situación. Yo quería decirle todos los pensamientos racionales que pasaban por mi mente en rápida sucesión: No lo tomes como algo personal. Actúa tranquilamente. No recompenses este tipo de comportamiento. No dejes que el niño obtenga algo por este episodio. Recuerda que los niños de dos años no son emocionalmente capaces de manejar emociones completas (cansancio, temperamento, enojo) así que rompen el circuito con un berrinche.

Después de pasar por esto varias veces, empiezas a reconocer que un niño se comporta como lo hace parcialmente porque está en cierta etapa de crecimiento. El desarrollo ocurre un paso a la vez, en una especie de secuencia predecible. A menudo oímos frases como "los dos terribles", "los confiables tres", "los frustrantes cuatro" y "los fascinantes cinco" que se usan para describir fases de conducta, con frecuencia tiempos difíciles durante los años pares y esperando tiempos mejores en los años nones.

Cada niño es un individuo diferente de los demás, aunque todos parecen seguir un patrón similar. El juego solitario gradualmente evolucionará en juego paralelo. Estas personitas, con juguetes separados y diálogos diferentes, eventualmente podrán interactuar con otros en juegos cooperativos al crecer y madurar. Similarmente, un niño necesita sentir pertenencia y debe poseer antes de compartir, gatear antes de caminar, entender antes de hablar. Es importante que estemos conscientes de este proceso, notar, leer y aprender a reconocer los patrones de crecimiento y las etapas de desarrollo en nuestros hijos y sus amiguitos.

Al hacerlo no tiene que tomarlo personalmente cuando su niño de dos años explota, lo desafía con un "¡no!" y trata de establecerse como una persona independiente. Usted no exagera cuando su hijo de cuatro años usa "malas" palabras y lenguaje del "baño" para obtener su atención y vacila entre ser un niño confiable y capaz, y un bebé con conductas regresivas. No llama a su madre ahogada en llanto, confesando que su hijo de seis años miente, engaña y roba para ser el primero o el mejor, y que su hijo de nueve años cree que es deshonesta y que no tiene carácter porque a menudo rebasa el límite de velocidad y la atrapó diciendo una mentira. Usted no excusa el comportamiento irresponsable en nombre del crecimiento o el desarrollo, ni etiqueta a su hijo por el orden en que nació, la posición socioeconómica o su coeficiente intelectual.

Cada familia aprende a tender y resolver sus propios problemas aplicando el mejor conocimiento, discernimiento e intuición que tenga. Esto podría incluir repetirse a sí mismo frases como : "Esto también pasará", "Se va a tranquilizar", "Esquiva los golpes", "Algún día nos reiremos de esto", o aguantar la respiración y contar hasta diez antes de contestar.

La Secuencia es la Clave

Al enseñar el Hábito 5 a su familia y empezar a operar en su Círculo de Influencia para vivir el Hábito 5 usted mismo, le asombrará el impacto que tendrá en su cultura familiar, incluso en los niños pequeños. Un hombre compartió esto:

Vi el impacto de buscar primero entender en la familia el otro día cuando veía interactuar a nuestros tres hijos.

Jason, de año y medio, acababa de tirar al piso todos los juguetes de Matt, y Matt de cuatro años y no muy articulado, estaba a punto de ahorcar a su hermanito.

En ese momento Todd, de seis años, caminó hacia Matt y le dijo: "Te estás sintiendo muy enojado, ¿verdad Matt? Jason acaba de tirar todos tus juguetes y estás tan enojado que quieres golpearlo". Matt miró a Todd por un momento, balbuceó algunas palabras, levantó las manos y salió de la habitación.

Yo pensé: "Vaya, ¡esto realmente funciona!"

Recuerde, la clave del Hábito 5 es la secuencia. No es sólo qué hacer, sino también por qué y cuándo. El Hábito 5 nos ayuda a escuchar y hablar desde el corazón. También abre la puerta a la increíble sinergia familiar de la cual vamos a hablar en el Hábito 6.

Compartiendo Este Capítulo con Adultos y Adolescentes

Buscar Primero Entender

- Revise la experiencia de percepción del Indio/Esquimal. Explore el valor de saber que las personas no ven el mundo como es sino como ellas son, o como han sido condicionadas a verlo.
- Discutan juntos: ¿Qué tan importante es entender y empatizar verdaderamente con cada miembro de la familia? ¿Qué tan profundamente conocemos a los miembros de nuestra familia? ¿Conocemos sus presiones? ¿Su vulnerabilidad? ¿Sus necesidades? ¿Sus puntos de vista sobre la vida y sobre ellos mismo? ¿Sus esperanzas y expectativas? ¿Cómo podemos llegar a conocerlos mejor?
- Pregunte a los miembros de la familia: ¿Vemos algunos de los frutos de no entender en nuestro hogar, como frustración por expectativas no claras, juicios, azotar puertas, culpar y acusar, rudeza, relaciones mediocres, tristeza, soledad o llanto? Discuta qué pueden hacer los miembros de la familia para asegurar que todos tengan oportunidad de ser escuchados.
- Piense un poco en la forma de manejar la comunicación familiar. Discuta las cuatro respuestas autobiográficas principales: evaluar, aconsejar, probar e interpretar (página 233). Practiquen juntos aprender a dar una respuesta con entendimiento.
- Revise los lineamientos en las páginas 236 a 239 y la historia de las páginas 232 a 234. Discuta cómo esta información puede ayudarle a practicar el Hábito 5 en su familia.

Luego Buscar Ser Entendido

- Revise el material de las páginas 209 a 240. Discuta por qué buscar primero entender es fundamental para ser entendido. ¿Cómo puede ayudar usted a comunicar mejor en el lenguaje de la persona que está escuchando?
- Consideren juntos cómo pueden nutrir una "cultura de entendimiento" del Hábito 5 en su hogar.

COMPARTIENDO ESTE CAPÍTULO CON NIÑOS

- Presente a los niños la experiencia de percepción del Indio/Esquimal. Cuando puedan ver ambas ilustraciones, hable sobre cómo por lo general hay dos o más maneras de ver las cosas y cómo realmente no siempre vemos o experimentamos las cosas igual que los demás. Motívelos para que compartan cualquier experiencia en donde se hayan sentido mal entendidos.
- Consiga varios pares de anteojos: algunos con aumento, algunos de sol. Deje que cada niño vea el mismo objeto con unos anteojos diferentes. Podrían decir que lo ven borroso, oscuro, azul o claro, dependiendo de qué tipo de anteojos tenga puestos. Explique que las diferencias en lo que ven representan las maneras diferentes en que las personas ven las cosas en la vida. Permítales cambiar de anteojos y tener una idea de ver algo como lo ven los demás.
- Prepare un plato de "degustación" con diferentes alimentos. Deje que todos prueben las muestras. Compare las respuestas y hable sobre cómo a algunas personas les puede encantar cierto sabor, como los pepinillos agrios, que a otras personas les disgusta o les parecen amargos. Señale que ésta es una forma simbólica de cómo las personas experimentan la vida de manera diferente y explique lo importante que es para todos nosotros entender realmente cómo otras personas pueden experimentar las cosas de manera diferente a nosotros.
- Visite a un miembro de la familia o amigo mayor y pídale que comparta una experiencia del pasado con sus hijos. Después de la visita, comparta cualquier información que tenga que pudiera aumentar el entendimiento de sus hijos respecto a cómo eran las cosas cuando esa persona era más joven. "¿Sabían que el señor Jacobs era un policía alto y bien parecido?" "La señora Smith fue maestra de escuela y los niños la adoraban". "La abuela era conocida como la mejor pastelera de la ciudad". Hable sobre cómo el conocimiento y el entendimiento de las personas le ayuda a verlas más claramente.
- Invite a su casa a personas que tengan algo que compartir: talento musical, un viaje reciente o una experiencia interesante. Hable sobre cuánto podemos aprender de escuchar y entender a los demás.
- Comprométase a entender mejor a su familia escuchando mejor y siendo más observador. Enseñe a sus hijos a escuchar, no sólo con los oídos sino también con los ojos, la mente y el corazón.
- Juegue "cambios de humor". Pida a los niños que demuestren su estado de ánimo como ira, tristeza, felicidad o decepción, y deje que el resto de la familia adivine cuál es. Señale que puede aprender mucho sobre otros simplemente observando su cara y sus movimientos corporales.

HÁBITO 6
SINERGIZAR

Un amigo mío compartió una gran experiencia que tuvo con su hijo. Al leerlo, piense en qué hubiera hecho usted en esa situación.

Después de una semana de práctica, mi hijo me dijo que quería renunciar al equipo de basquetbol de la escuela. Le dije que si renunciaba al basquetbol, iba a seguir renunciado a cosas toda su vida. Le dije que yo había querido renunciar a cosas cuando era joven, pero que no lo había hecho y que eso hizo una diferencia dramática en mi vida. También le dije que nuestros otros hijos habían sido jugadores de basquetbol y que el trabajo duro y la cooperación involucrada en ser parte de un equipo les había ayudado mucho. Estaba seguro que lo ayudaría a él también.

Mi hijo no parecía querer entenderme para nada. Con emociones mezcladas contestó: "Papá, yo no soy mis hermanos. Yo no soy un buen jugador. Estoy harto de que el entrenador me intimide. Yo tengo otros intereses además del basquetbol".

Estaba tan enojado que me salí.

Los siguientes dos días me sentí frustrado cada vez que pensaba en la decisión tonta e irresponsable de este niño. Tenía una relación en realidad buena con él, pero me molestaba pensar que no le importaban mis sentimientos en este asunto. Varias veces intenté hablar con él, pero simplemente no me escuchaba.

Por último, empecé a preguntarme qué lo había llevado a tomar la decisión de renunciar. Determiné averiguarlo. Al principio no quiso siquiera hablarlo, pero le pregunté sobre otras cosas. Él contestaba "sí" o "no", pero no decía más que eso. Después de un tiempo le salían lágrimas en los ojos y decía: "Papá, sé que tú crees entenderme, pero no es así. Nadie sabe lo mal que me siento".

Yo contesté: "Muy difícil, ¿eh?"

"Yo diría que es difícil. A veces ni siquiera sé si vale la pena."

Entonces vació su corazón. Me dijo muchas cosas que nunca supe. Expresó su dolor constante por ser comparado con sus hermanos. Dijo que su entrenador esperaba que jugara tan bien como sus hermanos. Sentía que si iba por un camino diferente, las comparaciones terminarían. Dijo que sentía que yo favorecía a sus hermanos porque ellos me daban más gloria que él. También me habló de las inseguridades que sentía, no sólo en el basquetbol sino en todas las áreas de su vida. Y dijo que sentía que él y yo de algún modo habíamos perdido contacto.

Tuve que admitir que sus palabras me sacudieron. Sentía que lo que dijo sobre las comparaciones con sus hermanos era cierto y que yo era culpable. Reconocí mi pena ante él y, con mucha emoción, me disculpé. Pero también le dije que todavía pensaba que se beneficiaría mucho por jugar pelota. Le dije que la familia y yo podíamos trabajar juntos para mejorar las cosas para él si quería jugar. Escuchó con paciencia y entendimiento, pero no cambió su decisión de renunciar al equipo.

Finalmente, le pregunté si le gustaba el basquetbol. Dijo que le encantaba pero que no le gustaba la presión asociada con jugar en un equipo colegial. Mientras hablábamos, dijo que lo que realmente quería hacer era jugar para el equipo de la iglesia. Dijo que sólo buscaba divertirse al jugar, no tratar de conquistar el mundo. Mientras él hablaba, me encontré sintiéndome bien sobre lo que decía. Admití que me sentía un poco decepcionado de que no quisiera estar en el equipo colegial, pero que me daba gusto que por lo menos quisiera jugar.

Empezó a decirme los nombres de los chicos en el equipo de la iglesia, y yo podía sentir su emoción e interés. Le pregunté cuándo jugaría el equipo de la iglesia para asistir a verlo. Me dijo que no estaba seguro y luego agregó: "Pero necesitamos conseguir un entrenador y ni siquiera nos dejan jugar".

En ese punto, casi por magia, algo pasó entre nosotros. Una nueva idea nos vino a la mente al mismo tiempo. Casi al unísono dijimos: "Yo/tú podrías ser el entrenador del equipo de la iglesia".

De repente mi corazón sintió mucha luz al pensar en toda la diversión que sería entrenar al equipo y que mi hijo estuviera entre los jugadores.

Las semanas que siguieron fueron las más felices de mis experiencias atléticas.

Me proporcionaron los recuerdos más maravillosos como padre. Nuestro equipo jugaba por la alegría de jugar. Oh, seguro, queríamos ganar y tuvimos algunas victorias, pero nadie estaba bajo presión. Y mi hijo, que había odiado que el entrenador de la escuela le gritara, adoraba cada vez que yo gritaba: "¡Bien hecho, hijo. Bien hecho... Buen tiro, hijo. Muy buen pase!"

Esa temporada de basketbol transformó la relación entre mi hijo y yo.

Esta historia captura la esencia del Hábito 6 (sinergia) y del proceso que crea los Hábitos 4, 5 y 6.

Note cómo este hombre y su hijo al principio parecían encerrados en una situación ganar-perder. El padre quería que su hijo jugara. Sus motivos eran buenos. El pensaba que jugar pelota sería un ganar a largo plazo para su hijo. Pero el hijo sentía de manera diferente. Jugar pelota en la escuela no era un ganar para él; era un perder. Siempre estaba siendo comparado con sus hermanos. No le gustaba manejar tanta presión. Parecía ser "a tu manera" o "a mi manera". Cualquier decisión que tomara, alguien iba a perder.

Pero entonces este padre de familia hizo un cambio importante de pensamiento. Buscó entender por qué esto no era un ganar para su hijo. Al hablarlo pudieron llegar a entenderse perfectamente. Juntos llegaron a una manera mejor, una solución enteramente nueva que era un ganar para ambos. Y de eso es lo que trata la sinergia.

Sinergia—El Summum Bonum de Todos los Hábitos

La sinergia es el *summum bonum,* el fruto supremo de todos los hábitos. Es la magia que se da cuando uno más uno es igual a tres, o más. Y sucede porque la relación entre las partes es una parte en sí misma. Tiene tal poder catalítico y dinámico que afecta cómo las partes interactúan entre sí. Surge del espíritu de respeto mutuo (ganar-ganar) y entendimiento mutuo al producir algo nuevo, no en comprometer o conseguir la mitad.

Una gran manera de entender la sinergia es a través de la metáfora del cuerpo. El cuerpo es más que sólo manos, brazos, piernas, pies, cerebro, estómago y corazón todo junto. Es un todo milagroso y sinérgico que puede hacer muchas cosas maravillosas por la manera en que las partes individuales están juntas. Dos manos, por ejemplo, pueden hacer mucho más juntas que ambas manos por separado. Dos ojos trabajando juntos pueden ver más claramente, con mayor percepción de profundidad, que dos ojos por separado. Dos oídos trabajando juntos pueden decir la dirección del sonido, lo cual no es el caso con dos oídos por separado. El cuerpo entero puede hacer mucho más de lo que las partes individuales podrían hacer por separado.

Así, la sinergia trata con la parte entre las partes. En la familia, esta parte es la calidad y naturaleza de la relación entre personas. Conforme interactúan un esposo y su mujer, o los padres interactúan con los hijos, la sinergia radica en la relación entre ellos. Es ahí donde está la mente creativa, la nueva mente que produce la nueva opción, la tercera alternativa.

Usted podría incluso pensar en esta parte como una tercera persona. El sentimiento de "nosotros" en un matrimonio se vuelve más que dos personas; es la relación entre las dos personas lo que crea esta tercera "persona". Y lo mismo es cierto con padres e hijos. La otra "persona" creada por la relación es la esencia de la cultura familiar con su propósito profundamente establecido y su sistema de valores centrados en principios.

En la sinergia, entonces, usted no tiene sólo vulnerabilidad mutua, sino que también tiene el sentido de responsabilidad mutua hacia las normas y los valores construidos dentro de esas creaciones. De nuevo, esto es lo que pone autoridad moral o ética a la cultura. Alienta a las personas a ser más honestas, a hablar con más candidez y a tener el valor de manejar los asuntos difíciles más que intentar escapar de ellos o ignorarlos, o evitar estar con personas para minimizar la probabilidad de tener que tratar con dichos asuntos.

Esta "tercera persona" se convierte en una especie de autoridad más alta, algo que personifica la conciencia colectiva, la misión y valores compartidos, las costumbres sociales y las normas de la cultura. Impide a las personas tener falta de ética o estar sedientas de poder, o pedir fuerzas prestadas de posición, credenciales, logros educativos o géneros. Y siempre y cuando las personas vivan con respecto a esta autoridad más alta, ven las cosas como posición, poder, prestigio, dinero y status como parte de su "mayordomía", algo por lo que se les confía, por lo que son responsables. Pero cuando las personas no viven de acuerdo con esta autoridad más alta y se vuelven una ley para ellos mismos, este sentido de "tercera persona" se desintegra. Las personas se enajenan, atrapadas en pertenencia y autoenfoque. La cultura se vuelve independiente más que interdependiente, y la magia de la sinergia desaparece.

La clave última radica en la autoridad moral de la cultura, por la cual todos son responsables.

Sinergia es Un Asunto Riesgoso

Como es pararse en lo desconocido, el proceso de crear sinergia puede a veces estar cerca del caos. El "fin en la mente" con el que usted empieza no es *su* fin, *su* solución. Es moverse de lo conocido a lo desconocido y crear algo enteramente nuevo. Y es crear relaciones y capacidad en el proceso. Así que no entra a la situación buscando su propia manera. Entra sin saber qué va a salir de ello,

> Sinergia es el momento mágico de la vulnerabilidad mutua. No sabe qué va a suceder. Está en riesgo.

258

pero sabiendo que va a ser mucho mejor que cualquier otra cosa.

Esto es un asunto riesgoso, una aventura. Esto es el momento mágico de la vulnerabilidad mutua. No sabe qué va a suceder. Está en riesgo.

Es por ello que los primeros tres hábitos son tan importantes. Le permiten desarrollar la seguridad interna que le da valor para vivir con esta clase de riesgo. Tan paradójico como pueda sonar, requiere mucha confianza, ser humilde. Requiere mucha seguridad interna enfrentar el riesgo de ser vulnerable. Pero cuando las personas tienen la confianza y la seguridad interna basada en principios que da cabida a la humildad y la vulnerabilidad, entonces pueden dejar de ser una ley en sí mismos. En vez de ello, se convierten en conductos de intercambio de discernimientos. Y en ese intercambio está la dinámica que libera los poderes creativos.

Verdaderamente, nada es más emocionante y acerca más en las relaciones que crear juntos. Y los Hábitos 4 y 5 le dan la mentalidad y la habilidad para hacerlo. Tiene que pensar ganar-ganar. Tiene que buscar primero entender y luego ser entendido. En cierto sentido tiene que aprender a escuchar con el tercer oído para crear la tercera mente y la tercera alternativa; en otras palabras, tiene que escuchar de corazón a corazón con respeto genuino y empatía. Tiene que llegar al punto donde ambas partes estén abiertas a la influencia, a enseñar y aprender, a la humildad y a la vulnerabilidad antes de que la tercera mente que es la parte entre las dos mentes pueda volverse creativa y produzca alternativas y opciones que nadie había considerado inicialmente. Este nivel de interdependencia requiere dos personas independientes que reconozcan la naturaleza interdependiente de la circunstancia, el asunto, el problema o la necesidad para que puedan elegir ejercitar esos músculos interdependientes que permiten que se dé la sinergia.

Ciertamente, el Hábito 6 es el *Summum bonum* de todos los hábitos. No es cooperación transaccional donde uno más uno es igual a dos. No es cooperación comprometida donde uno más uno es igual a medio. Y no es comunicación adversa o sinergia negativa donde más de la mitad de la energía se gasta en pelear y defenderse, y así uno más uno es igual a menos de uno.

Sinergia es una situación en la cual uno más uno es igual a cuando menos tres. Es el nivel más alto, más productivo y más satisfactorio de la interdependencia humana. Representa el fruto último del árbol. Y no hay manera de conseguir ese fruto a menos que el árbol se haya plantado y nutrido, y madure lo suficiente para producirlo.

La Clave de la Sinergia: Celebrar las Diferencias

La clave para crear sinergia es aprender a valorar, incluso celebrar, las diferencias. Volviendo a la metáfora del cuerpo, si el cuerpo fuera todo manos, o todo corazón, o todo pies, nunca podría funcionar como lo hace. Las mismas diferencias le permiten lograr tanto.

Un miembro de nuestra familia extendida compartió esta poderosa historia sobre cómo llegó a valorar la diferencia entre ella y su hija:

Cuando cumplí once años, mis padres me dieron una hermosa edición de un clásico. Leí sus páginas con amor, y cuando terminé de leerlo, lloré. Había vivido a través de ese libro.

Guardé el libro durante años con mucho cuidado, esperando darlo a mi hija. Cuando Cathy cumplió 11 años, le di el libro. Muy complacida por su regalo, luchó por los primeros dos capítulos, luego lo depositó en su gaveta donde permaneció sin abrirse durante meses. Yo me sentí muy desilusionada.

Por alguna razón siempre supuse que mi hija sería como yo, que le gustaría leer los mismo libros que a mí, que tendría un temperamento similar al mío y que le gustaría lo que a mí me gustaba.

"Cathy es una niña encantadora, siempre sonriente y un tanto misteriosa", me decían sus maestros. "Es divertido estar con ella", decían sus amigos. "Le encanta vivir, de cualquier cosa saca algo agradable, es un alma muy sensible", decía su padre.

"Esto es muy difícil para mí —dije a mi esposo un día—. Su interminable búsqueda de actividades, su insaciable deseo de 'jugar', su risa y sus bromas permanentes, me están agobiando. Yo nunca he sido así".

La lectura había sido la alegría de mi adolescencia. En mi mente sabía que estaba mal al desilusionarme por la diferencia entre nosotras, pero en lo profundo de mi corazón lo estaba. Cathy era algo así como un enigma para mí, y lo resentía.

Esos sentimientos no expresados pasaron rápido a la niña. Yo sabía que ella los presentía y la lastimarían, si no es que ya la habían lastimado. Yo agonizaba por ser así. Sabía que mi desilusión no tenía sentido, pero tanto como adoraba a esta niña, no podía cambiar mi corazón.

Noche tras noche cuando todos dormían y la casa estaba oscura y callada, rezaba por entenderla. Luego mientras estaba en cama una mañana, muy temprano, algo sucedió. Pasando por mi mente, en unos segundos, vi una fotografía de Cathy de adulta. Eramos dos mujeres adultas, agarradas del brazo, sonriéndonos. Pensé en mi propia hermana y lo diferentes que éramos. Pero nunca hubiera querido que ella fuera como yo. Me di cuenta de que Cathy y yo seríamos adultas algún día, igual que mi hermana y yo. Y las amigas más queridas no tienen que ser iguales.

Dos palabras llegaron a mi mente: "¿Cómo te atreves a tratar de imponerle tu personalidad? ¡Disfruta las diferencias!" Aunque duró sólo segundos, esta visión, este volver a despertar, cambió mi corazón cuando nada más había podido hacerlo. Mi agradecimiento, mi gratitud estaban renovados. Y mi relación con mi hija tomó una nueva dimensión de riqueza y alegría.

Note cómo inicialmente esta mujer supuso que su hija sería igual que ella. Note cómo esta suposición le ocasionó frustración y la cegó ante la preciosidad de su hija.

Sólo cuando aprendió a aceptar a su hija como era y a disfrutar sus diferencias fue que pudo crear la relación rica y completa que quería tener.

Y éste es el caso en toda relación en la familia.

Un día estaba dando un seminario sobre las diferencias del cerebro derecho y el izquierdo a una compañía en Orlando, Florida. Titulé el seminario "Administre desde el Izquierdo, Dirija desde el Derecho". Durante el descanso, el presidente de la compañía se me acercó y dijo: "Stephen, esto es intrigante, pero he estado pensando sobre este material más en términos de su aplicación a mi matrimonio que a mi negocio. Mi esposa y yo tenemos un verdadero problema de comunicación. Me pregunto si pudieras comer con nosotros dos y simplemente observar cómo nos hablamos".

"Hagámoslo", contesté.

Al sentarnos juntos los tres, intercambiamos saludos. Luego este hombre volteó hacia su esposa y dijo: "Cariño, invité a Stephen a comer con nosotros para ver si puede ayudarnos en nuestra comunicación. Sé que sientes que yo debería ser un esposo más sensible y considerado. ¿Podrías decirme algo específico que tú creas que debo hacer?" Su cerebro izquierdo dominante quería hechos, números, específicos, partes.

"Bueno, como te dije antes, no es nada específico. Es más un sentido general que tengo sobre prioridades." Su cerebro derecho dominante estaba manejando sensibilidades y estructuras, el todo, la relación entre las partes.

"¿A qué te refieres con 'un sentido general que tengo sobre prioridades'? ¿Qué quieres que haga? Dame algo específico que yo pueda realizar."

"Pues, es sólo un sentimiento." Su cerebro derecho estaba manejando imágenes, sentimientos intuitivos. "Es que pienso que nuestro matrimonio no es tan importante para ti como me dices que es."

"¿Qué puedo hacer para que sea más importante? Dame algo concreto y específico para continuar."

"Es difícil ponerlo en palabras."

En ese punto, él sólo volteaba los ojos hacia arriba y me miraba como diciendo: Stephen, ¿podrías soportar esta clase de tonterías en tu matrimonio?

"Es sólo un sentimiento —dijo ella—, un sentimiento muy fuerte."

"Cariño —dijo él—, ése es tu problema. Y ése es el problema con tu madre. De hecho, ese es el problema con todas las mujeres que conozco."

Entonces empezó a interrogarla como si fuera una deposición legal.

"¿Vives donde quieres vivir?"

"No es eso —contestó ella con un suspiro—. No es eso para nada".

"Lo sé—contestó con paciencia forzada—. Pero como no me dices exactamente qué es, me imagino que la mejor manera de averiguarlo es sabiendo qué no es. ¿Vives donde quieres vivir?"

"Creo que sí."

"Cariño, Stephen está aquí sólo por unos minutos para tratar de ayudarnos. Dame respuestas rápidas de 'sí' o 'no'. ¿Vives donde quieres vivir?"

"Sí."

"Muy bien, eso está descartado. ¿Tienes las cosas que quieres tener?"

"Sí."

"Muy bien. ¿Haces las cosas que quieres hacer?"

Y así continuó un buen rato, y yo veía que esto no iba a ninguna parte, así que intervine diciendo: "¿Es así como se comunican en su relación?"

"Todos los días, Stephen", contestó él.

"Es la historia de nuestro matrimonio", dijo ella.

Miré a los dos y el pensamiento que cruzó mi mente fue que eran dos personas de cerebro izquierdo viviendo juntas. "¿Tienen hijos?" pregunté.

"Sí, dos."

"¿En serio? —pregunté con incredulidad—. ¿Cómo lo hacen?"

"¿A qué te refieres con cómo lo hacemos?"

"¡Lograron sinergia! —dije—. Uno más uno por lo general es igual a dos. Pero ustedes hicieron que uno más uno fuera igual a cuatro. Eso es sinergia. El todo es más grande que la suma de sus partes. ¿Cómo lo hacen?"

"Tu sabes cómo lo hicimos", contestó.

"Deben haber valorado las diferencias", dije.

Ahora contrasto la experiencia con la de unos amigos que estaban en la misma situación, excepto que sus roles estaban cambiados. La esposa dijo:

Mi esposo y yo tenemos maneras de pensar muy diferentes. Yo tiendo a ser más lógica y secuencial, más "cerebro izquierdo". El tiende a ser más "cerebro derecho", a ver las cosas más holísticamente.

Cuando nos casamos, esta diferencia creó una especie de problema en nuestra comunicación. Parecía que él siempre estaba mirando el horizonte, viendo nuevas alternativas, nuevas posibilidades. Le era fácil cambiar el curso si pensaba que había visto una manera mejor. Por otra parte, yo tendía a ser diligente y precisa. Una vez que teníamos una dirección clara, yo trabajaba en los detalles y me mantenía en el curso correcto, sin importar nada.

Esto hizo surgir una serie de desafíos cuando se trataba de tomar decisiones juntos en todo, desde fijar metas hasta comprar cosas o disciplinar a nuestros hijos. Nuestro compromiso era muy sólido, pero ambos estábamos atrapados en nuestras propias maneras de pensar y parecía que era muy difícil tratar de tomar decisiones juntos.

Durante un tiempo, tratamos de separar áreas de responsabilidad. Al hacer el presupuesto, por ejemplo, el hacía la planeación de largo alcance y yo llevaba los registros. Y esto resultó ser muy útil. Ambos contribuíamos al matrimonio y a la familia en nuestras áreas de fortalezas.

Pero cuando descubrimos cómo usar nuestras diferencias para crear sinergia, llegamos a un nuevo nivel de riqueza en nuestra relación. Descubrimos que podíamos turnarnos para escuchar y tener los ojos abiertos a una manera totalmente nueva de ver las cosas. En vez de enfocar los problemas desde lados "opuestos", pudimos llegar juntos a enfocar los problemas con un entendimiento compartido y mucho más grande.

Esto abrió la puerta a todo tipo de nuevas soluciones a nuestros problemas. También nos dio algo maravilloso qué hacer juntos. Cuando finalmente vimos que nuestras diferencias eran partes de un todo más grande, empezamos a explorar las posibilidades de poner esas partes juntas en nuevas formas.

Descubrimos que nos encantaba escribir juntos. El va por los grandes conceptos, la idea holística y cómo enseñar de cerebro derecho. Yo desafío e interactúo con él sobre las ideas, arreglo el contenido y hago la verificación de ortografía. ¡Nos encanta! Esto nos ha aportado un nuevo nivel de contribución. Encontramos que el estar juntos es mucho mejor debido a nuestras diferencias más que a pesar de ellas.

Note cómo ambas parejas trataron con las diferencias de cerebro izquierdo y derecho en su manera de pensar. En la primera situación, estas diferencias condujeron a frustración, malos entendidos y separación. En la segunda, condujeron a un nuevo nivel de unidad y riqueza en la relación.

¿Cómo pudo la segunda pareja llegar a resultados tan positivos?

Aprendieron a valorar la diferencia y usarla para crear algo nuevo. Como resultado, *son mejores de lo que son cada uno solo.*

Como dijimos en el Hábito 5, todos somos únicos. Y esa exclusividad, esa diferencia, es la base de la sinergia. De hecho, el fundamento total de la creación biológica de una familia radica en las diferencias físicas entre un hombre y una mujer que producen hijos. Y ese poder físico creativo sirve como metáfora para otra clase de cosas buenas que pueden ser el resultado de las diferencias.

No es suficiente simplemente tolerar las diferencias en la familia. No puede sólo aceptar las diferencias. No puede diversificar las funciones familiares para acomodar las diferencias. Para tener esa magia creativa de la que hablamos, debe realmente *celebrar* las diferencias. Debe poder decir sinceramente: "El hecho de que vemos las cosas de manera diferente es una fuerza, no una debilidad, en nuestra relación".

> *D*ebe poder decir sinceramente: «El hecho de que vemos las cosas de manera diferente es una fuerza, no una debilidad, en nuestra relación».

De Admiración a Irritación

Irónicamente, con frecuencia las cosas que atraen a las personas entre sí al inicio de una relación son las diferencias, la manera en que alguien es deliciosa, placentera y emocionantemente diferente. Pero al adentrarse en la relación, de algún modo la admiración cambia por irritación, y algunas de esas diferencias son las cosas que causan la mayor molestia.

Recuerdo haber llegado a casa una noche después de estar fuera de comunicación con nuestros hijos por dos o tres días. Me sentía un poco culpable por esta falta de comunicación, y cuando me siento culpable tiendo a ser un poco indulgente.

Como salía fuera con frecuencia, Sandra tenía que compensar mi indulgencia poniéndose un poco dura. Su rudeza provocaba que yo fuera más suave. Mi suavidad hacía que ella fuera más dura. Así, el sistema de disciplina en nuestro hogar a veces estaba manejado más por políticas que por la aplicación consistente de principios que crean una hermosa cultura familiar.

Cuando llegué a casa esa noche, me acerqué a la escalera y grité: "Niños, ¿están ahí? ¿Cómo va todo?"

Uno de los más pequeños corrió mirándome y luego gritó a su hermano: "Hey, Sean, está amable". (En otras palabras, "Está de buen humor".)

Lo que yo no sabía era que estos niños estaban en la cama bajo amenaza de sus vidas. Habían usado cualquier excusa concebible para levantarse y seguir jugando y dando lata, hasta que la paciencia de mi esposa llegó a su fin. Los había enviado a la cama con una orden terminante: "Y no pueden moverse de la cama".

Entonces cuando vieron las luces del auto de papá por la ventana, les llegó un nuevo rayo de esperanza. Pensaron: vamos a ver de qué humor está papá. Si está de buen humor, podemos levantarnos y jugar otro poco. Cuando llegué a casa, estaban esperando. Las palabras: "Hey, Sean, está amable" fueron su clave. Empezamos a luchar en la sala y a divertirnos mucho.

Luego salió mamá. Con una mezcla de frustración e ira en su voz, gritó: "¿Esos niños están todavía levantados?"

Yo contesté rápidamente: "No los he visto hace varios días. Quiero jugar con ellos un rato". No necesito decirles que a ella no le gustó mi respuesta ni a mí la de ella. Y había dos niños observando a mamá y papá discutiendo enfrente de ellos.

El problema fue que no habíamos sinergizado en este asunto y llegamos a arreglos con los cuales ambos estábamos dispuestos a vivir. Yo era en gran parte el producto de mis estados de ánimo y sentimientos y no era consistente. No mostré respeto por el hecho de que estos niños estuvieran en la cama y deberían quedarse ahí. Pero también era cierto que no los había visto en un tiempo. Y una pregunta pertinente era: "¿Qué tan importante es la regla de la hora de dormir?"

La solución a este problema no surgió de inmediato, pero eventualmente concluimos que la regla de la hora de ir a la cama no era tan importante para nuestra familia, particularmente cuando los niños se volvieron adolescentes. Sentimos que lo que era normal como hora de ir a la cama para muchas familias, para nosotros era divertirnos en familia. Los chicos se sentaban a platicar, comer y reír, particularmente con Sandra ya que yo tradicionalmente iba a la cama más temprano. Lo que permitió esta solución sinérgica para nuestra familia fue reconocer las diferencias y aceptar que todos hiciéramos lo que individual y colectivamente queríamos hacer.

A veces vivir con diferencias y apreciar la exclusividad de otras personas es difícil. Tendemos a querer moldear a las personas a nuestra propia imagen. Cuando conseguimos seguridad de nuestras opiniones, escuchar una opinión diferente, particularmente de alguien tan cercano como el cónyuge o un hijo, amenaza esa seguridad. Queremos que estén de acuerdo con nosotros, que piensen como pensamos, que vayan con nuestras ideas. Pero como alguien dijo una vez: "Cuando todos piensan igual, nadie piensa mucho". Otro dijo: "Cuando dos están de acuerdo, uno es innecesario". Sin diferencias, no hay bases para la sinergia, no hay opción para crear nuevas soluciones y oportunidades.

La clave es aprender a mezclar lo mejor de ellos juntos de manera que cree algo enteramente nuevo. No puede tener un platillo delicioso sin diversidad. No puede tener una ensalada de frutas sin diversidad. Es la diversidad lo que crea el interés, el sabor, la nueva combinación que junta todo lo mejor de las cosas diferentes.

Con los años Sandra y yo pudimos reconocer que una de las mejores cosas de nuestro matrimonio es nuestras diferencias. Compartimos un compromiso supremo y un sistema de valores y destino, pero dentro de eso, tenemos una gran diversidad. ¡Y nos encanta! Casi siempre así es. Contamos con las diferentes perspectivas del otro para mejorar nuestro juicio, para ayudarnos a tomar mejores decisiones. Contamos con la fortaleza de cada uno para ayudar a compensar nuestras debilidades individuales. Contamos con la exclusividad de cada uno para dar sabor a nuestra relación.

Sabemos que somos mejores juntos de lo que somos solos. Y sabemos que una de las razones principales es que somos diferentes.

Cynthia (hija):
Si querías consejo sobre algo, ibas con papá y él te lo daba. Siempre decía: "Yo haría esto". Y detallaba todo.

Pero a veces no querías consejo. Sólo querías alguien que dijera: "Eres definitivamente la mejor. Eres grandiosa. Deberían haberte escogido como porrista, o presidente de la clase, o lo que fuera, en vez de a esa otra niña". Sólo querías alguien que te apoyara y te fuera fiel, sin importar otra cosa. Y esa era mamá. De hecho, era tan fiel que siempre temía que fuera a llamar a cualquiera que fuera necesario para decirle: "¿Por qué es usted tan rudo con mi hija?" "¿Por qué no la invita a salir?" o "¿Por qué no la eligió para el papel principal en la obra?"

Ella pensaba que éramos lo mejor. No era que pensara que fuéramos mejores que otros niños, pero pensaba mucho en nosotros. Podíamos sentir eso aunque sabíamos que estaba prejuiciada respecto a nosotros y que siempre exageraba lo que hacíamos. Pero se sentía muy bien saber que alguien creía tanto en ti. Y eso es lo que nos infundió: "Tú puedes hacer cualquier cosa. Podrás alcanzar todas tus metas si te apegas a ellas. Creo en ti y sé que tú puedes hacerlo."

De alguna manera los dos nos enseñaron lo mejor de lo que éramos.

El Proceso en Acción

La sinergia no es sólo trabajo en equipo o cooperación. Sinergia es el trabajo en equipo creativo, la cooperación creativa. Algo nuevo creado que no estaba antes y que pudo haberse creado sin celebrar las diferencias. A través del escuchar empático profundo, y de expresarse y producir con valor nuevos discernimientos, surge la tercera alternativa.

La sinergia no es sólo trabajo en equipo o cooperación. Sinergia es el trabajo en equipo creativo, la cooperación creativa. Algo nuevo creado que no estaba antes.

Ahora puede aplicar los Hábitos 4, 5 y 6 para crear soluciones nuevas de tercera alternativa en cualquier situación familiar. De hecho, me gustaría sugerirle que intente hacerlo.

Voy a compartir con usted una situación de la vida real y pedirle que use sus cuatro dotes humanas para ver cómo la resolvería. Interrumpiré esta experiencia para hacer preguntas y así usted puede usar su botón de pausa y pensar específicamente cómo usaría sus dotes y qué haría. Sugiero que tome el tiempo necesario para pensar profundamente y para responder las preguntas antes de seguir leyendo.

Mi esposo no ganaba mucho dinero, pero finalmente pudimos comprar una casa pequeña. Estábamos muy emocionados de tener un hogar propio aunque los pagos eran altos y apenas nos quedaba dinero para lo demás.

Después de vivir en la casa un mes nos convencimos de que la sala se veía mal por el sillón todo maltratado que nos había regalado la madre de mi esposo. Decidimos que aunque no podíamos comprarlo, teníamos que conseguir un nuevo sofá. Fuimos a la mueblería y vimos los sillones. Vimos un hermoso sofá Early American que era justo lo que queríamos, pero nos asombró el alto precio. Incluso el sillón más barato era dos veces el precio que pensamos que podíamos pagar.

El vendedor nos preguntó sobre nuestra casa. Le dijimos con cierto orgullo, cuánto nos gustaba. Entonces él dijo: "¿Cómo se vería ese sillón Early American en su sala?"

Le dijimos que se vería grandioso. Sugirió que lo entregaría el siguiente miércoles. Cuando le preguntamos cómo podíamos conseguirlo sin dinero, nos aseguró que no sería problema porque podía diferir los pagos en dos meses.

Mi esposo dijo: "Está bien, lo llevaremos".

[Pausa: Use su autoconciencia y su conciencia. Suponiendo que usted fuera la mujer, ¿qué haría?]

Dije al vendedor que necesitábamos pensarlo más. [Note cómo esta mujer usó su proactividad del Hábito 1 para crear una pausa.]

Mi esposo contestó: "¿Qué más hay que pensar? Lo necesitamos ahora y podemos pagarlo más adelante". Pero le dije al vendedor que veríamos otros y que *luego regresaríamos. Vi que mi esposo estaba molesto cuando lo tomé de la mano y empecé a caminar.*

Caminamos un poco en el parque y nos sentamos en una banca. Todavía estaba enojado y no había dicho una palabra desde que salimos de la tienda.

[Pausa: Use su autoconciencia y su conciencia de nuevo. ¿Cómo manejaría usted esta situación?]

Decidí dejarlo decirme cómo se sentía y escucharlo para poder entender sus sentimientos y pensamientos. [Note el pensamiento ganar-ganar del Hábito 4 y el uso del Hábito 5.]

Finalmente, me dijo que se sentía avergonzado siempre que alguien llegaba a nuestra casa y veía ese viejo sofá. Me dijo que trabajaba muy duro y no veía por qué teníamos tan poco dinero. No creía que fuera justo que su hermano y otros ganaran mucho más dinero que él. Dijo que a veces se sentía un fracaso. Un nuevo sillón sería señal de que estábamos bien.

Se me encogió el corazón con sus palabras. Casi me convence de regresar a la tienda y comprar el sillón. Pero luego le pregunté si escucharía mis sentimientos. [Note el uso de la segunda mitad del Hábito 5.] *Dijo que sí.*

Le dije lo orgullosa que estaba de él y que para mí era el éxito más grande del mundo. Le dije cómo casi apenas dormía por las noches porque me preocupaba que no tuviéramos dinero suficiente para pagar las cuentas. Le dije que si comprábamos ese sillón, en dos meses tendríamos que pagarlo y que no podríamos hacerlo.

Dijo que sabía que lo que yo decía era cierto, pero que se sentía muy mal de no poder vivir como todos los demás.

[Pausa: Use su imaginación creativa. ¿Puede pensar en una solución de tercera alternativa?]

De algún modo hablamos sobre cómo podríamos hacer más atractiva la sala sin gastar tanto dinero. [Note el principio de la sinergia del Hábito 6.] *Yo mencioné que la tienda de usado tal vez tuviera un sofá que pudiéramos pagar. El se rió y me dijo: "Podrían tener un Early American justo como el que vimos en la tienda". Yo tomé su mano y nos sentamos mucho tiempo sólo viéndonos a los ojos.*

Finalmente, decidimos ir a la tienda de usado. Encontramos un sofá que estaba en bastante buen estado. Los cojines eran removibles. Estaban muy usados, pero pensé que no sería mucho problema recubrirlos con una tela que hiciera juego con los colores de la sala. Compramos el sofá por 13.15 dólares y nos fuimos a casa. [Note el uso de la conciencia y la voluntad independiente.]

La siguiente semana me inscribí en una clase de tapicería de muebles. Mi esposo reparó las partes de madera. Tres semanas más tarde teníamos un hermoso sofá Early American.

Al pasar el tiempo, nos sentábamos en esos cojines dorados y nos tomábamos de las manos sonriendo. Ese sillón era el símbolo de nuestra recuperación financiera. [Por último, note los resultados.]

¿A qué clase de soluciones llegó usted al pasar por esta experiencia? Al conectarse con sus dotes, puede incluso haber llegado a respuestas que funcionarían mejor para usted que las que descubrió esta pareja.

Cualquier solución que haya encontrado, piense en la diferencia que haría en su vida. Piense en la diferencia que la sinergia de esta pareja hizo en sus vidas. ¿Puede ver cómo usaron sus cuatro dotes, cómo crearon la pausa que les permitió actuar en vez de reaccionar? ¿Puede ver cómo se adentraron en los Hábitos 4, 5 y 6 para llegar a una solución sinérgica de tercera alternativa? ¿Puede ver el valor que se agregó a sus vidas al desarrollar sus talentos y crear algo hermoso juntos? ¿Puede imaginar la diferencia que hará cada vez que vean ese sillón y vean algo que compraron con efectivo y que trabajaron juntos para embellecerlo, más que algo que compraron a crédito y que tenían que pagar intereses cada mes?

Una mujer describió vivir estos hábitos con estas palabras:

Con los Hábitos 4, 5 y 6 mi esposo y yo constantemente buscamos la exploración del otro. Es como un ballet o el baile de dos delfines, un movimiento juntos muy natural. Tiene que ver con respeto y confianza mutuos, y con la forma en que estos hábitos se combinan para tomar decisiones cotidianas, ya sea decisiones enormes como en casa de quién vamos a vivir al casarnos, o qué vamos a cenar. Estos hábitos en sí mismos se han convertido un hábito entre nosotros.

El Sistema Inmune de la Familia

Esta clase de sinergia es la expresión última de una cultura familiar hermosa, una cultura creativa y divertida, llena de variedad y buen humor, que tiene respeto profundo por cada persona y por los intereses y enfoques diversos de cada persona.

La sinergia libera gran capacidad. Hace surgir nuevas ideas. Los junta en maneras multidimensionales nuevas, haciendo depósitos enormes en la Cuenta de Banco Emocional porque crea algo nuevo con algo más que acerca enormemente.

También ayuda a crear una cultura en la que puede enfrentar con éxito cualquier desafío familiar. De hecho, puede comparar la cultura creada con los Hábitos 4, 5 y 6, con un sistema saludable inmune del cuerpo. Determina la habilidad de la familia para manejar cualquier desafío que enfrente. Protege a sus miembros para que cuando se cometan errores o cuando se cieguen por cualquier desafío inesperado físico, financiero o social, la familia no se deje dominar por él. La familia tiene la capacidad para acomodarlo y superarlo, para adaptarse, para manejar cualquier cosa que la vida le imponga, a usarla y aprender de ella, correr con ella y optimizarla para que la familia se haga más fuerte.

Con esta clase de sistema inmune, los "problemas" se ven realmente diferentes. Un problema se convierte en algo así como una vacuna. Detona el sistema inmune para que produzca anticuerpos y así nunca se adquiera la enfermedad completa. Entonces puede tomar el problema en su vida familiar (un problema en su matrimonio, una lucha con uno de sus hijos adolescentes, una relación tirante con un hermano mayor) y verlo como una vacuna potencial. Indudablemente causará cierto dolor y tal vez dejará una pequeña cicatriz, pero también puede activar una respuesta inmune, el desarrollo de la capacidad para luchar.

Entonces, no importa qué dificultades se presenten, el sistema inmune puede abrazar esa dificultad (ese alejamiento, esa decepción, esa fatiga profunda o cualquier cosa que amenace la salud familiar) y convertirla en una experiencia de crecimiento que hace a la familia más creativa, más sinérgica, más capaz de resolver problemas y de tratar con cualquier clase de desafío que pueda confrontar. Así, los problemas no lo *des*animan; lo motivan a desarrollar nuevos niveles de efectividad e inmunidad.

> *L*a clave para su cultura familiar es cómo tratar al niño que lo pone más a prueba.

Ver los problemas como vacunas da nueva perspectiva a la manera en que ve incluso el desafío de tratar con un niño muy difícil. Construirá fortaleza en usted y en toda la cultura también. De hecho, la clave para su cultura familiar es cómo tratar al niño que lo pone más a prueba. Cuando puede mostrar amor incondicional a su hijo más difícil, los otros sabrán que su amor por ellos es también incondicional. Y ese conocimiento construye confianza. Entonces inclínese a ser agradecido por el niño más difícil, sabiendo que ese desafío puede construir fortaleza en usted y en la cultura también.

Cuando llegamos a entender el sistema familiar inmune, llegamos a ver los pequeños problemas como revacunaciones para el cuerpo familiar. Ocasionan que el sistema inmune se active, y comunicando y sinergizando adecuadamente a su alrededor, la familia adquiere mayor inmunidad para que otros pequeños problemas no se salgan de proporción.

La razón de que el SIDA sea una enfermedad tan horrible es que destruye el sistema inmune. Las personas no mueren de SIDA; mueren de otras enfermedades que adquieren porque su sistema inmune está dañado. Las familias no mueren de una separación particular; mueren porque tienen el sistema inmune totalmente deteriorado. Tienen sobregirada la Cuenta de Banco Emocional y no tienen sistemas de organización para institucionalizar, o construir de los procesos diarios y patrones de la familia, los principios o las leyes naturales sobre los cuales se basa la familia.

Un sistema inmune saludable fortifica en contra de cuatro "cánceres" que son mortales para la vida familiar: criticar, quejarse, comparar y competir. Estos cánceres son el opuesto de una hermosa cultura familiar y sin un sistema inmune familiar saludable, pueden hacer una metástasis y propagar su energía negativa por toda la familia.

Tú Lo Ves De Manera Diferente: ¡Dios Mío! Ayúdame a Entender

Otra manera de ver esta cultura de Hábitos 4, 5 y 6 es por medio de la metáfora del avión. Dijimos al principio que nos salimos del camino correcto el 90 por ciento de las veces, pero que podemos leer la retroalimentación y volver al camino.

La "familia" es aprender las lecciones de la vida, y la retroalimentación es una parte natural de ese aprendizaje. Los problemas y desafíos le dan retroalimentación. Una vez que vea que cada problema está pidiendo una respuesta en vez de sólo detonar una reacción, empieza a aprender. Se convierte en una familia que aprende.

> *Una vez que vea que cada problema está pidiendo una respuesta en vez de sólo detonar una reacción, empieza a aprender. Se convierte en una familia que aprende.*

Da la bienvenida a los desafíos que prueban su capacidad para sinergizar y responder a niveles más altos de carácter y competencia. Usted tiene diferencias y dice: "Tú lo ves de manera diferente. ¡Dios mío! Ayúdame a entender". Usted también puede apelar a la conciencia colectiva, la naturaleza moral o ética de todos en la familia.

Pero para hacer esto, tiene que estar más allá de culpar y acusar. Tiene que estar más allá de criticar, quejarse, comparar y competir. Tiene que pensar ganar-ganar, buscar entender y ser entendido y sinergizar. Si no lo hace, cuando menos terminará satisfaciendo, no optimizando; cooperando, no creando; comprometiendo, no sinergizando; y lo que es peor, peleando o ahuyentándose.

También tiene que vivir el Hábito 1. Un hombre dijo: "Este proceso es mágico. Sólo se necesita carácter". Y así es. Requiere carácter pensar ganar-ganar cuando usted y su cónyuge sienten diferente sobre comprar un auto, cuando su hijo de dos años quiere pantalones rosas y camisa naranja en la tienda, cuando su adolescente quiere llegar a casa a las 3 de la mañana, cuando su suegra quiere reorganizar su casa. Se necesita carácter buscar primero entender cuando piensa que realmente sabe lo que alguien está pensando (normalmente no lo sabe), cuando está seguro de tener la respuesta perfecta al problema (normalmente no la tiene) y cuando tiene una cita importante a la que debe llegar en cinco minutos. Se necesita carácter para celebrar las diferencias, para buscar soluciones de tercera alternativa, para trabajar con los miembros de su familia para crear esta sensación de sinergia en la cultura.

Es por ello que la proactividad es fundamental. Sólo al desarrollar esta capacidad para actuar con base en principios en vez de reaccionar a emociones o circunstancias, y sólo al reconocer la prioridad de la familia y organizar alrededor de ella podrá usted pagar el precio necesario para crear esta sinergia poderosa.

Un hombre compartió esta experiencia:

Mientras pensaba en los Hábitos 4, 5 y 6 y trabajaba para desarrollarlos en nuestra familia, llegué a sentir que necesitaba trabajar en mi relación con mi hija de siete años, Debbie. Ella a menudo actuaba muy emocionalmente y cuando las cosas no salían a su manera, tendía a correr a su cuarto y ponerse a llorar. Parecía que no importaba lo que mi esposa y yo hiciéramos, siempre era lo mismo.

Su frustración condujo a nuestra frustración. Nos encontramos reaccionando ante ella y constantemente diciendo: "¡Cálmate! ¡Deja de llorar! Ve a tu cuarto hasta que te puedas controlar." Y esa retroalimentación negativa hacía que reaccionara aún más.

Pero un día que estaba pensando en ella, me llegó una idea. Mi corazón se conmovió al ver que su naturaleza emocional era un don muy especial que sería una gran fuente de fortaleza en su vida. A menudo la había visto mostrar compasión por sus amiguitos. Siempre se aseguraba de que las necesidades de todos se cumplieran, que nadie se quedara afuera. Tenía un gran corazón y una maravillosa habilidad para expresar amor. Y cuando no estaba en una de sus rabietas emocionales, su alegría eran como un sol tangible en nuestro hogar.

Me di cuenta de que su "don" era una competencia vital que podría bendecirla toda su vida. Y si yo continuaba con este enfoque negativo y crítico, era probable que arruinara lo que era su mayor fortaleza. El problema era que ella no sabía manejar sus emociones. Lo que necesitaba era alguien que estuviera con ella, que creyera en ella, que la ayudara a manejarlas.

Entonces la siguiente vez que lo hizo, yo no reaccioné. Y cuando su tormenta interna había pasado, nos sentamos juntos y hablamos de lo que realmente se necesita para resolver problemas, para encontrar alternativas con las que todos se sientan bien. Vi que para que ella estuviera dispuesta a permanecer en el proceso, necesitaba algunas victorias, así que la ayudé proporcionándole experiencias donde la sinergia realmente funcionaba. Y esto le permitió desarrollar el valor y la creencia de que si oprimía su botón de pausa y se quedaba con nosotros, se vería recompensada.

Todavía tenemos algunos momentos, pero hemos visto que es mucho más cooperadora, mucho más dispuesta a arreglar las cosas. Y he visto que cuando tiene sus luchas internas, las cosas resultan mucho mejor si me quedo con ella y no la dejo escaparse a su habitación. No le digo: "No te vayas", simplemente digo: "Ven aquí. Vamos a tratar de resolver esto juntos".

Note cómo la visión de este padre sobre la naturaleza verdadera de su hija le ayudó a valorar su diferencia única y a ser proactivo para trabajar con ella. Y note también cómo incluso los niños pequeños pueden aprender y practicar los Hábitos 4, 5 y 6.

Con base en un número de variables, puede encontrarse en diferentes niveles de proactividad en diferentes momentos. Las circunstancias en las que se encuentra, la naturaleza de la crisis, la fuerza de su solución alrededor de un propósito particular o visión, el nivel de su fatiga física, mental y emocional, y la cantidad de fuerza de voluntad que tiene, todo esto afecta el nivel de proactividad que aporta a una experiencia potencialmente sinérgica. Pero cuando puede llegar a estas cosas en línea y puede valorar las diferencias, es asombroso a cuántos recursos, energía y sabiduría intuitiva puede tener acceso.

También tiene que vivir el Hábito 2. Esto es el trabajo de liderazgo. Esto es crear la unidad que hace significativa a la diversidad. Tiene que tener un destino porque el destino define la retroalimentación. Algunos dicen que la retroalimentación es el "desayuno de los campeones". Pero no es así. La visión es el desayuno. La retroalimentación es el almuerzo. La autocorrección es la cena. Cuando usted tiene su destino en la mente, entonces sabe qué significa retroalimentación porque le permite saber si va hacia su destino determinado o está fuera del camino. Incluso cuando tiene que ir a otros lugares a causa del mal tiempo, puede regresar al camino eventualmente.

> *Algunos dicen que la retroalimentación es el "desayuno de los campeones". Pero no es así. La visión es el desayuno. La retroalimentación es el almuerzo. La autocorrección es la cena.*

También necesita vivir el Hábito 3. Los tiempos uno a uno le dan la Cuenta de Banco Emocional para interactuar auténticamente y de manera sinérgica con los miembros de su familia. Y los tiempos familiares semanales proporcionan el foro para la interacción sinérgica.

Puede ver cómo se entretejen estos hábitos, cómo se juntan y se refuerzan entre sí para crear esta hermosa cultura familiar de la que hemos hablado.

Involucre a las Personas en el Problema y Decidan la Solución Juntos

Otra manera de expresar los Hábitos 4, 5 y 6 puede encontrarse en una simple idea: involucre a las personas en el problema y decidan la solución juntos.

Tuvimos una experiencia interesante en nuestra familia hace años. Sandra y yo habíamos leído mucho sobre el impacto de la televisión en la mente de los niños y empezábamos a sentir que en muchas maneras era como un drenaje abierto en nuestro hogar. Establecimos reglas y lineamientos para limitar la cantidad de televisión, pero parecía que siempre había excepciones. Las reglas seguían cambiando. Constantemente estábamos en posición de dar privilegios y juicios, y nos cansamos de negociar con los niños. Se volvió una lucha de poderes que ocasionalmente provocaba sentimientos negativos.

Aunque acordamos en el problema, no acordamos en la solución. Queríamos dar un enfoque autoritario inspirado por un artículo que yo había leído sobre un hombre que realmente tiró a la basura la televisión de la familia. De alguna manera, esa clase de acción dramática parecía demostrar el mensaje que queríamos transmitir. Pero Sandra favoreció un enfoque más basado en principios. No quería que los niños resintieran la decisión, que sintieran que no era un ganar para ellos.

Al sinergizar juntos, vimos que estábamos tratando de decidir cómo resolver este problema para los niños, mientras que lo que debíamos hacer era ayudarles a resolverlo ellos mismos. Decidimos usar los Hábitos 4, 5 y 6 sobre una base familiar. En nuestra siguiente noche familiar presentamos el tema "Televisión: ¿cuánto es suficiente?" El interés de todos inmediatamente se enfocó porque esto era un asunto importante para todos los involucrados.

Mi hijo dijo: "¿Qué tiene de malo ver televisión? Hay muchas cosas buenas. Hasta hago siempre mi tarea. En realidad puedo estudiar con la TV encendida. Mis calificaciones son buenas y también las de todos. ¿Cuál es el problema?"

Una de mis hijas agregó: "Si les da miedo que vayamos a ser corruptos por la TV, están equivocados. Por lo general no vemos programas malos. Y si uno es malo, normalmente le cambiamos a otro canal. Además, lo que a ustedes les impacta a nosotros no".

Otro dijo: "Si no vemos ciertos programas, estamos socialmente fuera. Todos los chicos ven estos programas. Incluso hablamos de ellos todos los días en la escuela. Estos programas nos ayudan a ver cómo son las cosas en el mundo para que no seamos unos tontos después".

No interrumpimos a los chicos. Todos tenían algo que decir porque no creían que debíamos hacer cambios drásticos en nuestros hábitos de TV. Mientras escuchamos sus preocupaciones, pudimos ver lo profundos que eran sus sentimientos respecto a la televisión.

Finalmente, cuando su energía pareció agotada, dijimos: "Ahora vamos a ver si realmente entendimos lo que acaban de decir". Y procedimos a repetir todo lo que habíamos oído y sentido que decían. Luego les preguntamos: "¿Creen que entendimos verdaderamente su punto de vista?" Todos estuvieron de acuerdo en que sí.

"Ahora nos gustaría que ustedes nos entendieran."

La respuesta no fue muy favorable.

"Ustedes sólo quieren decirnos las cosas negativas que las personas dicen de la televisión."

"Quieren quitarnos el único escape que tenemos de todas las presiones de la escuela."

Escuchamos empáticamente y luego les aseguramos que ésta no era nuestra intención para nada. "De hecho —dijimos—, cuando hayamos visto estos artículos juntos, vamos a salir de aquí y los vamos a dejar decidir qué sienten que deberían hacer sobre ver televisión".

"¡Estás bromeando! —exclamaron—. ¿Qué tal si nuestra decisión es diferente a lo que ustedes quieren?"

"Honraremos su decisión —les dijimos—. Sólo les pedimos que estén en total acuerdo sobre lo que recomienden que hagamos". Podíamos ver las expresiones en las caras de que les gustó la idea.

Todos juntos revisamos la información en los dos artículos que habíamos traído. Los niños sintieron que este material sería importante en su decisión, así que escucharon atentamente. Empezamos leyendo algunos hechos impresionantes. Un artículo decía que la dieta promedio de televisión para una persona entre las edades 1 y 18 años es de seis horas al día. Si hay cable en el hogar, eso aumenta a ocho horas al día. Para cuando los jóvenes se graduaban de la universidad, habían pasado trece mil horas en la escuela y seis mil frente a una televisión. Durante ese tiempo habrán visto veinticuatro mil asesinatos.[1]

Dijimos a los niños que como padres, esos hechos nos asustaban; que cuando veíamos tanta televisión como lo hacíamos, se volvía la fuerza socializadora más poderosa de nuestra vida, más que la educación, más que el tiempo con la familia.

Señalamos la discrepancia concerniente a los directores de programas de televisión que sostenían que no hay evidencia científica para vincular a la televisión con la conducta y luego citar evidencia que muestra el impacto poderoso que tiene un comercial de veinte segundos sobre la conducta. Luego dijimos: "Piensen en lo diferente que se sienten cuando ven un programa de televisión y cuando ven un comercial. Cuando viene un comercial de treinta a sesenta segundos, sabes que es un anuncio. No creen mucho de lo que ven y escuchan. Sus defensas suben porque es anuncio y los pasan una y otra vez. Pero cuando están viendo un programa, sus defensas están bajas. Se vuelven emocionalmente vulnerables. Permiten que las imágenes lleguen a la cabeza y ni siquiera lo están pensando. Simplemente lo están absorbiendo. Desde luego, los comerciales nos impactan a pesar de nuestras defensas. ¿Se imaginan el impacto que los programas regulares tienen en nosotros cuando estamos en una postura mucho más receptiva?"

Continuamos estas discusiones mientras leíamos más. Un autor señaló qué sucede cuando la televisión se vuelve la niñera de los padres que no tienen cuidado de qué están viendo sus hijos. Dijo que la televisión no supervisada es como invitar a un extraño a su casa durante dos o tres horas todos los días, a que hable a los niños sobre un mundo perverso donde la violencia resuelve los problemas y donde todo lo que se necesita para estar felices es una cerveza, un auto rápido, verse bien y mucho sexo. Por supuesto, los padres no están ahí mientras todo esto sucede porque confían en que este personaje de la televisión mantendrá a los niños callados, interesados y lo más entretenidos posible. Este maestro puede hacer mucho daño durante una visita larga, plantando malas percepciones que nadie podrá cambiar jamás y causando problemas que nadie podrá resolver.

Un estudio del gobierno de los Estados Unidos vinculó el ver televisión con ser obeso, hostil y depresivo. En este estudio los investigadores encontraron que aquellos que veían televisión cuatro horas o más al día eran dos veces más propensos a fumar y estar físicamente inactivos que aquellos que la veían una hora menos al día.[2]

Después de discutir el impacto negativo de ver demasiada televisión, pasamos a algunas de las cosas positivas que podrían suceder si cambiáramos nuestro hábito. En uno de los artículos un estudio entre comillas mostraba que las familias que racionan ver la televisión tienen más tiempo para conversaciones en el hogar. Una persona dijo: "Antes era como, lo más que veíamos a papá era cuando salía para el trabajo. Luego llegaba a casa a ver televisión con nosotros, y luego era como 'Buenas noches, papá'. Ahora hablamos todo el tiempo. Nos hemos acercado mucho".[3]

Otro autor señaló que los datos de la investigación indican que las familias que limitan el ver televisión a un máximo de dos horas al día y sólo programas elegidos con detenimiento pueden ver los siguientes cambios importantes en las relaciones familiares:

- La familia enseñará valores y los reforzará. Las familias aprenderán a establecer valores y a razonar juntos.
- Las relaciones entre padres y jóvenes mejorará en las familias.
- Las tareas se terminarán en menos tiempo y presión.
- Las conversaciones personales aumentarán sustancialmente.
- La imaginación de los niños volverá a activarse.
- Cada miembro de la familia se convertirá en un selector descriminante y un evaluador de programas.
- Los padres pueden volverse de nuevo líderes familiares.
- El ver televisión se sustituirá por buenos hábitos de lectura.[4]

Después de compartir esta información, nos levantamos y salimos del cuarto. Después de una hora fuimos invitados a regresar para el veredicto. Una de nuestras hijas después nos dio un informe completo de lo que sucedió en esa hora vitalmente importante.

Dijo que cuando nos salimos, sus hermanos y hermanas rápidamente la asignaron líder de la discusión. Sabían que ella estaba a favor de ver la televisión y anticiparon una resolución rápida.

Al principio la reunión fue caótica. Todos querían hablar y expresar sus puntos de vista rápido para poder llegar a una decisión liberal, tal vez recortar un poco la cantidad de televisión que veían. Para satisfacernos como padres, alguien sugirió que todos prometieran hacer sus obligaciones en casa con alegría y sus tareas escolares sin que se les recordara.

Pero entonces nuestro hijo mayor habló. Todos voltearon a verlo cuando dijo que le habían impresionado los artículos. Dijo que la TV había puesto algunas ideas en su mente que no eran lo que él quería y que creía que era mejor si viera menos televisión. También dijo que sentía que los pequeños en la familia estaban empezando a ver las cosas mucho peor de lo que él las había visto cuando era pequeño.

Entonces uno de los pequeños habló. Comentó de un programa que había visto que le había dado miedo al ir a la cama. En ese punto el espíritu de la reunión se volvió serio. Al seguir discutiendo el asunto, gradualmente comenzó a surgir un nuevo sentimiento. Empezaron a pensar de manera diferente.

Uno dijo: "Creo que vemos demasiada televisión, pero no quiero dejarla toda. Hay algunos programas que me gustan y que quiero seguir viendo". Entonces los otros hablaron de los programas que les gustaban y querían continuar viendo.

Otro dijo: "No creo que debamos hablar sobre cuánto tiempo ver diario porque algunos días no quiero ver nada, pero en otros días quiero ver más". Entonces decidieron determinar cuántas horas cada semana serían adecuadas, en vez de cada día. Algunos pensaron que veinte horas no sería demasiado; otros que cinco horas sería mejor. Finalmente, todos acordaron que siete horas a la semana sería correcto y asignaron a esta hija la vigilancia para asegurar que la decisión se llevara a cabo.

Esta decisión resultó ser un punto clave en nuestra familia. Empezamos a interactuar más, a leer más. Eventualmente llegamos al punto donde la televisión ya no era importante. Y hoy, aparte de noticias y una película ocasional o evento deportivo, casi no la vemos.

Involucrando a nuestros hijos en el problema, los hicimos partícipes para encontrar una solución. Y como la solución fue su decisión, estaban involucrados en su éxito. No teníamos que preocuparnos por "supervisar" y vigilarlos todo el tiempo.

También, compartiendo información sobre las consecuencias de ver demasiada televisión, pudimos ir más allá de "nuestra manera" de pensar a "su manera". Pudimos poner los principios involucrados en el asunto y apelar a la conciencia colectiva de todos los involucrados. Pudimos ayudarles a ver que un compromiso ganar-ganar es más que un compromiso de tener a todos temporalmente complacidos con el resultado. Es un compromiso con principios porque una solución que no está basada en principios nunca es un ganar para alguien en el largo plazo.

Un Ejercicio de Sinergia

Si quieren ver cómo este proceso de los Hábitos 4, 5 y 6 puede funcionar en su familia, pueden intentar el siguiente experimento:

Tome algún asunto que necesite resolverse, un asunto donde las personas tengan diferentes opiniones y diferentes puntos de vista. Traten de trabajar juntos para contestar las siguientes cuatro preguntas:

1. *¿Cuál es el problema desde el punto de vista de todos?* Escúchense realmente con la intención de entender, no de contestar. Trabajen hasta que una persona pueda expresar el punto de vista de cada persona a la entera satisfacción de esa persona. Enfóquense en los intereses, no en las posiciones.
2. *¿Cuáles son los asuntos clave involucrados?* Una vez que los puntos de vista se expresaron y todos se sienten bien entendidos, observen el problema juntos e identifiquen los asuntos que necesitan resolverse.
3. *¿Qué podría constituir una solución totalmente aceptable?* Determinen los resultados netos que serían un ganar para cada persona. Pongan los criterios sobre la mesa, y refinen y den prioridades para que todos estén satisfechos de que éstos representan a todos los involucrados.

4. *¿Qué nuevas opciones cumplirían con esos criterios?* Sinergicen alrededor de nuevos enfoques y soluciones creativas.

Al pasar por este proceso, le asombrará las nuevas opciones que se abren y la emoción compartida que se desarrolla cuando las personas se enfocan en el problema y en los resultados deseados en vez de en personalidades y posiciones.

Un Tipo Diferente de Sinergia

Hasta este punto nos hemos enfocado principalmente en la sinergia que se da cuando las personas interactúan, entienden las necesidades, los propósitos y los objetivos comunes de los demás, y luego producen discernimientos y opciones que son verdaderamente mejores que los que se propusieron originalmente. Podríamos decir que se ha logrado una integración en el proceso de pensar, y la tercera mente ha producido el resultado sinérgico. Este enfoque podría llamarse *transformacional*. En el lenguaje del cambio nuclear, podría compararse este tipo de sinergia con la formación de una sustancia enteramente nueva resultante de cambios a nivel molecular.

Pero hay otro tipo de sinergia. Esta es la sinergia que viene de un enfoque complementario, un enfoque en el cual se utiliza la fuerza de una persona y sus debilidades se hacen irrelevantes por la fuerza de otra. En otras palabras, las personas trabajan juntas como equipo, pero no hay esfuerzo para integrar su proceso de pensar para producir soluciones mejores. Este tipo de sinergia podría llamarse *transaccional plus*. De nuevo, en el lenguaje nuclear, las propiedades identificadas de la sustancias no sufrirían cambio alguno y sería sinérgico en un sentido diferente. En la sinergia *transaccional plus,* la cooperación entre las personas involucradas (más que la creación de algo nuevo) es la esencia de la relación.

En la sinergia transaccional plus, la cooperación entre las personas involucradas (más que la creación de algo nuevo) es la esencia de la relación.

Este enfoque requiere autoconciencia importante. Cuando una persona está consciente de una debilidad, infunde la humildad suficiente para buscar la fuerza de otro para compensarla. Entonces esa debilidad se vuelve una fuerza porque permitió que se diera un complemento. Pero cuando las personas no están conscientes de sus debilidades y actúan como si sus fuerzas fueran suficientes, sus fuerzas se convierten en debilidades y así se vuelven falta de complemento.

Por ejemplo, si la fuerza de un esposo radica en su valor e impulso, pero la situación requiere empatía y paciencia, entonces su fuerza puede volverse una debilidad. Si la fuerza de una esposa es sensibilidad y paciencia, y la situación requiere decisiones y acciones firmes, su fuerza se vuelve una debilidad. Pero si el esposo y la esposa están conscientes de sus fuerzas y debilidades y tienen la humildad de trabajar para complementarlas como equipo, entonces sus fuerzas se usarán muy bien y sus debilidades serán irrelevantes, y ocurrirá un resultado sinérgico.

Trabajé con un ejecutivo una vez que estaba absolutamente lleno de energía positiva, pero el ejecutivo a quien reportaba estaba lleno de energía negativa. Cuando le pregunté al respecto, dijo: "Veo que mi responsabilidad es averiguar de qué carece mi jefe y proporcionárselo. Mi rol no es criticarlo, sino complementarlo". La elección de este hombre de ser interdependiente requirió una gran seguridad personal e independencia emocional. Esposos y esposas, padres e hijos, pueden hacerlo igual. En pocas palabras, complementar significa que decidimos ser una luz, no un juez; un modelo, no un crítico.

Cuando las personas están abiertas a la retroalimentación respecto a fuerzas y debilidades, y cuando tienen suficiente seguridad interna para que la retroalimentación no los destruya emocionalmente y también suficiente humildad para ver las fuerzas de otros y trabajar en equipo, suceden cosas maravillosas. Volviendo a la metáfora del cuerpo: la mano no puede tomar el lugar del pie, ni la cabeza el lugar del corazón. Funciona de manera complementaria.

Esto es exactamente lo que sucede en un gran equipo atlético o en una gran familia. Requiere mucho menos interdependencia intelectual que la otra forma de sinergia. Tal vez también requiere menos interdependencia emocional, pero también requiere una gran autoconciencia y conciencia social, seguridad interna y humildad. De hecho, podría decir que la humildad es el "plus" entre las dos partes que permiten esta clase de complemento. La sinergia transaccional plus es probablemente la forma más común de la cooperación creativa y es algo que incluso los niños pueden aprender.

No Todas las Situaciones Requieren Sinergia

Ahora, no todas las decisiones en la familia requieren sinergia. Sandra y yo hemos llegado sinérgicamente a lo que encontramos es una manera muy efectiva de tomar decisiones sin sinergia. Uno de nosotros sencillamente dice al otro: "¿Dónde estás?"

> «*E*n la escala del uno al diez, ¿qué tan fuerte te sientes respecto a tu punto?»

Eso significa: "En la escala del uno al diez, ¿qué tan fuerte te sientes respecto a tu punto?" Si uno dice: "Estoy en el nueve", y el otro dice: "Estoy en el tres", entonces vamos con el enfoque de la persona que se siente más fuerte. Si ambos decimos cinco, podemos llegar a una concesión rápida. Para que esto funcione, ambos hemos acordado que siempre seremos totalmente honestos con el otro sobre dónde nos encontramos en la escala.

También tenemos el mismo tipo de arreglo con los hijos. Si subimos al auto y todos quieren ir a diferentes lugares, decimos: "¿Qué tan importante es esto para ti? ¿En dónde te encuentras en la escala del uno al diez?" Entonces todos mostramos respeto por los que se sienten más fuertes. En otras palabras, tratamos de desarrollar una especie de democracia que muestra respeto por la profundidad del sentimiento detrás de la opinión o deseo de una persona, para que el voto cuente más.

El Fruto de la Sinergia No Tiene Precio

Este proceso de los Hábitos 4, 5 y 6 es una herramienta poderosa de solución de problemas. También es una herramienta poderosa tremendamente útil para crear enunciados de misión familiar y tiempos familiares agradables. Con frecuencia enseño los Hábitos 4, 5 y 6 antes de enseñar los Hábitos 2 y 3 precisamente por esta razón. Los Hábitos 4, 5 y 6 cubren un amplio rango de necesidades de sinergia en la familia, desde las decisiones cotidianas hasta las más profundas, más potencialmente importantes y más emocionalmente cargadas.

En una ocasión, estaba capacitando a 200 estudiantes de la maestría en Administración de Negocios en una universidad del este y había muchos invitados también. Tomamos el asunto más difícil, más sensible y más vulnerable en el que pudieron pensar: el aborto. Dos personas pasaron al frente del salón, una persona en favor de la vida y otra en favor de la elección, que se sentían muy firmes en sus posiciones. Tuvieron que interactuar frente a estos doscientos estudiantes. Yo estaba ahí para insistir que practicaran los hábitos de la interdependencia efectiva: pensar ganar-ganar, buscar primero entender y sinergizar. El siguiente diálogo resume la esencia del intercambio.

—¿Están ambos dispuestos a buscar una solución ganar-ganar?

—No me imagino cuál sería. No siento que...

—Espera un minuto. Tú no vas a perder. Ambos van a ganar.

—¿Pero cómo puede ser posible? Uno de nosotros gana, el otro pierde.

—¿Estás dispuesto a encontrar una solución con la que ambos se sientan bien, que sea mejor que la que cada uno está proponiendo ahora? Recuerden no capitular. No rendirse y no ceder. Tiene que ser algo mejor.

—No me imagino qué podría ser.

—Yo entiendo. Nadie entiende. Tendremos que crearla.

—¡No voy a ceder!

—Claro. Tiene que ser mejor. Recuerden buscar primero entender. No pueden dar su opinión hasta que repitan la del otro a su satisfacción.

Al empezar a dialogar, continuaban interrumpiéndose.

—Sí, pero no te das cuenta de que...

—¡Esperen un minuto! —dije—. No sé si la otra persona se siente entendida. ¿Se siente entendido?

—Absolutamente no.

—Muy bien, entonces no puede dar su opinión.

No se imagina la discusión en la que se enfrascaron. No podían escuchar. Se habían juzgado desde el principio porque tomaron diferentes posiciones.

Después de cuarenta y cinco minutos, empezaron a realmente escuchar y esto tuvo un gran efecto en ellos (personal y emocionalmente) y en el público. Al escuchar abierta y empáticamente las necesidades fundamentales, los temores y los sentimientos de las personas sobre este asunto tan delicado, el espíritu de la interacción cambió. Las personas de ambos lados empezaron a sentirse avergonzadas por la manera en que habían juzgado, etiquetado y condenado a todo el que pensara diferente. Las dos personas al frente tenían lágrimas en los ojos, al igual que muchos en el público. Después de dos horas cada parte dijo a la otra: "No teníamos idea de lo que significa escuchar. Ahora entendemos por qué se sienten así".

Resultado: Realmente nadie quería el aborto excepto en situaciones muy excepcionales, pero todos estaban muy preocupados sobre las necesidades agudas y el dolor de las personas involucradas en estas situaciones. Todos estaban tratando de resolver el problema de la mejor manera posible, de la manera en que pensaban que realmente iba a satisfacer las necesidades.

Cuando las dos personas del frente dejaron ir sus posiciones, pudieron empezar a trabajar juntas para averiguar qué podían hacer. De sus puntos de vista diferentes llegó una sinergia increíble y se asombraron de las ideas sinérgicas que resultaron de la interacción. Llegaron a varias alternativas creativas, incluyendo nuevos discernimientos en prevención, adopción y educación.

No hay ningún tema que no sea receptivo a la comunicación sinérgica siempre y cuando se usen los Hábitos 4, 5 y 6. Puede ver cómo están entretejidos el respeto mutuo, el entendimiento y la cooperación creativa. Y encontrará que hay diferentes niveles en cada uno de estos hábitos. El entendimiento profundo conduce al respeto mutuo, y eso lo lleva a un nivel todavía más profundo de entendimiento. Si persiste, abriendo cada nueva puerta que se presente, se libera más y más creatividad, y se da más acercamiento.

Una de las razones por las que este proceso funcionó con los estudiantes de Administración de Negocios fue que todos en el público se involucraron, lo cual aportó un nuevo nivel de responsabilidad para las dos personas al frente. Lo mismo es cierto en una familia cuando los padres ven que están proporcionando el modelo más fundamental de solución de problemas para sus hijos. La conciencia de esa mayordomía tiende a permitirnos superar nuestras inclinaciones o sentimientos menos efectivos y tomar un camino más alto, buscar verdaderamente entender y buscar creativamente la tercera alternativa.

El proceso de crear sinergia es desafiante y emocionante, y funciona. Pero no se desanime si no puede resolver sus desafíos más profundos en una noche. Recuerde lo vulnerables que somos todos. Si se encuentra atrapado en los asuntos más difíciles y emocionales, tal vez pueda ponerlos a un lado un tiempo y volver a ellos más adelante. Trabaje en los asuntos más sencillos. Las pequeñas victorias conducen a las grandes. No se deje atrapar por el proceso, ni por los demás. Si es necesario, vuelva a los asuntos más pequeños.

Y no se sienta frustrado si está ahora en una relación donde la sinergia parezca un "sueño imposible". He visto que a veces cuando las personas prueban lo maravillosa que puede ser una relación verdaderamente sinérgica, concluyen que no hay forma de que puedan tener una relación así con su cónyuge. Pueden pensar que su única esperanza de tener ese tipo de relación es con otra persona. Pero una vez más recuerde el árbol de bambú chino. Trabaje en su Círculo de Influencia. Practique estos hábitos en su vida. Sea una luz, no un juez; un modelo, no un crítico. Comparta su experiencia de aprendizaje. Puede llevarle semanas, meses o incluso años de paciencia y sufrimiento. Pero excepto raras ocasiones, eventualmente llegará.

> *L*as pequeñas victorias conducen a las grandes. No se deje atrapar por el proceso, ni por los demás. Si es necesario, vuelva a los asuntos más pequeños.

Nunca caiga en la trampa de permitir que el dinero, las posesiones o los pasatiempos personales tomen el lugar de una relación rica y sinérgica. Igual que como las bandas pueden convertirse en una familia sustituta para los jóvenes, estas cosas pueden convertirse en un sustituto de la sinergia. Pero son sustitutos mediocres. Mientras estas cosas pueden complacer temporalmente, nunca satisfacen profundamente. Siempre esté consciente de que la felicidad no viene del dinero, posesiones o fama; viene de la calidad de las relaciones con las personas que usted ama y respeta.

Al empezar a establecer el patrón de cooperación creativa en su familia, su capacidad aumentará. Su "sistema inmune" se volverá más fuerte. El acercamiento entre ustedes será más profundo. Sus experiencias positivas lo pondrán en un lugar totalmente nuevo para manejar sus desafíos y oportunidades. De manera interesante, al usar este proceso usted aumentará su poder y capacidad para transmitir el mensaje más precioso que se puede dar, particularmente a un hijo: "No existe circunstancia o condición por la cual yo renunciaría a ti. Estaré aquí para ti sin importar el desafío que represente". En maneras diferentes, afirmará este mensaje: "Te amo y te valoro incondicionalmente. Tienes un valor infinito, que nunca podré comparar con nada".

El fruto y el acercamiento de la verdadera sinergia no tiene precio.

Compartiendo Este Capítulo con Adultos y Adolescentes

Aprendiendo sobre Sinergia
- Discuta el significado de "sinergia". Pregunte a los miembros de la familia: ¿Qué ejemplos de sinergia ven en el mundo que los rodea? Las respuestas podrían incluir: dos manos trabajando juntas; dos piezas de madera sosteniendo más peso que cada una por separado; cosas funcionando juntas sinérgicamente en el ambiente.
- Discutan juntos las historias de las páginas 259 a 263 y 266 a 268. Pregunte: ¿Nuestra familia opera sinérgicamente? ¿Celebramos las diferencias? ¿Cómo podríamos mejorar?
- Considere su matrimonio. ¿Qué diferencias les atrajeron inicialmente del otro? ¿Esas diferencias se convirtieron en irritaciones o se han vuelto fuentes de sinergia? Juntos exploren esta pregunta: ¿De qué manera somos mejores juntos de lo que somos solos?
- Discuta la idea del sistema inmune de la familia. Pregunte a los miembros de la familia: ¿Vemos los problemas como obstáculos negativos a superar o como oportunidades de crecimiento? Discuta la idea de que los desafíos construyen su sistema inmune.
- Pregunte a los miembros de la familia: ¿De qué maneras estamos cumpliendo nuestras cuatro necesidades básicas: vivir, amar, aprender, dejar un legado? ¿En cuáles áreas necesitamos mejorar?

Experiencias de Aprendizaje Familiar
- Revise la sección titulada "No Todas las Situaciones Requieren Sinergia". Desarrolle un enfoque para tomar decisiones familiares cooperadoras sin sinergia. Como familia, hagan "Un Ejercicio de Sinergia" en la página 276.
- Conduzca algunos experimentos divertidos que muestren lo sencillo que es hacer un trabajo con la ayuda de otra persona más que hacerlo solo. Por ejemplo, trate de hacer una cama, cargar una caja pesada o levantar una mesa grande con una mano. Luego invite a otras personas a participar y ayudar. Use su imaginación y diseñe sus experimentos para demostrar la necesidad de la sinergia.

COMPARTIENDO ESTE CAPÍTULO CON NIÑOS

- Pretenda que está encerrado en su casa durante un mes completo con sólo su familia. Pregunte: ¿Qué tipo de sinergia familiar tenemos disponible para poder lograr (y tal vez incluso disfrutar) el desafío? Elabore una lista de contribuciones que cada miembro de la familia podría hacer:

MAMÁ	PAPÁ	SPENCER	LORI	ABUELA
Gran cocinero	Arregla todo	Divertido jugar	Toca el piano	Cuenta historias
Sabe coser	Adora leernos	Adora deportes	Bueno con niños	Toca violín
Hace artesanía	Juega mucho	Artístico	Hace pasteles	Hornea pasteles
Le gusta escalar	Sabe pescar	Sabe cazar	Buen organizador	Fue enfermera

- Haga algunos experimentos que enseñen la fuerza de la sinergia, como los siguientes: Experimento núm. 1: Pida a los niños que se amarren los zapatos con una mano. ¡No se puede! Luego pida a un miembro de la familia que ayude con una mano. ¡Funciona! Señale cómo dos trabajando juntos pueden hacer más que uno (o incluso dos) trabajando por separado. Experimento núm. 2: Dé a sus hijos un palo de madera. Pídales que lo rompan. Probablemente sí podrán hacerlo. Ahora deles cuatro o cinco palos juntos y pídales que hagan lo mismo. Probablemente no podrán hacerlo. Use esto como ilustración para enseñar que la familia junta es más fuerte que cualquier persona sola.
- Comparta la experiencia sobre decidir los lineamientos para la televisión (páginas 272 a 276). Sinérgicamente decidan cuáles serían los lineamientos en su hogar.
- Pida a sus hijos que trabajen juntos para crear un cartel para la familia.
- Permita que los niños planeen una comida juntos. Si tienen edad suficiente, déjelos prepararla juntos también. Motívelos para que piensen en platillos como sopa, ensalada de fruta o un guisado donde la mezcla de diferentes ingredientes crea algo enteramente nuevo.
- Enseñe a sus hijos el sistema de la página 278: "En la escala del uno al diez, ¿qué tan fuerte te sientes sobre tu punto?" Practíquelo con sus hijos en diferentes situaciones. Es divertido de usar y resuelve muchos problemas.
- Planee una noche de talento familiar. Invite a todos los miembros de la familia a compartir su talento musical o de baile, deportivo, de libros de fotos, escritos, dibujos, trabajos en madera o colecciones. Señale lo maravilloso que es que todos tengamos diferentes cosas que ofrecer y que una parte importante para crear sinergia es aprender a apreciar las fuerzas y los talentos de los demás.

Hábito 7
Afilar la Sierra

Un hombre divorciado compartió esta experiencia:

Durante nuestro primer año de matrimonio, mi esposa y yo pasábamos mucho tiempo juntos. Caminábamos en el parque. Paseábamos en bicicleta. Íbamos al lago. Teníamos tiempos especiales, sólo los dos, era algo maravilloso.

La crisis vino cuando nos mudamos a otro lugar y nos involucramos mucho en carreras separadas. Ella trabajaba el turno de la noche y yo de día. A veces pasaban días sin que siquiera nos viéramos. Lentamente, nuestra relación empezó a desintegrarse. Ella empezó a formar su círculo de amigos y yo el mío. Gradualmente nos separamos porque no construimos sobre la amistad que teníamos juntos.

Entropía

En física, "entropía" significa que cualquier cosa eventualmente se desintegrará hasta que llegue a su forma más elemental. El diccionario define entropía como "la degradación continua de un sistema o sociedad".

Esto sucede en todo en la vida y lo sabemos. No cuide su cuerpo y se deteriorará. No cuide su auto y se deteriorará. Vea la televisión todo su tiempo libre y su mente se deteriorará. Cualquier cosa que no se atienda conscientemente y se renueve se romperá, desordenará y deteriorará. La máxima dice "úselo o piérdalo".

Richard L. Evans lo puso así:

Todas las cosas necesitan cuidado, trabajo, atención, y el matrimonio no es la excepción. El matrimonio no es algo que se pueda tratar de manera indiferente, o algo que simplemente se dé por sí solo. Nada que no se cuide permanecerá como fue o es, y llegará a deteriorarse. Todas las cosas necesitan atención y cuidado, especialmente en ésta que es la relación más sensible de la vida.[1]

Así es también respecto a la cultura familiar: requiere depósitos constantes en la Cuenta de Banco Emocional *para mantenerse donde está,* porque está manejando relaciones continuas y expectativas continuas. Y a menos que esas expectativas se cumplan, la entropía se hará cargo. Los viejos depósitos se evaporarán. La relación se volverá más tirante, más formal, más fría. Y para *mejorarla* requiere nuevos depósitos creativos.

> *Toda familia debe dedicar tiempo a renovarse en las cuatro áreas clave de la vida: física, social, mental y espiritual.*

Imagine cómo el efecto entrópico se mutila al presionar las fuerzas ambientales del clima físico y social en el que estamos tratando de navegar. Es por ello que es tan necesario que toda familia dedique tiempo a renovarse en las cuatro áreas clave de la vida: física, social, mental y espiritual.

Imagine por un momento que está tratando de tirar un árbol. Está serruchando el enorme y grueso tronco. Fricciona la sierra de un lado a otro, de un lado a otro. Ha estado haciéndolo todo el día. Casi no ha parado ni un minuto. Ha trabajado y sudado y ahora está a la mitad del camino. Pero se siente tan cansado que no ve cómo va a aguantar otros cinco minutos. Se detiene por un momento para tomar aire.

Voltea y ve a otra persona a unos metros de distancia que también está serruchando un árbol. ¡No puede creer lo que ve! Esta persona casi ha terminado de serruchar el árbol. Empezó casi al mismo tiempo que usted y su árbol es del mismo tamaño que el suyo, pero se detuvo a descansar casi cada hora mientras usted siguió trabajando. Ahora él casi termina y usted va a la mitad.

"¿Qué sucede? —se pregunta con incredulidad—. ¿Cómo es posible que hayas logrado mucho más que yo? Ni siquiera has estado aquí todo el tiempo. Te detuviste a descansar cada hora. ¿Cómo es posible?"

El hombre voltea y sonríe: "Sí —contesta—. Me viste detenerme cada hora a descansar, pero lo que no viste fue que cada vez que descansaba, también afilaba mi sierra".

Afilar la sierra significa atender regular y consistentemente la renovación en todas las cuatro dimensiones de la vida. Si la sierra se afila adecuada y consistentemente y de una manera equilibrada, cultivará todos los demás hábitos usándolos en las actividades mismas de renovación.

Volviendo a la metáfora del avión, este hábito cumple la necesidad de cargar combustible y dar mantenimiento constante al avión, y de mejorar continuamente la capacitación y el nivel de habilidad de los pilotos y la tripulación.

Recién tuve dos experiencias muy poderosas: un vuelo en un F-15 y una visita al submarino nuclear *Alabama*. Me asombró el grado y la cantidad de capacitación que necesitan los involucrados. Incluso el piloto profesional más veterano constantemente practica los pasos elementales y se mantiene constantemente actualizado en la nueva tecnología con el fin de estar preparado.

La noche anterior al vuelo F-15, pasé por un procedimiento completo de vestir. Me puse el traje de vuelo y me dieron instrucciones en todos los aspectos del vuelo y los procedimientos de emergencia por si algo salía mal. Todos pasaron por el proceso sin importar su nivel de experiencia. Cuando aterrizamos, aquellos involucrados tuvieron un adiestramiento de veinte minutos para armar el avión. Este entrenamiento demostró un impresionante nivel de habilidades, velocidad, interdependencia e innovación.

En los submarinos nucleares era evidente que la capacitación era constante, sobre lo básico y también en toda la nueva tecnología y procedimientos. Los del submarino estaban constantemente mejorando su capacitación y constantemente haciendo adiestramientos en mantenimiento.

Este nivel de inversión en renovación me reafirmó cómo la práctica constante permite la reacción rápida en momentos de necesidad. También parecía afirmar la importancia de tener un fin compartido en la mente y creó una fuerza de propósito que trascendía la monotonía de la repetición.

Una vez más me recordaron la importancia del impacto del Hábito 7, afilar la sierra, en todos los aspectos de la vida.

El Poder de la Renovación Interdependiente

Hay muchas formas en que usted y su familia pueden involucrarse en la renovación de "afilar la sierra", tanto independiente como interdependientemente.

Independientemente, puede hacer ejercicio, comer alimentos saludables y trabajar en el manejo de tensiones (física). Puede involucrarse regularmente en crear amistades, dar servicio, ser empático y crear sinergia (social). Puede leer, visualizar,

planear, escribir, desarrollar talentos y aprender nuevas habilidades (mental). Puede rezar, meditar, leer literatura inspiradora o sagrada, y renovar su conexión y compromiso con los principios (espiritual). Haciendo algo independientemente todos los días en cada una de estas cuatro áreas le ayudará a construir su capacidad individual y regenerar su habilidad para practicar los Hábitos 1, 2 y 3 (Ser proactivo, Comenzar con el fin en la mente, Poner primero lo primero) en su vida.

Note que estas actividades son internas, no externas; en otras palabras, ninguna está basada en alguna forma de comparación con otras personas. Todas ellas desarrollan un sentido intrínseco de valor personal y familiar que es independiente de otros y del ambiente, aunque se manifieste en relaciones y en el ambiente. También note cómo cada una radica dentro de un Círculo de Influencia personal o familiar.

Además, en una familia, cualquier actividad de renovación hecha juntos también construye relaciones. Por ejemplo, los miembros de la familia que hacen ejercicio juntos no sólo forman su fortaleza y resistencia física individual, sino que también aumentan su acercamiento a través de esa actividad física. Los miembros de la familia que leen juntos multiplican su aprendizaje y acercamiento discutiendo, sinergizando y aportando ideas. Los miembros de la familia que rinden culto y dan servicio juntos fortalecen la fe del otro así como la propia. Se vuelven más unidos y conectados al juntarse en una expresión sagrada de cosas que son importantes para todos.

Considere la forma en que las fechas consistentes de uno a uno con su cónyuge o hijos renueva la relación. Precisamente porque estas fechas requieren compromiso y energía proactiva, particularmente cuando tiene una docena de actividades diferentes con las que tiene que hacer malabares, es que dicen lo importante que es la persona para usted.

Considere la relación íntima entre marido y mujer. Cuando la intimidad es más que física, cuando es emocional, social, mental y espiritual, puede llegar a dimensiones de la personalidad humana y llenar algunos de los apetitos más profundos que tienen tanto el hombre como la mujer en maneras que ninguna otra cosa podría. Además de procrear, ese es uno de sus propósitos centrales, requiere tiempo y paciencia, respeto y pensamiento cuidadoso, comunicación honesta e incluso oración. Pero las personas que rechazan el enfoque y tratan sólo con el lado físico nunca conocerán el nivel insondable de unidad y satisfacción que puede lograrse cuando se involucran las cuatro dimensiones.

Considere el tiempo semanal familiar. Cuando se planea y se prepara, y cuando todos están sinceramente involucrados en la enseñanza de valores, en actividades divertidas, en compartir talentos, oraciones, en hacer refrigerios y demás, entonces las cuatro dimensiones se integran, se expresan y se renuevan.

Cuando se da este tipo de actividades renovadoras, que forman relaciones y afilan la sierra, se mejora toda la dinámica de la cultura familiar.

La Esencia de la Renovación Familiar: Tradiciones

De algún modo podía decir que además de renovar las relaciones familiares interpersonales, la familia misma debe constantemente nutrir su conciencia colectiva, voluntad social, conciencia social y visión común. Esencialmente, eso es el Hábito 7 en la familia. Estos patrones repetitivos de renovación familiar se llaman tradiciones.

Las tradiciones familiares incluyen rituales, celebraciones y eventos importantes que usted hace en su familia. Le ayudan a entender quién es; que es parte de una familia que es una unidad sólida, que se aman, que se respetan y se honran, que celebran los cumpleaños de todos y los eventos especiales, y crean recuerdos positivos para todos.

Por medio de las tradiciones usted refuerza la conexión de la familia. Da sensación de pertenencia, de ser apoyado, de ser entendido. Están comprometidos entre sí. Es parte de algo que es más grande que usted mismo. Se expresan y se demuestran lealtad. Necesita ser necesitado, necesita ser querido y le da gusto ser parte de una familia. Cuando los padres y los hijos cultivan tradiciones que les son significativas, cada vez que vuelven a esa tradición renuevan la energía emocional y el acercamiento del pasado.

RENOVACIÓN FAMILIAR

Tiempos Familiares y Uno a Uno

FÍSICA
Hacer ejercicio juntos, realizar actividades físicas juntos, reclarificar expectativas y metas alrededor de activos financieros y físicos

SOCIAL/EMOCIONAL
Amarse y afirmarse, reír de "bromas internas" y relajarse juntos, crear relaciones de confianza y amor incondicional

ESPIRITUAL
Renovar compromisos, aclarar direcciones y metas, rezar y rendir culto juntos, leer literatura de inspiración o sagrada juntos

MENTAL
Aprender cosas nuevas juntos, compartir y discutir ideas

De hecho, si quisiera describir con una palabra la esencia de construir esta cuenta y afilar la sierra en las cuatro dimensiones en la familia, la palabra sería "tradiciones". Piense en cómo las tradiciones como tiempos familiares semanales y tiempos uno a uno regeneran a su familia en las cuatro áreas sobre una base continua.

En nuestra familia las tradiciones de noches familiares y citas uno a uno, particularmente cuando los niños escriben la agenda, han sido probablemente las partes más enriquecedoras, renovadoras y poderosas de nuestra vida familiar a través de los años. Han afilado la sierra de nuestra familia. Han mantenido la cultura enfocada en divertirnos, en renovar constantemente nuestros compromisos con los valores centrales y en escuchar profundamente y expresarnos totalmente.

En este capítulo vamos a ver otros tipos de tradiciones de afilar la sierra. Quiero reconocer que las tradiciones que compartimos de nuestra familia son aquellas que nos han sido significativas. Sé que usted puede tener otras tradiciones en su familia y pueden no relacionarse con éstas. Está bien. No estoy tratando de enseñarles nuestra manera de hacerlo o sugerir que nuestra manera es la mejor. Sencillamente estoy tratando de señalar la importancia de tener algunas tradiciones renovadoras en la cultura familiar y voy a usar algunas experiencias propias para ilustrar esto.

Necesitará decidir qué tradiciones representan en verdad el espíritu de su cultura familiar. El punto principal es que renovar las tradiciones familiares le ayudará a crear y nutrir una cultura familiar hermosa que lo motive a seguir en el camino correcto y haga que los miembros de la familia regresen al plan de vuelo una y otra vez. Estas ideas se comparten en la esperanza de que estimularán el pensamiento y la discusión en su familia sobre qué tradiciones quiere crear o fortalecer en su cultura familiar.

Cenas Familiares

Todos tenemos que comer. El camino hacia el corazón, la mente y el alma a menudo es por vía del estómago. Requiere pensamiento cuidadoso y determinación, pero es posible organizar comidas significativas, momentos sin televisión, sin solamente comer para saciar el apetito. Y no tienen que ser muy largas, tampoco, particularmente si todos participan en la preparación y la limpieza.

Las comidas familiares son importantes, incluso si sólo tiene una comida familiar a la semana y esa comida familiar es esencialmente el "tiempo familiar" de la semana. Si el tiempo de comida es significativo y divertido, y está bien preparado, la mesa familiar se vuelve más un altar que un lugar donde comer.

Marianne Jennings, profesora de ciencias legales y éticas en la Universidad Estatal de Arizona, escribió un artículo en el que observó de su experiencia lo vital que es la mesa de la cocina para la vida familiar. Note cómo están involucradas las cuatro dimensiones: física, social, mental y espiritual.

Corté mi vestido de novia en el mismo lugar donde memoricé mis lecciones de niña. Fue en ese mismo lugar donde comí galletas todos los días después de la escuela. Y fue ahí que me preparé para mi examen de aptitud escolar. El que sería mi esposo se sentaba ahí muchas horas. Mucho de lo que aprendí y quise estaba directamente ligado con la mesa de la cocina. Este mueble gastado y maltratado fue una pequeña parte física de mi hogar. Al mirar hacia atrás lo que hicimos ahí, me doy cuenta de que fue la clave para la vida que ahora tengo.

Todas las noches en mi juventud fue en la mesa de la cocina donde me hice responsable de los eventos del día. "¿Cuándo entregan las calificaciones?" "¿Limpiaste el sótano?" "¿Practicaste piano hoy?"

Si querías cenar, tenías que aceptar el interrogatorio que acompañaba a la cena que habría violado mis derechos Miranda si hubiera hecho algo más que intentar bañar al perro del vecino. No había escape a la confrontación nocturna con la responsabilidad.

Pero esa mesa de la cocina no era sólo una fuente de temor, era mi seguridad. No importa lo duras que habían sido las cosas del día, ni lo decepcionada que estuviera, la mesa de la cocina y sus adultos estaban ahí todas las noches para acariciar y apoyar.

El temor generado por la crisis de misiles cubanos y mi cuarto regaño en una semana desaparecían en la certeza diaria de una reunión familiar alrededor de esa mesa con chícharos enlatados Del Monte, panecillos recién horneados y óleo (margarina). Sin importar el programa o las demandas del día, la mesa de la cocina nos reunía a las 6 de la tarde todos los días.

Y después de realizar mi horrible labor de lavar los platos en una época en que las lavadoras de platos eran prácticamente inexistentes, volvía a la mesa de la cocina para hacer mi tarea. Leía diferentes historias en voz alta a mi padre, quien entonces hacía su "tarea" mientras yo escribía y volvía a escribir las tablas de multiplicar que tengo en la mente hasta el día de hoy.

Cada mañana esa mesa me mandaba alimentada y debidamente inspeccionada con uñas limpias y el cabello bien peinado. Nadie dejaba la mesa sin una revisión de los eventos del día y labores asignadas. Esa mesa de la cocina nutría. Era mi constancia de las inseguridades y dientes rotos, más pecas en la cara y concursos de geografía sobre capitales de estados.

Han pasado muchos años desde esos días de faldas tableadas, la vida me ha dado más desafíos, alegría y amor de lo que pude imaginar en esa mesa de la cocina cuando enfrentaba las preguntas de mis padres. Cuando vuelvo a visitar la casa de mis padres, me encuentro titubeando después del desayuno para disfrutar su compañía alrededor de la mesa de la cocina. Después de la cena, los platos esperan mientras mi padre y yo discutimos todo desde la subasta de las pertenencias de Jackie Onassis hasta entrenar al perro.

Y un poco después de que comentamos todo tipo de cosas antes de la cena, llegan mis hijos. Nos sentamos juntos, tres generaciones, comiendo helado y jarabe de chocolate, entonces recorro las nuevas caritas en esa vieja mesa.

Hablan a su abuelo de los exámenes de ortografía y qué palabra tuvieron mal. Y el abuelo explica: "Tu madre se equivocó con la misma palabra. Nos sentábamos aquí a revisarla. Todavía la escribe mal".

Tal vez sea genético. O tal vez esté en la mesa de la cocina. Ese simple lugar mágico donde aprendí responsabilidad y sentí amor y seguridad.

Cuando lucho cada noche para cenar en mi mesa de la cocina alrededor de mis hijos, me pregunto por qué no los envío a su habitación con un plato de pollo y La Rueda de la Fortuna. *No lo hago porque estoy dándoles el regalo de la mesa de la cocina.*

En todos los aspectos de ser padre, en todos los estudios psicológicos sobre desarrollo infantil y en todos los datos sobre autoestima, esta humilde clave se pasa por alto.

Una encuesta reciente reveló que sólo la mitad de nuestros adolescentes cenan regularmente con sus padres. El noventa y ocho por ciento de las mujeres estudiantes de preparatoria que viven con sus padres asisten a la universidad. Los adolescentes que no cenan con sus familias son cuatro veces más probables de practicar sexo premarital.

El año pasado mi hija dijo que sólo encontró a un compañero en su universidad que también había cenado todas las noches con su familia en la mesa de la cocina. Ambas son estudiantes honorables. Las otras chicas, explicó mi hija, "hacen algo en el microondas y luego se van a su cuarto a ver televisión". No tienen compañía, no tienen preguntas, sólo La Rueda de la Fortuna, y las calificaciones lo demuestran. Qué triste que no todas las vidas de los hijos estén tocadas por el milagro de la infancia. Hay algo sobre la mesa de la cocina.[2]

Note cómo las tradiciones alrededor de esta mesa están renovando a esta mujer y a su familia. Están renovando físicamente, pero también están renovando mental, espiritual y socialmente.

Conozco a una familia que da renovación espiritual a su familia a la hora de la cena teniendo su enunciado de misión en la pared cerca de la mesa. Con frecuencia hablan sobre algún aspecto de ella y discuten los desafíos del día. Un buen porcentaje de familias construyen su renovación espiritual rezando antes de comer.

Muchas familias también crean renovación mental en la cena familiar usando ese tiempo para compartir los aprendizajes del día. Sé de una familia que prepara "discursos de un minuto" durante la cena. Dan a un miembro de la familia un tema, cualquier cosa desde honestidad hasta lo más divertido que haya pasado en el día, y la persona habla durante un minuto sobre el tema. Esto no sólo proporciona conversación interesante y mantiene a todos entretenidos y a menudo "riéndose", sino que también construye habilidades mentales y verbales.

Otra familia tiene enciclopedias cerca de la mesa. Cuando alguien hace una pregunta, buscan la respuesta en la enciclopedia. Una vez tuvieron una visita de Delaware quien mencionó que su estado era muy pequeño.

"¿Qué tan pequeño?", alguien preguntó. Así que abrieron la enciclopedia y descubrieron que Delaware mide dos mil millas cuadradas.

"¿Es de verdad muy pequeño?", alguien más preguntó. Buscaron algunos otros estados. Alabama, descubrieron, tiene cincuenta y dos mil millas cuadradas, 26 veces el tamaño de Delaware. Tejas más de 131 veces el tamaño de Delaware. Y por supuesto, Delaware era un gigante comparado con Rhode Island que tiene sólo mil doscientas millas cuadradas.

¡Hay mucho que aprender! ¿Cuál es el estado Durazno? ¿Cuántos duraznos produce? ¿Cuánto puede comer un ave en un día comparado con el peso de su cuerpo? ¿Qué tan grande es una ballena comparada con un elefante?

Aunque puede no ser muy importante para los niños saber el tamaño de cada estado, es muy importante que les guste aprender. Y cuando descubren que aprender es emocionante y que los adultos en su vida también disfrutan de aprender, se vuelven estudiantes entusiastas.

Hay muchas cosas que puede hacer para que la hora de la cena sea de renovación mental. Puede ocasionalmente invitar a personas interesantes a que compartan su cena y conversación. Puede tocar música clásica y hablar de la obra y la vida del compositor mientras comen. Puede pedir prestadas diferentes obras de arte de la librería cada semana, colgarlas en la pared cerca de la mesa y hablar sobre la obra y el artista. La comida misma le da la oportunidad de hablar de modales, nutrición o costumbres de diferentes países y sus alimentos.

Cynthia (hija):

Mamá siempre sentía que la hora de la cena era muy importante. Siempre cenábamos juntos y todos estaban presentes. Mamá también nos educaba durante la cena. Dos o tres noches a la semana teníamos un tema. Ella nos daba el punto central y todos discutíamos, por lo general relacionando el tema con un evento actual. El 4 de julio, por ejemplo, ella nos leía dos o tres cosas sobre Patrick Henry o sobre la Declaración de Independencia. Cualquier día de fiesta o algo especial que se aproximara, ella comparaba algo educativo con nosotros y luego había una discusión familiar. A veces nos sentábamos a hablar por más de una hora, comiendo y hablando. Esto llegó a ser muy divertido cuando estábamos en preparatoria y en la universidad, porque podíamos hablar sobre otras cosas y asuntos. Estas conversaciones en la mesa de la cena nos mantenían interesados en la educación y en el mundo.

David (hijo):

Recuerdo una vez que estaba pasando por momentos difíciles en una relación con una chica que no era buena para mí. Una noche cuando estábamos cenando, todos empezaron a hablar de las personas que no habían sido buenas para ellos y cómo lograron salir de esas situaciones difíciles. Compartieron sus sentimientos sobre lo bueno que era salir de esas situaciones.

Todo iba dirigido a mí, pero yo no tenía idea en el momento. Ni siquiera supe qué estaba pasando hasta después. Pensé que era sólo la cena familiar. Los comentarios fueron buenos y parecían muy aplicables a mi situación. Después me di cuenta de lo bueno que fue tener este sistema de apoyo de personas que genuinamente se preocupaban por mí y por mi bienestar y éxito.

En ocasiones una cena familiar se puede extender para incluir un propósito adicional, tal como mostrar aprecio y dar servicio.

Colleen (hija):

Una de las cosas que realmente disfrutaba eran cenas de nuestro "maestro favorito". Mamá y papá estaban muy involucrados en el proceso de educación. Conocían a todos nuestros maestros y cómo íbamos en cada clase, y querían que nuestros maestros supieran que los apreciábamos. Entonces, cada año, mamá preguntaba a cada niño quién era su maestro favorito de ese año. Había una lista y enviaba una invitación a cenar a nuestra casa. Era una cena formal. Usaba su mejor vajilla y lo hacía algo muy especial. Todos nos sentábamos con nuestro maestro a cenar. Después se volvió algo divertido porque todos los maestros sabían de estas cenas y esperaban ser el maestro favorito del año.

María (hija):
Recuerdo un año que invité a Joyce Nelson, maestra de Inglés de la Secundaria Provo. Yo tenía ya 21 años. Varios de nosotros la habíamos tenido de maestra y la queríamos mucho. Todos dijimos lo que había hecho por nosotros. Cuando llegó mi turno, dije: "Soy casi experta en Inglés gracias a usted. Usted me influenció a estudiar Inglés por la literatura que leíamos y por lo que usted decía y hacía". Los maestros invitados se emocionaban porque por lo general los maestros no obtienen ese tipo de aprecio.

La mesa de la cena le da la oportunidad perfecta para crear la renovación de esas tradiciones debido a la comida. Como dijo una de mis hijas: "Parece que muchas tradiciones importantes están rodeadas por comida, comida, comida. La comida es la clave. A todos nos gusta la buena comida". Con buena comida, buena compañía y buena discusión, la tradición de la cena familiar es difícil de derrotar.

Vacaciones Familiares
La relajación y la diversión son parte de nuestro enunciado de misión familiar y no conozco una fuerza más renovadora en una familia que las vacaciones familiares. Planearlas, anticiparlas y pensar en ellas, así como discutir qué sucedió en las últimas vacaciones y reír de los momentos divertidos y las tonterías que tuvimos, es enormemente renovador para nuestra familia. Casi cada año planeamos unas vacaciones especiales.

Sandra:
Al crear tradiciones siempre he sentido que es importante enseñar patriotismo a los niños. La mayoría de los niños aprenden la Garantía de Lealtad desde muy pequeños. Ponen la mano sobre el corazón cuando la bandera está ondeando. En los desfiles escuchan a las bandas tocar los himnos de la Marina, la Fuerza Aérea y el Ejército. Aprenden canciones patriotas y desempeñan programas en la escuela para celebrar el 4 de julio. Creo que necesitan saber de los hombres que murieron en las guerras y lucharon por los principios en los que creían. Necesitan entender cómo empezó nuestro país, cómo se escribió la Constitución y el precio que se pagó para que se firmara la Declaración de Independencia.

Durante muchos años hablamos sobre la posibilidad de ir a algunos de los sitios históricos famosos en Massachusetts, Pennsylvania y Nueva York, donde sucedieron muchos de los eventos de la Revolución Americana: la Antigua Iglesia en Boston (donde estaba la linterna en la ventana avisando de la llegada de los Británicos: "Uno si por tierra, dos si por mar"), la Campana de la Libertad, el hogar de los patriotas famosos, las barracas existentes donde George Washington movilizó y entrenó a su ejército hambriento y congelado, y el Salón de la Independencia (donde se firmó la Declaración de Independencia).

Hablamos y planeamos este viaje por muchos años. Finalmente, en el bicentenario de América en 1976, decidimos hacerlo. Rentamos una casa rodante y, armados con libros, cintas, música e información, arrancamos. Yo acababa de leer el libro Aquellos que Aman de Irving Stone. Era la historia de amor de John y Abigail Adams y sus grandes sacrificios y contribuciones durante este período de desasosiego y revolución. Me sentía animada e inspirada por su patriotismo y devoción con este país. Pedí a los adolescentes y a los mayores que lo leyeran también, sabiendo que se sentirían similar.

Estuvimos sólo un día y medio en Filadelfia, pero así lo planeamos. Vimos la Campana de la Libertad y visitamos las cámaras del Congreso Continental. En el atrio del edificio había un teatro de verano al aire libre representando la obra "1776", el musical ganador de premios que representaba la firma de la Declaración de Independencia y nos familiarizó con los roles de los hombres y mujeres famosos involucrados, incluyendo John y Abigail Adams, Benjamin Franklin, Tomas Jefferson y su esposa, Martha, Richard Henry Lee, John Hancock y George Washington.

El programa incluía estas palabras inspiradoras: "Estos no fueron rufianes guerreros con mirada salvaje. Fueron hombres educados, abogados, juristas, comerciantes, granjeros y propietarios de grandes plantaciones, hombres de medios, bien educados. Tenían seguridad, pero valoraban más la libertad. Proclamaron: 'Para el apoyo de esta declaración con un resguardo firme en la protección de la Divina Providencia, mutuamente proclamamos nuestras vidas, nuestras fortunas y nuestro honor sagrado'. Nos dieron una América independiente y sacrificaron sus vidas, sus fortunas y sus familias".

La locación, la música y el teatro, todo se combinó para hacer de esa noche algo inolvidable. El patriotismo nos quemaba el corazón. Uno de mis hijos dijo que quería ser arquitecto y construir un monumento para John y Abigail Adams, para que así nadie olvidara jamás lo que hicieron por nosotros. Otro quería ser músico y escribir canciones en su honor. Todos nos sentimos cambiados: inspirados, animados y patriotas por siempre.

Hubo momentos que hicieron maravillosas las vacaciones familiares. Pero tengo que decir que hubo otros momentos también que fueron... bueno, menos inspiradores, por decir lo menos.

Habíamos planeado que cada mañana uno de nosotros conduciría mientras el otro se sentaba en la mesa con los niños en la casa rodante, discutiendo qué veríamos ese día y presentando lecciones sobre temas importantes asociados con esas cosas. Nuestra planeación era extensiva y nuestros espíritus altos. Estábamos muy comprometidos con un viaje magnífico de cuatro a cinco semanas por todo el país.

Pero en cierto sentido nuestro viaje se convirtió en el tiempo más miserable que hubiéramos pasado juntos. Todo lo que podía salir mal, salió. Las cosas se descomponían constantemente y la hacíamos de mecánicos y no podíamos arreglar nada. Probablemente tuvimos sólo una o dos de las discusiones que planeamos; en vez de eso pasamos la mayor parte del tiempo reparando cosas que se descomponían o tratando de conseguir que otras personas las arreglaran durante períodos de días festivos cuando nadie quería involucrarse en reparaciones.

Era julio. El clima era caliente y húmedo. El aire acondicionado y el generador que lo producía se descomponían constantemente. Con frecuencia nos perdimos, ya sea buscando lugares dónde acampar o encontrándolos llenos. A menudo terminábamos en la parte trasera de las gasolineras o en el estacionamiento de alguna iglesia en vez de los "trailer park" o los hermosos lugares para acampar que habíamos imaginado.

El 4 de julio, el aire acondicionado dejó de funcionar totalmente. Nos paramos en una estación de servicio en busca de ayuda, pero el mecánico dijo: "No trabajamos en esas cosas y particularmente en un día festivo. De hecho, no creo que encuentre ningún lugar que le ayude hoy". La temperatura era de 38 grados y la humedad era de 98 por ciento. Estábamos empapados en sudor. Todos a punto de llorar.

De repente alguien empezó a reír. Entonces todos empezamos a reír. Reímos tanto que no podíamos parar. Nunca hemos reído tanto desde entonces. Pedimos al hombre (quien indudablemente pensó que estábamos locos) instrucciones para llegar al parque de diversiones más cercano. Nos dijo por donde ir y nos fuimos en busca de diversión.

Durante el resto del viaje vimos algunos sitios históricos, pero en cada área también buscábamos los parques de diversiones locales. Cuando regresamos a casa, éramos mejores autoridades en parques de diversiones de Norteamérica que en sitios históricos. De hecho, sólo una mañana en todo el viaje hicimos la clase de reunión familiar que habíamos soñado que tendríamos cada día. Pero tuvimos un tiempo glorioso, uno que nunca olvidaremos. Volvimos renovados física, social y, al menos de algún modo, mentalmente.

Siempre nos asombró a Sandra y a mí que, a pesar del aire acondicionado descompuesto, neumáticos desinflados, mosquitos, artículos de ropa olvidados, argumentos sobre quién se sienta en dónde y qué íbamos a hacer, retrasos en las salidas y una miríada de otras complicaciones, esos tiempos juntos son lo que los miembros de nuestra familia recuerdan y de lo que hablan.

"¿Verdad que nos divertimos mucho en Six Flags?"

"¿Recuerdas cuando pensaste que estábamos perdidos?"

"No puedo dejar de reír cuando me acuerdo cómo te caíste esa vez."

¿Recuerdas la cara que puso cuando se le cayó la hamburguesa?"

La dimensión social agregada de "familia" hace que todo sea más emocionante y más divertido porque tiene alguien especial con quien compartirlo. De hecho, esos lazos familiares con frecuencia son incluso más importantes que el evento mismo.

Jenny (hija):

Recuerdo una vez que papá decidió llevarme a mí y a mi hermanito de campamento. Nuestra familia nunca había sido de mucho acampar; de hecho, no sabíamos nada al respecto. Pero estaba determinado a que fuera una buena experiencia.

Absolutamente todo salió mal. Quemamos los platos de la cena y llovió toda la noche hasta que nuestra tienda se cayó y las bolsas de dormir acabaron empapadas. Mi papá despertó aproximadamente a las 2 de la mañana, recogimos todas las cosas y regresamos a casa.

Al día siguiente reímos y seguimos riendo sobre esa "miserable" experiencia. A pesar de los desastres, creó un acercamiento. Pasamos por ello juntos y tuvimos una experiencia común de la cual podemos hablar.

Conozco a una familia que había planeado durante años ir a Disneylandia. Habían ahorrado el dinero y programado el tiempo para ir. Pero tres semanas antes de su partida, una sensación de tristeza se apoderó de su hogar.

Finalmente, en la cena una noche, el hijo de 17 años explotó: "¿Por qué tenemos que ir a Disneylandia?"

Esta pregunta tomó al papá por sorpresa. "¿Qué quieres decir?" contestó. Entonces sus ojos se medio cerraron. "¿Tú y tus amigos tienen algo planeado? Parece que nada que planeamos en la familia es tan importante para ti como estar con tus amigos".

"No es eso", contestó el hijo, mirando su plato.

Después de un momento su hermana dijo suavemente: "Yo sé a qué se refiere Jed y yo tampoco quiero ir a Disneylandia".

El papá se quedó en silencio. Luego su esposa le puso la mano sobre su brazo: "Tu hermano llamó hoy y dice que sus hijos están muy tristes de que no vayamos a Kenley Creek este año con ellos porque vamos a Disneylandia. Creo que eso es lo que está molestando a los chicos".

Entonces todos empezaron a hablar: "Queremos ver a nuestros primos —gritaron todos—. Eso es más importante que ir a Disneylandia".

El papá contestó: "Oigan, quiero ver a la familia también. En realidad me gustaría pasar un tiempo con mis hermanos y hermanas, pero pensé que todos querían ir a Disneylandia. Como vamos a Kenley Creek cada año, decidí que esta vez haríamos lo que ustedes querían hacer".

El chico de 17 años contestó: "¿Entonces podemos cambiar de planes, papá?"

Lo hicieron. Y todos estuvieron felices.

Este hombre me comentó después la historia de Kenley Creek.

Cuando papá y mamá eran jóvenes, no teníamos mucho dinero. No podíamos ir de vacaciones a ninguna parte que costara mucho. Así que cada año mamá y papá empacaban la caja de madera con todo tipo de comida. La atábamos a la parrilla del Ford 1947. Todos los niños nos metíamos como sardinas y nos dirigíamos a las montañas, a Kenley Creek. Lo hacíamos cada año.

Después de que mi hermano mayor se casó, su esposa era una chica rica y elegante que había estado en todo el país de vacaciones, pensamos que no querrían venir con nosotros a Kenley Creek. Pero sí vinieron y ella se divirtió muchísimo. Todos nos casamos y cada verano íbamos a Kenley Creek.

El año después de que papá murió, nos preguntamos si debíamos ir. Mamá dijo que papá hubiera querido que fuéramos y que él estaría ahí con nosotros, así que sí fuimos.

Los años pasaron y todos tuvimos hijos. Todavía nos reunimos cada año en Kenley Creek. Cada noche bajo la luz de la luna del cielo de Kenley Creek, mi hermano tocaba polkas en el acordeón y todos los niños bailaban con sus primos.

Después que mamá murió, parecía como si ella y papá regresaran y se sentaran con nosotros cada año en Kenley Creek, en la tranquilidad de las montañas. Con los ojos del corazón los veíamos sonreír al ver a sus nietos bailar y comer la sandía que habíamos enfriado en las aguas heladas del río.

Nuestro tiempo en Kenley Creek siempre nos renovó como familia. Nos amamos más y más cada año.

Las vacaciones familiares modestas pueden ser experiencias de gran renovación, pero muchas familias, incluyendo la nuestra, han encontrado una dimensión agregada de renovación al volver al mismo lugar año tras año.

En nuestra familia el lugar es una cabaña en Hebgen Lake en Montana, como a 30 kilómetros de West Yellowstone. Pasar parte del verano ahí es una tradición que empezó mi abuelo hace unos 45 años. Tuvo un ataque cardíaco y para recuperarse, fue a Snake River y luego a Hebgen Lake. Esa área fue la mejor medicina para él. Empezó con una cabaña en el río, y luego puso un "trailer" y luego una cabaña junto al lago. Cada verano después de ir allá, invitaba siempre a su familia a ir con él. Hay varias cabañas ahora y al menos quinientos descendientes van ahí regularmente.

La palabra "Hebgen" se ha convertido en parte del enunciado de misión de la familia intergeneracional. Significa amor familiar, unidad, servicio y alegría para todos nosotros en la familia. En Hebgen los hijos y nietos aprendieron a correr en la arena, a atrapar ranas bajo el muelle, a construir castillos de arena en la orilla del lago, a nadar en aguas glaciares heladas como el hielo, a pescar truchas, a ver alces bebiendo en la orilla del río, a jugar volibol en la playa y a seguir huellas de osos. Ha sido la escena para muchas fogatas nocturnas, cantando alrededor del fuego, romances de verano, representaciones teatrales, compras en West Yellowstone y disfrutar los hermosos bosques verdes y las noches llenas de estrellas. Hasta hace diez años, no había teléfono o televisión ahí. Incluso ahora me pregunto si deberíamos volver a esos "buenos días pasados".

Stephen *(hijo):*
Cuando era chico, solíamos pasar tres semanas cada verano en Hebgen. Me encantaba y deseaba poder pasar ahí todo el verano. Especialmente recuerdo las oportunidades que me daba de pasar tiempo con mis padres o con uno de mis hermanos o hermanas. Hacíamos de todo, desde pescar hasta andar en motocicleta, desde esquiar en agua hasta canotaje. Era muy natural juntarnos en pares y hacer cosas juntos. A todos nos encantaba. Extrañamos todo de Hebgen.

Sean *(hijo):*
Recuerdo la ida a Hebgen un año en especial cuando estaba en la universidad. La temporada de fútbol iba a empezar en dos semanas. Había mucha presión. Entonces, una mañana fui a un lugar que nuestra familia llamaba Roca de Oración. Es una roca grande en la colina que domina todo el lago. El sol estaba saliendo y había una brisa fría. El lago estaba hermoso. Pasé varias horas allí arriba tratando de decidirme, consintiéndome por la temporada que venía. Sentí que era mi último momento de paz antes de la guerra. Muchas veces durante la temporada, cuando todo parecía imposible y había demasiada presión, visualizaba la escena de estar en la cima de la montaña, calmada y en paz. Me tranquilizaba. En cierto sentido, era como regresar a casa.

Joshua *(hijo):*
Como soy el más pequeño de casa, mamá siempre me pide que le ayude con los proyectos y tradiciones familiares.

Entre otras cosas me pide que le ayude con la tradicional Búsqueda del Tesoro del Pirata que se lleva a cabo en las vacaciones familiares todos los veranos en Hebgen Lake. Nos vamos a West Yellowstone y "arrasamos" con las tiendas más baratas, comprando todo tipo de regalos pequeños para llenar el cofre del tesoro del pirata. Ponemos pelotas, tinta mágica, campanas, canoas indias, esposas de plástico, cadenas con patas de conejo, cuchillos de hule, juegos de arco y flecha, monederos, yoyos, joyas indias, algo para todos. Entonces llenamos el cofre, lo envolvemos en enormes bolsas negras de basura y lo ponemos en el bote, junto con palas, una bandera pirata y pistas manuscritas quemadas en las orillas para que parezcan antiguas y auténticas (otra de mis obligaciones).

Después de poner el bote en lo que llamamos Goat Island, buscamos un lugar en la playa para enterrar el tesoro. Cubrimos el escondite con arena limpia y ponemos cosas encima para despistar. Por último, corremos por toda la isla dejando pistas en los árboles y arbustos, y debajo de las rocas. Luego escondemos monedas, pennies, níckels, y hasta dólares de plata para que los busquen los más pequeños.

Medio muertos, volvemos a la playa con los niños, ondeando una bandera pirata con la calavera negra, riendo tan histéricamente (eso lo hace mamá) que asustamos a cualquier pirata que haya dejado su tesoro enterrado.

Todos (niños, adultos y perros) nos subimos a los botes, canoas o lo que sea e invadimos la isla. Corremos de una pista a otra hasta que se descubre el tesoro, el botín se distribuye y la tradición está completa.

Esta clase de vacaciones tradicionales parecen dar una sensación de estabilidad y conexión. Y es maravilloso si se puede volver al mismo lugar año tras año.

Pero, de nuevo, no es tan importante a dónde ir como el estar juntos y hacer cosas que creen lazos familiares sólidos. La tradición de las vacaciones familiares crea recuerdos renovadores que, como alguien lo dijo, "florecen por siempre en el jardín del corazón".

Cumpleaños

Un año cuando nuestro hijo Stephen empezó en un nuevo empleo, su esposa, Jeri, le dio un regalo de cumpleaños muy poco común. Dijo:

Debido a mudanzas, comprar una casa, pagar deudas escolares, empezar en un nuevo y desafiante empleo y otras presiones de la vida, mi esposo estaba bajo tremenda tensión. Sabía que la mejor manera de reducir esta tensión era estar cerca de su hermano David. Nadie lo hacía relajarse más. ¡Eran fantásticos juntos! Siempre se divertían mucho.

Así que para el cumpleaños de Stephen compré un boleto de avión para que David viniera a estar con él durante el fin de semana. Guardé el regalo como sorpresa, diciendo a mi esposo que iríamos a un juego de basquetbol profesional que estaba programado para su cumpleaños y en algún momento durante el juego, le daría el regalo especial.

En el medio tiempo, su amado hermano llegó, anunciando: "Sorpresa, soy tu regalo de cumpleaños", para el asombro de mi esposo.

Durante las siguientes 24 horas estos dos tuvieron la mejor celebración, riendo, jugando y hablando sin parar. Yo me aparté un poco. Nunca había visto tanta diversión pura como la que generaban ellos juntos.

Cuando David partió, fue como si se hubiera llevado toda la tensión con él y mi esposo estaba totalmente renovado.

Los cumpleaños pueden ser un tiempo maravilloso para expresar amor y afirmar a los miembros de la familia; para celebrar el hecho de que están aquí y son parte de su familia. Y las tradiciones alrededor de los cumpleaños pueden ser muy renovadoras.

En nuestra familia, los cumpleaños son tremendamente importantes. Con los años no hemos tenido realmente días de cumpleaños, hemos tenido semanas de cumpleaños. Toda la semana tratamos de enfocarnos en hacer saber a nuestros hijos lo especiales que son para nosotros. Decoramos las habitaciones con letreros y globos, regalos en el desayuno, una fiesta de "amigos", una cena especial con mamá y papá, y una cena con abuelos, tíos y primos, con la comida favorita del festejado, su pastel favorito y cumplidos:

"Quiero mucho a Cynthia porque es muy espontánea. Te acompaña al cine con sólo pedírselo."

"María lee tanto que cuando necesitas una cita, sólo tienes que llamarla y preguntarle, te va a dar cuatro o cinco citas de donde puedas escoger."

"Una de las cosas que me gustan de Stephen es que no sólo es buen atleta, sino que le encanta ayudar a los demás a convertirse en buenos atletas. Siempre está dispuesto a dedicar tiempo a enseñarte a mejorar o a enseñarte algunas cosas fundamentales."

Colleen *(hija):*
A decir verdad, es un poco duro esto del matrimonio. Desperté en mi primer cumpleaños después de casada y no había globos. La casa ni siquiera estaba decorada. No había carteles de cumpleaños. Le dije a mi esposo que extrañaba la decoración de mamá, así que el siguiente año (y cada año desde entonces) él ha hecho hasta lo imposible porque mis cumpleaños sean bonitos.

Incluso conozco miembros de extensiones de familias que han hecho muchas cosas para asegurar que los cumpleaños se reconozcan y se celebren.
Dos hermanas solteras compartieron esta experiencia:

Nuestros sobrinos (edades tres, cinco, once y catorce) adoran nuestras tradiciones en los cumpleaños. El sábado en la mañana de la semana de su cumpleaños, los recogemos para ir de compras. Sin papás, sin hermanos, sólo el del cumpleaños y nosotras. Reciben una cantidad de dinero para gastar y ellos eligen dónde quieren ir de compras. Puede llevarnos mucho o poco tiempo, como ellos decidan. Luego salimos a comer a un restaurante de grandes, no McDonald's o comida rápida, sino a un restaurante de verdad. Ordenan lo que quieren y hasta comen postre.

A menudo nos han sorprendido con la manera tan cuidadosa con que toman sus decisiones respecto a qué comprar y qué ordenar. Muestran una madurez asombrosa y toman todo en serio, incluso la de tres años. El año pasado escogió cuatro vestidos, luego dijo: "Sólo dos. Sólo necesito dos". No habíamos dicho ni una palabra sobre el límite. Y le costó trabajo decidir, pero lo hizo.

Hemos hecho esto durante trece años. Nuestros sobrinos hablan de ello por semanas antes de sus cumpleaños. Le llaman "El Día de Tía Toni y Tía Barbie". Y les encanta casi tanto como a nosotros.

Celebrar un cumpleaños es celebrar a la persona. Es una oportunidad maravillosa para expresar amor y afirmación, y hacer enormes depósitos en la Cuenta de Banco Emocional.

Días Festivos

Una mujer soltera compartió esta experiencia:

Recién compre mi casa con la idea de que toda mi familia venga para el Día de Gracias. Compré una mesa con diez sillas. Todo el que viene me dice: "Eres soltera. ¿Por qué necesitas esta mesa?" Y yo les contesto: "No saben lo que esta mesa representa. Representa que toda nuestra familia estará junta. Mi mamá ya no puede cocinar. Mi hermano es divorciado. Mi hermana no puede hacerlo en su casa. Pero estar juntos para mí es muy importante. Quiero hacerlo aquí".

Probablemente más que casi cualquier otra cosa, las personas recuerdan y aman las tradiciones familiares alrededor de los días de fiesta. Con frecuencia se reúnen desde grandes distancias y largas separaciones. Hay comida. Hay diversión. Hay risas. Hay compartir. Y con frecuencia hay un tema o propósito de unión.

Existen muchas tradiciones diferentes alrededor de cada día festivo. Hay pavos en el Día de Gracias, juegos de fútbol el Día de Año Nuevo y búsqueda de huevos en la Pascua. Hay villancicos en Navidad, demostraciones de talento y desfiles. Hay tradiciones sobre la comida que se sirve, tradiciones que vienen de países particulares o culturas, tradiciones que se han pasado de generación en generación, y nuevas tradiciones que se desarrollan cuando las personas contraen matrimonio. Todas estas cosas dan una sensación de estabilidad e identidad a la familia.

El punto es que los días de fiesta proporcionan un momento ideal para crear tradiciones. Suceden cada año. Es fácil crear una sensación de anticipación y diversión así como significado y camaradería a su alrededor.

En nuestra familia hemos desarrollado algunas tradiciones únicas alrededor de los días de fiesta.

Catherine (hija):

Recuerdo hacer una tradición especial del Día de San Valentín con papá cada año. Hacíamos corazones rojos y les poníamos cintas. Luego los poníamos en la puerta de los vecinos, tocábamos el timbre y corríamos a escondernos en los arbustos o en la esquina de la casa.

Cuando las personas abrían la puerta, les encantaba recibir el corazón. Pero cuando se agachaban para recogerlo, lo jalábamos con la cinta. Se tambaleaban un poco. Lo veían asombrados y volvían a intentarlo. Jalábamos la cinta un poco más. Finalmente, lo cogían y nosotros salíamos riendo.

Después de un tiempo los vecinos nos atraparon. La primera vez que el corazón se movía, decían: "Ese es Steve Covey. ¿Ahora qué pretende?" Pero les encantaba. Y a mí siempre me encantó. ¡Nos divertíamos mucho!

Papá también tiene la tradición de enviar flores y chocolates a sus hijas el día de San Valentín, incluso ahora que estamos casadas. Es lo máximo que lleguen esas hermosas rosas el día de San Valentín. A veces pensamos que son de nuestros esposos, pero son de papá. Nos hace sentir especiales porque tenemos dos expresiones de amor. Recibimos dos ramos de flores y es muy divertido adivinar de quién son y qué va a enviar papá este año.

Esta tradición empezó cuando yo era muy pequeña. Recuerdo los chocolates de papá el día de San Valentín cuando tenía alrededor de 10 años y lo especial que me hizo sentir. Era mi propia caja de chocolates que nadie más podía tocar.

Papá también nos envía flores el día de las madres.

David *(hijo):*
Mamá era bien conocida entre sus amigas por su participación en el día de San Patricio cada año. Se vestía de verde y aparecía sin avisar en el salón de clases de cada uno de sus hijos. Hacía que todo el grupo cantara canciones irlandesas y contaba historias con acento irlandés. Luego daba a cada niño una galleta y pellizcaba a los que no trajeran puesto algo verde. Esta tradición continuó hasta la siguiente generación y los nietos han aumentado su autoestima porque saben que su Mère Mère sabe quiénes son y hace un esfuerzo por ser parte de sus vidas.

Jenny *(hija):*
La casa Covey era un "debes hacer" en la lista de todos en Halloween. Mamá y papá invitaban a los niños que pedían dulces a pasar a la casa a sentarse, calentarse con una bebida caliente y donas. Pero primero tenían que representar algo de talento: cantar, bailar, recitar un poema. Incluso los universitarios se enteraban de esto y venían por su bebida caliente.

Un año en particular un grupo de estudiantes de secundaria que mi mamá describió como "rufianes" vinieron a pedir dulces. Casi se mueren cuando se enteraron que tendrían que cantar o hacer algo. Queriendo la bebida caliente y las donas, se forzaron a hacer algo. El año siguiente el mismo grupo de "rufianes" llegó, esta vez preparados y emocionados para cantar una canción que habían ensayado con movimientos de las manos y todo.

En el otoño de 1996, después de vivir en la misma casa por 30 años, nos mudamos a una casa nueva. Nuestros nuevos vecinos nos dijeron que nos llegarían solamente 30 niños a pedir dulces porque vivíamos bastante lejos de la avenida. Pero nosotros pensamos lo contrario. Mamá atendió a casi 175, la mayoría de ellos vecinos antiguos, nuevos amigos de la secundaria, familias, recién casados y muchos universitarios. Todos llegaron a actuar, visitar, beber algo caliente y comer donas. Para ese momento todos los amigos de los mayores ya estaban casados, pero todavía venían con sus hijitos a pedir dulces a nuestra casa. Era una tradición.

Como los días festivos vienen cada año, continuamente dan la oportunidad de disfrutar tradiciones y renovar el sentido de diversión, camaradería y significado que sentimos alrededor de ellos. Los días de fiesta proporcionan la oportunidad ideal natural y continua para estar juntos y renovar los lazos familiares.

Actividades con Familias Extendidas e Intergeneracionales

Como probablemente lo notó por las historias en este libro, tías, tíos, abuelos, primos y otros miembros de la familia extendida pueden tener una influencia positiva tremenda en la familia. Muchas actividades los llevan a mayor participación familiar, especialmente celebraciones de días festivos importantes como el Día de Gracias, Navidad o Hanukkah. Pero casi cualquier actividad puede ampliarse para incluir a miembros de la familia extendida.

Sienta la emoción de estos abuelos organizando momentos familiares especiales:

Una de nuestras tradiciones favoritas es nuestro "tiempo familiar" mensual con la extensión de la familia. Una vez al mes invitamos a los hijos casados y nietos a reunirse con nosotros y los hijos que todavía están en casa para cenar juntos. Todos aportan una parte de la cena y disfrutamos comiendo y comentando lo que sucede en la vida de todos. Luego limpiamos y nos sentamos en la sala. Arreglamos las sillas en círculo y traemos una canasta de juguetes para que los pequeños jueguen en medio de nuestra conversación. Alguien por lo general canta o algo por el estilo. A menudo discutimos algún aspecto de nuestro enunciado de misión o alguna otra cosa importante. Cuando los pequeños se cansan, todos van a casa. Son unos ratos preciosos para estar juntos y renovar las relaciones.

Una pareja de más de 70 años comentó:

Tenemos la tradición de hacer cenas dominicales en las cuales nuestra hija (hija única), su esposo y sus hijos que están en casa son los invitados. Cada semana también invitamos a uno de los cuatro nietos casados y a su familia, la primera semana del mes, el mayor; la segunda semana, el que sigue; y así a todos. De esta manera podemos hablar con cada familia, averiguar cómo están cambiando sus vidas, cuáles son sus planes y metas, y cómo podríamos ayudarles con esos planes.

El deseo de crear esta tradición surgió hace 30 años cuando nuestra hija se casó y se mudó a dos mil kilómetros de distancia. Durante mucho tiempo nuestra comunicación estuvo limitada a conversaciones telefónicas y visitas un par de veces al año. Con frecuencia pensábamos lo lindo que sería si pudiéramos tener a ella y a su familia para la cena, particularmente cuando hubo enfermedad en la familia. Entonces, con los años nos mudamos más cerca para poder hacer esto. Nuestras cenas de domingo han sido una tradición por 13 años ya. Nos da alegría poder servir, conocer más a nuestros nietos, ver su crecimiento y ser parte de una familia extendida.

Note cómo estas familias han tomado actividades familiares normales (tiempos familiares y cenas dominicales) y las han expandido para incluir a los miembros de sus familias extendidas e intergeneracionales. Piense en los recuerdos y las relaciones que están formando.

Los miembros de la familia extendida e intergeneracional pueden estar involucrados en casi todo lo que hacemos. Con los años, Sandra y yo hemos hecho un punto importante el asistir a los programas de nuestros hijos, a los recitales o eventos deportivos, o cualquier cosa en que se involucren los miembros de la familia. Hemos tratado de proporcionar un sistema de apoyo de la familia para demostrar que los queremos y que cada persona en la familia es apreciada y amada. Siempre tenemos una invitación abierta para todo miembro de la familia extendida o intergeneracional que pueda venir a dichas actividades. Sandra y yo a menudo asistimos a las actividades de nuestros hermanos y sus familias también.

Colleen (hija):
Recuerdo una vez en secundaria, yo estaba en una obra: Joseph y el Sorprendente Abrigo Tecnicolor. *Yo tenía una parte pequeña, pero el día del estreno mis hermanos, hermanas, políticos, sobrinas, sobrinos, tíos y tías, al igual que mis padres estaban entre el público. ¡Llenaron tres filas de asientos! La chica que tenía el papel principal dijo: "No puedo creerlo, la única que vino a verme a mí es mi mamá. Pero tú tienes una parte muy pequeña y tu familia es la mitad del público". Ese apoyo de mis familiares me hizo sentir muy importante.*

Encontramos que con esta clase de actividades intergeneracionales, los hermanos y primos por lo general terminan siendo mejores amigos. Sentimos un gran sentido de fortaleza y aprecio por los miembros de nuestras familias extendidas e intergeneracionales. Creemos firmemente que recorren un gran camino hacia la red de seguridad que ha desaparecido en la sociedad.

Sean (hijo):
Una de las cosas que más aprecio sobre nuestra familia es esta enorme red de apoyo intergeneracional. Mis hijos están creciendo muy cerca de sus primos. Muchos son de la misma edad y son muy amigos. Mejores amigos. Creo que esto va a hacer una enorme diferencia cuando sean adolescentes. Tendrán esta enorme red de apoyo. Y si alguien tuviera problemas, quizá habrá demasiado apoyo como para permitir que alguien caiga profundo.

Aprendiendo Juntos
¡Hay tantas oportunidades de aprender y hacer cosas juntos como familia! Y esto puede ser tremendamente renovador en todas las dimensiones.

Una tradición que se desarrolló cuando nuestra familia salía de viaje junta era cantar en el auto. Así es como la mayoría de los niños aprendieron las canciones folclóricas de América, las canciones patrióticas, villancicos de Navidad y muchas canciones de los musicales de Broadway. Piense que los niños más pequeños necesitan que alguien les dedique tiempo para enseñarles las palabras y la música de las canciones familiares que todos parecemos conocer. De otro modo, ¿cómo se van a unir?

Otra forma de aprender juntos es compartir un pasatiempo o interés particular de un miembro de la familia. Involúcrese. Apréndalo. Lea libros. Haga asociaciones. Suscríbase a revistas. Hágalo un enfoque. Háblenlo juntos.

Aprender juntos es social y mentalmente renovador. Le da un interés compartido, algo divertido de qué hablar. Hay alegría en descubrir y aprender juntos. También puede ser físicamente renovador cuando aprende un nuevo deporte o una nueva habilidad física, y puede ser espiritualmente renovador cuando aprende más sobre los principios que gobiernan todo en la vida.

Aprender juntos puede ser una tradición maravillosa y una de las alegrías más grandes de la vida familiar. También afirma que cuando educa a sus hijos está asimismo educando a sus nietos.

Sean (hijo):
Nuestros padres nos llevaban a todas partes. Ibamos de viaje con ellos. Papá nos llevaba con él a sus conferencias. Siempre estuvimos expuestos a muchas cosas buenas. Y creo que esto fue una verdadera ventaja para mí. Mi zona de confort en las situaciones es verdaderamente alta porque he experimentado mucho. He acampado, dormido en el jardín, he estado en pruebas de sobrevivencia. He estado en el agua, nadando y esquiando. He practicado todo deporte al menos algunas veces.

Y conscientemente trato de hacer lo mismo con mis hijos. Si voy a ir a un juego de béisbol, los llevo. Si voy a ir de compras, los llevo. Si voy a salir a construir algo en el patio, los llevo. Estoy tratando de exponerlos a muchas cosas diferentes de la vida.

Otra tradición de aprendizaje vitalmente importante es la lectura. Las familias pueden leer juntas. Además, los niños necesitan leer solos y ver que sus padres también leen.

Hace algunos años me impresionó cuando mi hijo Joshua preguntó si yo leía. Me di cuenta de que nunca me había visto leer. Casi siempre leo cuando estoy solo. De hecho, cubro el equivalente a tres o cuatro libros por semana. Pero cuando estoy con mi familia, estoy completamente con ellos y no leo.

Recién leí sobre una investigación que indica que la razón número uno para que los niños no lean es que no ven a sus padres leer.[3] Creo que éste es uno de los errores que he cometido con los años. Ojalá pudiera hacer mi estudio más abierto para que mis hijos me vieran leer más a menudo. Y ojalá fuera más tenaz sobre compartir lo que leo y lo que me emociona.

Sandra:

Una tradición de aprendizaje que desarrollamos en la familia fue que cada dos semanas metía a todos los niños en el auto y los llevaba a una biblioteca pública. Cada uno podía llevar doce libros a casa por dos semanas. Tenían que elegir los libros que querían leer y les interesaba.

Mi tarea principal era asegurar que los libros no acabaran mutilados, destruidos o desaparecieran durante esas dos semanas. Recuerdo mi temor al tratar de reunirlos a todos el día de la entrega.

Aprender juntos como familia es más que una tradición, es una necesidad vital. Es cierto que en el mundo actual "si no corres más rápido te quedarás atrás", porque el ritmo de la vida y el crecimiento de la tecnología son increíbles. Muchos productos son obsoletos el día que aparecen en el mercado. El promedio de vida de muchas profesiones es sólo de tres a cuatro años. Es impresionante. Es aterrador. Por eso es tan importante que exista una tradición y una cultura familiar que se enfoque en el aprendizaje continuo.

Rindiendo Culto Juntos

Un hombre compartió esto:

Cuando estaba creciendo, era muy importante para mis padres que todos rezáramos juntos. En ese momento no me parecía importante. No entendía por qué pensaban que era importante. Pero así era, entonces todos íbamos a la iglesia juntos y nos sentábamos juntos. Tengo que admitir que como niños nos aburríamos casi siempre.

Pero al crecer, empecé a notar que estábamos más alineados como familia que muchos de mis amigos. Teníamos valores y metas comunes. Nos apoyábamos entre sí para resolver problemas y encontrar respuestas. Sabíamos en qué creíamos todos. Estábamos juntos. Y "rendir culto" no era sólo cuestión de una vez a la semana en el hogar. La religión y rendir culto se trataban casi como un proceso educativo. Recibíamos lecciones, formales e informales, en las que nuestros padres nos enseñaban lo bueno y lo malo. Nos escuchaban cuando no estábamos de acuerdo, luego nos ayudaban a entender las cosas y encontrar respuestas. Pero nos enseñaron valores y fe.

Además, teníamos pocas tradiciones familiares. Por ejemplo, rezábamos juntos todas las noches. Era agotador escuchar a mis hermanos rezar y rezar. Pero cuando crecí vi cuánto había aprendido de escucharlos. Aprendí qué era importante para ellos, qué necesitaban y querían, qué temían o les preocupaba. Ahora que lo pienso, veo que en realidad nos unió mucho.

También rezábamos y pedíamos en momentos de emergencias. Recuerdo cuando mi abuela estuvo en el hospital con cáncer, se hizo un llamado a toda la familia (tíos y primos). Nos reunimos todos en una oración familiar y pedimos por ella. Cuando murió, fue maravilloso que todos estuvieran cerca. La unidad era impresionante. Y aunque había lágrimas y tristeza, fue un funeral con amor, con fortaleza y con acercamiento. Salí de ahí con un entendimiento especial y aprecio por el círculo de la vida, desde el nacimiento hasta la muerte. Y creo que el hecho de que todos compartíamos creencias comunes hizo que las cosas fueran mucho más significativas para nosotros.

Note cómo el rendir culto unió a esta familia espiritual, mental y socialmente.

George Gallup reporta que el 95 por ciento de los norteamericanos creen en alguna forma de ser supremo o poder superior, y que más que nunca antes, las personas están sintiendo la necesidad de conseguir más que autoayuda, la ayuda espiritual.[4] La investigación también muestra claramente que el rendir culto juntos es una de las características principales de las familias saludables y felices. Puede crear contexto, unidad y entendimiento compartido, en mucho igual que lo hace un enunciado de misión familiar.

Además, los estudios han mostrado que el involucramiento religioso es un factor significativo en la salud y estabilidad mental y emocional, particularmente cuando las personas están motivadas internamente. Cuando están externamente motivadas (por la aprobación pública o la conformidad, por ejemplo) el contexto religioso no siempre es benevolente. De hecho, a veces nutre una cultura extremadamente estricta y fija expectativas irrealmente altas, ocasionando que las personas que son emocionalmente vulnerables experimenten más problemas emocionales todavía.[5]

Pero cuando el ambiente está enfocado en el crecimiento basado en principios morales más que en un perfeccionismo externo que refuerza la rigidez, las personas experimentan mejor salud. La cultura permite el reconocimiento honesto de las imperfecciones morales y la autoaceptación, incluso al motivar la aceptación y vivir en armonía con los principios que gobiernan todo en la vida.

C. S. Lewis relató su propias convicciones al cuadrar su yo público y privado de esta manera:

Cuando llego a mis oraciones por la noche y trato de reconocer todos los pecados del día, nueve de cada diez veces el más obvio es algún pecado contra la caridad; me enojé, me irrité, hablé despectivamente, humillé o lastimé. Y la excusa me viene inmediatamente a la mente: la provocación fue tan repentina o inesperada; me agarró con la guardia abajo, no tuve tiempo de pensarlo... Seguro lo que un hombre hace cuando se le toma con la guardia abajo es la mejor evidencia de la clase de hombre que es. Seguro lo que sale antes de que el hombre tenga tiempo de ponerse un disfraz es la verdad. Si hay ratas en el techo es más probable que las vea si sube repentinamente. Pero lo repentino no crea las ratas: sólo les impide esconderse. De la misma manera, lo repentino de la provocación no me hace un hombre de mal genio: sólo me muestra la clase de hombre que soy... Ese techo está fuera de alcance de mi voluntad independiente... No puedo, con esfuerzo moral directo, darme nuevos motivos. Después de los primeros pasos... vemos que todo lo que realmente necesita hacerse en nuestra alma puede hacerlo sólo Dios.[6]

En nuestra familia, hemos encontrado gran fortaleza en rendir culto juntos. A través de los años hemos colocado una prioridad alta en asistir a los servicios de la iglesia juntos y apoyarnos para trabajar y servir a la iglesia y a la comunidad. Hemos visto que esto nos une como familia y también nos da oportunidades para trabajar juntos para algo más alto que uno mismo.

También hemos tratado de llevar a cabo cierta devoción diaria en casa. Tratamos de tener un tiempo juntos durante unos minutos cada mañana para empezar el día con el sentimiento de unión e inspiración.

Stephen (hijo):
Cuando niño, siempre tuvimos oraciones familiares en la mañana. Era un patrón. Ya sea de muy pequeños o estudiando secundaria, siempre nos levantábamos a las 6 de la mañana. Leíamos juntos, hablábamos de nuestras necesidades y planes para el día, y hacíamos una oración familiar. Traíamos frazadas y nos recostábamos en el sillón. Había ocasiones en que algunos se quedaban dormidos todo el tiempo, hasta que era nuestro turno de leer. Puede no haber sido muy efectivo, pero hacíamos el esfuerzo. Y mucho se grabó en nuestra alma. Creo que todos aprendimos mucho más de lo que creemos.

Esta tradición, incluyendo la lectura diaria de las escrituras y otra "literatura sabia", ha sido tremendamente renovadora para nuestra familia. Esto es algo que cualquier familia puede hacer. Dependiendo de su creencia, la "literatura sabia" podría ser cualquier cosa que lo conecte con los principios eternos. Podría ser la Biblia, el Corán, el Talmud, *la Sabiduría Nativa Americana,* o el Bhagavad-Gita. Podría ser *Como un Hombre Thinketh* de James Allen, el *Walden* de Thoreau o colecciones modernas como *El Libro de las Virtudes* de William Bennett o *Caldo de Pollo para el Alma* de Jack Canfield y Mark Victor Hansen. Podrían ser autobiografías inspiradoras o antologías, ensayos profundos o historias animadoras, cualquier cosa que dirija los principios y valores en los que usted cree.[7]

El punto es que si usted organiza su vida familiar para dedicar diez o quince minutos en la mañana a leer algo que lo conecte con estos principios eternos, está casi garantizado que hará mejores elecciones durante el día, en la familia, en el trabajo, en toda dimensión de la vida. Sus pensamientos serán más elevados. Sus interacciones serán más satisfactorias. Tendrá mejores perspectivas. Aumentará el espacio entre lo que le sucede y su respuesta

> *S*i usted organiza su vida familiar para dedicar diez o quince minutos en la mañana a leer algo que lo conecte con estos principios eternos, está casi garantizado que hará mejores elecciones durante el día, en la familia, en el trabajo, en toda dimensión de la vida.

a ello. Estará más conectado con lo que realmente importa más.

También estará más conectado con su familia. Este puede ser un gran momento para entrar en contacto con las necesidades de cada persona para ese día, si alguien va a tener un examen o tiene una asignación especial o una presentación que dar. Le permite empezar su día renovando las relaciones más importantes.

Las oraciones diarias pueden proporcionar una gran renovación espiritual, social y mental. Y si quiere agregar la dimensión física, puede siempre hacer algo de ejercicio, caminar un poco o tomar tai chi. Lo que elija incluir, encontrará que las mañanas son un gran momento para la renovación familiar. Es una manera increíblemente maravillosa para empezar el día.

Trabajando Juntos

Un hombre compartió esto:

Uno de mis recuerdos más vívidos de crecer fue trabajar junto a mi padre en el jardín. Cuando él sugirió la idea, mi hermano y yo nos emocionamos. En ese momento no vimos que se traduciría en pasar horas bajo el sol candente, escarbando con las manos, con quemaduras de sol y muchas otras cosas que no necesariamente se asocian con diversión.

Y el trabajo era duro. Pero mi papá trabajaba junto con nosotros. Nos enseñó y nos educó para que tuviéramos la visión de un huerto ideal. Y esto proporcionó una gran experiencia de aprendizaje, desde la primera vez que hicimos esos agujeros y nos preguntábamos qué estábamos haciendo, cuatro o cinco años después cuando salía al jardín ya como adolescente y encontraba gran alegría y satisfacción en los frutos de nuestro trabajo.

Recuerdo que el resultado llegó cuando yo tenía doce o trece años. De repente se convirtió en una fuente de alegría recoger los frutos que habíamos sembrado (duraznos, manzanas y peras) y tener maíz creciendo en el huerto de atrás que se comparaba con el mejor maíz que hubiéramos probado y las mejores plantas de tomates crecían hasta parecer árboles, saliendo de los agujeros que cuidadosamente nosotros habíamos hecho y preparado. Recuerdo cómo después de eso, incluso cuando yo estaba muy ocupado como adolescente, siempre quería encontrar tiempo para asegurar que nuestro huerto estaba en orden, que nuestros árboles estaban bien regados y cuidados.

Creo que una de las experiencias de aprendizaje más grandes que tuve durante esos años fue ver lo que nuestra familia podía lograr junta. Caminar por esos huertos y saber que nosotros lo habíamos hecho era una fuente de increíble satisfacción.

Ahora veo que esa experiencia me ayuda casi en cualquier tarea que tenga ante mí. Cuando me involucro en un proyecto donde necesito convencer a alguien del resultado final y la visión, pienso en esa experiencia y cómo mi padre me ayudó a darme cuenta de qué podía hacer nuestra familia y nuestras relaciones como familia. Puedo traducir eso ahora en un proyecto aquí en la oficina y decir: "Bien, tenemos esta tarea en las manos. Necesitamos lograr esto. ¿Cuál es el fin en la mente?"

Cuando necesito crear orden en mi vida, pienso en esa hilera de hermosas plantas de pimientos. Recuerdo cómo pensaba que era una broma cuando las compramos en los recipientes de plástico. Dije: "¿Cómo vamos a hacer que crezcan?" Pero semanas más tarde las vi convertidas en arbustos con hojas grandes que parecían de seda porque estaban muy saludables. Y sé que puedo hacerlo.

Con frecuencia pienso también en el ejemplo de mi padre en todo esto. Disfrutaba tanto hacer esto. Creo que también disfrutaba verme disfrutar hacerlo, ver los resultados de nuestro trabajo, de la ayuda de Dios y las maravillas de la naturaleza y las leyes naturales.

Note cómo esta tradición de trabajar juntos en el huerto renovó a este niño y a su familia. Los renovó socialmente dándoles la oportunidad de trabajar juntos. ¿Puede imaginarse los maravillosos momentos de enseñanza que se crearon ahí? Observe cómo los renovó físicamente al trabajar juntos en el sol candente. Piense en la renovación mental involucrada al aprender este niño sobre nutrir las cosas que están creciendo. Piense en la manera en que este conocimiento le ayudó incluso en su carrera de negocios ya como adulto. Esto es porque aprendió en ese huerto algunas de las leyes naturales que gobiernan toda dimensión en la vida y pudo aplicar esas leyes o principios años después en una situación completamente diferente. Así que fue renovación espiritual también. Estuvo cerca de la naturaleza y cerca de las leyes naturales.

Note también que puede leer entre líneas sobre la actitud de este padre sobre trabajar con sus hijos. Otro hombre dijo:

Creo que es muy fácil para todos los que trabajan para vivir orientarse hacia tareas. Sé que para mí lo es. Así que cuando estoy trabajando con mis hijos, tiendo a ser muy impositivo y demandante.

Aunque ahora veo que los objetivos son diferentes cuando trabajo con mis hijos. El trabajo que se hace es el trabajo de nutrir carácter y capacidad futura. Y cuando tiene eso en la mente, no se siente frustrado. Tiene paz y disfruta hacerlo.

Es como la historia que un hombre relató una vez cuando decidió comprar unas vacas para ayudar a sus hijos a aprender responsabilidad. Un vecino, granjero de muchos años, un día se le acercó y empezó a criticar algunas de las cosas que los niños hacían. El hombre sonrió y dijo: "Gracias por su preocupación. Pero creo que no entiende. No estoy criando vacas. Estoy criando niños".

Ese pensamiento me ha ayudado en muchos momentos de enseñanza al trabajar con mis hijos.

Antes las familias tenían que trabajar para sobrevivir, entonces el trabajo era algo que mantenía a las familias unidas. Pero el trabajo en la sociedad actual con frecuencia separa a las familias. Tenemos padres que "van a trabajar" en direcciones opuestas, todos lejos de casa. Hay hijos que en realidad no necesitan trabajar económicamente pero están creciendo en un ambiente social que ve el trabajo como una maldición más que como una bendición.

Así, crear la tradición de trabajar juntos hoy en día es realmente un asunto de dentro hacia fuera. Pero hay muchas maneras de hacerlo y muchos beneficios por hacerlo. Como ya observamos, tener un huerto familiar es una gran tradición de "trabajar juntos", en la cual puede realmente disfrutar los frutos de sus labores. Muchas familias desempeñan quehaceres de la casa juntos los sábados. Algunos padres involucran a sus hijos en trabajos de verano en su profesión.

Catherine (hija):
Una tradición que teníamos en la familia era el "programa de diez minutos". Cuando dábamos una fiesta grande y todo quedaba revuelto, incluso a veces cuando sólo había el tiradero normal que creábamos en las horas sin escuela, papá se paraba y decía: "Muy bien, vamos a tener el programa de diez minutos antes de ir a la cama". Eso significaba que cada persona en la familia trabajaría realmente duro durante diez minutos para limpiar la casa. Todos sabíamos que si teníamos dieciocho manos trabajando en la cocina, sería mucho más rápido que dos. Sabíamos que no iba a ser un proceso largo y eso lo hacía agradable.

También teníamos lo que llamábamos "fiesta de trabajo". Puede parecer una contradicción de términos, pero eso era. Trabajábamos realmente duro por tres o cuatro horas para hacer algo, pero teníamos comida y risas mientras trabajábamos. También después hacíamos algo divertido, como ir al cine y nos encantaba. Todos esperábamos el trabajo. Era parte de la vida. Pero lo hacía mucho mejor agregando estos pequeños premios al final o haciendo algo que todos disfrutaran.

Sirviendo Juntos

Una mujer compartió esta experiencia:

Mi esposo, Mark, creció en una villa en Polinesia donde las personas tenían que trabajar juntas para sobrevivir. Y mi madre siempre estaba ayudando a los demás, ya sea en la iglesia o en el vecindario, o simplemente a alguien que necesitara ayuda. Así, Mark y yo crecimos con un sentido de trabajo y servicio. Y cuando nos casamos y empezamos a tener hijos, decidimos que uno de los valores que queríamos transmitirles era el sentido de servicio a los demás.

Nunca tuvimos mucho en el campo de recursos financieros, así que nos sentíamos un poco limitados para hacer contribuciones caritativas. Pero al hablarlo, vimos que había una cosa que podíamos hacer: podíamos hacer frazadas. Son francamente poco costosas. Y hacerlas es sencillo, algo que podíamos hacer como familia, algo que requiere esfuerzo físico y habilidades. Una frazada es algo que las personas pueden usar y apreciar.

Entonces, cada año hacíamos cerca de doce frazadas para diferentes familias.

Este año hicimos algunas para la familia de mi tía, que estaba pasando por una situación difícil. Acabamos de empezar una para una vecina que recién se divorció.

Los niños han hecho una gran parte en identificar a las personas que necesitan porque los chicos son más abiertos entre sí y no se avergüenzan tanto por la necesidad. En realidad les encanta ayudar. Nos sentamos a hacer las frazadas y hablamos de muchas cosas, así que también ayuda a la comunicación. Les encanta entregar las frazadas terminadas, ya sea secretamente o no (aunque creo que disfrutan mucho más el secreto).

Tenemos muchos ratos buenos haciendo esto juntos como familia. Incluso las niñas pequeñas (tres y cinco) tienen cosas que pueden hacer, como cortar piezas de tela y el relleno. A veces hacen pequeñas tarjetas que acompañan a la frazada. Pero todos están involucrados. Sentimos que es importante.

Un padre de familia compartió esto:

Hace algún tiempo mi esposa y yo decidimos que habíamos recibido mucho en la vida y que teníamos que dar algo también. Empezamos con un grupo de jóvenes en nuestra casa. También nosotros tenemos adolescentes y pensamos que sería la mejor manera de entender y ser parte de sus vidas, más que ofrecer algo como esto a ellos y sus amigos.

Así que teníamos doce o trece chicos que venían a nuestra casa semanalmente. Era un grupo interdenominacional, interracial. Lo único que tenían en común era que estaban en la misma escuela. Entendieron desde el principio que era una especie de prueba para ver si les gustaba reunirse una vez a la semana. Elaboramos un contrato para que todos entendieran y estuvieran de acuerdo con lo que iba a suceder. Llegamos a algunos lineamientos de conducta, como "cuando una persona habla, los demás escuchan". Y tratamos de planear reuniones alrededor de cosas de las que ellos querían hablar.

Al principio hablamos de cosas como honestidad, respeto, disculparse por los errores, tener sentido de contribución. El grupo evolucionó al punto en que empezaron a hacer preguntas como "¿Qué es confianza?" y "¿Qué es presión de compañeros?" Mi esposa y yo investigábamos en todo lo que preguntaban y lo presentábamos en la reunión de la siguiente semana. No sabíamos mucho sobre enseñar con palabras. Dedicábamos tal vez quince minutos a hacer esto, pero de ahí pasábamos a actividades físicas. Algunas actividades eran exteriores; algunas no. Todos señalaban los conceptos que querían escuchar.

Después de terminar ese primer contrato, los chicos estaban dispuestos a continuar con el segundo. Les gustaba tener un lugar donde podían hablar y hacer preguntas sobre cosas que eran importantes para ellos. Y los padres lo apreciaban también. Una de las mamás nos llamó para decir: "No sé qué hacen en su casa esa hora y media o dos horas, pero debe ser algo extraordinario. El otro día hice un comentario negativo a mi hija sobre otra persona y me dijo: 'Mira mamá, en realidad no conocemos a esa chica. No deberíamos decir eso. Es sólo lo que oímos de otras personas'. Estoy tan contenta de que me haya llamado la atención. Ojalá los adultos pudieran hacer esto también".

¿Puede ver la tremenda renovación que hay en esta tradición de servir juntos? Es renovación espiritual porque se enfoca en algo más alto que uno mismo. También puede ser parte de complementar y renovar su enunciado de misión familiar.

Dependiendo de la naturaleza del servicio, puede renovarse mental o físicamente también. Puede implicar desarrollo de talentos, aprender nuevos conceptos o habilidades, o involucrarse en actividad física. Y hay una gran renovación social, ¿se imagina algo que acerque más, que una más, que dé más energía a la relación que trabajar juntos para lograr algo que es realmente significativo y que vale la pena?

Divirtiéndose Juntos

Probablemente la dimensión más importante de todas estas tradiciones es divertirse juntos, disfrutarse genuinamente, disfrutar el ambiente de la casa, hacer que la familia y el hogar sean lo más feliz y lo más grande en la vida de las personas. Divertirse juntos es tan vital y tan importante que podría incluso anotarse como una tradición en sí misma. Puede nutrirse y expresarse en muchas maneras.

En nuestra familia hemos creado mucha camaradería social alrededor del buen humor. Por ejemplo, tenemos un número de lo que llamamos "películas del culto Covey". Estas películas son divertidas y con frecuencia las vemos juntos y nos reímos muchísimo. Todos las disfrutamos inmensamente. Hemos aprendido tan bien el diálogo que muchas veces nos metemos en situaciones y toda la familia actúa una escena completa de la película, palabra por palabra. Todos estallamos en carcajadas.

Como observamos en el Hábito 1, el sentido del humor pone las cosas en perspectiva para que no tome las cosas demasiado seriamente. No se deja atrapar por pequeñeces o cosas irritantes que pueden dividir y crear polarización en la familia. A veces se necesita sólo una persona para inyectar buen humor a la situación y cambiar el curso completo de un evento, o convertir un evento mundano en una aventura.

María *(hija):*
Recuerdo cuando vivimos en Hawai, papá daba a mamá los sábados para que se recuperara de todos nosotros. Decía: "Muy bien, niños, hoy voy a llevarlos a buscar aventuras". Nunca sabíamos qué aventuras iban a ser. Nos daba mucha emoción. No lo supimos hasta después, pero las inventaba en el camino.

La primera aventura podría ser ir a nadar en el mar. Luego ir a la tienda de Goo por helados. Luego andar en bicicleta. Podían haber siete aventuras y cada una era mejor que la anterior.

También recuerdo a papá llevándonos a la piscina y jugar con nosotros durante horas, sólo tirándonos al agua. Estaba loco. No tenía inhibiciones, nada le avergonzaba. Muchos padres no jugaban con sus hijos, pero mamá y papá siempre jugaban con nosotros y hacían cosas con nosotros.

David *(hijo):*
Recuerdo cuando era el turno de papá de llevarnos a la escuela. Teníamos el auto lleno de niños y papá hacía las cosas más divertidas y locas. Decía bromas. Hacia que alguien recitara un poema o cantara una canción. Siempre nos hacía reír a todos.

Cuando crecimos, a veces nos sentíamos avergonzados por su conducta. Pero siempre decía: "Bueno, loco o aburrido, ustedes escogen".

"¡Aburrido! —gritábamos—. No nos avergüences, papá". Entonces se sentaba muy derecho y en silencio. Pero entonces los otros niños le gritaban "¡Loco! ¡Queremos locuras!" Y allá iba de nuevo. Los niños que compartían el auto lo adoraban.

Sandra:
Creo que hay algunas tradiciones que nunca debimos haber iniciado, y son muy difíciles de detener. Por ejemplo, una vez durante la cena Stephen recibió una llamada de larga distancia de uno de sus asociados de negocios. Los niños estaban ansiosos para que terminara la llamada y empezaron a hacerle pantomimas para que colgara. Pero sólo les ondeaba la mano y se ponía el dedo en la boca para que guardaran silencio.

Finalmente, viendo que su padre no podía continuar con esa conversación y negociación, y al mismo tiempo mantenerlos ocupados y quietos, reconocieron su vulnerabilidad e inmediatamente actuaron. Un niño sacó un frasco de mantequilla de maní de la alacena y empezó a embarrarla en su cabeza calva. Otro puso una capa de mermelada de fresa encima de la mantequilla de maní y el tercero puso encima una rebajada de pan. Hicieron un maravilloso emparedado en su cabeza y él no podía hacer nada al respecto.

Después de eso buscaban ansiosos una oportunidad así cada vez que recibía una llamada de larga distancia. Especialmente lo disfrutaban si sus amigos estaban presentes. Stephen no adoraba esta tradición, pero el final de su ego llegó una cálida noche de verano cuando estábamos sentados en el césped con algunos vecinos y amigos viendo una representación de los niños pequeños, que estaban usando la puerta de entrada como escenario.

Llegó un auto lleno de adolescentes, rechinando llantas. Cinco o seis chicos saltaron del auto y corrieron hacia mi esposo. Estaban en un concurso de grabación de videos. "¡Señor Covey, señor Covey! —gritaban—, Lo necesitamos. Tenemos que ganar este juego. Por favor ayúdenos". Lo rodearon con frascos de mantequilla de maní, mermelada y pan, e hicieron un glorioso emparedado en su cabeza, grabando en video toda la producción. Finalmente se fueron y Stephen entró a la casa a lavarse la cabeza. Luego regresó a ver el resto de la obra.

Justo cuando acababa de sentarse (frente a los impresionados vecinos), llegó un segundo auto lleno de adolescentes entusiastas que se estacionaron en la casa. Corrieron hacia él con la misma petición. Le aseguraron que sabían cómo hacer el emparedado ya que se los había enseñado Sean, David y Stephen.

Antes de meternos, tres autos más se las arreglaron para ganar sus puntos. Nuestro vecino, cuyos hijos estaban en la fiesta, dijeron que lo más sobresaliente en esa noche había sido la repetición del episodio del emparedado de mantequilla de maní. Nos aseguraron que Stephen era la estrella del concurso de video.

¡Qué honor y qué tradición!

Alimentando el Espíritu de Renovación

Cualquier tradición que usted decida crear en su cultura familiar, encontrará que hay mucho que puede hacer para alimentar el "espíritu" o sentimiento de renovación en sus interacciones cotidianas.

Sandra:

Una tradición sencilla que hemos desarrollado con los años es hacer alarde de las entradas y salidas. Cuando los niños llegan de la escuela, lleva sólo unos minutos saludarlos cálidamente y preguntarles sobre su día. Mientras guardan sus libros, se quitan los abrigos y empiezan a desconectarse, he encontrado muy bueno dejar de hacer lo que estoy haciendo y concentrarme en ellos: preguntarles sobre su día, sentir su actitud, espíritu o estado de ánimo, y ayudarles a prepararse algo de fruta, una bebida o algo de comer mientras platicamos. Es fácil seguir involucrada en las cosas que está haciendo cuando llegan, pero realmente enriquece la relación cuando se detiene completamente y se enfoca en ellos, incluso seguirlos a sus habitaciones, haciendo preguntas e involucrándose en su vida y las actividades del día.

A todos nos gusta sentirnos extrañados. Es lindo ser bien recibido y que se haga alarde sobre uno, te hace sentir una parte importante de la familia. Es muy recompensante tener alguien que te escucha, que te pregunta tus preocupaciones, que siente tu estado de ánimo y parece adorar estar contigo. Requiere un poco de práctica y esfuerzo, pero vale la pena.

Recuerdo una noche una pequeña fiesta en casa de un amigo, una de las invitadas llegó sola, diciendo que su esposo se había retrasado y que llegaría más tarde. El llegó cuarenta y cinco minutos después, disculpándose por la demora. Cuando llegó, los ojos de nuestra amiga Sabra se iluminaron igual que su cara. Su sonrisa y emoción al verlo nos transmitió a todos el amor que se tienen. Fue obvio que se habían extrañado durante el tiempo que habían estado separados.

Yo pensé, ¡qué cálida bienvenida! Es un hombre afortunado. Al siguiente año, Woody, el esposo, adquirió una enfermedad espantosa. Murió unas semanas después.

Todos estábamos impresionados. Creo que Sabra estaba contenta de haber hecho siempre tanto alarde en su ir y venir, tomándose el tiempo para expresar su amor por él.

También hemos tratado de "adoptar" a los amigos de nuestros hijos.

Sean (hijo):
En secundaria tenía algunos amigos del equipo de fútbol que eran más bien salvajes. Lo que mamá y papá hicieron, básicamente, fue adoptar a mis amigos. Grabaron en video todos los juegos y después invitaban a todos a nuestra casa a comer pizza. Casi la mitad del equipo llegaba y veíamos el juego juntos. Todos mis amigos querían a mis padres. Pensaban que eran geniales y yo también. Lo mejor de todo esto era que muchos de mis amigos terminaron influenciados por nuestra familia en vez de que fuera al contrario. Y algunos de esos chicos volvieron al camino correcto en sus vidas.

David (hijo):
Nuestra casa siempre era el punto de reunión del vecindario porque mamá daba la bienvenida a nuestros amigos y estaba dispuesta a soportar el caos que con frecuencia acompañaba nuestras reuniones. Había veces que yo llegaba de la escuela con cuatro o cinco amigos del fútbol, entrábamos a la cocina y le decía a mamá: "Dame de comer, dale de comer a mis amigos". Ella se reía y se ganaba la lealtad de mis amigos con una buena comida, sin importar la hora. Su sentido del humor y disponibilidad para soportar dichos inconvenientes hicieron de nuestro hogar un ambiente de bienvenida donde me sentía bien llegar con mis amigos.

Estas tradiciones, grandes y pequeñas, son las cosas que nos acercan, nos renuevan e identifican como familia. Cada familia es única. Cada familia tiene que descubrir y crear sus tradiciones. Nuestros hijos han crecido con muchas tradiciones, pero han descubierto, como todos, que cuando uno se casa, bien puede entrar en una relación con alguien que tiene tradiciones enteramente diferentes. Y por eso es importante practicar los Hábitos 4, 5 y 6, y decidir juntos qué tradiciones reflejan el tipo de familia que quiere ser.

Las Tradiciones Sanan a la Familia

Con el tiempo, estas tradiciones renovadoras se vuelven una de las fortalezas más importantes en la cultura familiar. Y no importa cuál sea su situación pasada o actual, son algo de lo que usted puede estar consciente, crear las de su familia y posiblemente incluso extenderlas a otros que tal vez nunca han tenido el beneficio de dicha renovación en sus vidas.

Conozco a un hombre que creció en un ambiente muy cínico. Eventualmente se casó con una maravillosa mujer que empezó a ayudarle a averiguar quién era realmente y descubrir su gran potencial no explotado. Al crecer su confianza, se volvió más consciente de la naturaleza tóxica de su ambiente pasado y empezó a identificarse más y más con la familia y los padres de su esposa. La familia de ella tenía sus desafíos normales, pero su cultura era fundamentalmente de educar, amar y facultar.

Para este hombre, regresar a "casa" era ir al hogar de su esposa, reír con su familia y hablar hasta tarde por las noches con sus padres que lo amaban, creían en él y lo motivaban. De hecho, recientemente este hombre, que ahora tiene 40 años, llamó a sus suegros para preguntar si podía pasar un fin de semana con ellos: visitar con la familia, quedarse en el cuarto de huéspedes y unirse en sus horas de comida. Rápidamente contestamos: "¡Por supuesto que pueden venir!" Fue como volver a su infancia y sanar a "la familia". Después de la visita, este hombre señaló: "Es como ser limpiado y renovado de nuevo, y superar mi juventud y encontrar esperanza". Con nueva fortaleza, este hombre se ha vuelto un modelo y mentor de su propia madre y familia, y ayuda a restablecer la estabilidad y la esperanza ahí.

En cualquier desastre o enfermedad, el sanar verdadero involucra las cuatro dimensiones: la física (incluyendo el mejor arte y ciencia disponibles en el campo médico o medicina alternativa, así como mantener al cuerpo vital y fuerte), la social/emocional (incluyendo generar energía positiva y evitar la energía negativa como críticas, envidias y odios, así como estar conectado con la base de apoyo creada por familia y amigos que aportan su fe, oraciones y apoyo), la mental (incluyendo aprender de la enfermedad y visualizar el sistema inmune del cuerpo luchando), y la espiritual (incluyendo ejercitar fe y apegándose a esos poderes espirituales más altos que los propios). La renovación de la familia ayuda a tener disponibles estas cuatro dimensiones curativas para todos en la familia. Ayuda a crear el sistema inmune poderoso del que hablamos en el Hábito 6, que permite a las personas manejar dificultades y problemas y promueve la salud física, social, mental y espiritual.

Reconocer el poder de la renovación y las tradiciones renovadoras en la familia abre la puerta a todo tipo de interacción y creatividad en el desarrollo de una hermosa cultura familiar. De hecho, afilar la sierra es la actividad de apalancamiento más alta en la vida porque afecta todo lo demás muy poderosamente. Renueva todos los otros hábitos y ayuda a crear una fuerza magnética poderosa en la familia que consistentemente impulsa a las personas hacia el camino correcto y les ayuda a mantenerse ahí.

Así como son de importantes las tradiciones, es bueno recordar que las mejores de ellas no siempre funcionan a la perfección. En nuestra familia, por ejemplo, nos preparamos para entrar a la sala la mañana de Navidad. Ponemos a todos en fila (de menor a mayor) en la escalera. Ponemos música

> *Afilar la sierra es la actividad de apalancamiento más alta en la vida porque afecta todo lo demás muy poderosamente.*

navideña y encendemos la cámara de video. Decimos: "¿Todos están emocionados? Muy bien, ¡vamos!" Inevitablemente, en la estampida, el más pequeño se cae y empieza a llorar. Cuando todos estamos juntos, hay muchas personas en un solo lugar. Muy congestionado. Y ocasionalmente hay discusiones.

Pero, sorprendentemente, en medio de todas estas tradiciones están las cosas que las personas recuerdan. Son las cosas que acercan, unen y renuevan a la familia. Nos renuevan social, mental, física y espiritualmente. Y con esta renovación podemos volver refrescados a los desafíos diarios de la vida.

COMPARTIENDO ESTE CAPÍTULO CON ADULTOS Y ADOLESCENTES

¿Pueden las Relaciones Familiares Llevar a la Separación?

- Revise el material de las páginas 285 a 287. Pregunte a los miembros de la familia: ¿Qué es entropía? Discuta la idea de que "todas las cosas necesitan ser observadas, cuidadas, trabajadas y el matrimonio no es la excepción". Pregunte: ¿De qué manera podría la entropía volverse evidente en una relación?

¿Cuáles son Algunas Maneras de Acercar a la Familia?

- Discuta: ¿Qué tradiciones funcionan mejor en nuestra familia? Las respuestas pueden incluir cenas familiares, celebraciones de cumpleaños, vacaciones familiares, días festivos y otras ocasiones.
- Pregunte a los miembros de la familia qué tradiciones han notado en otras familias. Pregúnteles qué han visto que estas familias hagan efectivamente para nutrir sus tradiciones.
- Revise el material de las páginas 304 a 306. Pregunte a los miembros de la familia qué tradiciones de la extensión de familia o la familia intergeneracional disfrutan o les gustaría establecer.
- Discuta cómo las actividades renovadoras, como divertirse juntos, aprender juntos, rendir culto juntos, trabajar juntos y servir juntos, satisfacen las necesidades básicas de vivir, amar, aprender y dejar un legado, y reír.

¿Cómo Nutre Usted el Espíritu de Renovación Familiar?

- Discuta las historias de las páginas 306 a 318. Pregunte a los miembros de la familia: ¿Estamos dedicando tiempo a "afilar la sierra"? ¿Qué podemos hacer como familia para practicar mejor el espíritu de renovación?

Compartiendo Este Capítulo con Niños

- Dé a cada niño papel y lápiz con la punta rota. Pídales que hagan un dibujo de la familia. No funcionará. Pida al niño que presione más fuerte. Tampoco funcionará. Pregunte: ¿Qué tiene que pasar? El niño responderá que hay que sacar punta al lápiz. Ahora comparta la historia del cortador de árboles en la página 286 y vea en qué otras cosas puede pensar el niño sobre esa necesidad de mantenerse constantemente renovado para funcionar. Pregunte: ¿Qué pasaría si olvidáramos comprar gas? ¿Revisar los frenos del auto? ¿Comprar alimentos? ¿Celebrar el día de las madres? ¿El cumpleaños de alguien o cualquier otro evento importante para un miembro de la familia? ¿Qué podemos hacer para asegurar que siempre afilamos la sierra de la familia?
- Haga ejercicio con sus hijos. Juegue deportes con ellos. Hagan caminatas regulares. Comprométase con ellos a nadar, jugar golf o cualquier otra actividad. Recuerde a todos continuamente la importancia del ejercicio y la buena salud.
- Enseñe a sus hijos lo que usted quiera que sepan. Enséñeles la importancia de trabajar, leer, estudiar, hacer la tarea. No suponga que alguien más les enseñará las lecciones más importantes de la vida.
- Asista a eventos culturales aptos para sus edades, como obras de teatro, recitales de danza, conciertos y representaciones. Motive a sus hijos a participar en actividades que les ayudarán a desarrollar sus talentos.
- Comprométase a aprender alguna habilidad nueva junto con su hijo, como coser, labrar madera, hacer pasteles, procesar palabras.
- Involucre a sus hijos en planear sus vacaciones familiares.
- Juntos decidan maneras de hacer los cumpleaños familiares súper especiales.
- Hablen de lo que hace especiales los días festivos para los niños.
- Involucre a sus hijos en su vida espiritual. Déjelos acompañarlo al lugar donde rinde culto. Comparta cualquier sentimiento especial que tenga sobre un poder superior. Rindan culto juntos. Lean juntos. Recen juntos, si esa es parte de su creencia.
- Involúcrese con sus hijos en proyectos semanales de servicio familiar.
- Programe sobre su calendario momentos divertidos juntos como ir a juegos de pelota, escalar montañas, jugar en los columpios del parque, jugar golf miniatura o ir a comprar helados.
- Involucre a los niños para hacer más especiales las cenas. Pídales que tomen turnos para arreglar y decorar la mesa, elegir el postre y tal vez incluso elegir el tema de conversación. Sea consistente en reunir a su familia alrededor de la mesa para disfrutar una comida juntos.

De Sobrevivir...
a Estabilidad...
a Éxito...
a Significado

No sé cuál será tu destino, pero una cosa sí sé: sólo van a ser realmente felices aquellos que hayan buscado y encontrado la manera de servir.

—Albert Schweitzer

Ahora que hemos visto cada uno de los 7 Hábitos, me gustaría compartir con usted el "panorama total" del poder de este enfoque de dentro hacia fuera y cómo estos hábitos funcionan juntos para lograrlo.

Para empezar, me gustaría pedirle que lea el fascinante relato de la odisea de una mujer sobre el enfoque de dentro hacia fuera. Note cómo esta experiencia revela un alma proactiva y valiente que se convirtió en una fuerza de la naturaleza. Note el impacto que su enfoque tiene en ella misma, en su familia y en la sociedad:

A los 19 años ya estaba divorciada y con un niño de dos años. Estábamos en circunstancias difíciles, pero yo quería dar la mejor vida posible a mi hijo. Teníamos muy poco qué comer. De hecho, llegué al punto en que lo que había se lo daba al niño y yo me quedaba sin comer. Perdí tanto peso que una compañera me preguntó si estaba enferma; finalmente exploté y le dije lo que me había sucedido. Ella me puso en contacto con Ayuda a Familias con Hijos, lo cual me hizo posible asistir a la universidad de la comunidad.

En ese punto, todavía tenía en la mente la misma visión que había tenido cuando tenía 17 años y estaba embarazada, la visión de asistir a la universidad. No tenía idea de cómo iba a hacerlo. A los 17 años ni siquiera había terminado la preparatoria. Pero sabía que yo iba a hacer una diferencia en las vidas de otros y a ser una luz para todo el que enfrentara oscuridad como yo. Esa visión era tan fuerte que pensaba en ella siempre, incluso intentaba hacer lo necesario para graduarme de preparatoria.

El entrar a la universidad de la comunidad a los 19 años, todavía no veía cómo iba a cumplir mi visión. ¿Cómo iba a ayudar a alguien si yo estaba muy traumada por todo lo que estaba pasando? Pero me sentía impulsada por la visión y por mi hijo. Quería que él tuviera una buena vida. Quería que tuviera comida, ropa, un jardín donde jugar y educación. Yo no podía proporcionarle esas cosas sin tener una educación. Así que seguía racionalizando: "Si puedo conseguir mi diploma y hacer dinero, tendremos una buena vida". Entonces fui a la escuela y trabajé muy duro.

A los 22 años me casé por segunda vez, esta vez con un hombre maravilloso. Tuvimos una linda niña. Yo dejé la escuela para estar con mis hijos mientras eran pequeños. Nos las arreglamos para hacerla económicamente, pero yo seguía obsesionada con luchar contra el monstruo llamado hambre. No podía evitarlo. Así, cuando mis hijos fueran un poco más grandes, sería "consigue el diploma o desaparece". Mi esposo era la "mamá" de mis hijos mientras yo estaba en la escuela.

Finalmente, terminé la escuela con dos diplomas, una licenciatura de cuatro años y una maestría en administración de empresas. Esto se volvió algo muy útil. Después, cuando mi esposo perdió su empleo en una fábrica, yo pude ayudarlo. Mi educación nos salvó financieramente. El obtuvo su diploma y una maestría también y ha sido consejero por varios años. Dijo que no creía que lo hubiera podido lograr sin mi apoyo.

Durante un tiempo yo estuve muy ocupada trabajando y criando a mi familia, y pensaba: lo logré. Me gradué. Tengo una familia exitosa. Debería ser feliz. Pero me di cuenta de que mi visión incluía ayudar a otros y que eso todavía no era parte de mi vida. Entonces cuando uno de los directores de la escuela donde trabajaba me pidió que diera un discurso en la noche de graduación de los alumnos, estuve de acuerdo. Cuando le pregunté de qué quería que hablara, me dijo: "Diles cómo lograste tu educación".

Para ser muy honesta, pararme frente a un grupo de al menos 200 personas educadas que iban a recibir honores por sus habilidades en ciencias y matemáticas, era bastante angustiante. La idea de decirles de dónde venía yo no me atraía mucho. Pero ya había aprendido sobre los enunciados de misión y había escrito uno. Básicamente decía que mi misión en la vida era ayudar a otros a ver lo mejor de ellos mismos. Y pienso que fue el enunciado de misión lo que me dio el valor para compartir mi historia.

Llegué a dar el discurso haciendo tratos con Dios: "Muy bien, yo voy a hacer esto. Pero si lo hago mal, nunca volveré a contar mi historia". Resultó ser un éxito por lo que ocurrió más tarde. Después de escuchar mi historia, varias de las mujeres facultativas se reunieron y decidieron hacer algo para ayudar a las mujeres solas con hijos y la escuela inició un fondo para becas. Le pusieron el nombre de una mujer que creía que si educas a una mujer, haces un gran impacto no sólo en su vida, sino en la vida de sus hijos.

Yo estaba feliz por lo que sucedió y sentí que había aportado mi parte para ayudar a otros, pero luego, un poco después, tomé un curso de desarrollo para mujeres donde tuve la oportunidad de compartir mi historia de nuevo. Una de las personas asistentes tuvo la idea de que deberíamos otorgar una beca para una mujer de escasos recursos, y todas estuvimos de acuerdo en aportar 125 dólares al año para esto.

Desde ese entonces mis esfuerzos han crecido hasta el grado en que ahora actúo como consejera en un comité de becas para mujeres en la universidad femenina de las artes. También estoy involucrada en conseguir fondos para becas para mujeres de escasos recursos y alto potencial. Estas cosas pueden no parecer mucho para algunas personas, pero sé la enorme diferencia que pueden hacer. Tuve mucha ayuda de personas que sentían que estaban haciendo "cosas pequeñas" y espero que las cosas pequeñas que yo hago para otros muestren mi agradecimiento.

Todo esto ha tenido un impacto positivo en mi familia también. Mi hijo, que ahora está estudiando una maestría, tiene un empleo donde ayuda a las personas con discapacidades. Está muy comprometido con estas personas y su bienestar. Y mi hija, estudiante de primer año en la universidad, es maestra voluntaria de Inglés como segunda lengua. También está muy comprometida con los no privilegiados. Ambos parecen tener un sentido de responsabilidad con los demás. Tienen una conciencia profunda de la importancia de la contribución y la buscan activamente. Y el trabajo de mi esposo como consejero le proporciona una oportunidad constante de servir a los demás de una manera muy personal.

Creo que no lo había pensado antes, pero como lo veo ahora, sé que de un modo u otro toda nuestra familia está sirviendo y contribuyendo con la sociedad. Eso me hace sentir como si mi visión hubiera trascendido, se ha expandido de una manera más completa de lo que originalmente la percibí.

Creo que ayudar a otras personas es la contribución más significativa que alguien puede hacer en la vida. Estoy agradecida de que nos hayamos desarrollado hasta el punto en que podemos hacerlo.

Piense en la diferencia que la proactividad de esta mujer hizo en su vida, en la vida de los miembros de su familia y en la vida de todos aquellos que se beneficiaron con su contribución. ¡Qué tributo a la elasticidad del espíritu humano! En vez de permitir que sus circunstancias superaran la visión que tenía dentro, la mantuvo firme y la alimentó para que eventualmente se convirtiera en la fuerza impulsora que la facultó para superar esas circunstancias.

Note cómo, en el proceso, ella y su familia pasaron por los cuatro niveles mencionados en el título de este capítulo.

Sobrevivir

Al principio, la preocupación máxima de esta mujer era la necesidad básica de tener alimento. Ella tenía hambre. Su hijo tenía hambre. El enfoque en su vida era hacer lo suficiente para alimentar a su hijo y a ella misma para que no murieran de hambre. Esta necesidad de sobrevivir era tan básica, tan fundamental, tan vital que incluso cuando sus circunstancias cambiaron, ella seguía "obsesionada con combatir al monstruo llamado hambre" y "no podía evitarlo".

Esto representa el primer nivel: sobrevivir. Y muchas familias, muchos matrimonios, están literalmente luchando por ello, no sólo económicamente, sino también mental, espiritual y socialmente. La vida de estas personas está llena de incertidumbre y miedo. Están luchando por sobrevivir ese día. Viven en un mundo caótico sin principios predecibles desde los cuales operar, sin estructuras ni programas de los cuales depender, sin sentido de qué va a pasar mañana. Con frecuencia se sienten como alguien que es llevado a emergencias en un hospital y luego puesto en terapia intensiva: sus signos vitales pueden estar presentes, pero son inestables e impredecibles.

Eventualmente estas familias pueden pulir sus habilidades para sobrevivir. Pueden incluso tener espacios para respirar entre sus esfuerzos por sobrevivir. Pero su objetivo del día es simplemente sobrevivir.

Estabilidad

Volviendo a la historia, notará que con sus esfuerzos y ayudando a otros, esta mujer eventualmente se movió de sobrevivir a estabilidad. Tenía comida y las necesidades básicas de la vida. Incluso tenía una relación matrimonial estable. Aunque todavía estaba luchando con cicatrices de los días de "sobrevivir", ella y su familia eran funcionales.

Esto representa el segundo nivel, el cual es lo que muchas familias y matrimonios están tratando de lograr. Están sobreviviendo, pero resultan diferentes programas de trabajo y diferentes patrones de hábitos en su rutina de casi no estar juntos y hablar sobre lo que aportaría más estabilidad a su matrimonio o familia. Viven en un estado de desorganización. No saben qué hacer; tienen una sensación de futilidad y se sienten atrapados.

Pero mientras más conocimiento adquieran estos individuos, más esperanzas tienen. Y al actuar sobre este conocimiento y empezar a organizar algunos programas y algunas estructuras de comunicación y solución de problemas, surge todavía más esperanza. La esperanza supera la ignorancia y la futilidad. Y la familia y el matrimonio se vuelven estables, confiables y predecibles.

Entonces ya son estables, pero todavía no "exitosos". Hay un grado de organización para que no falte comida y se paguen todas las cuentas. Pero la estrategia de solución de problemas por lo general está limitada a "volar o luchar". Las vidas de las personas se tocan de vez en cuando para atender los asuntos más presionantes, pero no hay profundidad real en la comunicación. Por lo general encuentras sus satisfactores lejos de la familia. El "Hogar" es sólo un lugar que les da albergue. Hay aburrimiento. La interdependencia es agotadora. No hay sensación de logro compartido. No hay felicidad, amor, alegría ni paz.

Éxito

El tercer nivel, éxito, implica lograr metas que valen la pena. Estas metas pueden ser económicas, como tener más ingresos, administrar mejor los ingresos existentes, o acordar reducir los gastos para ahorrar o tener dinero para educación o para vacaciones. Pueden ser mentales, como aprender alguna nueva habilidad o conseguir un diploma. Notará que la mayoría de las metas reflejadas en la historia de esta mujer estaban en estas dos áreas. Implicaban bienestar económico y educación. Pero las metas también pueden ser sociales, como pasar más tiempo juntos como familia con buena comunicación o estableciendo tradiciones. O pueden ser espirituales, como crear una sensación de misión y valores compartidos, y renovar su fe en creencias comunes.

En las familias exitosas, las personas fijan y logran metas significativas. La "familia" les interesa. Hay felicidad genuina al estar juntos. Hay sensación de emoción y confianza. Las familias exitosas planean y llevan a cabo actividades familiares y organizan cumplir con diferentes tareas. El enfoque está en vivir mejor, amar mejor y aprender mejor, y en renovar a la familia a través de actividades y tradiciones familiares divertidas.

Pero incluso en muchas familias con "éxito", falta una dimensión. Veamos una vez más la historia de esta mujer. Ella decía: "Durante un tiempo yo estuve muy ocupada trabajando y criando a mi familia, y pensaba: lo logré. Me gradué. Tengo una familia exitosa. Debería ser feliz. Pero me di cuenta de que mi visión incluía ayudar a otros y que eso todavía no era parte de mi vida".

Significado

El cuarto nivel, significado, es donde la familia está involucrada en algo externo importante para ella. Más que sentirse bien por ser una familia exitosa, la familia tiene sensación de responsabilidad con la familia más grande que es la humanidad. La misión de la familia incluye el dejar una especie de legado, de llegar a otras familias que pueden estar en riesgo, de participar juntos para hacer una diferencia real en la comunidad o en la sociedad, posiblemente a través de la iglesia u otras organizaciones de servicio. Esta contribución aporta un logro más profundo y más alto, no sólo a los miembros de la familia sino a la familia como un todo.

La mujer en esta historia tenía la sensación de responsabilidad y empezó a contribuir en su propia vida. Y gracias a su ejemplo, sus hijos la desarrollaron en su vida. Las familias idealmente llegan al punto donde este sentido de responsabilidad forma parte de su enunciado de misión familiar, algo en lo que toda la familia está involucrada.

En ocasiones eso puede significar que un miembro de la familia contribuya en una forma particular y el resto de la familia trabaje junta para apoyar ese esfuerzo. En nuestra familia, por ejemplo, significaba mucho que todos apoyáramos a Sandra cuando pasaba horas trabajando de presidente en una organización femenina de servicio. Tratábamos de dar apoyo y valor a algunos de los hijos cuando elegían dedicar un par de años al servicio de la iglesia en tierras extranjeras. Todos sentíamos unidad y contribución con los años porque la familia me apoyaba en mi trabajo, y después el trabajo de algunos de los hijos, en Covey Leadership Center (ahora Franklin Covey). Todas estas cosas han sido esfuerzos familiares, aunque no todos los miembros de la familia estuvieron involucrados directamente en hacer la contribución.

Hay otras ocasiones en que toda la familia está directamente involucrada en algo como un proyecto de la comunidad. Conozco a una familia que trabaja junta para proporcionar visitas y videos de entretenimiento a las personas mayores en asilos de ancianos. Esto empezó cuando su abuela tuvo un ataque cardíaco y se vieron forzados a ponerla en un asilo; parecía que lo único que realmente disfrutaba ella eran los videos. La familia decidió que la visitarían al menos una vez por semana y le traerían diferentes películas antiguas de la tienda de videos. Se volvió tal éxito con la abuela y otros pacientes, que empezaron a traer videos para los demás también. Con los años los cinco hijos en esta familia eran ya adolescentes, pero continuaron haciendo lo mismo. Y ayudó a los chicos no sólo a permanecer cerca de su abuela, sino también a servir a muchos otros ancianos.

Otra familia pasa todos los fines de año cocinando y alimentando a las personas que no tienen hogar. Hacen muchas reuniones de planeación anticipada, decidiendo qué quieren servir, cómo decorar las mesas y quién va a hacerse cargo de cada responsabilidad. Se ha convertido en una tradición muy alegre para ellos trabajar juntos para brindar una maravillosa noche en la cocina del albergue para pobres.

Sé de muchas otras familias en las cuales se da la contribución, por lo menos en una ocasión, alrededor de un miembro de la extensión familiar o de la familia intergeneracional en necesidad de ayuda. Un hombre compartió de qué manera su familia hizo esto:

En 1989 a mi padre le diagnosticaron un tumor cerebral. Durante dieciséis meses luchamos con quimioterapia y radiación. Finalmente, casi a fines de 1990, ya no podía cuidarse solo y mi madre, que tenía más de 70 años, no podía brindarle la atención que él necesitaba.

Por lo tanto, mi esposa y yo nos enfrentamos con decisiones muy serias. Después de discutirlo juntos, decidimos que mamá y papá vivieran con nosotros. Pusimos a papá en una cama ortopédica en medio de la sala y ahí fue donde estuvo los siguientes tres meses hasta que murió.

Ahora veo que si no hubiera tenido los principios y el entendimiento claro de cuáles son las "cosas importantes" en mi vida, no hubiera tomado esa decisión. Pero aunque fue una de las épocas más difíciles de mi vida, también fue una de las más recompensantes. Siento que puedo voltear la cara y sé que lo que hicimos fue lo correcto bajo dichas circunstancias. Hicimos todo lo posible para que él estuviera cómodo. Le dimos lo mejor humanamente posible, nos dimos nosotros mismos. Y nos sentimos muy bien por ello.

Esta intimidad que pudimos desarrollar con mi padre esos últimos meses fue muy profunda. No sólo mi esposa y yo aprendimos de esta experiencia, sino también mi madre. Ella sabe que puede ver hacia el futuro y confiar cómo vamos a manejar la situación en caso de que ella esté en una posición similar. Y nuestros hijos aprendieron lecciones invaluables de servicio al vernos a mi esposa y a mí, y también ellos ayudando en lo que podían.

En esos meses la contribución importante de esta familia era ayudar a un padre y abuelo a morir con dignidad, rodeado de amor. ¡Qué poderoso mensaje envió esto a su esposa y a todos los miembros de la familia! Y qué experiencia tan enriquecedora será para estos niños al crecer con el sentido de servicio y amor genuinos.

A menudo, incluso aquellos que sufren en estas situaciones difíciles pueden dejar un legado de inspiración a sus familiares. Mi propia vida ha sido profundamente afectada por el ejemplo de contribución y significado de mi hermana Marilyn mientras moría de cáncer. Dos noches antes de morir, me dijo: "Mi único deseo durante este tiempo ha sido enseñar a mis hijos y nietos cómo morir con dignidad y darles el deseo de contribuir, vivir noblemente con base en principios". Todo su enfoque

Hay muchas maneras de involucrarse en el significado, dentro de la familia, con otras familias y en la sociedad como un todo.

durante las semanas y meses previos a este tiempo había sido enseñar a sus hijos y nietos, y sé que ellos obtuvieron inspiración y ennoblecimiento de su ejemplo, al igual que yo, para el resto de sus vidas.

Hay muchas maneras de involucrarse en el significado, dentro de la familia, con otras familias y en la sociedad como un todo. Tenemos amigos y parientes cuyas familias intergeneracionales y extensiones han estado a su alrededor en sus luchas con un niño con síndrome de Down, un serio problema de drogas, un enorme problema financiero o un fracaso matrimonial. Su cultura familiar entera se puso a trabajar y ayudar a los involucrados, permitiéndoles reclamar su herencia y borrar muchas cicatrices psicológicas del pasado.

Las familias también pueden participar en escuelas locales o comunidades para aumentar la conciencia respecto a las drogas, reducir los crímenes o ayudar a los niños en familias que están en riesgo. Pueden involucrarse en programas de recolección de fondos y tutoriales, o cualquier otro servicio de la iglesia o la comunidad. O pueden involucrarse en el significado en un nivel más alto de interdependencia, no sólo dentro de la familia sino entre familias con proyectos comunes. Esto podría incluir familias que trabajan juntas en el programa de "Vecino Vigilante" o uniendo fuerzas con otros proyectos o eventos de servicio de la comunidad o patrocinados por la iglesia.

Hay algunas comunidades en el mundo donde toda la población está involucrada con un esfuerzo interdependiente y significativo. Una de ellas es Mauricio, una pequeña isla en desarrollo en el Océano Índico, a unos 3,000 de la costa este de África. La norma para los 1.3 millones de habitantes que viven ahí es trabajar juntos para sobrevivir económicamente, cuidar de los niños y alimentar una cultura de independencia e interdependencia.

Contribuir juntos como familia no sólo ayuda a aquellos que se benefician de la contribución, sino también fortalece a la familia que contribuye.

Capacitan a los habitantes en habilidades comerciales para que no haya desempleo ni personas sin hogar, y muy poca pobreza o crimen. Lo interesante es que estas personas vienen de cinco culturas distintas y muy diferentes. Sus diferencias son profundas, pero ellos valoran tanto estas diferencias que incluso celebran los días festivos religiosos de todos. Su interdependencia integrada profundamente refleja sus valores de orden, armonía, cooperación y sinergia, y su preocupación por todas las personas, particularmente los niños.

Contribuir juntos como familia no sólo ayuda aquellos que se benefician de la contribución, sino también fortalece a la familia que contribuye en el proceso. ¿Se puede imaginar algo más energético, más unificador, más lleno de satisfacción que trabajar con los miembros de su familia para lograr algo que realmente haga una diferencia en el mundo? ¿Puede imaginarse el acercamiento, la sensación de logro y la sensación de alegría compartida?

Vivir fuera de uno mismo con amor realmente ayuda a la familia a convertirse en eterna. Su manera de dar aumenta el sentido de propósito de la familia y así su longevidad y habilidad para dar. Hans Selye, el padre de las investigaciones modernas sobre la tensión, enseñó que la mejor manera de mantenerse fuerte, sano y vivo es siguiendo el credo: "Gánate el amor de tus vecinos". En otras palabras, involúcrate en proyectos significativos orientados al servicio. Explica que la razón por la que las mujeres viven más que los hombres es psicológica más que fisiológica. El trabajo de la mujer nunca se termina. Construir en su reforzamiento psíquico y cultural es una responsabilidad continua hacia la familia. Muchos hombres, por otra parte, centran sus vidas en sus carreras y se identifican en términos de esas carreras. Su familia se vuelve secundaria y cuando se retiran, no tienen este mismo sentido de servicio y contribución continuos. Como resultado, las fuerzas degenerativas en el cuerpo se aceleran y el sistema inmune se deteriora, y entonces los hombres tienden a morir antes. Hay mucha sabiduría en el dicho de un autor desconocido: "Busqué a mi Dios y no pude encontrarlo. Busque a mi alma y mi alma me eludió. Busqué servir a mi hermano en su necesidad y encontré a los tres, a mi Dios, mi alma y a mí."

> En el nivel de significado, la familia se convierte en el vehículo por medio del cual las personas pueden contribuir efectivamente al bienestar de otros.

Este nivel de significado es el nivel supremo de logro familiar. Nada es más energético, más unificador y más satisfactor de la familia como trabajar juntos para hacer una contribución importante. Ésta es la esencia del verdadero liderazgo familiar, no sólo el liderazgo que pueda brindar a la familia, sino el liderazgo que su familia puede proporcionar a otras familias, al vecindario, a la comunidad, al país. En el nivel de significado, la familia ya no es un fin en sí mismo. Se convierte en los medios para ese fin que es más grande que sí misma. Se convierte en el vehículo por medio del cual las personas pueden contribuir efectivamente al bienestar de otros.

De Resolver Problemas a Crear

Al moverse hacia su destino como familia, puede encontrar útil observar estos cuatro niveles diferentes de destinos temporales en su camino. El lograr cada destino representa un desafío en y de sí mismo, pero puede también proporcionar los medios para pasar al siguiente destino.

También querrá estar consciente de que al pasar de sobrevivir a significado, hay un cambio dramático de pensamiento. En las áreas de supervivencia y estabilidad, la energía mental primaria se enfoca en solución de problemas:

DESTINOS

CREAR

SIGNIFICADO

EXITO

ESTABILIDAD

SOBREVIVIR

RESOLVER PROBLEMAS

"¿Cómo podemos dar comida y refugio?"

"¿Qué podemos hacer sobre la conducta de Daryl o las calificaciones de Sara?"

"¿Cómo podemos deshacernos del dolor en nuestra relación?"

"¿Cómo podemos salir de nuestras deudas?"

Pero al llegar al éxito y significado, ese enfoque cambia para crear metas, visiones y propósitos que últimamente trascienden a la familia misma:

"¿Qué clase de educación queremos proporcionar a nuestros hijos?"

"¿Cómo queremos que sea nuestro panorama financiero dentro de cinco o diez años?"

"¿Cómo podemos fortalecer las relaciones familiares?"

"¿Qué podemos hacer juntos como familia que realmente hará una diferencia?"

Eso no significa que las familias que se han movido del éxito al significado no tengan problemas que resolver. Los tienen. Pero el enfoque principal es crear. En vez de tratar de eliminar las cosas negativas de la familia, están enfocados en tratar de crear cosas positivas que no estaban ahí antes: nuevas metas, nuevas opciones, nuevas alternativas que optimizarán las situaciones. En vez de correr de una crisis de solución de problemas a otra, están enfocados en volverse sinérgicos para futuras contribuciones y logros.

En pocas palabras, están orientados a la oportunidad, no a los problemas. Cuando se está orientado a los problemas, quiere eliminar algo. Cuando está orientado a la oportunidad y la visión, quiere traer algo a la existencia.

Y ésta es una mentalidad totalmente diferente, una orientación emocional/espiritual, conduce a un sentimiento completamente diferente en la cultura. Es como la diferencia entre sentirse exhausto desde la mañana hasta la noche, y sentirse descansado, energético y entusiasta. En vez de sentirse frustrado, lleno de preocupaciones y totalmente rodeado de nubes oscuras, se siente optimista, vigoroso y lleno de esperanza. Está lleno de energía positiva que conduce al estado de ánimo creativo y sinérgico. Enfocado en su visión, vence los problemas sin esfuerzo.

> *Cuando se está orientado a los problemas, quiere eliminar algo. Cuando se está orientado a la oportunidad y la visión, quiere traer algo a la existencia.*

Lo maravilloso sobre moverse de sobrevivir a significado es que tiene muy poco que ver con las circunstancias externas. Una mujer dijo esto:

Descubrimos que los problemas económicos tienen muy poco que ver con lograr significado como familia. Ahora que tenemos más, podemos hacer más. Pero incluso en los primeros años de nuestro matrimonio, pudimos dar nuestro tiempo y talentos para ayudar a otras personas. Realmente nos unió como familia. Cuando nuestros hijos eran pequeños, pudimos enseñarles el valor de ayudar a un vecino, visitar un asilo o llevar algo de comer a un enfermo. Encontramos que este tipo de cosas ayudó a definir nuestra familia: "Somos una familia que ayuda a los demás". Y eso hizo una gran diferencia mientras crecían nuestros hijos. Estoy convencida de que sus años de adolescentes fueron muy diferentes debido a este enfoque en la contribución.

Fuerzas Impulsoras y Fuerzas Restrictivas

Al moverse de sobrevivir hacia significado, encontrará que hay fuerzas que le dan energía y le ayudan a moverse hacia adelante. El conocimiento y la esperanza lo empujarán hacia la estabilidad. La emoción y la confianza lo impulsarán hacia el éxito. La sensación de mayordomía y una visión de contribución lo impulsarán hacia el significado. Estas cosas son como los vientos de cola que ayudan a un avión a moverse más rápido hacia su destino, a veces llegando antes de la hora programada.

Pero usted también encontrará que hay fuertes vientos de frente, fuerzas que terminan por detener, disminuir o incluso invertir su progreso, lo empujan hacia atrás, le impiden moverse hacia adelante. El victimismo y el temor tienden a regresarlo a la lucha fundamental para sobrevivir. La falta de conocimiento y la sensación de inutilidad tienden a impedirle que sea estable. Los sentimientos de aburrimiento y escapismo obstruyen el esfuerzo para lograr éxito. La visión autoenfocada y el sentido de pertenencia, más que mayordomía, tienden a impedirle tener significado.

Notará que las fuerzas restrictivas son por lo general emocionales, psicológicas e ilógicas; las fuerzas impulsoras son más lógicas, estructurales y proactivas.

Por supuesto, necesitamos hacer lo que podamos para activar las fuerzas impulsoras. Este es el enfoque tradicional. Pero en un campo de fuerza, las fuerzas restrictivas eventualmente restaurarán el antiguo equilibrio.

Lo que es más importante es que necesitamos eliminar las fuerzas restrictivas. Ignorarlas es como tratar de moverse hacia su destino con los impulsores en reversa. Puede poner todo el esfuerzo, pero a menos que haga algo para quitar las fuerzas restrictivas, no llegará a ninguna parte y el esfuerzo lo agotará. Necesita trabajar en las fuerzas impulsoras y en las restrictivas al mismo tiempo, pero dando el primer esfuerzo a trabajar en las fuerzas restrictivas.

Los Hábitos 1, 2, 3 y 7 detonan las fuerzas impulsoras. Construyen proactividad. Le dan un sentido de destino claro y motivador más grande. De hecho, sin una clase de visión o misión de significado, el curso de la menor resistencia es quedarse en su zona de confort, para usar sólo aquellos talentos y dones que ya están desarrollados y tal vez reconocidos por otros. Pero cuando comparte esta visión de significado verdadero, de mayordomía, de contribución, entonces el curso de la menor resistencia

DESTINOS

ALEGRÍA
sensación de pertenencia,
visión autoenfocada

CIRCUNSTANCIAS/ TENDENCIAS RESTRICTORAS

CREAR

FLOJERA
aburrimiento, escapismo

SIGNIFICADO

DESORGANIZACIÓN
ignorancia, inutilidad

ÉXITO

DETECTAR (MISIÓN)
sensación de mayordomía, visión de contribución

CAOS
temor, victimismo

ESTABILIDAD

INVENTAR (METAS)
emoción, confianza

SOBREVIVIR

ORGANIZARSE (ESTRUCTURAS)
esperanza, conocimiento

ENERGÍAS IMPULSORAS PROACTIVAS

RESOLVER PROBLEMAS

REACCIONAR (AGALLAS)
instinto, reñir

será desarrollar esas capacidades y cumplir con esa visión porque cumplir con la visión se vuelve más apremiante que el dolor de salirse de su zona de confort. De esto se trata el liderazgo familiar, el crear esta clase de visión, el asegurar el compromiso consensual hacia ella y hacia hacer lo necesario para cumplirla. Esto es lo que llega a las motivaciones más profundas de las personas y las apremian a convertirse en lo mejor. Entonces los Hábitos 4, 5 y 6 le dan el proceso para trabajar juntos con el fin de lograr todas estas cosas. Y el Hábito 7 le da el poder renovador para continuar haciéndolo.

Pero los Hábitos 4, 5 y 6 también le permiten entender y descongelar las fuerzas restrictivas culturales, emocionales, sociales e ilógicas para que incluso la cantidad más pequeña de energía proactiva en el lado positivo pueda hacer grandes logros. El entendimiento profundo de los temores y ansiedades que lo restringen cambia su naturaleza, contenido y dirección, permitiéndole realmente convertir las fuerzas restrictivas en fuerzas impulsoras. Vemos esto todo el tiempo cuando una persona problema se siente escuchada y entendida, y entonces se vuelve parte de la solución.

Considere la analogía de un auto. Si tiene un pie en el acelerador y otro en el freno, ¿cuál sería el mejor enfoque para ir más rápido, apretar el acelerador o soltar el freno? Obviamente, la clave está en soltar el freno. Incluso puede soltar un poco el pedal del acelerador y todavía ir más rápido siempre y cuando el otro pie no esté en el freno.

De manera similar, los Hábitos 4, 5 y 6 sueltan el freno emocional (o dan aire) en la familia para que incluso el aumento más ligero en las fuerzas impulsoras lleve a la cultura a un nuevo nivel. De hecho, hay grandes investigaciones que muestran que involucrando a las personas en los problemas y encontrando una solución juntas, las fuerzas restrictivas se transforman en fuerzas impulsoras.[1]

Así, estos hábitos le permiten trabajar en las fuerzas impulsoras y en las restrictivas al mismo tiempo, y lo liberan para que pueda moverse de sobrevivir a significado. Puede encontrar útil revisar la gráfica de la página anterior con su familia para tener un sentido de perspectiva, para ver dónde sienten que están como familia y para identificar las fuerzas impulsoras y restrictivas, y decidir qué hacer al respecto. Puede también querer usarla como herramienta para ayudar a su familia a moverse de la orientación de solución de problemas a una creativa.

> *Considere la analogía de un auto. Si tiene un pie en el acelerador y otro en el freno, ¿cuál sería el mejor enfoque para ir más rápido, apretar el acelerador o soltar el freno?*

¿Por Dónde Empiezo?

La mayoría de nosotros tenemos un deseo innato de mejorar nuestras familias. Subconscientemente queremos movernos de sobrevivir hacia el éxito o significado.

Pero a menudo lo encontramos difícil. Podemos intentar lo más que podamos y hacer todo lo que se nos ocurra y todavía los resultados pueden ser exactamente lo opuesto a lo que deseamos.

Esto es especialmente cierto cuando estamos tratando con un cónyuge o un adolescente. Pero incluso cuando estamos tratando con niños pequeños, que generalmente están más abiertos a la influencia, dudamos cómo influenciarlos de la mejor manera posible. ¿Castigamos? ¿Golpeamos? ¿Los enviamos a su habitación solos? ¿Está bien usar nuestro tamaño o fuerza superior o desarrollo mental para forzarlos a hacer lo que queremos que hagan? ¿O hay principios que pueden ayudarnos a entender y saber cómo influenciar de una manera mejor?

Cualquier padre de familia (o hijo, hermano, abuelo, tío, sobrino u otra persona) que realmente quiere convertirse en una persona de transición, un agente de cambio y ayudar a una familia a llegar más alto en la gráfica de destino puede hacerlo, particularmente si la persona entiende y vive los principios que hay detrás de los cuatro roles básicos de liderazgo. Como la familia es algo natural, viviente y en crecimiento, nos gustaría describir esos roles en términos de lo que llamamos el Árbol de Liderazgo de la Familia Centrada en Principios. Este árbol sirve como recordatorio de que estamos tratando con la naturaleza y con leyes o principios naturales. Le ayudará a entender estos cuatro roles básicos de liderazgo y también le ayudará a diagnosticar y pensar las estrategias para resolver los problemas familiares. (Puede ver el árbol en la página 348 si así lo desea.)

Con la imagen de este árbol en la mente, vamos a ver los cuatro roles de liderazgo familiar y cómo cultivando los 7 Hábitos en cada rol puede ayudarle a mover a su familia por el camino de sobrevivir al significado.

Modelar

Conozco a un hombre que le encantaba ir de cacería con su padre cuando era pequeño. El papá planeaba desde antes con sus hijos, preparando y creando anticipación para el evento.

Como adulto, este hombre nos dijo:

Nunca olvidaré un sábado en que se abrió la temporada de cacería de faisán. Papá, mi hermano mayor y yo nos levantamos a las 4 de la mañana. Tomamos el enorme y nutritivo desayuno de mamá, arrancamos el auto y partimos a las 6 de la mañana hacia nuestro destino. Llegamos temprano para elegir un punto antes que los demás, anticipando la hora de apertura a las 8:00.

Al acercarse esa hora, otros cazadores pasaban a nuestro alrededor, tratando de encontrar puntos en los cuales cazar. A las 7:40, vimos cazadores en los campos. A las 7:45 empezaron los disparos, quince minutos antes de la hora oficial. Volteamos a ver a papá. No hizo ningún movimiento excepto para ver su reloj, todavía esperando que dieran las 8. Algunas de las aves estaban volando. Para las 7:50 todos los cazadores estaban en los campos y había disparos por todas partes.

Papá vio su reloj y dijo: "La cacería empieza a las ocho en punto, chicos". Como tres minutos antes de las ocho, cuatro cazadores llegaron a nuestro campo y pasaron de largo. Nosotros vimos a papá. El dijo: "La cacería empieza a las ocho". A las ocho, las aves se habían marchado, pero nosotros caminamos hacia el campo.

No conseguimos ningún faisán ese día. Pero conseguimos un recuerdo inolvidable de un hombre que yo quería imitar fervientemente, mi padre, mi ideal, quien me enseñó la integridad absoluta.

¿Qué estaba en el centro de la vida de este hombre, el placer y el reconocimiento de ser un cazador exitoso o la satisfacción tranquila de ser un hombre de integridad, un padre y un modelo de integridad para sus hijos?

Por otra parte, también conozco a otro hombre que dio un ejemplo diferente a su hijo. Su esposa recién nos dijo:

Mi esposo, Jerry, me deja a mí la educación de nuestro hijo de catorce años, Sam. Ha sido así desde que Sam nació. Jerry siempre ha sido una especie de observador no involucrado. Nunca trata de ayudar.

Cuando hablo con él y le digo que debería involucrarse, sólo alza los hombros. Me dice que no tiene nada que ofrecer y que yo soy la que debe enseñar y educar a nuestro hijo.

Sam está ahora en secundaria y no se imaginan los problemas que tiene. Le dije a Jerry que la próxima vez que hablen de la escuela de Sam, él tendrá que tomar la llamada porque ya estoy harta. Esa noche Jerry dijo a Sam que su mamá no iba a ayudarlo más, así que dejara de causar problemas.

Me enojé tanto cuando lo oí decir eso que quería levantarme y salirme. Cuando exploté, Jerry dijo: "Oye, no es mi culpa. Tú eres la que lo educó. Tú le enseñaste y lo guiaste, no yo".

¿Quién está realmente enseñando y educando a este jovencito? ¿Qué está este hombre enseñando a su hijo? El padre ha intentado evitar su posición de influencia apartándose y supuestamente dejando que su esposa haga todo. ¿Pero él no ha tenido una influencia poderosa también? Cuando Sam crezca, ¿las acciones de su padre (o falta de acciones) no lo habrán influenciado de manera muy profunda?

No hay duda de que el ejemplo es el fundamento de la influencia. Cuando se le preguntó a Albert Schweitzer cómo educar hijos, dijo: "Tres principios, primero, ejemplo; segundo, ejemplo; y tercero, ejemplo". Somos en primera y última instancia, modelos para nuestros hijos. Lo que ven en nosotros habla mucho más fuerte que cualquier cosa que podamos decirles. Usted no puede esconder o disfrazar su yo más profundo. A pesar de su habilidad de pretender o ponerse máscaras, sus verdaderos deseos, valores, creencias y sentimientos salen de mil maneras. De nuevo, usted enseña sólo lo que es: no más, no menos.

Es por ello que la parte más profunda de este Árbol de Liderazgo de la Familia

No puede dejar de ser modelo. Es imposible. Las personas verán su ejemplo (positivo o negativo) como un patrón de la forma de vida que se debe vivir.

Centrada en Principios (la estructura de raíces fibrosas) representa su rol como un modelo.

Este es su ejemplo personal. Es la consistencia y la integridad de su propia vida. Esto es lo que da credibilidad a todo lo que intenta hacer en la familia. Cuando las personas ven en usted (en su vida) el modelo de lo que está tratando de motivar en la vida de otros, sienten que pueden creer y confiar en usted porque usted es confiable.

Lo interesante es que le guste o no, usted es un modelo. Y si es padre de familia, *usted es el primer y último* modelo de sus hijos. De hecho, *no puede dejar de ser modelo.* Es imposible. Las personas verán su ejemplo (positivo o negativo) como un patrón de la forma de vida que se debe vivir.

Como lo expresó hermosamente un conocido autor:

Si un niño vive con crítica, aprenderá a condenar.
Si un niño vive con seguridad, aprenderá a tener fe en sí mismo.
Si un niño vive con hostilidad, aprenderá a pelear.
Si un niño vive con aceptación, aprenderá a amar.
Si un niño vive con miedo, aprenderá a ser aprehensivo.
Si un niño vive con reconocimiento, aprenderá a tener una meta.
Si un niño vive con vergüenza, aprenderá a sentir pena por sí mismo.
Si un niño vive con aprobación, aprenderá a quererse a sí mismo.
Si un niño vive con celos, aprenderá a sentirse culpable.
Si un niño vive con amistad, aprenderá que el mundo es un lugar hermoso para vivir.

Si somos observadores cuidadosos, podemos ver nuestras debilidades reaparecer en la vida de nuestros hijos. Quizá ésta es la manera más evidente en que se manejan las diferencias y los desacuerdos. Para ilustrar, una mamá llega a la sala de su casa y llama a sus hijos para que vengan a comer, los encuentra discutiendo y peleando por un juguete. "Niños, ¡les he dicho que no peleen! Arréglense de manera que los dos tengan su turno". El mayor arrebata el juguete a su hermano pequeño diciendo: "¡Yo soy primero!" El pequeño llora y se niega a comer.

La mamá, desesperada porque sus hijos no aprenden, reflexiona por un momento su propia manera de manejar las diferencias con su esposo. Recuerda "apenas anoche" cuando tuvieron un intercambio difícil sobre asuntos financieros. Recuerda también que "esta mañana" cuando su esposo salió para el trabajo iba bastante disgustado por un desacuerdo en los planes para la noche. Y mientras más reflexiona esta mujer, más se da cuenta de que ella y su esposo han demostrado una y otra vez cómo no manejar las diferencias y los desacuerdos.

Este libro está lleno de historias que muestran cómo el pensamiento y las acciones de los niños están influenciados por lo que sus padres piensan y hacen. La forma de pensar de los padres será heredado por sus hijos, algunas veces hasta la tercera y cuarta generación. Los padres han sido moldeados a su vez por sus padres... que han sido moldeados por sus padres, de manera que ninguna de las generaciones ha estado siquiera consciente.

Por eso nuestro rol de modelos como padres para nuestros hijos es nuestra responsabilidad más importante, sagrada y espiritual. Estamos manejando guiones de vida para nuestros hijos, guiones que con toda seguridad, serán representados por mucho el resto de nuestra vida. ¡Qué importante es para nosotros ver que nuestra manera de modelar día a día es nuestra forma más alta de influencia en la vida de nuestros hijos! Y qué importante es para nosotros examinar lo que está realmente en el "centro" de nuestra vida, preguntarnos ¿quién soy? ¿Cómo me defino? (Seguridad) ¿A dónde voy y qué hago para recibir dirección que guíe mi vida? (Guía) ¿Cómo funciona la vida? ¿Cómo debo vivir mi vida? (Sabiduría) ¿A qué recursos e influencias tengo acceso para alimentarme y alimentar a los demás? (Poder) Cualquiera que sea nuestro "centro", o la lente a través de la cual vemos la vida, afectará profundamente el pensamiento de nuestros hijos, ya sea que estemos conscientes de ello y si queremos tener esta influencia o no.

Si usted elige vivir los 7 Hábitos en su vida personal, ¿qué es lo que aprenden sus hijos? Su modelo proporcionará un ejemplo de una persona proactiva que ha desarrollado un enunciado de misión personal y está intentando vivir por él; de una persona que tiene gran respeto y amor por los demás, que busca entenderlos y ser entendido por ellos, que cree en el poder de la sinergia y no teme tomar riesgos trabajando con otros para crear nuevas soluciones de tercera alternativa. Proporcionará un modelo de una persona que está en un estado de renovación constante, de autocontrol físico y vitalidad, aprendizaje continuo, creación continua de relaciones e intentos constantes para alinearse con principios.

¿Qué impacto tendrá ese tipo de modelo en la vida de sus hijos?

Tutorear

Conozco a un hombre que está muy comprometido con su familia. Aunque está involucrado en muchas actividades buenas y valiosas, lo más importante para él por mucho es enseñar a sus hijos y ayudarles a convertirse en adultos responsables, cariñosos y participativos. El es un excelente modelo de todo lo que está tratando de enseñar.

Tiene una familia grande y un verano dos de sus hijas estaban planeando casarse. Una noche cuando ambas estaban con su novio en casa, se sentó con los cuatro y pasó varias horas hablando con ellos, compartiendo muchas cosas que él había aprendido y que sabía les ayudarían en el camino.

Más tarde, después de que él se fue a acostar, sus hijas fueron con su madre y dijeron: "Papá sólo quiere enseñarnos; no quiere conocernos personalmente". En otras palabras, papá sólo quiere transmitir toda la sabiduría y los conocimientos que ha acumulado con los años, pero ¿realmente nos conoce como individuos? ¿Nos acepta? ¿En realidad se preocupa por nosotros como somos? Hasta que supieron eso, hasta que sintieron ese amor incondicional, no pudieron abrirse a su influencia, aunque era muy buena influencia.

De nuevo, como dice el dicho: "No me importa cuánto sabes hasta que sepa cuánto te importa". Es por ello que el siguiente nivel del árbol, el tronco masivo y grueso, representa su rol como maestro. "Enseñar" es crear relaciones. Es invertir en la Cuenta de Banco Emocional. Es dejar saber a las personas que le preocupan profunda, sincera, personal e incondicionalmente. Es hacerlas campeonas.

Este cariño profundo y genuino motiva a las personas a abrirse, a enseñar y a estar abiertas a la influencia porque crea un sentimiento profundo de confianza. Esto reafirma claramente la relación que mencionamos en el Hábito 1 entre las Leyes Principales del Amor y las Leyes Principales de la Vida. De nuevo, sólo cuando usted vive las Leyes Principales del Amor, cuando consistentemente hace depósitos en la Cuenta de Banco Emocional de otro porque los ama incondicionalmente y por su valía interna más que por su conducta o situación social o por cualquier otra razón, usted promueve la obediencia a las Leyes Principales de la Vida, leyes como honestidad, integridad, respeto, responsabilidad y confianza.

Ahora, si usted es padre de familia, es importante darse cuenta de que cualquiera que sea su relación con sus hijos, usted primero es maestro, alguien que se relaciona con ellos, alguien cuyo amor desean profundamente. Positiva o negativamente, usted *no puede dejar de enseñar.* Usted es la primera fuente de seguridad o inseguridad física y emocional de sus hijos, su sentimiento de ser amados o ser rechazados. Y la manera en que lleve a cabo su rol de tutor tendrá un efecto profundo en el sentido de autovalía de su hijo y en su habilidad para influenciar y enseñar.

> *La manera en que lleve a cabo su rol de tutor tendrá un efecto profundo en el sentido de autovalía de su hijo y en su habilidad para influenciar y enseñar.*

La manera en que usted desempeñe su rol de maestro con cualquier miembro de la familia (*pero particularmente con su hijo más difícil*), tendrá un impacto profundo en el nivel de confianza de toda la familia. Como dijimos en el Hábito 6, la clave para su cultura familiar es cómo trata al niño que lo pone más a prueba. Es ese niño quien realmente pone a prueba su habilidad de amar incondicionalmente. Cuando pueda mostrar amor incondicional a ese ser, los otros niños sabrán que su amor por ellos es también incondicional.

Estoy convencido de que hay poder casi increíble en el amar a otra persona en cinco maneras simultáneas:

1. **Empatizar:** escuchar con su corazón el corazón de la otra persona.
2. **Compartir** auténticamente sus sentimientos, aprendizajes, emociones y convicciones más profundas.
3. **Afirmar** a la otra persona con un sentido profundo de creencia, valuación, confirmación, aprecio y valentía.

4. **Rezar** con y por la otra persona desde la profundidad de su alma, pidiendo la energía y la sabiduría de poderes supremos.
5. **Sacrificarse** por la otra persona: recorrer la segunda milla, hacer más de lo que se espera, cuidando y sirviendo hasta que en ocasiones duela.

Las más rechazadas de las cinco son empatizar, afirmar y sacrificarse. Muchas personas rezarán por otros; muchas compartirán. Pero para escuchar empáticamente, para creer en los demás verdaderamente y afirmarlos y caminar con ellos en una especie de sacrificio, debe hacer lo que ellos no esperan que usted haga, además de rezar y compartir, llega a las personas de manera que nada más puede hacer.

Uno de los errores más graves que las personas cometen es tratar de enseñar (o influenciar, advertir o disciplinar) antes de tener la relación que lo sostenga. La próxima vez que se sienta inclinado a tratar de enseñar o corregir a su hijo, podría desear oprimir su botón de pausa y preguntarse esto: ¿mi relación con este niño es suficiente para sostener este esfuerzo? ¿Hay suficientes reservas en la Cuenta de Banco Emocional que permitan a este niño abrir sus oídos, o mis palabras se quedarán en el vacío, o el niño se rodeará de una especie de chaleco antibalas? Es muy fácil dejarse atrapar por la emoción del momento y no detenernos a preguntar si lo que vamos a hacer será efectivo, si logrará lo que realmente queremos lograr. Y si no es así, muchas veces es porque no hay suficientes reservas que lo sostengan.

Así, usted puede hacer depósitos en la Cuenta de Banco Emocional. Puede construir la relación. Puede enseñar. Cuando las personas sientan su amor y cariño, empezarán a valorarse y abrirse más a su influencia cuando usted trata de enseñarles. Con lo que las personas identifican mucho más de lo que escuchan es con lo que ven y lo que sienten.

Organizarse

Usted podría ser un modelo maravilloso y tener una excelente relación con los miembros de su familia, pero si su familia no está organizada de manera efectiva para ayudarle a lograr lo que está tratando de lograr, entonces va a trabajar contra usted mismo.

Es como el negocio que habla de trabajo en equipo y cooperación, pero tiene sistemas (como el de compensaciones) que recompensan la competencia y los logros individuales. En vez de estar en alineación con lo que usted quiere lograr y facilitarlo, la manera en que ha organizado las cosas realmente se interpone en el camino.

De manera similar, en su familia usted puede hablar de "amor" y de una "familia divertida", pero si nunca planean el tiempo juntos para cenas familiares, trabajar en proyectos, ir de vacaciones, ver una película o un día de campo en el parque, entonces su falta de organización se interpone en el camino.

> *P*uede hablar de «amor» y de una «familia divertida», pero si nunca planean el tiempo juntos, entonces su falta de organización se interpone en el camino.

Puede decir "te quiero" a alguien, pero si siempre está demasiado ocupado para pasar un tiempo uno a uno con esa persona y falla en dar prioridad a la relación, permitirá que la entropía y la decadencia se interpongan.

Su rol de organizar es donde alinea las estructuras y los sistemas en la familia para ayudarle a lograr lo verdaderamente importante. Ahí es donde usa el poder de los Hábitos 4, 5 y 6 en el nivel de enseñar para crear el enunciado de misión de su familia y establecer dos nuevas estructuras que la mayoría de las familias no tienen: tiempos familiares semanales y citas uno a uno. Estas son las estructuras y los sistemas que harán posible llevar a cabo las cosas que usted está tratando de hacer en su familia.

Sin crear patrones y estructuras basadas en principios, no podrá construir una cultura con visión común y valores compartidos. La autoridad moral será esporádica porque estará basada sólo en las acciones presentes de unas cuantas personas. No se construirá en la cultura de la familia.

Pero mientras más autoridad moral y ética crezca y se institucionalice en la cultura en forma de principios, tanto vividos como estructuralmente arraigados, menos dependiente será de que las personas individuales mantengan una hermosa cultura familiar. Las costumbres y normas dentro de la cultura misma reforzarán los principios. El hecho de que tenga tiempos familiares semanales dice a gritos que la familia es verdaderamente importante. Entonces, aunque alguien pueda ser falso o tener doble personalidad, y alguien pueda ser flojo, el escenario de estas estructuras y procesos compensa mucho, aunque no todo, esas deficiencias humanas. Construye los principios en los patrones y las estructuras de los cuales las personas pueden depender. Y los resultados son similares a aquellos que suceden cuando uno va de vacaciones: una familia puede tener subidas y bajadas emocionales en las vacaciones, pero el hecho de que fueron de vacaciones juntos y que fue una tradición renovadora construye los principios en la cultura. Libera a la familia de siempre ser dependiente del buen ejemplo.

De nuevo, en palabras del sociólogo Émile Durkheim: "Cuando las costumbres son suficientes, las leyes son innecesarias. Cuando las costumbres son insuficientes, las leyes son obligatorias". Adaptando esto a la familia, podríamos decir: "Cuando las costumbres son suficientes, las reglas familiares son innecesarias. Cuando las costumbres son insuficientes, las reglas familiares son obligatorias".

> «Cuando las costumbres son suficientes, las reglas familiares son innecesarias. Cuando las costumbres son insuficientes, las reglas familiares son obligatorias.»

Últimamente, si las personas no apoyan los patrones y las estructuras, entonces verá que entra inestabilidad en la familia y ésta puede incluso luchar por sobrevivir. Pero si estos patrones se vuelven hábitos, se hacen lo suficientemente fuertes como para subordinar las debilidades individuales que se manifiestan de vez en cuando. Por ejemplo, puede no empezar un uno a uno o tiempo familiar con el mejor de los sentimientos, pero si pasan toda la tarde haciendo algo divertido juntos probablemente terminarán con el mejor de los sentimientos.

Ésta es una de las cosas más poderosas que he aprendido en mi trabajo profesional con las organizaciones. Debemos construir los principios en las estructuras y los sistemas para que se vuelvan parte de la cultura misma. Entonces usted ya no es dependiente de unas cuantas personas hasta arriba. He visto situaciones en las cuales toda la alta dirección se cambió a otra compañía, pero debido a la "gran fuerza profunda" en la cultura, no afectó el desempeño económico y social de la organización. Éste es uno de los grandes discernimientos de W. Edwards Deming, un gurú en el campo de la calidad y la administración, y una de las razones clave del éxito económico del Japón en el pasado. "El problema no está en malas personas, sino en malos procesos, malas estructuras y sistemas."[2]

Es por ello que dedicamos tanta energía al rol de organizar. Sin un poco de organización es fácil que los miembros de la familia se conviertan en barcos que pasan en la noche. Entonces, el tercer nivel del árbol, representado por el tronco que se convierte en ramas más pequeñas, representa su rol como *organizador*. Aquí es donde las personas experimentan cómo se incorporan los principios en los patrones y las estructuras de cada día para que usted no sólo *diga* que la familia es importante, sino que lo *experimente*, en comidas frecuentes juntos, tiempos familiares y uno a uno significativos. Pronto todos confiarán en estas estructuras y patrones familiares. Pueden depender de ellos, y les da una sensación de seguridad, orden y predecibilidad.

Organizándose alrededor de sus prioridades más profundas, está creando alineación y orden. Está estableciendo sistemas y estructuras que apoyan (más que interponerse en el camino) lo que está tratando de hacer. Organizarse se convierte literalmente en transformar los factores restrictivos en factores impulsores en el camino de sobrevivir al significado.

Enseñar

Cuando uno de nuestros cuatro hijos empezó secundaria, comenzó a llegar a casa con calificaciones mediocres. Sandra lo llamó aparte y le dijo: "Mira, sé que no eres tonto. ¿Cuál es el problema?"

"No sé", contestó.

"Bueno, veamos si podemos hacer algo para ayudarte."

Después de la cena se sentaron juntos y revisaron sus exámenes. Mientras hablaban, Sandra empezó a ver que este niño no estaba leyendo las instrucciones con cuidado antes de contestar las pruebas. Lo que es más, no sabía cómo relatar un libro y había muchas otras brechas en su conocimiento y entendimiento.

Entonces empezaron a dedicar una hora todas las noches, juntos, a trabajar en lectura, resumir libros y entender las instrucciones. Para finales del semestre había pasado todo con excelentes calificaciones.

Cuando su hermano vio sus calificaciones en el refrigerador, dijo: "¿En serio son *tus* calificaciones? Debes ser un genio".

> *Los momentos de enseñanza son algunos de los momentos supremos de la vida familiar, esos tiempos incomparables cuando sabe que ha hecho una diferencia significativa en la vida de otro miembro de la familia.*

Estoy convencido de que parte de la razón por la que Sandra pudo tener esa clase de influencia en ese momento en su vida es por su manera de ser modelo, maestra y organizadora. Ella siempre dio mucho valor a la educación y todos en la familia lo sabían. Tenía excelente relación con este hijo. Había dedicado horas y horas con él, creando la Cuenta de Banco Emocional y haciendo cosas que él disfrutaba. Y ella organizó su tiempo de manera tal que podría estar con él y ayudarlo así.

Estos momentos de enseñanza son algunos de los momentos supremos de la vida familiar, esos tiempos incomparables cuando sabe que ha hecho una diferencia significativa en la vida de otro miembro de la familia. Éste es el punto en el cual sus esfuerzos ayudan a "facultar" a los miembros de la familia para que desarrollen la capacidad interna y las habilidades para vivir efectivamente.

Y éste es el meollo de lo que significa ser padre y tener una familia.

María (hija):
Nunca olvidaré una experiencia que tuve con mamá hace muchos años cuando yo era adolescente. Mi papá estaba en un viaje de negocios y era mi turno de quedarme despierta hasta tarde para estar con mamá. Hicimos chocolate caliente, platicamos un rato y luego nos fuimos a su enorme cama a tiempo para ver un programa de Starsky y Hutch.

Ella tenía algunos meses de embarazo y mientras veíamos la televisión, se levantó abruptamente y corrió al baño donde estuvo mucho tiempo. Después de un rato me di cuenta de que algo andaba mal y la oí llorar en el baño. Entré y la encontré con el camisón cubierto de sangre. Acababa de perder al bebé.

Cuando me vio entrar, dejó de llorar y me explicó detenidamente lo que había sucedido. Me aseguró que estaba bien. Dijo que a veces los bebés no están completamente formados como deben estar y que así era mejor. Recuerdo que sus palabras me calmaron y juntas limpiamos y luego volvimos a la cama.

Ahora que yo soy madre, me impresiona cómo mi madre pudo subordinar lo que deben haber sido emociones muy difíciles en una experiencia de aprendizaje para su hija adolescente. En vez de sumirse en su dolor, lo cual hubiera sido algo muy natural, ella se preocupó por mis sentimientos más que por los suyos y convirtió lo que pudo haber sido una experiencia traumática para mí en una positiva.

Así, el cuarto nivel del árbol, las hojas y el fruto, representa su rol como maestro. Esto significa que explícitamente enseña a los demás las Leyes Principales de la Vida. Enseña los principios facultadores para que las personas los entiendan y vivan con ellos, lleguen a confiar en esos principios y confiar en ellos mismos porque tienen integridad. Tener *integridad* significa que sus vidas están *integradas* alrededor de una serie equilibrada de principios que son universales, eternos y autoevidentes. Cuando las personas ven buenos ejemplos o modelos, se sienten amadas y tienen buenas experiencias, entonces escucharán lo que se les enseña. Y existe una probabilidad muy alta de que vivirán lo que escuchan y así, también, se convertirán en ejemplos y modelos e incluso maestros para que otras personas vean y confíen. Y este hermoso ciclo empieza de nuevo.

Esta clase de enseñanza crea "competencia consciente". Las personas pueden ser inconscientemente incompetentes, pueden ser completamente inefectivos y ni siquiera saberlo. O pueden ser conscientemente incompetentes, saben que son inefectivos, pero no tienen el deseo interno o la disciplina para crear el cambio necesario. O pueden ser inconscientemente competentes, son efectivos pero no saben por qué. Viven con guiones positivos que otros les han dado; pueden enseñar con el ejemplo pero no por precepto porque no lo entienden. O pueden ser conscientemente competentes, saben lo que están haciendo y por qué funciona. Entonces pueden enseñar por precepto y por el ejemplo. Es este nivel de conciencia lo que permite a las personas pasar efectivamente el conocimiento y las habilidades de una generación a otra.

Su rol como maestro, en crear competencia consciente en sus hijos, es absolutamente irremplazable. Como lo dijimos en el Hábito 3, si usted no les enseña, la sociedad lo hará. Y eso es lo que los moldeará y los formará, a ellos y a su futuro.

Ahora, si usted ha llevado a cabo su trabajo interior y está modelando estas Leyes Principales de la Vida, si ha construido relaciones de confianza viviendo con las Leyes Principales del Amor, y si ha hecho el trabajo de organización, con tiempos familiares regulares y uno a uno, entonces esta enseñanza será mucho más fácil.

Lo *que* usted enseña vendrá esencialmente de su enunciado de misión. Serán los principios y valores que usted ha determinado como supremamente importantes. Y permítame decirle aquí que no ponga atención a las personas que le digan que no debe enseñar valores hasta que sus hijos sean lo suficientemente mayores para elegir los propios. (Ese enunciado mismo es un enunciado de "deber" que representa un sistema de valores.) No existe tal cosa como vida libre de valores o enseñanza libre de valores. Todo depende y está impregnado de valores. Por lo tanto, usted debe decidir cuáles son sus valores y con cuáles quiere vivir y, como tiene una mayordomía sagrada con estos niños, con cuáles quiere que ellos vivan también. Adéntrelos en la literatura sabia. Expóngalos a los pensamientos más profundos y a los sentimientos más nobles del corazón y la mente humana. Enséñeles a reconocer los murmullos de la conciencia y a tener fe y ser honestos, incluso cuando otros no lo son.

Cuándo enseñar estará en función de las necesidades de los miembros de la familia, los horarios de la familia y los uno a uno que usted establezca, y esos "momentos de enseñanza" que se presentan como regalos maravillosos para un padre que está contemplando la oportunidad y está consciente.

Liderazgo de la Familia Centrada en Principios

Cuatro Roles

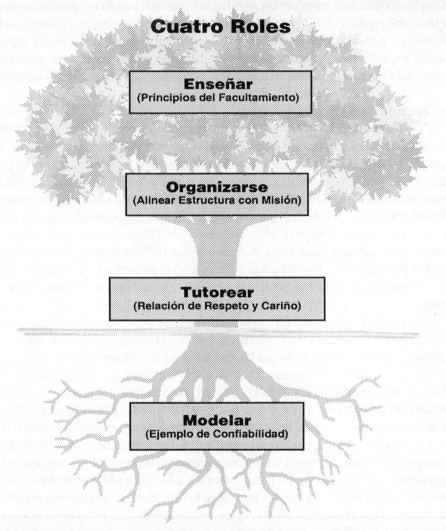

Enseñar
(Principios del Facultamiento)

Organizarse
(Alinear Estructura con Misión)

Tutorear
(Relación de Respeto y Cariño)

Modelar
(Ejemplo de Confiabilidad)

Respecto a enseñar, me gustaría ofrecerles cuatro sugerencias:

1. Discierna sobre la situación general. Cuando las personas se sienten amenazadas, el esfuerzo de enseñar por precepto por lo general aumentará el resentimiento hacia el maestro y la enseñanza misma. A menudo es mejor esperar o crear una nueva situación en la cual la persona esté en un estado mental seguro y receptivo. Su disposición de no presionar o corregir en el momento cargado emocionalmente comunicará y enseñará respeto y entendimiento. En otras palabras, cuando no pueda enseñar un valor por precepto, puede enseñar otro con el ejemplo. Y enseñar con el ejemplo es infinitamente más poderoso y duradero que enseñar por precepto. Combinar ambos, desde luego, es mucho mejor.

346

2. Sienta su propio espíritu y actitud. Si está enojado y frustrado, no puede evitar comunicarlo sin importar la lógica de sus palabras o el valor del principio que está tratando de enseñar. Deténgase. Enseñe en otro momento en que tenga sentimientos de afecto, respeto y seguridad interna. Una buena regla es: si puede tocar con gentileza o sostener el brazo o la mano de su hijo mientras lo corrige o le enseña, y puede sentirse cómodo con esto, tendrá una influencia positiva. Simplemente no puede hacerlo estando enojado.

3. Distinga entre el momento de enseñar y el momento de dar ayuda y apoyo. Apresurarse con fórmulas para el logro y el éxito cuando su cónyuge o hijo están emocionalmente fatigados o bajo mucha presión es comparable a tratar de enseñar a nadar a un hombre que se está ahogando. Necesita una cuerda o una mano que le ayude, no una lección.

4. Vea que en el sentido más grande estamos enseñando una cosa u otra todo el tiempo porque constantemente estamos radiando lo que somos.

Siempre recuerde que, igual que con modelar y tutorear, no puede dejar de enseñar. Su carácter y ejemplo, la relación que tiene con sus hijos, y las prioridades que se atienden por su organización (o falta de ella) en el hogar, lo hacen a usted el primer y más importante maestro de sus hijos. Su aprendizaje o su ignorancia de las lecciones más vitales de la vida están en sus manos.

Cómo se Relacionan los Roles de Liderazgo con las Cuatro Necesidades y Dotes

En el siguiente modelo de Liderazgo de la Familia Centrada en Principios, verá los cuatro roles: modelar, tutorear, organizar y enseñar. En la columna de la izquierda note cómo las cuatro necesidades básicas universales: vivir (física/económica), amar (social), aprender (mental) y dejar un legado (espiritual) se relacionan con esos cuatro roles. Recuerde también la quinta necesidad en la familia: reír y divertirse. Note en la columna de la derecha cómo las cuatro dotes humanas también se relacionan con los cuatro roles.

Modelar es esencialmente la espiritual. Se basa principalmente en la conciencia de su energía y dirección. Tutorear es esencialmente social y se basa principalmente en la auto conciencia como se manifiesta respecto a los demás, entendiendo a otros, empatizando y sinergizando con otros. Organizarse es esencialmente la física y es la voluntad independiente, así como la social para organizar tiempo y vida, elaborar un enunciado de misión familiar, tiempos familiares semanales y uno a uno. Enseñar es principalmente mental. La mente es la guía de la vida hacia el futuro que creamos primero en nuestras mentes a través del poder de nuestra imaginación.

De hecho, las dotes son acumulativas en cada nivel, así que tutorear implica conciencia y autoconciencia. Organizarse implica conciencia y autoconciencia, y fuerza de voluntad. Y enseñar implica conciencia, autoconciencia, fuerza de voluntad e imaginación.

Liderazgo de la Familia Centrada en Principios

Cuatro Necesidades **Cuatro Roles** **Cuatro Dotes**

Aparender
(Mental)

Enseñar
(Principios del Facultamiento)

Imaginación

Vivir
(Física/Económica)

Organizarse
(Alinear Estructura con Misión)

Voluntad Independiente

Amar
(Social/Emocional)

Tutorear
(Relación de Respeto y Cariño)

Autoconciencia

Dejar un Legado
(Espiritual)

Modelar
(Ejemplo de Confiabilidad)

Conciencia

Usted Es el Líder en Su Familia

Al observar estos cuatro roles de liderazgo y cómo se relacionan con las cuatro necesidades básicas humanas y las cuatro dotes humanas, puede ver cómo satisfacerlas bien le permitirá crear cambio en la familia.

Modelo: los miembros de la familia ven su ejemplo y aprenden a confiar en usted.

Tutor: los miembros de la familia sienten su amor incondicional y empiezan a valorarse.

348

Organizador: los miembros de la familia experimentan orden en su vida y llegan a confiar en la estructura que satisface sus necesidades básicas.

Maestro: los miembros de la familia escuchan y hacen. Experimentan los resultados y aprenden a confiar en los principios y en ellos mismos.

Al hacer estas cosas, ejercita liderazgo e influencia en su familia. Si las hace de manera sólida y centrada en principios, al modelar crea confiabilidad. Al tutorear crea confianza. Al organizarse crea alineación y orden. Al enseñar crea facultamiento.

Lo importante es ver que no importa dónde se encuentre en su gráfica de destino, está haciendo las cuatro cosas de cualquier forma. Puede estar modelando la lucha por sobrevivir, por fijar metas o por contribuir. Puede tutorear poniendo a las personas abajo, "recompensando" el éxito con amor condicional, o amando incondicionalmente. La organización en su familia puede ser un sistema de desorganización recurrente, o puede tener calendarios, gráficas de trabajo, reglas o incluso un enunciado de misión familiar. Informal o formalmente, puede estar enseñando algo de falta de respeto por la ley de la honestidad, la integridad y el servicio.

El punto es que, le guste o no, *usted* es el líder en su familia, y de una manera u otra está llevando a cabo ya estos roles. La pregunta es *cómo* va a desempeñarlos. ¿Puede llevarlos a cabo de manera que ayuden a crear la clase de familia que usted quiere crear?

> Le guste o no, usted es el líder en su familia y de una manera u otra está llevando a cabo ya estos roles.

¿Está Usted Administrando o Dirigiendo? ¿Haciendo lo Que es "Urgente" o lo Que es "Importante"?

Durante muchos años he hecho esta pregunta a muchas personas: "Si fuera usted a hacer una cosa que sabe que va a marcar una enorme diferencia positiva en su vida personal, ¿qué sería esa cosa?" Luego hago la misma pregunta concerniente a su vida profesional o de trabajo. Las personas dan respuestas muy fácilmente. Pero muy en su interior ya saben lo que necesitan hacer.

Luego les pido que examinen sus respuestas y determinen si lo que anotaron es urgente o importante o ambas. "Urgente" viene de fuera, de presiones y crisis ambientales. "Importante" viene de dentro, de su sistema profundo de valores.

Casi sin excepción las cosas que las personas anotan que harían una gran diferencia positiva en sus vidas son importantes pero no urgentes. Cuando lo hablamos, las personas se dan cuenta de que la razón por la que no hacen estas cosas es que no son urgentes. No están presionando. Y desafortunadamente, la mayoría de las personas son adictas a lo urgente. De hecho, si no están dirigidas por lo urgente, se sienten culpables. Sienten como si algo anduviera mal.

Pero las personas verdaderamente efectivas se enfocan en lo importante más que en lo meramente urgente. Las investigaciones muestran que en todo el mundo, la mayoría de los ejecutivos con éxito se enfocan en la importancia, y los ejecutivos menos efectivos se enfocan en la urgencia. En ocasiones lo urgente también es importante, pero la mayoría del tiempo no es así.

Claramente, un enfoque en lo que es verdaderamente importante es mucho más efectivo que un enfoque en lo que es meramente urgente. Esto es cierto en todos los caminos de la vida, incluyendo la familia. Por supuesto, los padres van a tener que manejar muchas crisis y que apagar muchos fuegos que son tanto importantes como urgentes. Pero cuando eligen proactivamente dedicar más tiempo a las cosas que son realmente importantes pero no necesariamente urgentes, reduce las crisis y los "fuegos".

Liderazgo de la Familia Centrada en Principios

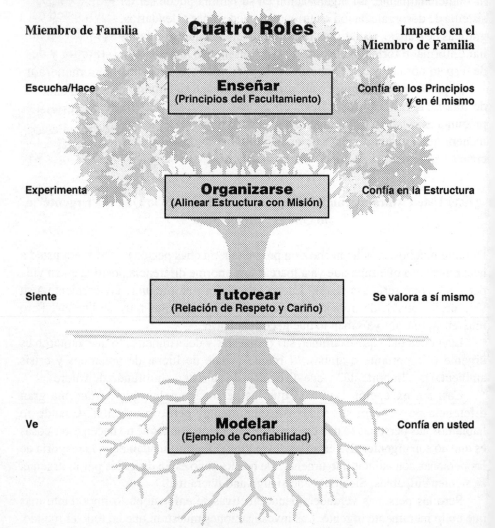

Miembro de Familia	**Cuatro Roles**	Impacto en el Miembro de Familia
Escucha/Hace	**Enseñar** (Principios del Facultamiento)	Confía en los Principios y en él mismo
Experimenta	**Organizarse** (Alinear Estructura con Misión)	Confía en la Estructura
Siente	**Tutorear** (Relación de Respeto y Cariño)	Se valora a sí mismo
Ve	**Modelar** (Ejemplo de Confiabilidad)	Confía en usted

Piense en algunas de las cosas importantes que se le han sugerido en este libro: crear una Cuenta de Banco Emocional; crear un enunciado de misión personal, uno matrimonial y uno familiar; tener tiempos familiares semanales; tener citas uno a uno con miembros de la familia; crear tradiciones familiares; trabajar juntos, aprender juntos y rendir culto juntos. Estas cosas no son urgentes. No nos presionan igual que los asuntos urgentes como correr al hospital para estar con un hijo por sobredosis de drogas, responder a un cónyuge emocionalmente lastimado que acaba de pedir el divorcio, o tratar de manejar a un niño que quiere abandonar la escuela.

Pero el punto es que eligiendo dedicar tiempo a las cosas importantes, disminuimos el número y la intensidad de verdaderas emergencias en nuestra vida familiar. Muchos, muchos asuntos se hablan y se resuelven por anticipado antes de que se conviertan en problemas. Las relaciones están ahí. Las estructuras están ahí. Las personas pueden hablar las cosas, solucionarlas. Se está llevando a cabo el enseñar. El enfoque está en la prevención de incidentes en vez de apagar fuegos. Como lo resumió Benjamin Franklin: "Una onza de prevención vale una libra de remedio".

La realidad es que la mayoría de las familias están sobre administradas y muy poco lideradas. Pero mientras más liderazgo de calidad se proporcione a la familia, menos administración se necesitará porque las personas se administrarán solas. Y viceversa: mientras menos liderazgo se proporcione, se necesita más administración porque sin una visión común y un sistema común de valores, usted tiene que controlar las cosas y a las personas para mantenerlas en línea. Esto requiere administración externa, pero también provoca rebelión o le rompe el espíritu a las personas. De nuevo, como dicen los proverbios: "Donde no hay visión, las personas perecen".

Aquí es donde entran los 7 Hábitos. Lo facultan para ejercer liderazgo así como administración en la familia; hacer lo "importante" igual que lo "urgente e importante". Le ayudan a formar relaciones. Le ayudan a enseñar a su familia las leyes naturales que gobiernan todo en la vida y, juntos, institucionalizar esas leyes en un enunciado de misión y algunas estructuras.

Sin duda, la vida familiar actual es un acto en trapecio muy alto sin red de seguridad. Sólo a través del liderazgo centrado en principios se puede proporcionar una red en forma de autoridad moral en la cultura misma, y simultáneamente construir la mentalidad y las habilidades para desempeñar los movimientos "acrobáticos" requeridos.

Los 7 Hábitos le ayudan a desempeñar sus roles de liderazgo familiar naturales en maneras basadas en principios que crean estabilidad, éxito y significado.

Los Tres Errores Comunes

Las personas con frecuencia cometen uno de los tres errores comunes respecto al Árbol de Liderazgo de la Familia Centrada en Principios.

Error núm. 1: Pensar Que Cualquier Rol es Suficiente

El primer error es pensar que cada rol es suficiente en sí mismo. Muchas personas parecen pensar que sólo modelar es suficiente, que si persiste en dar un buen ejemplo durante mucho tiempo, los niños eventualmente seguirán ese ejemplo. Estas personas no ven la necesidad real de tutorear, organizar y enseñar.

Otros sienten que tutorear y amar es suficiente, que si crea relaciones y constantemente comunica amor, cubrirá una multitud de pecados en el área de ejemplo personal y será innecesaria la estructura organizacional y el enseñar, incluso contraproducente. El amor se ve como la panacea, la respuesta a todo.

Algunos están convencidos de que es suficiente organizarse adecuadamente, lo cual incluye planeación y establecer estructuras y sistemas para hacer que sucedan cosas buenas en las relaciones y en la vida familiar. Sus familias pueden estar bien administradas, pero carecen de liderazgo. Pueden estar procediendo correctamente pero en la dirección equivocada. O están llenas de excelentes sistemas y listas de verificación para todos pero no tienen corazón, no hay calidez, no hay sentimiento. Los hijos tenderán a alejarse de estas situaciones en cuanto puedan y tal vez no tendrán deseo de regresar, excepto quizá por un sentido de deber familiar o un deseo espiritual fuerte para hacer algunos cambios.

Otros sienten que el rol de los padres es básicamente enseñar por medio de decir y que explicar más clara y consistentemente eventualmente funcionará. Si no funciona, al menos transfiere la responsabilidad a los niños.

Algunos sienten que poner el ejemplo y relacionar, en otras palabras, modelar y tutorear, son todo lo necesario. Otros sienten que modelar, tutorear y enseñar será suficiente, y organizarse no es tan importante porque en el largo plazo, lo que realmente cuenta es la relación, la relación y la relación.

Este análisis podría continuar, pero esencialmente gira alrededor de la idea de que en realidad no necesitamos los cuatro roles, que sólo uno o dos es suficiente. Pero éste es un error muy importante y muy común. Cada rol es necesario, pero absolutamente insuficiente sin los otros tres. Por ejemplo, podría ser una buena persona y tener una buena relación, pero sin organización y enseñanza, no habrá refuerzo estructural y sistémico cuando no esté presente o cuando suceda algo que afecte negativamente su relación. Los niños no necesitan sólo verlo y sentirlo, sino también experimentarlo y oírlo, o puede que nunca entiendan las leyes importantes de la vida que gobiernan la felicidad y el éxito.

Error núm. 2: Ignorar la Secuencia

El segundo error, el cual es todavía más común, es ignorar la secuencia: pensar que puede enseñar explícitamente sin tener la relación; o que puede construir una buena relación sin ser una persona confiable; o que la enseñanza verbal es suficiente y que los principios y leyes de la vida contenidos en esa enseñanza verbal no necesitan incluirse en los patrones y el proceso, las estructuras y los sistemas de la vida familiar cotidiana.

Pero justo como las hojas del árbol crecen de las ramas, las ramas crecen del tronco y el tronco crece de las raíces, así cada uno de estos roles de liderazgo crece de aquellos que lo preceden. En otras palabras, hay un orden aquí: modelar, tutorear, organizar, enseñar, que representa el verdadero proceso de dentro hacia fuera. Igual que las raíces del árbol aportan los nutrientes y la vida a todas las demás partes del árbol, así su propio ejemplo da vida a sus relaciones, a sus esfuerzos por organizarse, a sus oportunidades de enseñar. Verdaderamente, su forma de modelar es el fundamento de todas las demás partes del árbol. Y todos los demás niveles son una parte necesaria de aquellos que crecen de él. Los líderes familiares efectivos reconocen este orden, y cuando hay una ruptura, usan la secuencia para ayudar a diagnosticar la fuente del problema y dar los pasos necesarios para resolverlo.

> *I*gual que las raíces del árbol aportan los nutrientes y la vida a todas las demás partes del árbol, así su propio ejemplo da vida a sus relaciones, a sus esfuerzos por organizarse, a sus oportunidades de enseñar.

En la filosofía griega la influencia humana viene de *ethos, pathos, logos. Ethos* básicamente significa credibilidad que viene del ejemplo. *Pathos* viene de la relación, la alineación emocional, el entendimiento que se lleva a cabo entre las personas y el respeto que se tienen entre sí. Y *logos* se refiere a la lógica, la lógica de la vida, las lecciones de la vida.

Como con los 7 Hábitos, la secuencia y la sinergia son las cosas importantes. Las personas no escuchan si no sienten y ven. La lógica de la vida no echará raíces si a usted no le importa o si carece de credibilidad.

El tercer error es pensar que cuando ha cumplido con estos roles una vez, no tiene que hacerlos más, en otras palabras, busca desempeñar estos roles como un evento más que como un proceso continuo.

Modelar, tutorear, organizarse y *enseñar* son verbos en tiempo presente que deben llevarse a cabo continuamente. Deben continuar de día y de noche. Modelar o poner el ejemplo debe siempre estar ahí, incluyendo el ejemplo de disculparse cuando nos salimos de curso. Debemos continuamente hacer depósitos en la Cuenta de Banco Emocional porque la comida de ayer ya no satisface su hambre de hoy, especialmente en las relaciones familiares donde las expectativas son altas. Porque las circunstancias están cambiando constantemente, siempre existe el rol de organizarse para acomodarse a esa realidad cambiante y así los principios estén institucionalizados y adaptados a la situación. Y la enseñanza explícita debe continuar constantemente porque las personas se mueven continuamente de un nivel de desarrollo a otro, y los mismos principios aplican de manera diferente y a diferentes niveles de desarrollo. Además, debido a las circunstancias cambiantes, la edad y las etapas diversas, deben enseñarse y reforzarse nuevos principios que aplican y entran en juego.

En nuestra propia familia descubrimos que cada niño representa su desafío único, su mundo único y sus necesidades únicas. Cada quien representa un nuevo nivel de compromiso, energía y visión. Incluso sentimos con nuestro último hijo (por cierta nostalgia de los gloriosos años pasados en que estábamos formando una familia), una tendencia a ser más suaves. Tal vez esto viene de nuestra propia necesidad de ser necesitados, aunque nuestro enunciado de misión se enfoca en producir independencia e interdependencia.

Joshua *(Hijo):*

Ser el más pequeño de nueve tiene sus ventajas. Los mayores siempre se están quejando con mamá y papá de que estoy mal educado y que nunca me regañan. Dicen que mamá y papá no son ni la mitad de estrictos de lo que eran antes, que yo no tengo que trabajar y ser esclavo como lo fueron ellos. Me preguntan: "¿Qué haces tú además de recoger tu cuarto y sacar la basura?"

Me dicen que cuando eran pequeños, era más difícil ser Águila Scout, que sus maestros eran más malos y exigentes, y que mamá y papá no eran para nada lo que son ahora. Se quejan de que mientras ellos tenían que estar en casa y poner la comida en la mesa, yo me voy de viaje. Los hombres dicen que tenían que levantar pesas y trabajar duro para desarrollar sus músculos, pero ahora tienen que ser responsables, y es por eso que no pueden derrotarme en un juego de tenis o basquetbol. Dicen que sería mejor que yo me pusiera a trabajar y sacara puras buenas calificaciones si quiero ir a una buena universidad. Me dicen que es por ello que debería escuchar su consejo y no cometer los mismos errores que ellos cometieron. También dicen que seguramente puedo ser "profesional" en cualquier deporte que elija porque todos han ofrecido entrenarme. Y que si hago lo que dicen, mi vida será mucho más fácil que la de ellos.

Al escribir este libro, me encuentro muy agradecido por el significado de la metáfora del avión y la oportunidad de cambiar constantemente, y mejorar y aplicar lo que estoy tratando de enseñar. Esto ha sido un recordatorio poderoso para mí de que necesito seguir dándole, llegar hasta el fin y respetar las leyes que gobiernan el crecimiento, el desarrollo y la felicidad en toda la vida. De otro modo, nos volvemos como la persona bien intencionada que, viendo a la mariposa luchar para salir de su capullo, sacudiendo las alas para romper el pequeño tendón que la une a su antigua forma, su antigua estructura, con un espíritu de ayuda toma un cuchillo y corta el tendón remanente. Como resultado, las alas de la mariposa nunca se desarrollan completamente y la mariposa muere.

Así, nunca debemos pensar que nuestro trabajo está hecho con nuestros hijos, nietos, incluso con nuestros bisnietos.

Una vez en los Cayos de Florida estaba hablando a un grupo de parejas retiradas extremadamente pudientes, sobre la importancia de la familia de tercera generación. Reconocieron que habían dividido esencialmente su sentido de responsabilidad con sus hijos mayores y sus nietos. El involucramiento de la familia no era la fuerza central en sus vidas; era una culpa ocasional de "días festivos solamente" justificada por la racional de ayudar a los niños a volverse independientes de ellos. Pero al abrirse y apalancarse, muchos reconocieron su tristeza en esta división, incluso abdicación, y resolvieron involucrarse con sus familias en muchas maneras nuevas. Ayudar a los hijos a volverse independientes es importante, por supuesto, porque esta clase de actitud de dividir nunca creará el sistema de apoyo intergeneracional que se necesita hoy en día para tratar con el asalto de la cultura en la familia nuclear.

Las familias a menudo se van a uno de dos extremos. O se enredan demasiado, es decir, son demasiado dependientes emocionalmente entre ellos (y tal vez social, financiera o intelectualmente dependientes también), o quizá por el temor a la dependencia, se vuelven demasiado desligados, demasiado independientes. Esto es realmente una especie de dependencia. Algunas veces las familias cultivan los estilos de vida independientes que tienen la apariencia de interdependencia aunque por dentro hay una profunda dependencia. Por lo general, puede distinguir entre dicha dependencia y la verdadera interdependencia escuchando el lenguaje: las personas acusan o culpan, o se enfocan en el futuro y en las oportunidades y responsabilidades.

Sólo cuando los miembros de la familia realmente pagan el precio ganando la victoria privada y produciendo una independencia genuina y equilibrada, pueden empezar a trabajar en los temas de la interdependencia. Respecto a nuestra propia familia intergeneracional, Sandra y yo hemos concluido que la responsabilidad de ser abuelos es secundaria a la de ser padres. En otras palabras, hemos definido nuestro trabajo primario como aquel de afirmar a nuestros hijos y el trabajo que ellos hacen con sus hijos. Ese valor claro nos da dirección en nuestra participación con los hijos casados y sus familias. Estamos convencidos de que los abuelos deben estar anestesiados por la mentalidad de "retiro" para pensar que ya no son una necesidad vital para el involucramiento familiar. Usted nunca se "retira" de la familia. Siempre existe la necesidad de proporcionar apoyo y afirmación continuos, de estar al pie del cañón, para crear un sentido de visión de lo que es la familia intergeneracional.

Incluso cuando los hijos se van fuera del nido, los padres tienen que reconocer la necesidad de sus hijos de afirmación de sus roles como padres y de lo bien que lo están haciendo; necesitan reconocer las necesidades de sus nietos de tener tiempo especial con su abuela y su abuelo, tanto colectivamente como uno a uno. De esta manera sirven como otra fuente de reforzamiento para la enseñanza dada en ese hogar o ayudar a compensar las deficiencias temporales en el hogar.

Usted nunca se «retira» de la familia.

Las oportunidades de amor y apoyo intergeneracional, y de un legado creativo sólo sigue creciendo conforme su prosperidad sigue creciendo. Y sin importar su edad, siempre puede ser ese "alguien" quien la mejor investigación muestra como vital para hijos y nietos sanos y felices, alguien que está absoluta, positiva e incondicionalmente "loco" por ellos.[3] Un abuelo puede hacer eso.

Sandra y yo sentimos una enorme obligación hacia cada uno de nuestros nueve hijos y sus cónyuges y nuestros (hasta ahora) veintisiete nietos. Estamos ansiosos por continuar esa sensación de mayordomía y responsabilidad hacia más nietos y hacia la cuarta generación, los bisnietos. Esperamos incluso estar aquí lo suficiente para ayudar a criar tataranietos.

La primera línea de defensa debe siempre ser la familia, la familia nuclear, la familia intergeneracional, la familia extendida. Así, nunca debemos pensar que nuestro modelar, tutorear, organizar y enseñar ha terminado.

El Factor de Aleta Compensadora

Este viaje de sobrevivir a significado puede parecer agobiante a veces. Puede parecer como que hay demasiado por hacer. La brecha entre lo real y lo ideal parece ser enorme. Y usted es sólo una persona. ¿Qué tanto puede hacer realmente una persona?

Me gustaría sugerir una imagen simple y poderosa para que la persona de transición la tenga en mente.

Los aviones y los barcos tienen una pequeña superficie a menudo llamada la *aleta compensadora*. Cuando esta aleta compensadora se mueve, mueve una superficie más grande que actúa como timón y afecta la dirección del barco o el avión. Aunque requiere mucho tiempo voltear 180 grados un barco oceánico grande, un avión puede voltearse rápidamente. Pero en ambos casos se necesita esa pequeña aleta compensadora para lograrlo.

> *Una de las imágenes más útiles de usted mismo en su familia es la de la aleta compensadora, el pequeño timón que mueve el timón más grande y eventualmente cambia la dirección total del avión.*

Una de las imágenes más útiles de usted mismo en su familia es la de la aleta compensadora, el pequeño timón que mueve el timón más grande y eventualmente cambia la dirección total del avión.

Si usted es padre de familia, obviamente es una aleta compensadora. En usted radica el poder de elegir, de comprometerse. El compromiso es el engrane que conecta visión con acción. Si el compromiso no está ahí, las acciones serán gobernadas por la circunstancia en vez de la visión. Así, el primero y más fundamental requisito de los cuales surge todo lo demás es hacer un compromiso total con usted mismo y con su familia, incluyendo un compromiso con vivir los 7 Hábitos. Es interesante ver que este compromiso total con el liderazgo, se traduce en amor tierno y cálido.

Aunque los padres representan el rol principal de liderazgo, hemos visto también muchos otros (hijos, hijas, tíos, primos, abuelos y padres adoptivos) representar la aleta compensadora en sus familias. Han aportado cambios fundamentales y mejoras en la cultura familiar. Muchos han sido las figuras reales de transición. Han detenido la transmisión de tendencias negativas de una generación a otra. Han trascendido genes, programas, condiciones y presiones ambientales para comenzar cosas nuevas

Un hombre que venía de una vida de beneficencia y abuso dijo esto:

Durante toda la preparatoria tuve el deseo de ir a la universidad. Pero mamá me decía: "No puedes hacerlo. No eres lo suficientemente inteligente. Vas a tener que ser como muchos y mantenerte de beneficencia". Era tan desalentador.

Pero entonces iba a pasar el fin de semana con mi hermana y a través de ella pude ver que había más en la vida que sólo vivir de beneficencia y recibir vales para comida. Ella pudo mostrarme eso por la manera en que vivía.

Estaba casada. Su esposo tenía un buen empleo. Ella trabajaba medio tiempo cuando quería, pero no tenía que hacerlo. Vivían en un bonito vecindario. Y fue a través de ella que pude ver el mundo. Iba a campamentos con su familia. Hacíamos muchas cosas juntos. A través de ella conseguí el deseo de una buena vida. Pensaba: esto es lo que quiero hacer. Así es como quiero vivir. Y no puedo hacerlo con la beneficencia.

Ella había sido una gran influencia en mi vida. Fue por ella que tuve el valor de mudarme al oeste, ir a la escuela, hacer algo más de mi vida. Incluso ahora viajamos de un lado a otro del país para vernos una vez al año. Hablamos mucho, confiamos mucho el uno en el otro, compartimos muchos sueños, aspiraciones y metas en la vida. Haber podido renovar esa relación ha sido una cosa maravillosa en mi vida.

Otro esposo y padre que se convirtió en agente de cambio reflexionó sobre el agente de cambio en su vida:

Cuando tenía nueve años, mis padres se divorciaron. Mi papá dejó a mi mamá con siete hijos entre diecisiete y un año. El era alcohólico y no apoyaba a la familia ni financiera ni emocionalmente. Nunca pagó por el mantenimiento de los hijos. Un año después de que papá se fue, mi hermano entro a la Marina. Así que yo estaba en casa con cinco hermanas y mamá. Creo que por eso soy un poco loco. Puedo pegar papel tapiz mejor de lo que puedo arreglar un motor. En cualquier caso, no tenía mucho de la influencia de un padre en mi vida.

Cuando me casé con Cherlynn, fui expuesto a una situación familiar completamente diferente. El padre de ella era un modelo muy fuerte. Estaba muy involucrado con sus hijos. Les dedicaba mucho tiempo y energía. Los motivaba para que fijaran metas educativas y otras metas importantes. Planeaba vacaciones familiares. Juntaba a todos para hacer oraciones familiares. Cuando había problemas, siempre estaba cerca y los resolvía en maneras verdaderamente ganar-ganar.

Este hombre era un participante tan sólido y activo en la familia que dejó en mí una impresión indeleble. Esa era una familia que la había hecho muy bien, y yo reconocí que este hombre tenía una gran influencia en ello. Así que me volví algo así como una esponja, observando todo, mirando e impresionándome. Sin duda, el padre de Cherlynn ha sido el rol de modelo más grande en mi vida.

¿Puede usted ver la influencia que estas personas de transición, estas personas de cambio, estas "aletas compensadoras" han logrado? Incluso cuando no hay necesidad de superar un pasado negativo sino de construir un futuro positivo, las personas aletas compensadoras pueden hacer una gran diferencia.

La verdad es que cada uno de nosotros pertenece a una familia y cada uno tiene el poder y la capacidad de hacer una tremenda diferencia. Como lo dijo la autora Marianne Williamson:

Nuestro temor más profundo no es a ser inadecuados. Nuestro temor más profundo es que somos poderosos más allá de la medida. Es nuestra luz, no nuestra oscuridad, lo que más nos asusta. Nos preguntamos: ¿Quién soy yo para ser brillante, magnífico, talentoso, fabuloso? En realidad, ¿quién es usted para no serlo? Es un hijo de Dios. El jugar poco no le sirve al mundo. No hay nada alumbrador en encogerse para que otras personas no se sientan seguras cerca de usted. Todos estamos hechos para brillar, como lo hacen los niños. Nacimos para hacer manifiesta la gloria de Dios que está dentro de nosotros. No está sólo en algunos de nosotros, está en todos. Y al dejar nuestra luz brillar, inconscientemente damos a otras personas permiso para hacer lo mismo. Al ser liberados de nuestro propio temor, nuestra presencia automáticamente libera a otros.[4]

Esto representa el total de la condición y la naturaleza humanas, para vernos en dicha capacidad de que podemos transcender nuestra historia propia y proporcionar liderazgo a nuestras familias, que podemos dirigir a nuestras familias para que se vuelvan catalizadores que proporcionan liderazgo en la sociedad también.

Dejarlo Ir

Nunca olvidaré la primera experiencia que tuve rapeleando en una montaña. Tenía aproximadamente 36 metros de altura. Yo observé a otros que estaban entrenados para rapelear y luego lo hice. Los vi llegar a la seguridad de brazos que los esperaban y recibir las felicitaciones de las personas allá abajo.

Pero cuando llegó mi turno, toda mi intelectualización se me fue al estómago y experimenté un gran terror. Se suponía que caminara de espaldas a la orilla. Sabía que había una cuerda de seguridad a mi alrededor en caso de que algo saliera mal. En mi mente podía ver a los demás que lo habían logrado con éxito. Tenía un entendimiento intelectual de toda la situación y un sentido intelectual de seguridad. Yo era incluso uno de los instructores, no de la parte técnica, sino de la parte social, emocional y espiritual. Los estudiantes me estaban viendo en busca de liderazgo y guía. Sin embargo, yo estaba aterrado. El primer paso en el aire era el momento de la verdad, el cambio de paradigma de fe en mi zona de confort, a un sistema intelectual y físico de ideas y cuerdas. Tan aterrador como era, lo hice, igual que los otros.

Llegué a salvo a tierra firme, vigorizado por el éxito de enfrentar el desafío.

No puedo pensar en una experiencia que describa mejor el sentimiento de algunos que pueden luchar con las ideas en este libro. Quizá usted se sienta así. La idea de un enunciado de misión familiar y de tener un tiempo familiar semanal y experiencias de acercamiento uno a uno regulares puede estar tan fuera de su zona de confort que no puede imaginarse cómo hacerlo aunque tiene sentido intelectual para usted y en realidad quiere hacerlo.

Todo lo que me gustaría decirle es esto: "¡Usted puede hacerlo!" Dé ese paso. Como dice la expresión: "Ponga su dinero en la mano izquierda y las agallas en la derecha, y brinque".

Sé que hemos cubierto mucho material en este libro, pero no se sienta agobiado. Si puede empezar donde está y seguir trabajando, le prometo que le llegarán discernimientos increíblemente maravillosos. Mientras más viva estos hábitos, más verá cómo su poder mágico no está en los hábitos individuales, sino en la manera en que funcionan juntos para crear un marco de referencia, o una especie de mapa mental, que usted puede aplicar a cualquier situación.

Considere la utilidad de un mapa exacto para ayudarle a llegar a cualquier destino. Un mapa inexacto, por otra parte, es peor que inútil, es dirigir mal. Imagínese intentando llegar a un destino en los Estados Unidos cuando lo único que tiene es un mapa de Europa. Podría intentarlo muy duro, pero se perdería dos veces más rápido. Podría pensar positivamente y terminar con buen ánimo, pero seguiría perdido. El meollo del asunto es que, suponiendo que ésta es la única fuente de información que tiene, es muy improbable que llegue a su destino.

Trabajando con familias, hay al menos tres mapas equivocados comunes:

1. **El mapa de "consejos de otros".** Proyectar nuestra experiencia en la vida de otras personas es algo común de hacer. Pero piénselo: ¿sus anteojos le funcionarían a otra persona? ¿Sus zapatos le quedarían a otra persona? En algunos casos sí, pero con más frecuencia, no. Lo que funciona en una situación no necesariamente funciona en otra.

2. **El mapa de los valores sociales.** Otro mapa común consta de teorías que están basadas en valores sociales más que en principios. Pero como vimos en el Hábito 3, los valores sociales no necesariamente son iguales a los principios. Por ejemplo, si usted adora a un hijo con base en su conducta, puede manipular esa conducta en el corto plazo. Pero el niño aprende a ganar amor por su buena conducta. ¿Puede eso aportar posiblemente buenos resultados con el tiempo? ¿Y da un panorama realista de lo que es el "amor"?

3. **El mapa "determinista".** Uno de los paradigmas más sutiles es el mapa basado en suposiciones deterministas. El panorama que crea es que esencialmente somos víctimas de nuestros genes y circunstancias. Las personas que viven con este mapa tienden a hablar y pensar en términos como éstos:

"Así soy yo. No hay nada que hacer al respecto."

"Mi abuela era así, mi madre también, entonces así soy yo."

"Ay, ese rasgo de carácter viene de la familia de mi padre."

"¡Me hace enojar mucho!"

"¡Estos niños me están volviendo loca!"

El mapa determinista da un panorama torcido de nuestra naturaleza interna y niega nuestro poder fundamental para elegir.

Estos y otros mapas son la raíz de muchas de las cosas que pensamos y hacemos en la familia. Y mientras tengamos estos mapas, es muy difícil que actuemos fuera de ellos.

Para ilustrar, una vez hablé a un grupo grande de personas, mi madre estaba en el público. Ella se sentó cerca del frente y se molestó mucho durante mi discurso porque dos personas en la fila de enfrente estaban hablando. Sentía que era una desconsideración, y hasta insultante, para su hijo y se sentía irritada por lo que ella consideraba grosero e inadecuado.

Al final del discurso, mi madre se acercó a la fila de enfrente y empezó a comentar el incidente con otra persona, con bastante molestia. Esa persona contestó: "Ah, sí, esa mujer es de Corea y el caballero es su intérprete".

Mi madre se sintió totalmente avergonzada. De repente vio todo de manera diferente. Se sintió apenada por su actitud de juicio. Y vio que se había perdido mucho de la presentación a causa de ello, todo debido a un mapa equivocado.

Durante el discurso ella pudo haber tratado de pensar con más caridad hacia esas dos personas de la fila de enfrente. Después, pudo incluso haber tratado de interactuar con ellos en forma positiva. Pero mientras su mapa le decía que eran groseros y descorteses, cualquier esfuerzo por cambiar su actitud o su conducta hubiera traído resultados mínimos. No fue hasta que tuvo un mapa más exacto que pudo efectuar un cambio en ella misma y en la situación.

El punto es que todos actuamos basados en nuestros mapas. Y si queremos crear cambio en nuestras vidas y en nuestras familias, no es suficiente enfocarnos en actitudes y conductas. Tenemos que cambiar el mapa.

De fuera hacia dentro ya no funciona. Sólo de dentro hacia fuera. Como lo puso Einstein: "Los problemas importantes que enfrentamos no pueden resolverse al mismo nivel de pensamiento en el que estábamos cuando los creamos". La clave real está en aprender y usar una nueva manera de pensar, un mapa nuevo y más exacto.

Experimentando el Marco de Referencia de los 7 Hábitos

Junto con la emoción de esperanza y resolución, me gustaría que usted, lector, apreciara de este libro la utilidad y el poder del mapa o marco de referencia de los 7 Hábitos como un todo, al entender y resolver cualquier problema familiar que pudiera tener. La clave no está en un hábito en particular o en una historia, aunque sea fascinante, o en una práctica particular, por bien que haya funcionado para otros. La clave está en aprender y usar esta nueva forma de pensar.

Bien podría preguntar: "¿Pero cómo un enfoque tan sencillo puede manejar toda situación concebible, con los desafíos de una familia grande, una pareja sin hijos, una familia con un solo padre, una familia mezclada, abuelos y parientes mayores?" También podría preguntar: "¿Un enfoque tan sencillo puede funcionar en diferentes naciones, diferentes culturas?"

La respuesta es: Sí puede, si está basado en necesidades y principios universales.

El marco de referencia de los 7 Hábitos está basado en un enfoque centrado en principios para satisfacer nuestras necesidades: física/económica, social, mental y espiritual. Este marco de referencia es simple pero no simplista. Como lo dijo Oliver Wendell Holmes: "Yo no daría nada por la simplicidad en este lado de la complejidad, pero daría mi brazo derecho por la simplicidad en el lado lejano de la complejidad". El enfoque de los 7 Hábitos es simplicidad en el lado lejano de la complejidad porque todos los hábitos están basados en principios universales, organizados de dentro hacia fuera, para ser adaptados a cualquier situación por las personas involucradas. Dirige los problemas agudos y los crónicos, el dolor que se siente y la causa fundamental. El enfoque de los 7 Hábitos no es una teoría académica pesada, ni es un manojo de fórmulas simplistas para el éxito. Es verdaderamente una tercera alternativa en la literatura para la familia.

Para ilustrar cómo puede usted aplicar este marco de referencia, permítame compartirle dos historias de personas que tuvieron mucho éxito en situaciones muy diferentes. Mientras lee estas historias, busque ejemplos donde las personas involucradas empezaron a usar los 7 Hábitos, ya sea para entender o para resolver su preocupación.

Una mujer compartió esta experiencia de una crisis que tuvo en su matrimonio:

Mi esposo y yo siempre habíamos tenido un matrimonio volátil. Ambos somos extremadamente necios, sabemos exactamente lo que queremos y estamos determinados a lograrlo a cualquier costo.

Hace como un año y medio, nos golpeamos contra una pared. Tres años antes, Jeff me había informado que iba a graduarse en la escuela, al otro lado del país en Pensilvania, nada menos. No me dio gusto porque yo tenía una carrera prometedora, acabábamos de comprar una casa, mi familia toda vivía cerca y yo estaba feliz en donde estaba.

Así que me resistí ferozmente durante seis meses. Finalmente decidí. Bueno, estoy casada con este hombre, así que iré con él. Lo seguí, con resentimiento, hasta Pensilvania. Lo apoyé financieramente durante dos años, pero nada más. No me gustaba estar ahí. No soy aficionada a esa parte del país, así que me tomó un tiempo acostumbrarme a Pensilvania. No tenía amigos ni familia ahí. Tenía que volver a empezar. Y totalmente culpé a Jeff por lo miserable que me sentía porque había sido su idea traerme aquí.

Cuando Jeff finalmente se graduó, dije: "Muy bien, yo he trabajado todo este tiempo y ahora es tu turno de buscar un empleo". Él por supuesto inició el proceso de conseguir empleo, solicitando en todo el país y yendo a todas las entrevistas. Pero las cosas no le iban muy bien y se sentía miserable.

A mí ni siquiera me importaba lo miserable que se sentía él. Yo sólo quería que encontrara un empleo en alguna parte, en cualquier parte, y me sacara de este horrible pueblo universitario.

Trató por todos lados de hablarme de sus sentimientos. Me decía: "Sabes, Angie, me gustaría poner mi propio negocio. En realidad no quiero trabajar para otra persona".

Y yo contestaba: "¿Sabes qué? No me importa. Tenemos deudas en la escuela. No tenemos dinero. Necesitas conseguir un trabajo y mantenernos. Quiero tener más hijos. Quiero establecerme. Quiero quedarme en un lugar un tiempo y tú no haces nada por mí". Finalmente, me harté porque él no podía decidir qué quería hacer. Me sentí muy frustrada y me fui a visitar a mis padres.

Mientras estaba allá, decidí entrevistarme para un empleo. Y lo conseguí. Llamé a Jeff y le dije: "Tú no consigues empleo, así que yo lo conseguí. Conseguí un trabajo porque quería hacerlo". Trabajé en este empleo por casi tres meses. Durante ese tiempo fui expuesta a los 7 Hábitos.

Jeff finalmente decidió venir a arreglar las cosas. Estábamos muy separados. Él vivía en Pensilvania y yo en Utah. Rara vez hablábamos. No teníamos casa. Todas nuestras cosas estaban en una bodega. Teníamos un hijo. Habíamos llegado a este punto de la crisis: ¿íbamos a seguir casados o íbamos a continuar nuestras vidas separados?

La noche que llegó fuimos a cenar y pensé: voy a intentarlo. Voy a pensar ganar-ganar aunque esto me mate. Voy a tratar de sinergizar así sea lo último que haga.

Expliqué algunas de estas cosas a Jeff y estuvo de acuerdo en intentarlo. Durante las siguientes cuatro o cinco horas nos quedamos en el restaurante hablando. Empezamos a hacer una lista de lo que realmente queríamos de nuestro matrimonio. Él se sorprendió al ver que lo que yo quería en realidad era estabilidad, que no me importaba mucho que tuviera un trabajo normal, pero un trabajo normal era la manera en que yo percibía la estabilidad.

"Si puedo darte estabilidad y abrir mi propio negocio, ¿eso sería aceptable para ti?" preguntó.

Yo dije: "Seguro."

"Si pudiera hacerlo y tú encontraras un trabajo que te gustara en un lugar del país que te agradara, ¿eso sería bueno para ti?"

De nuevo contesté: "Seguro."

Entonces preguntó: "¿No te gusta trabajar? ¿Por eso siempre me estás diciendo que consiga un empleo?"

Y yo dije: "No. En realidad me encanta trabajar, pero no me gusta sentir que todo es mi responsabilidad."

Revisamos muchos aspectos y repetimos las cosas varias veces. Salimos del restaurante esa noche con una lista de expectativas compartidas y claramente definidas. Las escribimos porque temíamos no comprometernos con nuestro plan si no las teníamos por escrito.

En septiembre pasado, a un año de esa cena, Jeff sacó la lista e hicimos un inventario de lo que había sucedido.

El había abierto su negocio, el cual estaba floreciendo. Todavía es una gran lucha. A veces trabaja veinte horas al día y yo he tenido que guardar silencio sobre la deuda que adquirimos para empezar. Pero el negocio en realidad se paga solo y ya estamos haciendo un progreso importante para terminar con esa deuda.

Llegué a considerar mi trabajo más seriamente, en parte por el riesgo involucrado en que Jeff pusiera su propio negocio. Pero también llegué a disfrutar mi trabajo. Fui promovida varias veces y por último encontré exactamente lo que me gusta hacer.

Compramos una casa. Descubrimos que habíamos hecho todo lo de la lista. Por primera vez en la vida, sentí que éramos estables. Y estoy feliz. Todo empezó esa noche en que nos sentamos determinados a practicar los Hábitos 4, 5 y 6.

¿Notó cómo esta mujer hizo una elección proactiva (Hábito 1: Ser proactivo) para enfrentar el desafío de su matrimonio? Aunque fue difícil, decidió practicar los Hábitos 4, 5 y 6 (Pensar ganar-ganar; Buscar primero entender, luego ser entendido; Sinergizar). Ella explicó el proceso a su esposo y juntos crearon una lista de lo que realmente querían de su matrimonio (Hábito 2: Comenzar con el fin en la mente).

Note cómo empezaron a pensar en términos de beneficio mutuo (Hábito 4: Pensar ganar-ganar) y llegaron al entendimiento mutuo (Hábito 5: Buscar primero entender, luego ser entendido). Al hablar las cosas una y otra vez, y estar los dos abiertos, hicieron más y más descubrimientos sobre cómo se sentía el otro. Repitieron las cosas y finalmente salieron del restaurante con una lista de expectativas compartidas (Hábito 2: Comenzar con el fin en la mente). Después, se reconectaron con esa lista y evaluaron su progreso (Hábito 7: Afilar la sierra).

¿Puede ver cómo esta pareja usó el marco de referencia de los 7 Hábitos para crear un cambio positivo en su matrimonio y en sus vidas?

Vamos a ver otro ejemplo. Una mujer compartió esta experiencia de pasar por la incapacidad y muerte de su esposo.

Hace cinco años mi esposo, Tom, tuvo un accidente que le paralizó del cuello para abajo. En ese punto se detuvo cualquier planeación a futuro para nosotros. No teníamos enfoque en el futuro. No estábamos seguros de que siquiera habría un futuro. El único enfoque que teníamos estaba en que Tom sobreviviera día a día.

Cuando nos sentíamos seguros de su progreso, tenía que volver al hospital. Esto sucedía casi cada seis meses. Y no eran estancias cortas en el hospital. Estaba internado entre cuatro y ocho semanas cada vez. Durante esas estancias, cualquier progreso que hubiera logrado por lo general desaparecía y tenía que empezar a desarrollar de nuevo alguna pequeña habilidad que había alcanzado.

Era como estar en una montaña rusa cada minuto. Sabías que ibas a llegar a la bajada, pero no sabías cuándo. No había de qué agarrarse. Sabíamos que el accidente significaba una expectativa de vida mucho más corta para Tom, pero nadie podía decirnos qué significaba eso. Podría ser una hora, un día, un año, diez años. Vivíamos en un mundo sin tiempo esperando el siguiente golpe.

Fue durante este tiempo que cambié de trabajo. El ambiente del que venía era que si no trabajabas sesenta horas a la semana y tu trabajo no era el primero, significaba que no estabas trabajando lo suficientemente duro o rápido. De repente me encontré en un ambiente donde el Hábito 3 (Poner primero lo primero) era la regla básica. En este ambiente, me dijeron: "Tú decides qué es lo primero. No sólo puedes decidir qué es lo primero, sino que también puedes hacerlo lo primero en tu vida".

Yo tenía muy claro que la vida de Tom tenía un panorama muy limitado y vi que su calidad de vida era una prioridad real para mí. De repente me estaban dando permiso para ponerlo a él primero.

Entonces, después del trabajo llegaba a casa a pasar tiempo con Tom. A veces lo llevaba a algún lugar. A veces sólo nos sentábamos tomados de la mano a ver televisión. Pero no tenía que preocuparme por si estaba trabajando muy duro o muy rápido. Antes, corría a casa a darle de comer y rápido hacía todo antes de tener que regresar al trabajo al día siguiente. Mi tiempo con él había estado muy, muy limitado. Pero ahora que encontré que podía hacerlo la prioridad en mi vida, realmente pasé el mejor tiempo de calidad con él. Hablábamos de su muerte. Planeábamos su funeral. Hablábamos sobre nuestra vida. Más que nada hablábamos de las cosas que compartimos y cuánto nos habíamos enriquecido en la vida. Desarrollamos un vínculo en nuestra relación durante esos últimos seis meses que iba más allá de cualquier cosa que hubiéramos tenido en nuestra vida antes.

El enunciado de misión que escribí durante ese tiempo contenía esta frase: "Serviré al mundo una persona a la vez". Y por seis gloriosos meses Tom fue la persona que yo serví. Tom tenía muy claro que su misión era: asegurar que cualquier cosa que tuviera que enfrentar lo haría con dignidad y que iba a encontrar el mejor aprendizaje de su experiencia y compartirlo con otros. Él sentía que esa parte de su propósito en la vida era ser un modelo para sus hijos, asegurar que ellos supieran que cualquier cosa que te depare la vida es algo de lo que puedes aprender.

La muerte de Tom nos dio, como familia, una sensación de libertad. Y mi enunciado de misión continuó dándome un sentido de dirección. Fue difícil. Después de dedicar cada momento de mi vida a mi esposo, me quedé con un gran vacío. Pero de repente tenía el tiempo que necesitaba dedicar a mis hijos que también estaban enfrentando un momento crucial en sus vidas. Y ese enunciado de misión me dio permiso para dedicar tiempo al proceso de curación que todos necesitábamos. Durante los siguientes meses esa "persona" que yo había determinado servir a veces se convirtió en mis hijos; en otras ocasiones era yo misma.

Como madre he encontrado que cuando recuerdo enfocarme en mis hijos, cuando recuerdo que mi rol como madre es el más importante de cada día, no tengo ningún problema en poner a mis hijos en primer lugar en mi vida. Y eso me ha dado algo que nunca tuve de mi propia familia. Me ha dado la oportunidad de pasar tiempo con mis hijos y asegurar que en la vida cotidiana he podido compartir con ellos las experiencias, los valores y los principios que me han ayudado a superar mis momentos más oscuros. Puedo hacerlo sin alejarme de las demás cosas de mi vida. Puedo todavía trabajar duro y mi trabajo no sufre porque constantemente estoy alimentando y siendo alimentada por las relaciones más importantes en mi vida.

Note cómo esta mujer empezó a usar el Hábito 3 (Poner primero lo primero) para organizarse alrededor de sus prioridades reales. Note cómo ella y su esposo hablaron y empezaron a entender los pensamientos y sentimientos de cada uno (Hábito 5: Buscar primero entender, luego ser entendido). Note cómo ambos practicaron el Hábito 2 (Comenzar con el fin en la mente) creando sus enunciados de misión, lo cual les dio una sensación enorme de propósito durante esos tiempos difíciles. Y note cómo el enunciado de misión continuó dándole fortaleza incluso después de la muerte de su esposo.

Note su sensación de propósito y orientación al servicio al tratar con sus hijos (Hábito 2: Comenzar con el fin en la mente) y su decisión proactiva para dedicar el muy necesitado tiempo con ellos (Hábito 3: Poner primero lo primero). Note también, el espíritu de renovación (Hábito 7: Afilar la sierra) y su confort en pasar tiempo con ella misma y con sus hijos mientras curaban sus heridas.

Incluso en medio de sus luchas, esta mujer se convirtió en una persona de transición, un agente de cambio. En vez de pasar la clase de trato que había recibido de sus padres, ella proactivamente eligió dar a sus hijos un legado de amor.

Ahora, aunque estas situaciones son diferentes, ¿puede usted ver cómo el marco de los 7 Hábitos permitió dirigir ambas efectivamente?

De nuevo, el mayor poder de este marco de referencia no está en cada hábito individualmente sino en cómo funcionan juntos. En su sinergia crean un todo, un marco poderoso de solución de problemas, que es todavía más grande que la suma de sus partes.

Aplicando el Marco de Referencia de los 7 Hábitos a Su Propia Situación

Me gustaría invitarlo ahora a considerar un desafío familiar que tenga y ver cómo podría aplicar este marco a su situación. Incluí una hoja de trabajo en la siguiente página para que sea más sencillo. Sugiero que si desarrolla el hábito de pasar por este proceso o uno similar con cada desafío familiar que tenga, encontrará que su

Hoja de Trabajo de los 7 Hábitos de la Familia
Aplicando los Principios a Sus Desafíos

Usted es el experto en su vida. Tome cualquier desafío que esté enfrentando en su vida y aplique los 7 Hábitos para desarrollar una respuesta que sea fiel a los principios. Puede decidir llevar a cabo este ejercicio con otro miembro de la familia o con un amigo.

La situación: ¿Cuál es el desafío? ¿Cuándo ocurre? ¿Bajo qué circunstancias?

	Pregúntese usted mismo	Ideas que usted tiene para usar los 7 Hábitos a fin de responder a su desafío
Hábito 1: Ser Proactivo	¿Estoy asumiendo responsabilidad por mis acciones? ¿Cómo estoy usando mi botón de pausa para actuar con base en principios en vez de sólo reaccionar?	
Hábito 2: Comenzar con el Fin en la Mente	¿Cuál es mi fin en la mente? ¿Cómo podría ayudar un enunciado de misión (o trabajar en uno) personal o familiar?	
Hábito 3: Primero lo Primero	¿Estoy haciendo lo más importante? ¿Qué puedo hacer para tener un mejor enfoque? ¿Cómo puede ayudar el tiempo familiar semanal o los uno a uno?	
Hábito 4: Pensar «Ganar-Ganar»	¿En realidad quiero que todos ganen? ¿Estoy abierto a buscar una solución de tercera alternativa que beneficiará a todos?	
Hábito 5: Buscar Primero Entender... Luego Ser Entendido	¿Cómo puedo buscar mejor entender a los demás? ¿Cómo puedo ejercer valor y consideración al expresar mis puntos de vista?	
Hábito 6: Sinergizar	¿Cómo y con quién puedo interactuar creativamente para llegar a una solución a este desafío?	
Hábito 7: Afilar la Sierra	¿Cómo puedo participar en la renovación personal y familiar para que todos podamos aportar nuestra mejor energía a este desafío?	

familia se volverá más y más efectiva porque estará accediendo e integrando los principios que gobiernan todo en la vida.

Y cuando cada desafío lo traiga a estos principios fundamentales y cuando vea cómo juegan en cada situación, empezará a reconocer su naturaleza eterna y universal, y a entenderlos realmente, casi por primera vez. Como lo dijo T. S. Eliot: "No debemos dejar de explorar. Al final de nuestra exploración llegaremos a donde empezamos y conoceremos el lugar por primera vez".[5]

Probablemente también descubrirá que uno de los beneficios más significativos (además de que funciona) es que tendrá un lenguaje con el cual podrá comunicarse más efectivamente, que se está dando dentro de su familia. De hecho, ésta es una de las cosas que más escucho de las familias que están trabajando con los 7 Hábitos.

Un esposo y padre dijo esto:

Creo que una de las cosas más importantes que ha salido de estar expuesto a los 7 Hábitos es que ahora tenemos un lenguaje común para hablar sobre las cosas en un nivel más alto. El lenguaje solía ser azotar puertas o salirse gritando algo con furia. Pero ahora podemos hablar. Podemos expresarnos cuando sentimos ira o dolor. Y cuando usamos palabras como "sinergia" o "Cuenta de Banco Emocional", nuestros hijos entienden de qué estamos hablando. Eso es muy importante.

Una mujer dijo esto:

Los 7 Hábitos nos han hecho mucho más humildes y abiertos a aprender. Son parte de todo lo que hacemos diario. Si yo digo algo poco amable a mi esposo, él sólo me recuerda que ése fue un retiro, no un depósito. Esas palabras son parte de nuestra conversación y así podemos reconocerlas. No nos metemos en pleitos por ello o sufrimos con sentimientos lastimados por ello. Es una manera de decir las cosas que no es hostil o volátil. Es sutil y amable.

Una mujer recién casada compartió esto:

Con los 7 Hábitos hay un lenguaje real y un marco de referencia. Ahora puedo reconocer "Sí, estamos pensando ganar-ganar aquí" o "Sí, ésta es una elección proactiva que podemos llevar a cabo juntos con amor" o "Sí, no estamos de acuerdo, pero realmente quiero entender lo que tú crees y dices. Es verdaderamente importante para mí y estoy convencida de que llegaremos a una tercera alternativa que va a ser mucho mejor que mi monovisión sobre el tema."

Verdaderamente, el marco de referencia de los 7 Hábitos da a su familia un lenguaje nuevo y un nivel nuevo de comunicación. También lo faculta para convertirse en una persona de transición, un agente de cambio, en cualquier situación.

Haciendo de "Valor" un Verbo

Como sugiere la experiencia de rapear que compartí antes, convertirse en una persona de transición o familia de transición requiere valor quizá más que otra cosa.

Convertirse en una persona de transición o familia de transición requiere valor probablemenente más que otra cosa.

El valor es la cualidad de cualquier cualidad que está en el punto más alto. Tome cualquier cualidad o virtud que pueda imaginarse: paciencia, persistencia, moderación, humildad, caridad, fidelidad, alegría, sabiduría, integridad. Vaya lo más lejos que pueda con esa cualidad hasta que las fuerzas restrictivas lo regresen y todo el ambiente sea desvalorizante. En ese momento el valor entra en juego. En cierto sentido, no necesitaba valor hasta que ese momento llegó porque estaba siendo llevado por el ímpetu de las circunstancias.

De hecho, es debido a esas circunstancias desvalorizantes que usted ejerce valor. Si las mencionadas circunstancias y las personas alrededor son valorizantes, si le dan valor, entonces puede a menudo dejarse llevar por la energía de su influencia. Pero si son desvalorizantes, si le quitan valor, entonces necesita sacar valor de adentro.

Si lo recuerda, en el Hábito 3 hablamos de cómo hace cuarenta o cincuenta años la sociedad valorizaba a la familia. Por lo tanto, la vida familiar exitosa requería menos compromiso y menos prioridades desde dentro porque esas cosas se obtenían desde fuera. Pero hoy en día el ambiente es desvalorizante, de tal manera que todo sello distintivo de las personas de transición y las familias de transición actualmente está en el valor interno. Se requiere mucho valor personal y también familiar hoy para crear un ambiente familiar que dé valor y nutra en medio de la gran sociedad que desvaloriza.

Pero podemos hacerlo. Tal vez debemos convertir la palabra "valor" en un verbo para que entendamos claramente que está en nuestro poder, que podemos hacerlo suceder. Podríamos decir: "Me di *valor* en esta lucha. Me di *valor* para lograr sinergia. Me di *valor* para buscar primero entender". Igual que *perdón* es un verbo y amor es un verbo, podemos hacer que *valor* sea un verbo. Ese pensamiento fortalece el corazón y nos da valor. Cuando combinamos ese pensamiento con la visión de lo que su familia puede ser, puede energetizarlo y emocionarlo. Es absoluto. Lo dirige.

Una de las mejores partes de ser una familia es que pueden darse valor. Pueden creer en el otro. Pueden afirmarse.

Una de las mejores partes de ser una familia es que pueden darse valor uno al otro. Pueden darse ánimos. Pueden creer en el otro. Pueden afirmarse. Pueden asegurarse que nunca van a rendirse, que ven el potencial y que están actuando de acuerdo con ese potencial más que con cualquier conducta o circunstancia particular. Pueden fortalecerse el corazón. Pueden proporcionarse redes se seguridad fuertes para dar valor a las circunstancias en el hogar, de manera que los miembros de la familia puedan cultivar esa clase de elasticidad y fortaleza que les permitirá manejar las circunstancias externas que desvalorizan y son anti familia.

"Por Tu Amor Te Recordaremos"

Poco antes de que mi madre muriera, abrí una carta de amor de ella en un vuelo a alguna parte que no recuerdo. Ella escribía ese tipo de cartas con frecuencia aunque hablábamos a diario por teléfono y nos visitábamos cada semana más o menos. Las cartas privadas y efusivas eran su forma especial de expresar afirmación, aprecio y amor.

Recuerdo leer su carta y sentir lágrimas en los ojos. Recuerdo sentirme un poco avergonzado, un poco infantil, un poco apenado por ser tan vulnerable. Pero me sentía tan querido, alimentado y atesorado. Pensaba, todos necesitan el amor de una madre y de un padre.

Cuando mamá murió, pusimos en su lápida una línea de uno de los grandes sonetos de Shakespeare: "Por tu amor te recordaremos, lo que dicha riqueza aporta..."

Le invito a que lea este soneto lenta y detenidamente. Deje que su imaginación se llene con la riqueza y el significado de cada frase.

Cuando en desgracia con fortuna y ojos humanos
Yo solo sufro mi inútil estado,
Y los problemas se ensordecen con mi llanto,
Me veo a mí mismo y maldigo mi destino,
Deseando tener más riquezas de esperanzas,
Caracterizado como él, como él que posee amigos,
Deseando el arte de este hombre y el alcance de aquel hombre,
Con lo que más he disfrutado me contento menos.
En estos pensamientos casi me desprecio,
Felizmente pienso en ti, y luego en mi estado,
Como la oscuridad se rompe para que inicie el día,
Desde la tierra, se cantan himnos en la puerta del cielo:
Por tu amor te recordaremos, lo que dicha riqueza aporta,
Entonces desdeño cambiar mi estado con reyes.

Todos podemos ser el "te recordaremos con amor" de nuestros hijos y nietos. ¿Puede algo ser más importante o más significativo que eso?

Igual que como con muchos padres, Sandra y yo hemos compartido experiencias maravillosas y espirituales con el nacimiento de cada uno de los hijos, particularmente los últimos tres, cuando ya los papás podían estar presentes en la sala de partos, y también cuando fuimos invitados a estar con nuestra hija Cynthia al nacimiento de su sexto hijo.

Nuestros hijos nacieron antes del milagro moderno del epidural. Recuerdo una vez que Sandra estaba en la última etapa de labor sin anestesia, me pidió que la ayudara a respirar correctamente. Había sido entrenada en esta técnica de respiración durante nuestras clases de preparación especial a que asistíamos juntos en el hospital. Mientras le daba valor y trataba de ser un modelo, Sandra dijo que todos sus instintos eran respirar al contrario de lo que le habían dicho y que tenía que "disciplinarse y realmente enfocarse a hacerlo bien". También dijo que yo no tenía la menor idea de lo que ella estaba experimentando aunque valoraba mi intención y esfuerzo.

Cuando vi a Sandra pasar por el "valle de las sombras", sentí un amor inexpresable y enorme por ella, así como una gran reverencia, de hecho, por todas las madres, por sus muchos actos de sacrificio. Llegué a sentir que todas las grandes cosas surgen del sacrificio y que sólo a través del sacrificio (sacrificio paternal enfocado y dedicado) puede crearse una buena familia.

A través de todo y a pesar del hecho de que estamos fuera del camino el 90 por ciento del tiempo, estoy absolutamente convencido de que el rol más alto y el más importante que podamos tener es el de ser padre o madre. Como dijo mi nieto, Stephen L. Richards, y sus palabras me han impactado poderosamente respecto a mi propio rol de esposo y padre: "De todas las vocaciones que pueden perseguir los hombres en esta vida, no existe vocación más cargada de responsabilidad y atendida con más oportunidades ilimitadas que la de ser esposo y padre. Ningún hombre, cualesquiera que sean sus logros, puede, a mi juicio, decir que ha logrado el éxito en la vida si no está rodeado por sus seres queridos".

La Unión de Humildad y Valor

Después de un estudio de toda la vida, Albert E. N. Gray hizo una observación profunda en un discurso titulado "El Común Denominador del Éxito". El dijo: "La persona exitosa tiene el hábito de hacer las cosas que a las personas no exitosas no les gusta hacer. A ellos tampoco les gusta hacerlas, pero subordinan su disgusto por la fortaleza de su propósito".[6]

Como líder en su familia, usted tiene un propósito muy fuerte y valioso. Y ese propósito, o sentido de destino, lo motivará a tener valor y a subordinar sus temores y su incomodidad al empezar algunas de las cosas que ha aprendido en este libro.

De hecho, la humildad y el valor pueden compararse con la mamá y el papá de una familia metafórica que todos tenemos dentro de nosotros. Se requiere humildad para reconocer que los principios están en control. Se requiere valor para someternos a los principios cuando los sistemas sociales de valores van en otra dirección. Y el hijo de la unión del valor y la humildad es la integridad, o una vida que está integrada alrededor de principios. Los nietos son la sabiduría y una mentalidad de abundancia.

Estas son las cosas que nos permiten, como individuos y como familias, tener esperanza incluso cuando nos salimos del camino correcto y regresamos a él una y otra vez. Debemos recordar siempre que hay principios de "norte verdadero" que gobiernan infaliblemente, que tenemos el poder de elección para aplicar esos principios a nuestra situación y que nuestro destino puede alcanzarse.

Aun con todas las luchas inherentes a la vida familiar, no hay esfuerzo que aporte recompensas más ricas, tesoros más dulces y satisfacciones más profundas. Con toda la energía de mi alma, afirmo que a pesar de sus desafíos, la vida familiar vale la pena el esfuerzo, el sacrificio, el dar y el sufrimiento. Y hay siempre un brillo de esperanza.

Una vez vi un programa de televisión donde dos prisioneros independientemente expresaron cómo se habían vuelto faltos de sentimientos como resultado de su encarcelamiento; habían llegado a un punto donde ya no les importaba nadie y ya no les influenciaba el dolor de nadie. Dijeron lo completamente egoístas que se habían vuelto, lo totalmente envueltos que estaban en su propia vida, la manera en que veían a las personas esencialmente como "cosas" que ni les ayudaban a conseguir lo que querían ni les impedían hacerlo.

A ambos hombres se les había dado la oportunidad de conocer más de sus ancestros. Se familiarizaron con la forma en que sus padres, abuelos y bisabuelos habían vivido sus vidas, sus luchas, triunfos y fracasos. En sus entrevistas, ambos prisioneros hablaron sobre lo significativo que había sido esto para ellos. Al darse cuenta de que sus ancestros también habían tenido desafíos y habían luchado para superarlos, algo sucedió en el corazón de los prisioneros. Empezaron a ver a los demás de manera diferente. Cada uno empezó a pensar: aunque he cometido errores terribles, mi vida no ha terminado. Voy a salir de ésta y, como mis ancestros, voy a dejar un legado que mis descendientes puedan ver. Ni siquiera importa si nunca salgo de prisión. Tendrán mi historia y mis intenciones. Entenderán mejor la forma en que viví mi vida aquí. Estos hombres, sentados ahí con sus trajes naranja de presos, ya sin dureza en sus ojos, habían encontrado la conciencia y la esperanza. Surgió de venir a casa, de conocer a sus ancestros, a su familia.

> *Nunca sabemos cuándo los seres humanos estarán inspirados para llegar a las profundidades de su alma y ejercer el don más precioso de la vida: la libertad de elegir para finalmente llegar a casa.*

Todos tenemos una familia. Todos podemos preguntar: "¿Cuál es el legado de mi familia?" Todos podemos buscar dejar un legado. Y yo personalmente creo que incluso más allá de nuestra influencia y la fortaleza de nuestra familia, tenemos la habilidad de tener una forma más alta de influencia: el poder de Dios. Si continuamos teniendo fe, nunca renunciando a nuestros hijos sino haciendo todo lo que esté en nuestro poder para llegar a ellos continuamente ofreciendo una oración de fe, Dios puede intervenir en la situación a Su manera y en Su momento. Nunca sabemos cuándo los seres humanos estarán inspirados para llegar a las profundidades de su alma y ejercer el don más precioso de la vida: la libertad de elegir para finalmente llegar a casa.

Dios los bendiga en su esfuerzo por crear una hermosa cultura familiar. Y Dios bendiga a su familia. Como lo cité en el Capítulo Uno:

Hay en los negocios humanos una marea que,
tomada cuando está llena,
conduce a la fortuna; y omitida,
hace que el viaje de la vida esté circundado de bajíos y miserias.
Flotando estamos ahora en ese mar,
y tenemos que aprovechar la corriente cuando es favorable
o perder nuestras probabilidades.

Algunos de los momentos más apreciados de mi vida han llegado con mucha frecuencia cuando bajo de un avión. Veo una familia amorosa esperando ahí por un miembro de la familia que ha estado lejos y que regresa a casa. Me detengo a observar y sentir. Cuando estos seres queridos me abrazan uno a uno, con lágrimas de alegría, de gratitud mostrando su precioso cariño y valor real, mis ojos también se humedecen, mientras mi corazón añora llegar al hogar. Ellos y yo fuimos todos reafirmados una vez más en la verdad de que el propósito de la vida es realmente llegar a casa.

COMPARTIENDO ESTE CAPÍTULO CON ADULTOS Y ADOLESCENTES

Moviéndose a Destinos más Altos

- Revise el material de las páginas 326 a 331. Identifique los cuatro niveles (sobrevivir, estabilidad, éxito y significado) y discuta las características principales de cada nivel. Pregunte a los miembros de la familia: ¿Dónde estamos como familia? ¿Cuál es nuestro destino deseado?

- Discuta el enunciado: "Contribuir juntos como familia no sólo ayuda a aquellos que se benefician de la contribución, sino que también fortalece a la familia que contribuye en el proceso".

- Revise el material de las páginas 331 a 335. Hablen juntos de la idea de tener una mentalidad de problemas (el pie sobre el freno) versus tener mentalidad de oportunidad (el pie en el acelerador). Pregunte a los miembros de la familia: ¿Cómo podemos quitar las fuerzas restrictivas para que las fuerzas impulsoras nos muevan hacia adelante?

Liderazgo en la Familia

- Revise el material que describe el Árbol del Liderazgo de la Familia Centrada en Principios (páginas 336 a 347). Discuta los cuatro roles de liderazgo: modelar, tutorear, organizarse y enseñar. Hable sobre las características principales de cada rol. Haga las siguientes preguntas:

  — ¿Por qué ser confiable es importante para modelar?

  — ¿Por qué construir confianza es una parte vital de tutorear? ¿Cómo puede ayudar a construir confianza la idea de la Cuenta de Banco Emocional?

  — ¿Por qué planear y organizarse juega un rol tan importante en la influencia y el liderazgo familiar? ¿Cuál es el principio de alineación y cómo se aplica aquí?

  — ¿Por qué enseñar es importante en la familia? ¿Cómo funciona el principio de facultamiento?

- Discuta los tres errores comunes respecto al liderazgo de la familia centrada en principios (páginas 352 a 355).

- Revise la diferencia entre disciplina y castigo. Puede referirse al Hábito 4, páginas 205 y 206. Pregunte: ¿Cómo puede ayudarnos el liderazgo centrado en principios a disciplinar sin castigar?

- Discuta el factor de aleta compensadora (páginas 356 a 358), dejarlo ir (páginas 358 a 360) valor (páginas 367 y 368) y humildad (página 370). Hable sobre cómo estas ideas se relacionan con la guía familiar y el desarrollo de los niños.

- Consideren juntos: ¿Vamos a ser administradores o líderes en nuestra familia? ¿Cuál es la diferencia?

- Discuta el enunciado: "Se dé cuenta o no, usted es el líder en su familia". ¿Por qué es cierto este enunciado?

COMPARTIENDO ESTE CAPÍTULO CON NIÑOS

"Somos amables con los demás y tratamos de ayudarlos"

- Discuta la siguientes situaciones:
1. Amy le pidió a su papá que le ayudara con su tarea. El estaba cansado, pero sonrió y le ayudó.
2. Adam quería jugar con su coche de juguete, pero su hermano gemelo estaba jugando con él. Mamá le preguntó a Adam: "¿Podrías permitir que tu hermano jugara otro rato con él?"

   Pregunte: ¿Qué sucede cuando los miembros de la familia son amables y no egoístas entre ellos? ¿Cómo se sienten los miembros de la familia?
- Escriba el nombre de cada miembro de la familia en un pedazo de papel, dóblelos y póngalos en una caja. Pida a los miembros de la familia que saquen un papel sin que lo vean los demás. Motive a todos a ser amable y útil con esa persona que tienen anotada en el papel, durante toda la siguiente semana y note cómo se sienten.
- Cuente la siguiente historia:

  Sammy estaba parado en la ventana, viendo cómo caía la lluvia. Oyó que alguien lloraba. Escuchó con mucha atención. Trató de ver por el vidrio, pero llovía demasiado y no podía ver nada. Rápidamente se fue a la puerta de la casa y la abrió. Ahí encontró a un pequeño gatito, empapado y maullando de frío. Algo dentro de Sammy se estremeció cuando vio al animalito empapado. Con cuidado lo levantó y sintió que temblaba. Lo pegó a su pecho y lo llevó a la cocina. La hermana de Sammy puso unas toallas limpias en una caja. Secó al gatito y puso un poco de leche en un plato. Sammy se sentó junto a la caja y puso una mano sobre el gatito para calentarlo. Dejó de temblar. Sammy se sintió cálido y bien. "Qué bueno que oímos al gatito", dijo Sammy. "Tal vez le salvamos la vida".

  Pregunte a los miembros de la familia: ¿Cómo se sintió Sammy respecto al gatito? Las respuestas pueden incluir: Le dio pena porque estaba mojado y frío. Quería ser amable y ayudarlo. Lo hizo sentirse bien el ser amable y querer ayudar.
- Comparta historias de su experiencia personal o familiar de ocasiones en que usted u otras personas hayan mostrado amabilidad y hayan ayudado a otros. Comparta cómo se sintió. Ayude a los niños a pensar en maneras de ayudar a otros que están fuera de la familia. Motívelos para que sigan haciéndolo durante la semana. Pídales que compartan sus sentimientos.
- Involucre a los niños pequeños en proyectos de servicio que usted desempeña para vecinos, amigos y la comunidad. Al ser un modelo de mentalidad de abundancia, sus hijos crecerán con la idea de compartir y contribuir, y tendrán un verdadero interés en el bienestar de los demás.

NOTAS

Un Mensaje Personal

1. Discurso de graduación de Bárbara Bush a los estudiantes graduados en 1990 en Wellesley College (Biblioteca del Wellesley College, Wellesley, Mass.) páginas 4 y 5.

Va a Estar "Fuera del Camino" el 90 Por Ciento del Tiempo. ¿Y qué?

1. Tolstoi, Leon, *Ana Karenina* (Londres: Oxford University Press, 1949), p. 1.
2. Gobernador Michael Leavitt de Utah, presentado en una teleconferencia sobre la Iniciativa del Gobernador para las Familias Actuales, marzo de 1997.
3. Informe Mensual de Estadísticas Vitales. Departamento de Salud y Servicios Humanos de los Estados Unidos: Centro Nacional de Estadísticas sobre la Salud, vol. 44, núm. 11(S), 24 de junio de 1996.
4. Oficina de Censos de los Estados Unidos, como se publicó en *Abstractos Estadísticos de los Estados Unidos,* octubre de 1996, p. 99.
5. Oficina de Censos de los Estados Unidos, *Informes Actuales de Población,* pp. 23-180, y Centro Nacional de Estadísticas sobre la Salud, *Datos Avanzados de Estadísticas Vitales y de Salud,* núm. 194.
6. Centro Nacional de Estadísticas sobre la Salud, División Estadísticas de Mortalidad: Estadísticas Vitales de los Estados Unidos: 1975-1990, vol. 2.
7. Departamento de Educación de los Estados Unidos, *La Condición de la Educación.* La Oficina de Investigación y Mejora Educativa, 1996.
8. Nasher, Byron y Mehrtens, Susan E., *¿Qué Está Sucediendo en Realidad?* (Chicago: Corporantes, 1993), p. 12.
9. Oficina de Censos de los Estados Unidos, *Informes Actuales de Población,* pp. 23-180, y Centro Nacional de Estadísticas sobre la Salud, *Datos Avanzados de Estadísticas Vitales y de Salud,* núm. 194.
10. *Trimestre Congresional* como se cita en Bennett, William, *Índice de Indicadores Culturales Importantes* (Nueva York: Simon & Schuster, 1994), p. 83.
11. Oficina de Censos de los Estados Unidos, como se publicó en *Abstractos Estadísticos de los Estados Unidos,* octubre de 1996, p. 99.
12. DeMoss, Robert G., Jr., *Aprenda a Discernir* (Grand Rapids, Mich.: Zondervan Publishing House, 1992), pp. 14-53.
13. North Whitehead, Alfred, "Las Peticiones Rítmicas de Libertad y Disciplina", en *Los Objetivos de la Educación y Otros Ensayos* (Nueva York: New American Library, 1929), p. 46.
14. Frost, Robert, "El Camino No Tomado", en Poemas Selectos de Robert Frost (Nueva York: Holt, Rinehart y Winston, 1963), pp. 71 y 72.
15. Shakespeare, William, *Julio César* (Nueva York: Penguin Books, 1967), acto 4, escena 3.

Hábito 1: Ser Proactivo

1. Peck, Scott, *El Camino Menos Recorrido* (Nueva York: Simon & Schuster, 1978), p. 83.
2. Cuestionario originalmente publicado por Stephen R. Covey, A. Roger Merrill y Rebecca R. Merrill, *Primero lo Primero.* (Nueva York: Simon & Schuster, 1994), pp. 62-63.
3. La frase "Conócete a ti mismo" se reporta tradicionalmente como que fue dada por el oráculo de Delfos y fue inscrita a la entrada del templo. Véase *El Diálogo de Platón,* editado con una introducción general de Trevor J. Saunders (Nueva York: Penguin, 1987).
4. Esta cita se atribuye a San Francisco de Asís y ha servido como inspiración a miles de personas por medio de los programas para Alcohólicos Anónimos.
5. Griffin, Glen C., M.D., como se caracterizó en *Se Necesita Un Padre para Educar a Un Hijo.* Usado con permiso.
6. Zinker, Joseph, "En el Conocimiento Público y la Revolución Pública", como se cita en Buscaglia, Leo, *Amor* (Nueva York: Fawcett Crest, 1972), p. 49.

Hábito 2: Comenzar con el Fin en la Mente

1. Frankl, Victor, *El Hombre en Busca de Sentido* (Nueva York: Pocket Books, 1959), p. 98.
2. Singer, Benjamin, "La Imagen del Rol Enfocado en el Futuro", en Alvin Toffler, *Aprendiendo para Mañana: El Rol del Futuro en la Educación* (Nueva York: Random House, 1974), pp. 19 a 32.
3. Véase Campbell, Andrew y Nash, Laura, *Un Sentido de Misión* (Reading, Mass.: Addison Wesley Longman, 1994). Véase también Collins, James y Porras, Jerry, *Hecho para Durar: Hábitos Exitosos de Compañías Visionarias* (Nueva York: HarperCollins, 1996).
4. Franklin, Benjamin, "La Fórmula de Franklin para Vivir con Exito, Número Tres", *El Arte de la Virtud* (Eden Prairie, Minn.: Acorn Publications, 1986), p. 88.

Hábito 3: Poner Primero lo Primero

1. Tagore, Rabindranath, *101 Poemas* (Nueva York: Asia Publishing House, 1966).
2. Pipher, Mary, *El Refugio de Cada Uno* (Nueva York: Grosset/Putnam Books, 1996).
3. *Ibid.,* pp. 194-195.
4. Bronfenbrenner, Urie, como se citó en la entrevista de Susan Byrne, "No Hay Nadie en Casa: La Erosión de la Familia Americana", *Psicología Actual,* mayo de 1977, pp. 41-47.
5. Greenleaf Whittier, John, *Muller Maud,* (Nueva York: Houghton, Mifflin, 1866).
6. DeMoss, Robert G., Jr., *Aprenda a Discernir* (Grand Rapids, Mich.: Zondervan Publishing House, 1992), p. 52.
7. *Ibid.,* p. 14.
8. Hochschild, Arlie R., *El Lazo del Tiempo* (Nueva York: Metropolitan Books, 1997).
9. Suprema Corte de los Estados Unidos, *Zablocki v. Redhail,* núm. 76-879; enero de 1978.
10. Berry, Wendell, *Sexo, Economía, Libertad y Comunidad: Ocho Ensayos* (Nueva York: Pantheon Books, 1993, pp. 125, 137-139.
11. *Ibid.,* p. 139.

12. Morris, Betsy, revisión de Hochschild, Arlie R., *El Lazo del Tiempo,* en *Fortune,* mayo de 1997.
13. Departamento de Comercio de los Estados Unidos, Oficina de Censos, "Informes Actuales de Población", 1994.
14. Arnold, Eve, "Confiamos en Dios: Prueba Personal de Fe en una Edad Cínica", *Noticias y Reporte Mundial de los Estados Unidos,* 4 de abril de 1994, p. 56.
15. Robinson, John, y Godbey, Geoffrey, *Tiempo para la Vida* (Universidad Estatal de Pennsylvania) como se revisó en *Newsweek,* 12 de mayo de 1997, p. 69.
16. Ferguson, Marilyn, *La Conspiración Acuario: Transformación Personal y Social en los años 1980* (Nueva York: St. Martin's Press, 1980), p. 356.
17. Citado de un discurso dado por el autor Stanley M. Davis en una conferencia en Asia en la cual ambos participaron.
18. Departamento de Justicia de los Estados Unidos, *Fortaleciendo las Familias de América: Paternidad Prometedora y Estrategias Familiares para Prevención de la Delincuencia* (Programas de la Oficina de Justicia, 1992).
19. Pope, Alexander, *Lo Mejor de Pope* (Nueva York: The Ronald Press Co., 1940), pp. 131-132.
20. Atribuido al estudiante, investigador y psicólogo Victor Cline.
21. Gibbon, Edward, *La Declinación y Caída del Imperio Romano,* en *Grandes Obras del Mundo Occidental,* vol. 37 y 38 (Chicago: Enciclopedia Británica, 1990).
22. Nasher, Byron y Mehrtens, Susan E., *¿Qué Está Sucediendo en Realidad?* (Chicago: Corporantes, 1993), p. 11.
23. Doherty, William, *La Familia Intencional: Cómo Construir Lazos Familiares en Nuestro Mundo Moderno* (Nueva York: Addison-Wesley, 1997), p. 10.
24. Voydanoff, Patricia, "Desgracia Económica y Relaciones Familiares: Revisión de los Ochenta", *Diario de Matrimonio y la Familia,* 52 (noviembre de 1990), p. 1102. Véase también White, Lynn K., "Determinantes del Divorcio: Una Revisión de la Investigación en los Ochenta", *Diario de Matrimonio y la Familia,* 52 (noviembre de 1990), p. 908.
25. Esta cita se atribuye a John Glenn y Neil Armstrong.
26. Stockdale, James B., *Una Experiencia en Vietnam: Diez Años de Reflexión* (Stanford: Hoover Institution, Stanford University, 1984), p. 94.

Hábito 4: Pensar "Ganar-Ganar"

1. Kirtley, J. S., y Bok, Edward, *Charlas de Media Hora sobre Construir Carácter por medio de Hombres y Mujeres Autocreados* (Chicago: A. Hemming, 1910), p. 368.
2. Novak, Michael, "La Familia Sin Favores", *Revista Harper's,* abril de 1976, pp. 39, 42.
3. Johnson, Catherine, *Suerte Enamorada: Los Secretos de las Familias Felices y Cómo Impulsan Sus Matrimonios* (Nueva York: Viking Penguin, 1992).
4. Herzberg, Frederick, *Trabajo y la Naturaleza del Hombre* (Nueva York: World Publishing Co., 1966), pp. 71-91.

Hábito 5: Buscar Primero Entender... Luego Ser Entendido

1. Los libros y autores mencionados aquí son como sigue:
   Tannen, Deborah, *Simplemente No Entiendes: Hombres y Mujeres en Conversación* (Nueva York: Ballantine Books, 1990).
   Gray, John, *Los Hombres Son de Marte, las Mujeres Son de Venus* (Nueva York: HarperCollins, 1992).
   Rogers, Carl, *Convirtiéndose en una Persona* (Boston: Houghton Mifflin, 1961).
   Gordon, Thomas, *Capacitación sobre Efectividad para Padres de Familia* (Nueva York: New American Library, 1975).
   Ginott, Haim, *Entre Padre e Hijo* (Nueva York: Macmillan, 1970). Véase también Ginott, Haim, *Entre Padre y Adolescente* (Nueva York: Macmillan, 1969).
2. Hinckley, Gordon B., "Lo Que Dios Ha Unido", *Insignia,* mayo de 1991, p. 72.
3. Lewis, C. S., *Puro Cristianismo* (Nueva York: Macmillan, 1952), pp. 109, 110.
4. Nota: Muchos folletos informativos de utilidad pueden encontrarse a través de su departamento de salud local, la oficina de su médico o el gobierno. También, recomendamos las siguientes como referencias excelentes para aquellos que deseen saber más:
   Eisenberg, Arlene, Murkoff, Heidi E. y Hathaway, Sandee E., *Qué Esperar el Primer Año* (Nueva York: Workman Publishing, 1989).
   ——, *Qué Esperar de la Primera Infancia* (Nueva York: Workman Publishing, 1994).
   Leach, Penelope, *Su Bebé y Su Niño* (Nueva York: Knopf Publishing, 1989).
   Brazelton, T. Berry, *Puntos de Toque* (Reading, Mass.: Addison Wesley Longman Publishing, 1992).

Hábito 6: Sinergizar

1. Cline, Victor, *Cómo Hacer de su Hijo un Ganador* (Nueva York: Walker and Company, 1980), pp. 216-226, y Cline, Victor, Croft, Roger y Courrier, Steven, "Desensibilización de los Niños a la Violencia en la Televisión", *Diario de Psicología Personal y Social,* vol. 27 (3), septiembre de 1973, pp. 360 a 363.
2. Véase Tucker, Larry, "La Relación de Ver Televisión y el Acondicionamiento Físico", *Adolescencia,* vol. 21 (89), 1986, páginas 797-806.
3. Véase *Reporte sobre Televisión y Conducta* del Instituto Nacional de Salud Mental (Washington, D.C., 1982). Véase también Newman, Susan, "El Ambiente del Hogar y los Estudiantes de Quinto Grado, Lectura Interesante", *Diario de Escuelas Elementales,* enero de 1988, vol. 86 (3), pp. 335-343.
4. *Ibid., Reporte sobre Televisión y Conducta.*

Hábito 7: Afilar la Sierra

1. Evans, Richard L., *Libro de Citas de Richard Evans* (Salt Lake City: Publishers Press, 1971), p. 16.
2. Jennings, Marianne, "La Mesa de la Cocina Vital para la Vida Familiar", *Deseret News,* 9 de febrero de 1997. Reimpreso con permiso.

3. Johnson, Dale, "Diferencias Sexuales en Diferentes Culturas", *Investigaciones Trimestrales de Reading,* vol. 9 (1), 1973.
4. CNN/*USA Today*/Gallup Poll (Princeton, N.J., 16 y 18 de diciembre de 1992).
5. Myers, David G., *En Busca de la Felicidad* (Nueva York: William Morrow & Company, 1992), pp. 177-204.
6. Lewis, C.S., *Puro Cristianismo* (Nueva York: Macmillan, 1976), pp. 164, 165.
7. Puede leer lo siguiente si lo desea:
   Walters, Frank, *El Libro de la Esperanza* (Nueva York: Ballantine, 1963).
   Allen, James, *Como un Hombre Thinketh* (Salt Lake City: Bookcraft, 1983).
   Thoreau, Henry David , *Walden* (Nueva York: Carlton House, 1940).
   Bennett, William, *El Libro de las Virtudes* (Nueva York: Simon & Schuster, 1993).
   Canfield, Jack y Hansen, Mark Victor, *Caldo de Pollo para el Alma* (Deerfield Beach: Florida: Comunicaciones sobre la Salud, 1993).

De Sobrevivir... a Estabilidad... a Éxito... a Significado

1. Lewin, Kurt, *Teoría de Campo en Ciencia Especial* (Nueva York: Harper, 1951), p. 183.
2. Deming, W. Edwards, *Fuera de la Crisis* (Cambridge: Instituto de Tecnología de Massachusetts, 1982), pp. 66, 67.
3. Bronfenbrenner, Urie, como citado en la entrevista de Susan Byrne, "No Hay Nadie en Casa: La Erosión de la Familia Americana", *Psicología Actual,* mayo de 1977, pp. 41-47. Véase también un estudio por Maccoby, E. E. y Martin, J. A., "Socialización en el Contexto de la Familia: Interacción Padre-Hijo", en Mussen, P. H. (ed.), *Libro de Bolsillo sobre Psicología Infantil,* vol. 4 (Nueva York: John Wiley, 1983), pp. 1-101.
4. Williamson, Marianne, *Regreso al Amor* (Nueva York: HarperCollins, 1992), p. 165.
5. Eliot, T. S., *Poemas y Obras Completas* (Londres: Faber and Faber, 1969), p. 197.
6. Gray, Albert E. N., "El Común Denominador del Éxito", un discurso dado en la Compañía de Seguros Prudential de los Estados Unidos (Newark, Nueva Jersey, 1983).

GLOSARIO

Acuerdo ganar-ganar: Una expectativa compartida y compromiso respecto a los resultados deseados y a los lineamientos.

Afilar la sierra: La renovación, el rejuvenecimiento y la recreación de uno mismo y de la familia espiritual, mental, social-emocional, y físicamente.

Agente de cambio: Una persona que ocasiona el cambio en una relación o situación.

Aleta compensadora: Una persona que influencia y ayuda a establecer la dirección de la familia, como el timón de un barco.

Autoconciencia: La habilidad de apartarse y examinar nuestros pensamientos y conductas.

Botón de pausa: Algo que nos recuerda detenernos, pensar y actuar de una forma mejor.

Brújula: El sistema de guía interna de una persona que consta de los principios y de las cuatro dotes humanas.

Círculo de Influencia: Aquellas cosas que una persona o familia pueden impactar directamente.

Círculo de Preocupación: Todos los asuntos que preocupan a una persona o familia.

Conciencia: Un sentido interno de qué está bien y qué está mal.

Cuatro dotes humanas: Véase *Autoconciencia, Conciencia, Imaginación y Voluntad Independiente.*

Cuenta de Banco Emocional: La cantidad de confianza o la calidad de una relación con otras personas.

Cultura familiar: El clima, el carácter, el espíritu y la atmósfera del hogar y la familia.

Dentro hacia fuera: Iniciar el cambio cambiando uno mismo más que tratar de cambiar a los demás.

Enseñar: Intencionalmente compartir con otras personas, explicarles e informarles.

Entropía: La tendencia de las cosas a deteriorarse y destruirse.

Enunciado de misión familiar: Una expresión combinada y unificada de todos los miembros de la familia sobre el propósito de la misma, qué quieren ser y hacer los miembros de la familia, y los principios que guiarán el plan de vuelo de la familia.

Estabilidad: Una condición en la cual la familia es predecible, confiable y funcional con estructura y organización básicas, y tiene habilidades de comunicación y de solución de problemas.

Éxito: La condición en la cual la familia está cumpliendo metas importantes, siente felicidad genuina, se divierte, tiene tradiciones significativas, y se dan servicio entre sí.

Familia efectiva: Una familia que nutre, que aprende, que disfruta, que contribuye y que es interdependiente.

Familia nuclear: La familia central o esencial alrededor de la cual se agrupa la familia extendida (abuelos, tíos, primos).

Fuera hacia dentro: Influenciado más por los alrededores externos que por los compromisos internos.

Fuerza impulsora: Algo que nos motiva, nos emociona y nos inspira, así como a nuestra familia.

Fuerza restrictiva: Presión que nos obstaculiza y nos impide lograr nuestras metas.

Hábito: Un patrón establecido o una manera de pensar y hacer las cosas.

Imaginación: La habilidad de visualizar algo en nuestra mente más allá de la realidad presente.

Influencia de Liderazgo: Véase *Modelar, Tutorear, Organizarse* y *Enseñar.*

Leyes Principales de la Vida: Los principios básicos o leyes naturales de efectividad que gobiernan todo en la vida.

Leyes Principales del Amor: Leyes naturales que afirman la valía inherente de las personas y el poder del amor incondicional.

Marco de Referencia/Paradigma: Nuestra perspectiva, mapa o la manera en que pensamos y vemos las cosas.

Mayordomía: Algo que tenemos encargado llevar a cabo.

Mentalidad de abundancia: La idea de que hay más que suficiente para todos.

Mentalidad de escasez: Una mentalidad de competencia y de estar amenazado por el éxito de los demás.

Modelar: Establecer un patrón basado en principios para que otra persona lo siga.

Organizarse: Crear orden y sistemas que ayuden a lograr lo que la familia valora.

Orientado a la oportunidad: Estar enfocado en traer algo a la existencia.

Orientado a problemas: Estar enfocado en eliminar algo. Comparar con *Orientado a la oportunidad.*

Paradigma/Marco de Referencia: Nuestra perspectiva, mapa o la manera en que pensamos y vemos las cosas.

Persona de transición: Alguien que detiene las tendencias y los ciclos negativos y se convierte en un agente de cambio.

Piedras grandes: Aquellas actividades que son las prioridades más importantes de nuestra vida.

Principios: Leyes universales, eternas, autoevidentes y naturales que gobiernan todas las interacciones humanas.

Proactivo: Ser responsable de nuestras elecciones; tener la libertad para elegir con base en los valores más que en los estados de ánimo o las condiciones.

Significado: Una condición en la cual la familia ha desarrollado una cultura familiar hermosa y está haciendo una contribución mayor tanto dentro como fuera de la familia.

Sinergia: El resultado de dos o más personas produciendo juntas más de la suma de lo que podrían producir por separado (uno más uno igual a tres o más).

Sobrevivir: Una condición en la cual la familia está luchando física, económica, social, emocional y espiritualmente para vivir y amar al nivel mínimo de existencia día a día.

Tiempo de acercamiento uno a uno: Tiempo regular apartado para tener interacciones significativas que construyan sobre las relaciones.

Tiempo familiar: Tiempo semanal apartado para estar juntos como familia.

Traductor fiel: Una persona capaz de reflejar verdaderamente el contenido y el sentimiento en los comentarios de otro.

Trascendiéndonos: Superar los guiones negativos pasados y volverse una fuerza creativa en nuestra propia vida.

Tutorear: Relacionarse con otra persona de manera uno a uno, personal y útil.

Voluntad independiente: La habilidad de elegir y actuar sobre nuestros imperativos internos y determinaciones.

Voluntad independiente: Las normas y la fuerza moral o ética creada por la cultura de la familia.

Índice de

Problemas/Oportunidades

Como lo dije, el poder de los 7 Hábitos no está en los hábitos individuales, sino en cómo funcionan juntos como un todo. Sin embargo, puede encontrar que cierto material se aplica más directamente y es más útil al tratar con algunas preguntas o preocupaciones específicas. Por lo tanto, se elaboró este índice como recurso para ayudarle a acceder al material que trata directamente con problemas y oportunidades específicas.

Dividí este índice en seis áreas: personal, matrimonio, familia, ser padres, familia intergeneracional o extendida y asuntos sociales. Los enunciados en MAYÚSCULAS representan capítulos completos o secciones que incluyen completamente o introducen el material de referencia. Los enunciados en *cursivas* representan historias (las cuales también están en cursivas en el libro si las cuenta otra persona, o en texto normal si están relatadas por mí). Los enunciados en texto normal se refieren a ideas en las páginas especificadas.

Espero que este índice le sirva para referirse más rápidamente al material que le ayudará con sus desafíos.* Además, sugiero que, como con cualquier desafío, complete la Hoja de Trabajo de los 7 Hábitos de la Familia en la página 366.

PERSONAL

¿Cómo puedo crear el cambio? ¿Cómo puedo ser una influencia centrada en principios en mi familia?

El enfoque de dentro hacia fuera: el principio básico del cambio:	23-24
UNA BRÚJULA	27-28
INVOLUCRE A SU FAMILIA AHORA	29-30
HÁBITO 1: SER PROACTIVO	35-77
El poder de la visión	78-82
Trabajando con un grupo de padres en la Costa Este	111-113
Siempre pensé que era rudo	113-114
HACIENDO EL COMPROMISO	157-159
Dividiendo posesiones después de un funeral	187-189
Tuve una visión en la mente a los diecisiete años	323-325
FUERZAS IMPULSORAS Y FUERZAS RESTRICTIVAS	333-335
¿POR DÓNDE EMPIEZO?	335-358

¿Qué puedo hacer cuando se me ha dado un guión malo?

HÁBITO 1: SER PROACTIVO	35-77

¿Cómo puedo detener los ciclos negativos en la familia?

Durante años luché con mis hijos	37-41
PERDONAR	66-69
Sally y Paul; co-misiones	90-93
De niño fui testigo de los pleitos entre mamá y papá	109
LAS TRADICIONES SANAN A LA FAMILIA	318-320
Mi hermana me dio el valor	356-357
Mi suegro me dejó una impresión increíble	357

¿Cómo puede dejar de ser tan reactivo?

HÁBITO 1: SER PROACTIVO	35-77
Papá, ¡soy un hombre que trabaja duro!	79-80
El poder de la visión	79-82
Siempre pensé que era rudo	113-114
EL "GRAN PANORAMA", LA CLAVE PARA PENSAR GANAR-GANAR	203-206

*Para ayuda adicional, refiérase al Índice de Problemas/Oportunidades en *Los 7 Hábitos de las Personas Altamente Efectivas* (Nueva York: Fireside, 1990).

¿Cómo puedo manejar el sentimiento de culpa?
Durante años luché con mis hijos   37-41
Riéndose de sus errores   41-42
La ira es culpa exagerada   229

¿Cómo puedo manejar la "carga" negativa?
La visión es más grande que la carga   20, 81, 107, 173
MANEJANDO LA CARGA NEGATIVA   225-228
Tuve una visión en la mente a los 17 años   323-325

¿Cómo puedo manejar la ira?
La historia de Sean: viajes familiares   18
DISCULPARSE   60-62
PERDONAR   66-69
La ira es culpa exagerada   229
SUPERANDO LA IRA Y LA OFENSA   228-230

¿Qué hago cuando me siento impaciente?
EL MILAGRO DEL ÁRBOL DE BAMBÚ CHINO   30-32
Separando a la persona de la conducta   70
Papá, ¡soy un hombre que trabaja duro!   79-80
RECUERDE EL ÁRBOL DE BAMBÚ CHINO   73-74, 115-118
EL "GRAN PANORAMA", LA CLAVE PARA PENSAR GANAR-GANAR   203-206

¿Cómo puedo lograr más autoentendimiento para ayudar mejor a la familia?
SUS CUATRO DOTES HUMANAS ÚNICAS   37-41
DESARROLLANDO SUS DOTES HUMANAS ÚNICAS   44-48
ESCUCHE SU LENGUAJE   52063
Trabajando con un grupo de padres en la Costa Este   111-113
Desarrollando un enunciado de misión personal   113-114

¿Qué hago cuando me siento agobiado?
LA "QUINTA" DOTE HUMANA   41-42
DIVIRTIÉNDOSE JUNTOS   315-316
DEJARLO IR   358-360
HACER DE "VALOR" UN VERBO   367-368

¿Cómo puedo equilibrar trabajo y familia?
HÁBITO 3: PONER PRIMERO LO PRIMERO   1220175
Manejando la discapacidad y muerte de un cónyuge   363-365

¿Cómo puedo hacer de la familia una prioridad?
Trabajando con un grupo de padres en la Costa Este   111-113
HÁBITO 3: PONER PRIMERO LO PRIMERO   121-175
Manejando la discapacidad y muerte de un cónyuge   363-365

¿Qué hago cuando me salgo del camino?
La historia de Sean: viajes familiares   18
Tarde para cenar, y reactivo   35-36
DISCULPARSE   60-62

MATRIMONIO
¿Qué podemos hacer para que nuestro matrimonio sea fuerte?
CREANDO LA CUENTA DE BANCO EMOCIONAL   63-74
Memory Grove   83-86
UN ENUNCIADO DE MISIÓN PARA DOS   89-93
LEYES   130-131
UNO A UNO EN EL MATRIMONIO   160-162

Ganar-perder/perder-ganar/ganar-ganar en el matrimonio 183-189
Lo más difícil del matrimonio 181-191
Frigidaire 212-214
Valorando las diferencias en el matrimonio 260-265
Comprando el sillón que podemos 266-267
UNA CLASE DIFERENTE DE SINERGIA 277-278
Entropía en el matrimonio 285-286
Intimidad en el matrimonio 289
¿POR DÓNDE EMPIEZO? 335-336
Siempre hemos tenido un matrimonio volátil 361-363
Manejando la discapacidad y muerte de un cónyuge 363-365

¿Cómo creamos intimidad en el matrimonio?
HÁBITOS 4, 5 y 6 177-283
Intimidad en el matrimonio 289

¿Cómo tratamos los problemas y las diferencias?
Sally y Paul; co-misiones 90-93
HÁBITOS 4, 5 y 6 177-283
Siempre hemos tenido un matrimonio volátil 361-363

¿Qué hacemos cuando no hay comunicación?
HÁBITO 5: BUSCAR PRIMERO ENTENDER... 209-254

¿Qué tal si está en un matrimonio donde uno de los cónyuges domina?
LA CONSECUENCIA DE PERDER-GANAR 183-189

¿Qué hacemos si nos estamos desenamorando?
Ámala 43
Entropía en el matrimonio 285-286
Siempre hemos tenido un matrimonio volátil 361-363

¿Cómo manejamos (o manejo) el divorcio?
Necesitábamos una nueva visión 105-106
LEYES 130-131

¿Qué puedo hacer para que mi segundo matrimonio tenga más éxito que el primero?
Una lista en la puerta del refrigerador 90
MANEJANDO UNA CARGA NEGATIVA 225-228

FAMILIA
¿Cómo podemos construir confianza y amor incondicional?
CREANDO LA CUENTA DE BANCO EMOCIONAL 63-74
Un enunciado de misión creará un acercamiento poderoso 104
"AMOR" ES UN COMPROMISO 107-108
MOMENTOS DE ACERCAMIENTO UNO A UNO 159-168
HÁBITOS 4, 5 y 6 177-283
HÁBITO 7: AFILAR LA SIERRA 285-322
¿POR DÓNDE EMPIEZO? 335-336

¿Cómo nos convertimos en una familia centrada en principios?
El principio fundamental del respeto 22-23
Cita de Alfred North Whitehead 26
EL FIN EN LA MENTE: UNA HERMOSA CULTURA FAMILIAR 28-29
HÁBITO 2: COMENZAR CON EL FIN EN LA MENTE 79-120
¿POR DÓNDE EMPIEZO? 335-347
Las familias se atrapan en uno de dos extremos 354-355

¿Cómo hacemos que todos vayan en la misma dirección?
UNA VISIÓN CLARA DE SU DESTINO   19-21
HÁBITO 2: COMENZAR CON EL FIN EN LA MENTE   79-120

¿Qué hacemos si estamos fuera del camino?
La historia de Sean: viajes familiares   18
COMPARTIENDO ESTE CAPÍTULO: "USTED VA A ESTAR "FUERA DEL CAMINO" 33-34
Tarde para la cena, y reactivo   35-36
DISCULPARSE   60-62
Convirtiendo sus dotes únicas en una "brújula"   87-88
PASO TRES: ÚSELO PARA ESTAR EN EL CAMINO CORRECTO   102-104
CONVIRTIENDO SU ENUNCIADO DE MISIÓN EN SU CONSTITUCIÓN...   148-150

¿Cómo podemos hacer tiempo para la familia?
HÁBITO 3: PONER PRIMERO LO PRIMERO   121-176
HÁBITO 7: AFILAR LA SIERRA   285-322

¿Cómo creamos unidad?
EL FIN EN LA MENTE: UNA HERMOSA CULTURA FAMILIAR   28-29
Las dotes se pueden colectivizar   75
HÁBITO 2: COMENZAR CON EL FIN EN LA MENTE   79-120
Experiencia en Vietnam del almirante Stockdale   173-174
HÁBITOS 4, 5 y 6   177-283
HÁBITO 7: AFILAR LA SIERRA   285-322
Las familias se atrapan en uno de dos extremos   354-355

¿Qué hacer cuando los miembros de la familia no cooperan?
HÁBITOS 4, 5 y 6   177-283

¿Qué hacer cuando hay un espíritu de crítica y juicio?
Cuando usted entiende, no juzga   216-217
Cuando estamos en el rol de juez y jurado   219
MANEJANDO UNA CARGA NEGATIVA   223-228
Si la historia de la relación es de juicios   238
Mi primera observación fue negativa   244-245

¿Cómo nos deshacemos de la competencia?
HÁBITOS 4, 5 y 6   177-283

¿Cómo creamos un espíritu de diversión, aventura y emoción en la familia?
UNA "QUINTA" DOTE HUMANA   41-42
TIEMPO PARA DIVERTIRSE   156-157
HÁBITO 7: AFILAR LA SIERRA   285-322
(especialmente DIVERTIRSE JUNTOS)   315-316

¿Cómo creamos un ambiente que nutra?
CREANDO LA CUENTA DE BANCO EMOCIONAL   53-74
EL "GRAN PANORAMA", LA CLAVE PARA PENSAR GANAR-GANAR   203-206
Lo más importante que puede hacer por su familia   224-225
¿POR DÓNDE EMPIEZO?   335-352

¿Cómo manejamos los desafíos económicos?
ECONOMÍA   131-132
Una vez mi esposo perdió su empleo   154-155
Mi esposo y yo no nos veíamos a los ojos   240
Comprando el sillón que podemos   266-267
SOBREVIVIR   326
Lo económico tiene poco que ver con lograr significado   333

¿Cómo creamos compromiso familiar?

Nuestro matrimonio era mucho más que una relación contractual	83
"AMAR" ES UN COMPROMISO	107-108
Las tradiciones crean sensación de compromiso	289-290

Cuando un hijo está fuera del camino, ¿cómo mantenemos a los demás dentro?

RECUERDE EL ÁRBOL DE BAMBÚ CHINO	115-118
Mientras un niño adoptado estaba en el hospital	155

¿Cómo evitamos que los miembros de la familia sean egoístas?

CONVIRTIENDO SU ENUNCIADO DE MISIÓN EN SU CONSTITUCIÓN...	148-150
SIRVIENDO JUNTOS	313-315
DE SOBREVIVIR... A SIGNIFICADO	323-374

¿Cómo podemos crear una sensación de espiritualidad en nuestro hogar?

HÁBITO 2: COMENZAR CON EL FIN EN LA MENTE	79-120
RINDIENDO CULTO JUNTOS	308-311

¿Qué hacemos cuando no hay entendimiento y hay mala comunicación?

HÁBITO 5: BUSCAR PRIMERO ENTENDER...	209-254
Los 7 Hábitos le dan un lenguaje	365-367

¿Cómo podemos hacer la hora de las comidas algo más que cenas de microondas y televisión?

Las horas de la comida siempre deben ser placenteras	238-239
CENAS FAMILIARES	291-295

¿Cómo podemos hacer comentarios personales sin ofender?

La retroalimentación nos dice cuando estamos fuera del camino	18
DANDO RETROALIMENTACIÓN	240-245

¿Cómo podemos mejorar nuestras habilidades de solución de problemas?

TODO PROBLEMA ES UNA OPORTUNIDAD PARA HACER UN DEPÓSITO	71-72
UN TIEMPO PARA RESOLVER PROBLEMAS	154-156
HÁBITOS 4, 5 y 6	177-283
DE RESOLVER PROBLEMAS A CREAR	331-333
DEJARLO IR	358-367

¿Cómo manejar la confusión y la desorganización?

HÁBITO 3: PONER PRIMERO LO PRIMERO	121-175
ORGANIZARSE	341-343

¿Cómo ponemos las actividades de todos en el mismo programa?

Muchas maneras de aplicar el principio de visión	81
UN TIEMPO PARA PLANEAR	150-151
PONER PRIMERO LAS PIEDRAS GRANDES	168-171
COMPARTIENDO ESTE CAPÍTULO: HÁBITO 3	175=176

¿Qué hacemos cuando tratamos pero las cosas siguen saliendo mal?

Desastres en el tiempo familiar	158-159
Desastres en vacaciones	296-297
Las tradiciones no siempre salen perfectas	320

SER PADRES

Aunque reconozco que muchos padres solteros deben manejar estos asuntos solos, hablo de "nosotros" en las siguientes preguntas para reconocer el valor de la sinergia, así como de la proactividad, y para motivar la sinergia cuando sea adecuado, con un cónyuge, un miembro de la familia extendida o un amigo interesado.

¿Qué hacemos cuando no tenemos una buena relación con un hijo?

CREANDO LA CUENTA DE BANCO EMOCIONAL	63-74
"AMAR" ES UN COMPROMISO	107-108
UN ENUNCIADO DE MISIÓN PARA TRES	93-100
RECUERDE EL ÁRBOL DE BAMBÚ CHINO	115-118
PATERNIDAD: UN ROL ÚNICO	127-128
TIEMPO FAMILIAR SEMANAL	145-159
UNO A UNO CON LOS NIÑOS	162-168
EL "GRAN PANORAMA", LA CLAVE PARA PENSAR GANAR-GANAR	203-206
HÁBITO 5: BUSCAR PRIMERO ENTENDER...	209-254
HÁBITO 7: AFILAR LA SIERRA	285-322
TUTOREAR	339-341

¿Cuándo es el momento correcto para enseñar a un niño, y qué enseñamos?

Papá, ¡soy un hombre que trabaja duro!	79-80
¿Cuáles fortalezas y habilidades necesitarán nuestros hijos?	84-85
RECUERDE EL ÁRBOL DE BAMBÚ CHINO	115-118
LA METÁFORA DE LA BRÚJULA	135-139
La primera vez que papá y yo compartimos el principio de la vida	146-147
TIEMPO DE ENSEÑAR	151-154
UNO A UNO CON LOS NIÑOS	162-168
PUEDE DAR PASOS PARA COMPENSAR EL ENFOQUE DE COMPETENCIA	193-196
Disciplina *versus* castigo	205-206
NO ME IMPORTA CUÁNTO SABES	165-168
Enseñando el Hábito 5 en el hogar	245-246
ENTENDIENDO LAS ETAPAS DE DESARROLLO	248-251
¡Vaya, esto realmente funciona!	251
Creando renovación mental en las cenas familiares	293-294
Un viaje de bicentenario en una casa rodante	295-297
ENSEÑAR	343-347
COMPARTIENDO ESTE CAPÍTULO	33-34, 76-77, 118-119, 175-176, 207
	253-254, 282-283, 321-322, 373-374

¿Qué hacemos cuando un hijo no nos habla?

Encontré a mi hijo de nuevo	21-22
CÓMO HACERLO: PRINCIPIOS DEL ESCUCHAR EMPÁTICO	232-239

¿Qué hacemos cuando un hijo tiene dificultades en la escuela?

Queríamos que nuestro hijo aprendiera a pagar el precio	84-85
¡Estoy haciendo trampa en matemáticas!	166-167
Ella no entendía la "resta"	214-215
Creando renovación mental en las cenas familiares	293-294
Cenas con maestros favoritos	295-296
APRENDIENDO JUNTOS	306-308
Una hora juntos en la biblioteca todas las noches	343

¿Cómo enseñamos a los hijos a hacer sus labores con alegría, sin que se les pida?

¿Quién quiere ganar dinero?	155
DEJE QUE EL ACUERDO GOBIERNE	198-203
TRABAJANDO JUNTOS	311-313
Nuestro hijo pequeño deja la ropa tirada en el piso	248-249

¿Cómo sabemos qué esperar de un niño?

Las expectativas son la base de nuestros juicios	216-217
ENTENDIENDO LAS ETAPAS DE DESARROLLO	248-251

¿Qué hacemos cuando un niño se porta mal?

Mi hija demolió su habitación	12-13

Separando a la persona de la conducta 70
Un enunciado de misión para un niño de nueve años 113
Tratando al niño más difícil 269-340
EL "GRAN PANORAMA", LA CLAVE PARA PENSAR GANAR-GANAR 203-206
Nuestro hijo pequeño deja la ropa tirada en el piso 248-249

¿Debemos ser autoritarios o liberales con un hijo?
LA CONSECUENCIA DE GANAR-PERDER 182-183
GANAR-GANAR, LA ÚNICA ALTERNATIVA VIABLE A LARGO PLAZO 186-187
Disciplina *versus* castigo 205-206

¿Qué tal si a los hijos no les gustan nuestras decisiones?
Un enunciado de misión tiene un impacto profundo sobre los padres 104
GANAR-GANAR, LA ÚNICA ALTERNATIVA VIABLE A LARGO PLAZO 186-187
Ser padre no se trata de ser popular 191-193

¿Qué hacemos cuando un niño es desobediente?
Separando a la persona de la conducta 70
Disciplina *versus* castigo 205-206
La fiesta de cumpleaños de mi hija de tres años 182-183
¿Qué significa "esquina", papi? 214
Nuestro hijo deja la ropa tirada en el piso 248-249

¿Qué hacemos cuando los hijos pelean y discuten?
Enseñando el Hábito 5 en el hogar 245-246
Nuestras debilidades reaparecen en la vida de nuestros hijos 338

¿Cómo manejamos a un adolescente rebelde e irrespetuoso?
Encontré a mi hijo de nuevo 21-22
Nunca se rinda 31
El otro lado de la tarjeta 52
Cinco depósitos al día, y sin retiros 55-57
Separando a la persona de la conducta 70
Una decisión para ir a la escuela 70-71
RECUERDE EL ÁRBOL DE BAMBÚ CHINO 115-118
Cuando Karen cumplió 16 años 217-219
Stephen, ven a casa rápido 220

¿Cómo manejamos la rivalidad entre hermanos?
Pidiendo a Sean que ayude a David a aprender a leer 195

¿Qué hacemos cuando un niño se sale del camino?
RECUERDE EL ÁRBOL DE BAMBÚ CHINO 115-118
Separando a la persona de la conducta 70
Estoy haciendo trampa en matemáticas 166-167
Una chica inteligente que se fue por el camino equivocado 196-197
Dando retroalimentación a un hijo 242-243
Un sistema de apoyo en la cena familiar 294
"Adoptando" a los amigos de nuestros hijos 317-318

¿Qué hacemos cuando un hijo nos presiona para hacer excepciones?
DEJE QUE EL ACUERDO GOBIERNE 198-199
Construyendo principios en las estructuras y los sistemas 150, 179, 341-343
INVOLUCRE A LAS PERSONAS EN EL PROBLEMA... 272-276

¿Cómo involucramos a los niños en el enunciado de misión familiar?
UN ENUNCIADO DE MISIÓN PARA TRES, O MÁS 93-100
Creamos nuestro enunciado de misión en varias semanas 102-103

TRES "ADVERTENCIAS"   114-115
RECUERDE EL ÁRBOL DE BAMBÚ CHINO   115-118

¿Qué hacemos cuando ambos tenemos que trabajar?
LA FAMILIA: ¿COMPLEMENTO SECUNDARIO O PRIMER LUGAR?   125-128

¿Qué hacemos sobre las guarderías?
PATERNIDAD: UN ROL ÚNICO   127-128

¿Cómo puedo manejar mejor el ser padre soltero?
  Durante años luché con mis hijos   37-41
  Necesitábamos una nueva visión   105-106
  Un acuerdo ganar-ganar con un hijo involucrado en drogas   197-198
  Vivimos en un mundo sin tiempo   363-365

FAMILIA INTERGENERACIONAL Y EXTENDIDA
¿Qué hacemos para que nuestra familia extendida sea fuerte?
  Visite a un familiar (COMPARTIENDO ESTE CAPÍTULO: HÁBITO 3)   175-176
  Visite a un miembro de la familia (COMPARTIENDO ESTE CAPÍTULO: HÁBITO 5)   254
  Dividiendo posesiones después del funeral   187-189
  FORTALECIENDO LA FAMILIA EXTENDIDA   109-111
  Un lugar de vacaciones intergeneracionales   290-300
  Haciendo divertidos los cumpleaños de los sobrinos   302
  Una mesa para diez personas   302
  ACTIVIDADES CON LA FAMILIA INTERGENERACIONAL Y EXTENDIDA   304-306
  Satisfaciendo las necesidades especiales de la familia intergeneracional 328-329
  Nunca debemos pensar que nuestro trabajo terminó   354-355
  TE RECORDAREMOS CON AMOR   368-370
  Prisioneros conmovidos por el legado de sus ancestros   370-371

¿Es demasiado tarde para ayudar a sus hijos mayores y a los hijos de éstos?
  Un enunciado de misión familiar para abuelos   93
  Construyendo un hogar de tres generaciones   123-124
  ACTIVIDADES CON LA FAMILIA INTERGENERACIONAL Y EXTENDIDA   304-306
  Nunca debemos pensar que nuestro trabajo terminó   354-355

No soy padre de familia; ¿cómo puedo influenciar?
  Después de cuatro años, lo siento   66-67
  Escribiendo un enunciado de misión de la extensión familiar en unas vacaciones 110-111
  Dividiendo posesiones después del funeral   187-189
  Haciendo divertidos los cumpleaños de los sobrinos   302
  Una mesa para diez personas   302
  Mi hermana me dio el valor   356-357
  Mi suegro me dejó una impresión increíble   357

¿Cómo pueden los hermanos mayores crear cambio en la familia?
  Después de cuatro años, lo siento   66-67
  Escribiendo un enunciado de misión de la extensión familiar en unas vacaciones 110-111
  Dividiendo posesiones después del funeral   187-189
  Mi hermana me dio el valor   356-357

¿Cómo manejo el divorcio de mis padres?
  Es un problema de tus padres, no tuyo   50-51
  Un punto clave importante en mi vida   67-68

SOCIEDAD
¿La sociedad es antifamilia, ¿qué podemos hacer?
  Dentro hacia fuera *versus* fuera hacia dentro   23-27

HÁBITO 3: PONER PRIMERO LO PRIMERO 121-175
HACIENDO DE "VALOR" UN VERBO 367-368

¿Qué puedo hacer sobre la influencia negativa de la televisión en nuestro hogar?
Siete horas de televisión al día, y cinco minutos con papá 129
TECNOLOGÍA 132-134
¿QUIÉN VA A EDUCAR A NUESTROS HIJOS? 140-141
INVOLUCRE A LAS PERSONAS EN EL PROBLEMA... 272-276
Determine sus lineamientos (COMPARTIENDO ESTE CAPÍTULO: HÁBITO 6) 283

¿Cómo podemos proteger a nuestros hijos de cosas como pornografía, drogas y bandas?
La historia del gobernador: un adicto a la pornografía de siete años 24-25
Religiones unidas contra la pornografía 139-140
¿QUIÉN VA A EDUCAR A NUESTROS HIJOS? 140-141
Un acuerdo ganar-ganar con un hijo involucrado en drogas 197-198

¿Cómo podemos cambiar la sociedad?
El enfoque de dentro hacia fuera: el principio básico del cambio 23-24
DE SOBREVIVIR... A SIGNIFICADO 323-374

ÍNDICE ANALÍTICO

A

abandono, 65-66
aborto, 117, 280-281
abuso de drogas, 19, 25, 115, 117, 197-198
abuso, a niños, 20, 23, 109, 138
acampar, 297
acercamiento:
    actividades para, 34, 129, 330
    al criar hijos, 180
    como "completamente presente" 159-160
    como prioridad, 168-171, 172, 173
    como proceso, 30
    con niños, 34, 129, 162-165, 176
    confianza y, 165-167
    Cuenta de Banco Emocional y, 167, 168, 272
    en el matrimonio, 160-162
    enseñanza y, 167-168
    entendimiento y, 230
    planear para, 165, 167, 168-171
    renovación y, 288, 289, 290, 297, 315, 319, 320, 321
    uno a uno, 26, 121, 123, 341, 347, 351, 355, 358
"actuar", 216
Adams, Abigail, 295-297
Adams, John, 295, 297
administración, 350-351, 352, 373
adolescentes:
    7 Hábitos para, 194n
    autoidentidad de, 186
    el día de, 54, 55
    en tiempo familiar, 158, 170, 175
    enunciado de misión familiar y, 95-96, 97, 117, 119
    problemas sexuales de, 25, 116, 292
    rebeldes, 19
    sentimiento de agobio de, 59, 217-219
    suicidio de, 25, 116
    vida social de, 196-197
"afilar la sierra" véase renovación (Hábito 7)
"aire psicológico", 192, 219-221
alcoholismo, 25, 109, 117, 139
amabilidad, 58-60, 72
amor:
    como compromiso, 107-108, 110
    como sentimiento, 92
    como verbo, 43-44, 54, 67, 92, 108, 230, 368
    comprensión común de, 90
    condicional, 69, 70, 89-90, 348
    "difícil", 116
    incondicional, 21, 69-71, 73-74, 90, 91, 108, 110, 116, 118, 140, 167, 224, 269, 281, 339, 340, 348, 355
    leyes falsas de, 69
    Leyes Principales de, 69-71, 339-340, 345
    proactividad y, 43-44, 69-71, 108
"Amor en Casa", 147
animales, 39- 40, 42
Ana Karenina (Tolstoi), 23
Apolo 11, misión, 157-158
apresurarse, 136-137
aprobación, 38, 59, 69, 71, 340
Aquellos Que Aman (Stone), 295
árbol de bambú chino, 30-31, 33, 73-74, 115, 281
Árbol de Liderazgo de la Familia Centrada en Principios, 336, 337, 339, 341, 345, 349, 352, 373
Argentina, 172
argumentos, 178, 179, 186, 187-189, 191
arquitectura, 152
arreglos prenupciales, 130
autoconciencia:
    conciencia familiar y, 48, 75, 87, 278, 288
    desarrollo de, 44-48, 57, 140
    disculpas y, 62
    en tutorear, 347-348
    matrimonio y, 92, 191
    modelo de congruencia para, 243
    perdón y, 67
    proactividad y, 38-39, 40, 44-48, 64, 75, 76
    sinergia y, 266, 267, 277, 278
autocorrección, 272
autoestima, 148, 303-304
autoidentidad, 186
autobiografía, personal, 179, 226, 233, 237, 253
autorización, 198-199, 202

B

bandas, 281
Berry, Wendell, 130, 131
Biblia, 61, 82, 113, 216, 310, 352
Bok, Edward, 189
"botón de pausa", 37, 38, 44, 76, 232, 266-267, 340
Bronfenbrenner, Urie, 127
Brownlee, Shannon, 125-126

Brujas, Día de, 304
brújula:
    cuatro dotes como, 85, 87-88, 97-98, 119
    destino indicado por, 18, 19, 27-28, 71, 85, 87-88, 119, 370
    moral, 135-139
    "norte verdadero" de, 136, 138, 143, 370
buscar empleo, 154-155
Bush, Barbara, 10

C

calendarios, 150, 151n, 170
cambio:
    agentes de, 15, 23, 27, 40-41, 54, 66-67, 109, 110, 111, 142, 189, 335-336, 356-358, 365, 367
    cultural, 139-140, 142, 144
    de dentro hacia fuera, 23, 52, 54, 56, 74, 109, 116, 125
    perdón y, 68-69
    principios y, 163
    resultados de, 158-159
    social, 25-26, 141-145, 172
capacitación, 249, 287
carreras:
    divorcio y, 285
    familia vs., 112, 122, 127, 129-130, 142, 143, 330 331
    matrimonio vs., 285
castigo, 205, 214, 335, 373
cenas con "maestros favoritos", 294-295
Centro de Aprendizaje Alternativo, 116
cerebro:
    impreso por, 104
    izquierdo vs. derecho, 259-263
Churchill, Winston S., 31, 145
cinismo, 41, 140, 318
Círculo de Influencia, 48-53, 74, 76, 111, 116, 179-180, 281
Círculo de Preocupación, 48-53, 74, 76
citas, 232-233
clonación, 40
codependencia, 92, 217
comenzar con el fin en la mente (Hábito 2), 79-120
    aplicaciones para adolescentes de, 119
    aplicaciones para adultos de, 119
    aplicaciones para niños de, 120
    cosas creadas dos veces y, 81, 119, 141, 152
    destino definido por, 75, 80-82, 86-87, 92-93, 122, 205
    enseñanza de, 152
    guiones de solución de problemas para, 92
    metas de largo alcance en, 109, 188, 338
    para enunciado de misión, véase enunciados de misión
    planeación y, 170
    prioridades en, 82, 83-84, 111-113
    sinergia y, 258, 272

visión en, 81-82, 287
comerciales, 141, 274
comparar, 256, 269, 270
compartimentalización, 354
compartir, 31, 340
competencia, 249, 344-345
competir:
    cooperación vs., 178, 193-195, 208, 269, 270
    recompensas por, 341
compromiso total de liderazgo, 356
compromiso:
    amor como, 107-108, 110
    con el matrimonio, 162, 191
    con el tiempo familiar, 157-159, 175, 176
    con ganar-ganar, 179, 198, 202-203, 206, 207, 275
    con los niños, 70-71, 108, 127-128
    consensual, 334
    involucramiento y, 98, 114
    manteniendo el, 65-66, 150
    prioridades y, 125, 128
computadoras, 24-25
"Común Denominador del Éxito, El" (Gray), 370
comunicación:
    abierta, 111, 215, 365, 367
    adversaria, 258
    Cuenta de Banco Emocional y, 54
    en el matrimonio, 160, 161, 239, 260-262, 263
    estructuras para, 326, 327
    guiones y, 213, 221-222, 338, 344-345
    no verbal, 232, 237
    percepción y, 217
    por códigos, 173-174
    restablecimiento de, 98, 235-236
    ruptura de, 212
    semántica en, 217
    véase también escuchar
conciencia, 44-48
    colectiva, 75, 87, 258, 275, 289
    desarrollo de, 44-48, 57, 140, 175, 205-206, 371
    disculpas y, 62
    perdón y, 67, 106
    proactividad y, 39, 40, 44-48, 64, 75, 76
    roles modelo y, 348-349
    sinergia y, 266, 267
    traición de, 138, 139, 166
conducta:
    cambio de, 241-243
    de juicios, 21-22, 218, 238
    entendiendo y, 217, 241
    identidad vs., 241
    negativa, 37-38, 113, 115-117, 205, 241
    principios vs., 136
confianza:
    acercamiento y, 165-167
    desarrollo de, 54, 118, 140, 145, 156, 165-167, 269, 340-341, 348, 349, 352, 373
    destrucción de, 137

ganar-ganar y, 192, 198
incondicional, 115
confidencias, 62-63
"conócete a ti mismo", 47-48
Conspiración Acuario, La (Ferguson), 133
Constitución, E.U.A., 150, 295
control, 38, 39, 240-241, 370
cooperación:
competencia *vs.*, 178, 193-195, 208, 269, 270
consejeros, 113, 116, 184-185
creativa, 266-268, 277, 280, 282, 365
valor, 367-368, 370, 373
cortesía, 59-60
Covey Leadership Center, 328
creatividad, 331-332, 334, 373
crimen, juvenil, 142, 143
crítica:
negativa, 184-185, 188,269, 270, 271
retroalimentación como, 18, 86-87, 229, 239-245,
270, 271, 272
cuáqueros, 88
Cuatro de Julio, 295-297
Cuenta de Banco Emocional, 53, 69
acercamiento y, 167, 168, 272
balance de confianza en, 54, 340-341, 349, 350, 373
comunicación y, 54
depósitos en, 54, 56, 57-72, 73, 76, 77, 80, 87, 90,
99, 118, 167, 196, 217-219, 221-223, 238, 241,
249, 268, 286,302, 339, 343, 351, 354, 373
en proactividad, 53-69, 71-72, 76, 77
enseñar y, 340-341, 349, 350, 373
entender y, 217-219, 235, 238, 241, 242, 249
enunciado de misión familiar y, 80, 87, 90, 93, 99,
118
ganar-ganar y, 180, 183, 186, 196, 198, 206
relaciones mejoradas por, 54-57, 64
renovación y, 387, 302
retiros de, 54, 57, 62, 65-66, 72, 76, 150, 167, 196,
219, 235, 241, 242, 244
sinergia y, 268, 272
tiempo familiar y, 146, 148, 150, 157
cuidado de la salud, 137-138
culpa, 37, 42, 150, 172, 229
cultura, popular, 129-130, 144-145, 158, 171
cumpleaños, 300-302
cumplidos, 58, 60

D

Davis, Stanley, M., 134, 144
decisiones:
estratégicas, 172
no populares, 186-187
toma de, 104, 108
Declaración de Independencia, 295, 296
Deming, W. Edwards, 343
dentro hacia fuera, enfoque:

cambio y, 23, 52, 54, 56, 74, 109, 116, 125
enfoque de fuera hacia dentro *vs.*, 23, 360
éxito como, 113
gran panorama, 323
liderazgo como, 352
dependencia, 354-355
depósitos emocionales, 57-72
amabilidad como, 58-60, 72
disculpas como, 60-62, 72
lealtad como, 62-64, 72
perdón como, 66-69, 72
problemas como oportunidades para, 71-72, 80
promesas como, 64-66, 72
desensibilización, 133, 134-135
destino, 17-34
aplicaciones para adolescentes de, 33
aplicaciones para adultos de, 33
aplicaciones para niños de, 34
brújula y, 18, 19, 27-28, 71, 85, 87-88,119, 370
comenzar con el fin en la mente y, 75, 80-82, 86-87,
92-93, 122, 205
contención interna y, 179
definición de, 80-82, 86-87, 92-93, 122
en el enunciado de misión familiar, 86-87, 92-93, 102
104, 119, 120
interino, 331-332, 334
"mapas" para, 359-360
plan de vuelo para, 17-18, 19, 20, 21-27, 31, 33, 34,
81-82, 83, 143
retroalimentación y, 18, 272
visión de, 18, 19-21, 32, 51
devocionales, 310-311
diarios personales, 205-206
días festivos, 302-304, 320, 354
discernimientos, 39
disciplina, 19, 25, 168, 205-206, 238, 261, 373
disculpas:
autoconciencia y, 62
como depósito emocional, 60-62, 72
conciencia y, 62
imaginación y, 62
por conducta con juicios, 21-22, 218, 238
por mal temperamento, 18
proactividad y, 51
reactividad y, 36
sinergia y, 256
voluntad y, 62
"discursos de un minuto", 294
diversión, 147, 149, 156-157, 169, 175, 316-316, 322
divorcio:
carreras y, 285
comprensión mutua y, 225-228
impacto personal de, 29, 65-66, 190, 225-228
niños y, 32, 38, 43, 50, 66, 68, 105-106, 225-228,
357
perdón y, 106
problemas financieros y, 153

tasa de, 25, 131, 142, 143, 144
DNA, 40, 106-107
Doherty, William, 145
dotes, cuatro, 37-41
    aplicación de, 37-41, 44-48, 57, 62, 64, 67, 139, 140, 174, 175, 222
    como brújula, 85, 87-88, 97-98, 118
    entendimiento y, 234
    proactividad y, 37-41, 44-48, 57, 62, 64, 67, 75, 76
    sinergia y, 266-268
    véase conciencia; imaginación; autoconciencia; voluntad independiente
Durkheim, Émile, 140, 240

E

economía, 129, 131-132
educación, 25, 70-71, 84-85, 109, 115, 117, 140, 129, 137, 138, 142, 143, 181-182, 214-215, 249, 274, 275, 292, 293-295, 306-308, 324-325, 327, 343
efectividad:
    cultura familiar y, 28-29
    largo plazo, 30-31, 33, 73-74
egoísmo, 242-243
Einstein, Albert, 360
ejercicio, físico, 44-45, 137, 287, 288
elección:
    confianza en, 218
    consecuencias de, 102, 199, 200, 202, 240
    de principios, 81, 83, 87
    libertad de, 35-36, 39, 40, 42, 74, 79-80, 109, 111, 130, 142, 205, 351, 363, 371
    primero lo primero y, 126-127
    véase también decisiones
Eliot, T. S., 365
emociones:
    control de, 270-271
    momentáneas, 36, 37, 51, 203, 205, 231-232, 341, 347,
    negativas, 21, 225-226
    no expresadas, 216, 247
    proyección de, 222
    véase también Cuenta de Banco Emocional
enciclopedias, 293
endorfinas, 42
enfermedades transmitidas sexualmente, 25
engañar, 166-167
enseñanza:
    de valores, 146, 149, 151-154, 167-168, 186, 246, 329, 344-346
    efectividad de, 195, 339, 340-341, 343-353, 355, 373
    en tiempos familiares, 146, 149, 151-154, 175
    imaginación y, 347-348
entender y ser entendido (Hábito 5), 209-254
    "aire psicológico" y, 219=221
    aplicaciones para adolescentes de, 253
    aplicaciones para adultos de, 253

aplicaciones para niños de, 254
autobiografía y, 179, 226, 233, 237, 253
"botón de pausa" y, 232
como "ruta", 178, 179
como evidencia de cariño, 221, 339
condicionar y, 211-212, 253, 254
conducta y, 217, 241
confrontación y, 240-241
consejos y, 222-223, 233, 234, 253
cuatro dotes y, 234
Cuenta de Banco Emocional y, 217-219, 235, 238, 241, 242, 249
diferencias de género y, 216
diagnosticar antes de recetar en, 211, 249
ejercicio de percepción Indio/Esquimal y, 209-211, 212, 253, 254
emociones negativas y, 225-230
enunciados reflexivos en, 235-236, 246
escuchar empático y, 21-23, 226, 239, 231, 232-239, 245-247, 253, 266, 279-280, 340
etapas de desarrollo y, 216, 248-251
expectativas y, 215-217, 253
ganar-ganar y, 177-180, 246
ganar-perder, enfoque y, 229, 234
gran panorama en, 230
interpretar y, 233, 234, 253
ira difusa por, 218, 221, 228-230
lineamientos para, 237-239
malos entendidos *vs.* 212-215
manipulación *vs.*, 228, 235-236, 237
marco de referencia para, 21, 216, 224-225, 230, 231, 238
mentalidad de, 229
nutrir y, 225, 245-248
otros hábitos relacionados con, 177-180, 247
poder de, 219, 223, 334-335
preguntas sobre, 236-237
probar y, 233, 234, 236, 237, 253
punto de vista en, 233, 241-243, 246
relaciones y, 212, 214, 225-228, 237-238
respeto y, 235, 280
retroalimentación y, 239-245
satisfacciones y, 216
secuencia en, 251
sinergia en, 177-180, 251, 257, 258-259, 266, 267, 270-273, 279-281
"traductor fiel" en, 230-232
vulnerabilidad y, 223-225, 228, 230, 237, 253
entrevistas privadas, 166-167
entropía, 285-286, 321
enunciado de misión familiar, 82-120
    ambiente seguro proporcionado por, 95, 155
    anuncios de, 114
    Círculo de Influencia y, 111, 116
    co-misiones en, 92-93
    como constitución, 148-150
    creación de, 99-104

Cuenta de Banco Emocional y, 80, 89, 90, 93, 99, 112

destino en, 86-87, 92-93, 102-104, 119, 120

dotes humanas como brújula en, 85, 87-88, 98-99, 119

ejemplos de, 100-101, 110-111

elaboración de, 96, 100-102, 111-113, 114-115, 119, 348

hoja de trabajo para, 104

ideas para, 94-100, 102-103, 358

identidad familiar en, 94, 105

importancia de, 20, 26, 48, 81, 125, 128, 139, 145, 169, 172, 173, 279, 299, 327-328, 350

legado en, 327-328

paciencia y, 114, 115-118

para dos personas, 89-93

para tres o más, 93-104

participación de adolescentes en, 95-96, 97, 117, 119

participación de la familia en, 85-88, 94-100, 104, 110-111, 114-115

participación de niños en, 94, 95, 97, 120

perspectiva y, 113-114

poder de, 104-107

precauciones para, 114-115

preguntas para, 97-98

principios en, 92, 93, 97, 104, 106, 115-116, 117, 118, 150, 345-346

prioridades en, 82, 83-84, 111-113

proceso vs. producto de, 114-115

propósito definido por, 82, 99

renovación en, 293

resistencia a, 117-118

retroalimentación en, 86-87

sensación de mayordomía en, 84

suposiciones en, 92

tiempo familiar y, 97, 148-150

visión de, 84-86, 91, 92, 93, 102, 104, 105, 106, 107, 114, 310

enunciados de misión:

financieros, 240- 314

matrimonial, 83-84, 89-93, 114, 115-116, 117, 350

organizacional, 82, 85

personal, 14, 109, 113, 117, 324, 350, 364

escuchar:

empático, 21-23, 226, 230, 231, 232-239, 245-247, 253, 259, 266, 279-280, 340

respetuoso, 98

esperanza, 19, 32, 371

estabilidad, 95, 134, 142, 224-225, 326-327, 332, 333, 334, 361-363, 373

estándar de vida, 126

"estados de ánimo", 254

estilo de vida, 122-124, 126-127, 128, 131, 189-191

estímulo, brecha entre respuesta y, 35, 80

ethos, 353

Evans, Richard L., 286

exageración, 13, 42, 216

éxito:

como proceso dentro hacia fuera, 113

de matrimonios, 19, 20, 44, 191

en carreras, 123, 124

nivel de, 326, 327, 332, 333, 334, 335, 373

principios duraderos para, 112-113

experiencia "¡ajá!", 245

F

factor de aleta compensadora, 356-358, 373

familias:

apoyo legal para, 129, 130-131, 134

aprendizaje, 270, 306-308, 350

autoridad moral de, 179

calendario para, 150, 151, 170

carreras vs., 112, 122-127, 129-130, 142, 143, 330 331

como equipo, 105, 194-195, 278

como experiencia "nosotros", 28-29, 87, 174, 180, 187-191, 207

como la piedra angular de la sociedad, 85, 144

como no negociable, 126

como prioridad, 11-12, 15, 32, 34, 111-113, 122-127 128, 145, 165, 172-173, 175, 230, 368

como sistema de apoyo, 294, 305-306

comparación de, 20

conciencia en, 48, 75, 87, 278, 289

contencioso, 19, 178, 179, 187-189

cultura de, 18, 19, 28-29, 32, 40-41, 44, 47, 62, 69, 76, 81, 85, 109, 112, 123, 139, 141-143, 170, 171, 178, 179, 191, 225, 229, 247, 249, 258, 268-270, 286, 308, 318, 329-330, 332, 340-342, 354, 356, 360, 371

disfuncional, 23, 41, 108

encuesta autocalificada para, 28

enfoque de fuera hacia dentro para, 23-24, 142-144, 145, 172, 360

enunciado de misión, véase enunciado de misión, familia

espíritu de, 88, 141, 189

estabilidad de, 95, 134, 142, 155, 224-225, 326-327, 332, 333, 334, 373

estructura en, 144-145, 160, 172, 341-343

exclusividad de, 10, 19, 30, 32, 172, 173

extendida, 75, 109-111, 131, 142, 143, 176, 230, 301 302, 304-304, 321, 328, 329, 355

fotografías de, 176, 203-206

grande, 11, 247-248

identidad de, 94, 105

influencias sociales sobre, 19, 23-26, 82, 128-135, 138-139, 140, 141-145, 158, 170, 172, 175, 179, 258, 312, 344-345, 368

interdependencia en, 108, 172, 179, 207, 230

intergeneracional, 75, 86, 92, 109-110, 123-124, 131, 230, 299, 305-306, 321, 328, 329, 354-355

involucramiento de, 29-30, 85-88, 94-100, 104, 110 111, 114-115

lealtad en, 62-64
legado de, 327-328, 329, 371
liderazgo en, 144, 272, 275, 334, 335-360, 370, 373
mezclada, 19, 55, 102-103, 107-108, 117, 360
motores de las, 110, 111, 120
nuclear, 92, 131-132, 354, 355
reinvención de, 144-145
reuniones de, *véase* tiempo familiar
7 Hábitos como naturales para, 10, 28-30
sinergia en, 85, 87-88, 161, 193, 257-258, 272-275, 279
sistema inmune de, 72, 268-269, 281, 282, 320
técnicas de remedio rápido para, 112-113
tendencias en, 20, 38, 40-41, 89-90
tradiciones de, 289-320m 321, 322
transición, 40-41, 75
visitas invitadas a, 146-147
vuelo de avión como metáfora para, 17-18, 31, 33, 81-82, 86, 119, 135, 179, 270, 333, 354,
véase también niños; padres
Ferguson, Marilyn, 133
finanzas, 19, 92, 152-153, 154, 240, 266-268, 314, 318
Francisco de Asís, San, 48
Franklin Covey Company, 328
Franklin, Benjamin, 114, 296, 352
Frost, Robert, 28
fuera hacia dentro, enfoque, 23-24, 142-144, 145, 172, 360
fuerza de vida, 40, 47
fumar, 274

G

Gallup, George, 310
ganar-ganar (Hábito 4), 177-208
acuerdos para, 196-203, 205
aplicaciones para niños de, 208
aplicaciones para adolescentes de, 207
aplicaciones para adultos de, 207
Círculo de Influencia y, 179-180
como "raíz", 191-196
como alternativa viable, 186-187
competencia *vs.* cooperación en, 178,193-195, 208, 269, 270
compromiso con, 179, 198, 202-203, 206, 207, 275
confianza y, 192, 198
consecuencias en, 199, 200, 202
Cuenta de Banco Emocional y, 180, 183, 186, 196, 198, 206
elementos de, 200-203
entendimiento y, 177-180, 246
ganar-perder, enfoque *vs.*, 178, 180-183, 192, 207, 229, 234, 257
gran panorama de, 203-206, 207
idea "una pregunta, un compromiso" en, 179, 207
lineamientos en, 200
lucha de vencidas, concurso de, 177-180, 207

mentalidad de abundancia *vs.* escasez y, 180, 207, 208, 370, 374
para niños, 208
perder-ganar *vs.*, 183-185, 187, 207
principios en, 193, 199, 206, 272, 276
proactividad y, 180, 185, 199
recursos en, 200, 201
respeto y, 218
responsabilidad en, 200, 201
resultados deseados en, 200
sinergia y, 177-180, 257, 258-259, 266, 267, 270-273, 279-281
Gibbon Edward, 141
Ginott, Haim, 215
Godbey, Geoffrey, 133
Goethe, Johann Wolfgang von, 70, 122
Gordon, Thomas, 215
Gran Depresión, 131
Gray, Albert E. N., 370
Gray, John, 217
Griffin, Glen C., 54
guarderías, 125, 126, 127-128
Guerra de las Galaxias, La, 163-164
guía, interna, 18, 19, 27-28

H

Hábitos, 7:
1 (proactividad), 35-77
2 (comenzar con el fin en la mente), 79-119
3 (primero lo primero), 121-176
4 (ganar-ganar), 177-208
5 (entender y ser entendido), 209-254
6 (sinergia), 255-283
7 (renovación), 285- 322
a diferentes niveles, 334-335, 339, 340, 349
clases sobre, 21-22
como hábitos, 23, 115, 268
como naturales a las familias, 10, 28-30
como principios, 23, 27-28
diagrama y definiciones, 407
hoja de trabajo 365-366
malos hábitos *vs.*, 158
marco de referencia de, 26-27, 28, 359, 360-367
relaciones de, 171-172, 174, 177-180
habladurías, 62-63, 72
Hebgen Lake, 299-300
Herzberg, Frederick, 192
Hinckley, Gordon, B., 216
Hitler, Adolf, 48
Hochschild, Arlie, 129, 131
hogar, añorarlo, 31, 372
hora de dormir, 264
horas de comida, 238-239, 291-295, 322, 341
hospicios, 124
humildad, 258, 370, 373
humor, sentido del, 41-42, 297, 315-316, 318

I

idealismo, 12, 15
imaginación:
  como sinergia creativa, 87, 267
  como visión compartida, 75, 289
  desarrollo de, 44-48, 57, 140, 275
  disculpar y, 62
  enseñar y, 348-349
  perdonar y, 67
  proactividad y, 39, 40, 44-48, 64, 75, 76
impuestos, 125, 141
independencia:
  dependencia vs., 354-355
  interdependencia vs., 28-29, 132, 190, 229-230, 258, 278, 259, 327, 330, 354
individualidad, 104
infidelidad, 68, 184
influencias sociales, 10, 19, 23-26, 82, 85, 128-135, 138-145, 158, 170, 172, 175, 179, 259, 313, 344, 359, 368
infraestructura, 128, 133-134, 144
integridad, 336, 344, 370
interdependencia:
  en comunidades, 330
  en familia, 108, 172, 179, 207, 230
  independencia vs., 28-29, 132, 190, 229, 230, 258, 278, 279, 327, 330, 353
  renovación como, 287-289
Internet, 24-25, 28, 104, 151, 171
ira, 37, 52, 74, 106, 218, 221, 228-230, 241

J

James, William, 158
jardines, 312-314
Jennings, Marianne, 291-293
Johnson, Catherine, 191
juicio:
  conducta basada en, 21-22, 218, 238
  entendiendo y, 69, 74, 212, 216-217, 218, 219, 228, 233, 234, 238, 253, 280
Justicia Juvenil y Prevención de Delincuencia, Departamento de, E.U.A., 134

K

Kenley Creek, 298-299
Kirtley, J. S., 189

L

Lazo del Tiempo, El (Hochschild), 129, 131
lealtad, 62-64, 72, 265
lectura, hábitos de, 275, 276, 288, 307-308
lenguaje, 52-53
Lewis, C. S., 228-229, 309
leyes:
  familia apoyada por, 129, 130-131, 134
  moralidad y, 140, 342
  naturales, 136-139, 172
liderazgo, 144, 272, 275, 334, 335-360, 370, 373
literatura de autoayuda, 29
logos, 353
Los Hombres Son de Marte, Las Mujeres Son de Venus (Gray), 215
luchas de poder, 199, 272
Suerte Enamorada: Los Secretos de las Parejas Felices y Cómo Impulsan Sus Matrimonios (Johnson), 191

M

Madres Contra Conducir Ebrio, 140
maestros, 142, 143, 294-295
Magnífica Obsesión, 149
manipulación, 69, 228, 235-236, 237
mapa "determinista", 359
mapa de "consejo de otros", 359
mapa de valores sociales, 359
masculinidad, 125
matrimonio:
  acercamiento en, 160-162
  antecedentes familiares y, 89-90
  apoyo legal para, 130-131
  argumentos en, 178, 185, 191
  autoconciencia y, 92, 191
  carreras vs., 285
  ceremonia para, 85, 89, 190
  Círculo de Influencia en, 50-52
  como experiencia "nosotros", 257
  como prioridad, 112, 124
  como relación contractual vs. convenio, 82, 130, 145
  compromiso con, 162, 191
  comunicación en, 160, 161, 239, 260-263, 263
  enunciado de misión para, 83-84, 88-92, 114, 115, 116, 117, 350
  estabilidad de, 326, 361-363
  estrategias de solución de problemas en, 91-92, 260, 263
  éxito de, 19, 20, 44, 191
  expectativas de roles en, 91-92, 253-255
  expectativas en, 184-185, 216, 282, 362
  interdependencia en, 29, 190
  intimidad en, 289
  perdón en, 68
  rechazo en, 286
  renovación en, 285, 286
  responsabilidad en, 190
  vida de soltero vs., 189-191
  votos de, 65
Mauricio, 330
mayordomía, 84, 151, 200-203, 258, 280, 327, 328, 333, 355
McKay, David O., 74
McNaughton, John Hugh, 147

mensajes "tú", 242
mensajes "yo", 241-242, 243, 244
metas:
  económicas, 327
  espirituales, 327
  fijar, 348
  largo alcance, 109, 188, 338
  mentales, 327
  roles y, 171, 172-173
  sociales, 327
"Mentiras que los Padres se Dicen Sobre Por Qué
  Trabajan" (Brownlee y Miller), 12-126
Miller, Matthew, 125-126
modelar, 23-24, 38, 41, 144, 336-339, 341, 343, 344
  353, 355, 357, 373
modelo de congruencia, 243
"momentos de enseñanza", 346
moralidad:
  apoyo legal para, 140, 342
  autoridad para, 179, 258, 341
  como atributo humano, 39
  declinación de, 133
  leyes de, 137, 138-139
  juicios basados en, 21
  rigidez en, 42, 310
  sentido de, 139-140
Morris, Betsy, 131
motivación, 249
motivos, 38, 40, 48, 222, 235-236, 257
muerte, morir, 14, 124, 328-331, 365
Muggeridge, Malcolm, 134
mujeres, 139, 330-331

N

narcisismo, 71
natural vs. nutrir, debate, 40
Navidad, 319-320
necesidades:
  deseos vs., 191-192
  espiritual, 347-348, 361
  física, 347-348, 361
  mental, 347-348, 361
  social, 347-348- 361
Nelson, Joyce, 294-295
niñeras, 128- 151, 274
niños:
  abuso de, 20, 23, 109, 138
  acercamiento con, 34, 129, 162-165, 176
  adoptivos, 155
  amigos de, 160, 259, 317-318
  autoestima de, 148, 303-304
  compromiso con, 70-71, 108, 127-128
  custodia de, 225-228
  divorcio y, 32, 38, 42, 50, 66, 68, 105-106, 225, 228,
    357
  educando, 93, 94, 125, 126, 133, 139, 140-141, 292,
    337

en el tiempo familiar, 146, 147, 148, 176
en la pobreza, 131
enunciado de misión familiar y, 94, 95, 97, 120
estrategia ganar-ganar para, 191-196, 208
etapas de desarrollo de, 183, 195-196, 216, 248-251
ilegítimos, 25
inocencia de los, 140
insatisfacción de, 192
necesidades vs. deseos de, 191-192
nietos, 93, 109-110, 123-124, 354-355
niños como maestros de, 195
pornografía y, 24-25, 129, 132, 139
"problema", 12-13, 19, 25, 340
responsabilidad de, 104, 291
sensación de seguridad de, 162, 340, 342
televisión que ven los, 26, 129, 132-133
valores aceptados por, 12
visión de, 81
niveles, 323-374
  aplicaciones para adolescentes de, 373
  aplicaciones para adultos de, 373
  aplicaciones para niños de, 374
  como destinos interinos, 331-332, 334
  estabilidad, 326-327, 332, 333, 334, 373
  éxito, 326, 327, 332, 333, 334, 335, 373
  fuerzas restrictivas vs. impulsoras en, 333-335, 367
  liderazgo y, 334, 335-360
  proactividad y, 333, 334
  7 Hábitos usados en, 334-335, 339, 340, 341
  significado, 327-331, 332, 333, 334, 335, 336, 373
  sinergia en, 339, 353
  sobrevivir, 326, 332, 333, 334, 335, 336, 342, 348,
    373
  solución de problemas y, 331-332
  visión compartida y, 333, 334, 341, 342, 351
Novak, Michael, 190
nutrición, 137, 287

O

organización, 341-343, 345, 346-353, 355, 373
orgullo, 228-229

P

paciencia:
  enunciado de misión familiar y, 114, 115-118
  grandes familias y, 11
  impaciencia vs., 173
  resultados y, 30-31, 114, 115-118
padres:
  abuelos, 20, 32, 86, 94, 109-110, 111, 353-355, 360
  como amigos de los hijos, 164, 259
  expectativas de, 192, 196, 198
  influencia de, 38, 124, 139, 186, 219, 337, 339, 340
    341
  que trabajan, 112, 122-127, 129-130, 142, 143

respeto por, 217-218
rol único de, 127-128
sacrificios de, 13-14, 189, 192, 340, 360-370
solteros, 19, 23, 25, 26, 37, 105-106, 148, 360, 364
sustitutos, 125, 126, 127-128
paradigmas, 47, 96, 179
"partes que trabajan", 314
Pascal, Blas, 214
pathos, 353
patriotismo, 295-296
Peck, M. Scott, 43
pelea *vs.* respuesta a la pelea, 91, 92, 32
"pensar fuera de la caja", 47
percepciones:
    comunicación y, 217
    retroalimentación y, 241-243
perder un bebé, 344
pérdida de peso, 137
perdón:
    autoconciencia y, 67
    cambio y, 68-69
    como depósito emocional, 66-69, 72
    como verbo, 230, 368
    conciencia y, 67, 106
    divorcio y, 106
    en el matrimonio, 68
    imaginación y, 67
    voluntad y, 67
perfeccionismo, 42
persistencia, 15, 18, 51
personalidad agresiva activa, 92
personalidad pasiva-agresiva, 92
perspectiva, 13, 42, 44, 113-114, 155, 316
Pope, Alexander, 135
pornografía, 24-25, 129, 132, 139-140
Powell, John, 232
Prayer Rock, 300
prejuicio, 217
prevención, 137-138, 229
primero lo primero (Hábito 3), 121-176
    aplicaciones para adolescentes de, 175
    aplicaciones para adultos de, 175
    aplicaciones para niños de, 176
    como enfoque táctico, 172
    ejemplo de "piedras grandes" para, 168-171, 175, 176
    elecciones y, 126-127
    estilo de vida y, 122-124, 126-127, 128, 131
    importancia de, 37, 121-122, 329, 364
    planeación anticipada y, 122, 147, 149, 150-151, 364 365
    "roles y metas" en, 171, 172-173
    sinergia y, 272
principios:
    acciones basadas en, 27, 37
    conducta *vs.*, 136
    cambio y, 163,
    elección de, 80, 82, 86

en enunciado de misión familiar, 92, 93, 97, 99, 104, 106, 115-116, 117, 118, 150, 345-346
como autoevidentes, 23, 84, 137, 344-345
como eternos, 23, 84, 137, 248, 344, 361
como leyes naturales, 136-139
de liderazgo, 335-360, 373
en ganar-ganar, 193, 199, 206, 272, 276
enseñanza de, 146, 149, 151-154, 167-168, 186, 246, 329, 344
largo plazo, 112-113
preferencias *vs.*, 193
7 Hábitos como, 23, 27-28
valores sociales *vs.*, 135, 139-140, 359
violación de, 137, 138-139
véase también valores
Principito, El (Saint-Exupéry), 208
prioridades:
    comenzar con el fin en la mente y, 82, 83-84, 111 113
    compromiso y, 125, 128
    familia como, 11-12, 15, 32, 34, 111-113, 121-127, 128, 145, 165, 172-173, 175, 230, 368
    en enunciado de misión familiar, 82, 83-84, 111-113
    tiempo familiar como, 150, 170-171, 172, 173
    importancia de, 14
    matrimonio como, 112, 124
    valores y, 99, 275
prisión, emocional/mental, 61
prisioneros de guerra, 80, 173-174
proactividad (Hábito 1), 35-77
    aplicaciones para adultos de, 76
    aplicaciones para niños de, 77, 113
    Círculo de Preocupación/Círculo de Influencia sobre, 48-53, 74, 76
    conciencia y, 39, 40, 44-48, 64, 75, 76
    a diferentes niveles, 333, 334
    Cuenta de Banco Emocional en, 53-69, 71-72, 76, 77
    cuatro dotes y, 37-41, 44-48, 57, 62, 64, 67, 75, 76
    libertad de elección en, 35-36, 39, 40, 42, 74, 78-79, 109, 111, 130, 142, 205, 350, 363, 371
    amor y, 43-44, 69-71, 108
    aplicaciones para adolescentes de, 76, 115
    autoconciencia y, 38-39, 40, 44-48, 64, 75, 76
    "botón de pausa" para, 37, 38, 44, 76, 232, 266-267
    como clave para otros hábitos, 76-75, 171-172, 270
    ganar-ganar y, 180, 185, 199
    imaginación y, 39, 40, 44-48, 64, 75, 76
    planeación y, 170
    reactividad *vs.*, 35-37, 41, 42, 51-52, 53, 76, 79, 113 114, 199
    renovación y, 287, 288-289
    resultados de, 323, 325
    sentido del humor y, 41-42, 316
    sinergia y, 266, 270, 271
    voluntad y, 39-40, 40-48, 64, 75, 76
"programa de diez minutos", 314
promesas, 64-66, 72

Proverbios, 82, 113, 351
proyección, 20, 222
Prueba de Aptitud Escolar, 25
"puntos ciegos", 241, 243

Q

quejarse, 37-38, 201, 269, 270

R

racionalizaciones, 125-126, 127
reactividad:
 Círculo de Preocupación como enfoque de, 49
 proactividad vs., 35-37, 41, 42, 51-52, 53, 76, 80, 113
  114, 199
rechazo, 71
recompensas, externas vs. internas, 250
reforma, 138
Refugio del Otro, El, (Pipher) 126
regañar, 37-38, 201
Regla de Oro, 179
relaciones:
 contractual vs. convenio, 83, 13-, 145
 creación de, 44, 54-57 64, 111, 160-161, 170, 258,
  281, 288, 289,339
 de abuso, 184-185, 225-228
 entendimiento y, 212, 214, 225-228, 237-238
 leyes naturales y, 137
 renovación de, 304-305, 311, 319
 ruptura de, 43
 televisión y, 274-275, 276
 temor de, 90
religión, 39, 141, 142, 143, 288, 308-312, 322, 350
"Religiones Unidas contra la Pornografía", conferencia,
 139-140
rendir culto, 2888, 308-312, 322, 350
renovación (Hábito 7), 285-322
 acercamiento y, 287, 288, 289, 296, 316, 320, 321
 "afilando la sierra" metáfora de, 286-287, 290, 321
 aplicaciones para adolescentes de, 321
 aplicaciones para adultos de, 321
 aplicaciones para niños de, 322
 Cuenta de Banco Emocional y, 286, 302
 de relaciones, 304-305, 311, 319
 en el matrimonio, 285, 286
 en enunciado de misión familiar, 293
 en tiempo familiar, 290, 304-305
 en tradiciones familiares, 289-320, 321, 322
 espiritual, 287-288, 289, 290, 293, 308-312, 315, 320,
  322
 expectativas y, 286
 externo vs. interno, 288
 física, 287-288, 289, 311-312, 315-316, 320
 interdependiente, 287-289
 mental, 287-288, 289, 290, 293, 306-307, 320
 otros hábitos, influenciado por, 287, 319

 personal, 288
 proactividad y, 287, 288-289
 sanar y, 319-320
 sentimiento de, 318-319
 social, 287-288, 289, 290, 293, 306, 320
resentimiento, 68
respeto:
 entendimiento y, 235, 280
 escuchar y, 98
 ganar-ganar y, 218
 mutuo, 179
 por los padres, 217-218
responsabilidad:
 como "respons-abilidad", 52, 53, 205
 debilitación de, 141
 en el matrimonio, 190
 principios de, 22-23
 sentido de, 327-328, 354
retiro, 330-331, 355
retroalimentación, 18, 86-87, 229, 239-245, 270, 271,
 272
Richards, Stéphen L., 370
Robinson, John, 133
Rogers, Carl, 215, 243
roles modelo, 23-24, 38, 41, 144, 336-339, 341, 343,
 344-353, 357, 373

S

sabiduría, 216-217
sabiduría, literatura de, 311, 346
Saint-Exupéry, Antoine-Marie-Roger de, 210
Salomón, 216
San Patricio, día de, 303-304
San Valentín, Día de, 303
sarcasmo, 42
Schweitzer, Albert, 323, 337
Selye, Hans, 330
servicio, comunidad, 288, 314-316, 327-328, 330, 331,
 333
sexualidad, 25, 116, 153-154, 292
Shakespeare, William, 31, 174, 369
SIDA, 269
significado, 327-331, 332, 333, 334, 335, 336, 373
sin hogar, 328
sinceridad, 21-22
sinergia (Hábito 6), 255-283
 a diferentes niveles, 339, 353
 aplicaciones para adolescentes de, 282
 aplicaciones para adultos de, 282
 aplicaciones para niños de, 283
 asuntos clave para, 276
 autoconciencia y, 266, 267, 277, 278
 "botón de pausa" y, 266-267
 comenzar con el fin en mente y, 258, 272
 como "fruto", 178, 179, 257, 259, 279-281
 como cooperación creativa, 266-268, 277, 280, 281,
  282, 365

como inadecuada, 278-279, 282
como la forma más alta, 179, 187
como *summum bonum* de todos los hábitos, 257-258, 259
conciencia y, 266, 267
"creativa", 87, 267
Cuenta de Banco Emocional y 269, 272
cuerpo como metáfora para, 257, 258, 278
diferencias y, 258-265, 271, 282
disculpas y, 256
dotes humanas y, 266-268
emociones negativas *vs.*, 228
en acercamiento, 87-88, 104, 281
en familias, 85, 87-88, 161, 193, 257-258, 272-276, 279
entendimiento y, 177-180, 251, 257, 258-259, 266, 267, 270-273, 279-281
ganar-ganar y, 177-180, 257, 258-259, 266, 267, 270 273, 279-281
primero lo primero y, 272
proactividad y, 266, 270, 271
proceso de, 276-277
puntos de vista en, 276, 279-280, 283
retroalimentación y, 270-271
riesgos de, 258-259
seguridad interna y, 258-259, 278
sistema inmune de la familia y, 268-269, 281, 282
solución de problemas en, 257-258, 268, 270, 272 277, 280, 282, 283, 332
tercera alternativa, solución de, 257-258, 268, 270, 271, 339
transaccional plus, 277-278
transformacional, 276
visión en, 258, 272
voluntad y, 267, 271
vulnerabilidad mutua en, 258, 281
sistema inmune, 72, 268-269, 281, 272, 319-320, 331
sistemas forzados de clasificación, 181-182
sobrevivir:
físico, 83, 221, 313
nivel de, 326, 332, 333, 334, 335, 336, 342, 348, 373
psicológico, 221
solución de problemas:
a diferentes niveles, 331-332
en el matrimonio, 91-92, 260-261
en tiempo familiar, 147, 148, 154-156, 175, 247, 272 275
estrategias para, 91, 308, 326, 331-332, 334, 373
sinergia en, 257-258, 268, 270, 272-277, 279, 282, 283, 332
Stockdale, James B., 173-174
Stone, Irving, 295
Stone, Lawrence, 131
subconsciente, 103-104
Suprema Corte, E.U.A., 130
suspensión de no creer, 132

T

Tagore, Rabindranath, 124
Tannen, Deborah, 215
tareas domésticas, 155, 176, 198-203, 249, 274, 292
tecnología, 129, 132-133, 134, 141, 142, 143, 144, 172, 308
televisión, 26, 129, 132-133, 141, 142, 143, 170, 272 276, 283, 286, 291, 299
temperamento, pérdida de, 18, 60-61, 228, 250
tensión, 94, 154-155, 287, 330
teoría de motivación de la higiene, 192
terapia, 115
Thoreau, Henry David, 140, 311
tiempo de "retiro", 161
tiempo familiar, 121, 145-159
como prioridad, 150, 170-171, 172, 173
compromiso con, 157-159, 175, 176
Cuenta de Banco Emocional y, 146, 148, 150, 157
divertido, 147, 149, 156-157, 169, 175
enseñanza en, 146, 149, 151-154, 175
enunciado de misión familiar y, 97, 148-150
familia como sujeto de, 153-154
importancia de, 26, 145-148, 351, 358
para la familia extendida, 304-305
participación de adolescentes en, 158, 170, 175
participación de los niños en, 146, 147, 148, 176
planeación de, 34, 147, 149, 150-151, 168-171, 175, 176, 289, 341-342, 349
reglas para, 170
renovación en, 290, 304-305
resultados de, 158-159
solución de problemas en, 147, 149, 154-156, 175, 247, 272-276
"tiempo fuera", habitación, 205
Tiempo para la Vida (Robinson y Godbey), 133
Tolstoi, Leon, 23
Toynbee, Arnold, 26
trabajar, 112, 122-127, 129-130, 142, 143, 312-31, 350
trascendencia, 47, 92-93
Simplemente No Entiendes (Tannen), 215
tutorear, 339-341, 343, 345, 346-353, 355, 373

U

U.S. News & World Report, 125, 133
urgencia, 350

V

vacaciones, 295-300, 341, 342, 357
valores:
centrado en principios, 37, 258, 344
comunes, 12, 24, 92, 93, 114, 290, 308, 341, 352
enseñanza de, 146, 149, 151-154, 167-168, 186, 246, 329, 344-346
preguntas de, 249

    prioridades de, 99, 275
    sociales, 1135, 139-140, 359
    véase también principios
vecinos, 142, 143
"verde y limpio", historia, 200-203
vértigo, 135
víctimas, 68
Vida, Leyes Principales de, 69-71, 339-340, 345
Vietnam, Una Experiencia de (Stockdale), 173-174
violencia, 25, 129, 132, 141, 274
visión:
    compartida, 75, 288, 333, 334, 341, 343, 351
    destino y, 18, 19-21, 32, 51
    en enunciado de misión familiar, 84-86, 91, 92, 93,
        102, 104, 105, 106, 107, 114, 309
    importancia de, 80-81, 287
    sinergia y, 258, 272
visualización, 98, 103-104
voluntad independiente:
    desarrollo de, 44-48, 57, 140
    disculpas y, 62
    organización y, 347-348
    perdón y, 67
    proactividad y, 38-40, 44-48, 64, 75, 76
    sinergia y, 267, 271
    voluntad social *vs.*, 75, 87, 88, 174, 288, 348

W

Webster, Daniel, 83
Whitehead, Alfred North, 26
Whittier, John Greenleaf, 128
Williamson, Marianne, 357-358
Winfrey, Oprah, 121

Z

Zinker, Joseph, 74

Sobre el Autor

Stephen R. Covey, esposo, padre y abuelo, es una autoridad en liderazgo internacionalmente reconocido, experto en la familia, maestro, consultor organizacional, fundador de la antigua compañía Covey Leadership Center y co-presidente de Franklin Covey Company. Ha hecho de la enseñanza de Vivir Centrado en Principios y Liderazgo Centrado en Principios el trabajo de su vida. Obtuvo una maestría en administración de negocios en Harvard y un doctorado en Brigham Young University, donde fue profesor de conducta organizacional y administración de negocios, y también ha sido director de relaciones universitarias y asistente del presidente. Por más de 30 años ha enseñado a millones de personas, familias y líderes de los negocios, educación y gobierno, el poder transformador de los principios o leyes naturales que gobiernan la efectividad humana y organizacional.

El doctor Covey es autor de varios libros aclamados incluyendo *Los 7 Hábitos de las Personas Altamente Efectivas*, el cual ha encabezado la lista de bestsellers durante más de siete años. Se han vendido más de diez millones de copias en 28 lenguas diferentes y 70 países. Sus libros *Liderazgo Centrado en Principios* y *Primero lo Primero* son dos de los libros de negocios más vendidos de la década.

El doctor Covey y otros autores, conferencistas y voceros de Franklin Covey, todos autoridades en liderazgo y efectividad, son constantemente buscados por estaciones de radio y televisión, revistas y periódicos en todo el mundo.

Entre los reconocimientos recientes que el doctor Covey ha recibido se encuentran el Medallón Thomas More College por su servicio continuo a la humanidad, el Premio al Mejor Conferencista Internacional Toastmaster, el Premio de Empresario Nacional del Año de la revista *Inc.* por Liderazgo Empresarial, y varios doctorados honorarios. También ha sido reconocido como uno de los norteamericanos con mayor influencia por la revista *Time*.

Stephen, su esposa, Sandra, y su familia viven en las Montañas Rocallosas de Utah.

SOBRE FRANKLIN COVEY

Stephen R. Covey es co-presidente de Franklin Covey Company, una firma internacional de cuatro mil integrantes, dedicada a ayudar a las personas, las organizaciones y las familias a ser más efectivas a través de la aplicación de principios probados o leyes naturales. Además de trabajar con personas y familias, y crear productos para ellas, el portafolio de clientes de la compañía incluye 82 compañías de las *Fortune 100*, más de dos tercios de las compañías de *Fortune 500*, miles de pequeñas y medianas empresas, y entidades gubernamentales a nivel local, estatal y nacional. Franklin Covey también ha creado sociedades piloto en ciudades que buscan convertirse en comunidades centradas en principios, y actualmente está enseñando los 7 Hábitos a maestros y administradores en más de tres mil distritos escolares y universidades a nivel nacional y por medio de iniciativas estatales con líderes en la educación en 27 estados.

La visión de Franklin Covey es capacitar a las personas para que enseñen ellas mismas y se independicen de la compañía. Motivan a las organizaciones para que sean orientadas a la familia, enseñen habilidades y proporcionen productos para ayudar a las personas a equilibrar la vida de trabajo y la vida familiar. Al eterno adagio de Laotzu: "Da a un hombre un pescado y lo alimentarás por un día; enséñale a pescar y lo alimentarás por toda la vida" ellos agregan: "Desarrolla maestros de los pescadores y levantarás a una sociedad". Este proceso de facultamiento se lleva a cabo a través de programas conducidos en las instalaciones de las Montañas Rocallosas de Utah, servicios de consultoría adaptada a cada empresa, entrenamiento personal, capacitación adaptada en sitio y capacitación a clientes facilitados, así como a través de talleres abiertos ofrecidos en más de 300 ciudades en Norteamérica y 40 países en todo el mundo.

Franklin Covey tiene más de 19 mil facilitadores clientes con licencia que enseñan su curriculum dentro de sus organizaciones, y capacita a más de 750,000 participantes al año. Las herramientas de implementación, incluyendo el Planeador Diario de Franklin, el Organizador de los 7 Hábitos y una amplia variedad de cintas de audio, libros y software de computadora permiten a los clientes retener y utilizar efectivamente los conceptos y las habilidades. Éstos y otros productos para la familia seleccionados detenidamente por Franklin Covey están disponibles en más de 120 tiendas Franklin Covey 7 Hábitos en toda Norteamérica y en varios otros países.

Los productos y materiales de Franklin Covey están ahora disponibles en 28 lenguas y sus productos de planeación son usados por más de 15 millones de personas en todo el mundo. La compañía tiene más de 12 millones de libros impresos, con más de un millón y medio vendidos cada año. *Business Week* señala el libro del doctor Covey *Los 7 Hábitos de las Personas Altamente Efectivas* como el bestseller número uno del año en cuanto a negocios, y su libro *Primero lo Primero* como el número tres en cuanto a administración del tiempo.

Para información sobre las Tiendas Franklin Covey 7 Hábitos o la Oficina Internacional más cerca de usted, o para que se le envíe un catálogo gratuito de los productos y programas de Franklin Covey, llame o escriba a:

Franklin Covey Co.
2200 West Parkway Boulevard
Salt Lake City, Utah 84119-2331 USA
Teléfono sin costo: 1-800-372-6839
Fax: 801-496-4252
Llamadas Internacionales: 801-229-1333 o fax 801-229-1233
Internet: http://www.franklincovey.com

DIAGRAMA Y DEFINICIONES DE LOS 7 HÁBITOS

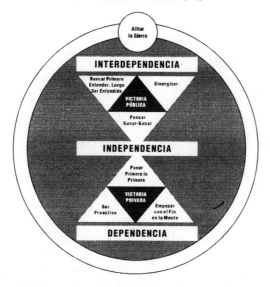

Hábito 1: Ser Proactivo

Las familias y sus miembros son responsables de sus elecciones y tienen la libertad para elegir con base en principios y valores en vez de en estados de ánimo y condiciones. Desarrollan y usan sus cuatro dotes humanas únicas: autoconciencia, conciencia, imaginación y voluntad independiente. y toman un enfoque de dentro hacia fuera para crear el cambio. Eligen no ser víctimas, no ser reactivos, no culpar a otros.

Hábito 2: Comenzar con el Fin en la Mente

Las familias forjan su propio futuro creando una visión mental y un propósito para cualquier proyecto, ya sea pequeño o grande. No viven día a día sin un propósito claro en la mente. La forma más alta de la creación mental es un enunciado de misión matrimonial o familiar.

Hábito 3: Poner Primero lo Primero

Las familias se organizan y se desempeñan alrededor de sus prioridades más importantes como se expresan en sus enunciados de misión personal, matrimonial y familiar. Tienen tiempos familiares semanales y tiempos de acercamiento uno a uno. Están impulsadas por un propósito, no por las agendas o las fuerzas que las rodean.

Hábito 4: Pensar "Ganar-Ganar"

Los miembros de la familia piensan en términos de beneficio mutuo. Fomentan el apoyo y el respeto mutuo. Piensan interdependientemente, "nosotros" no "yo", y desarrollan acuerdos ganar-ganar. No piensan egoístamente (ganar-perder) o como mártires (perder-ganar).

Hábito 5: Buscar Primero Entender... Luego Ser Entendido

Los miembros de la familia buscan primero escuchar con la intención de entender los pensamientos y sentimientos de los demás, luego buscan comunicar efectivamente sus propios pensamientos y sentimientos. A través de entender, construyen relaciones profundas de confianza y amor. Dan retroalimentación útil. No retienen la retroalimentación, no buscan primero ser entendidos.

Hábito 6: Sinergizar

Los miembros de la familia prosperan sobre fortalezas individuales y familiares; por medio de respetar y valorar las diferencias de los demás, todo el proceso se vuelve más grande que la suma de sus partes. Crean una cultura mutua de solución de problemas y aprovechamiento de oportunidades. Fomentan un espíritu familiar de amor, aprendizaje y contribución. No buscan un arreglo (1 + 1 = 1½) o simplemente cooperación (1 + 1 = 2), sino por la cooperación creativa (1 + 1 = 3 ... o más).

Hábito 7: Afilar la Sierra

La familia aumenta su efectividad a través de renovación regular personal y familiar en las cuatro áreas básicas de la vida: física, social/emocional, espiritual y mental. Establecen tradiciones que nutren el espíritu de la renovación familiar.

Franklin Covey Co.
Oficinas Generales

Franklin Covey Co. Australia
David Covey
Ground Floor, Fujitsu House
159 Coronation Dr.
Milton, QLD 4064
Tel: (61-7) 3259-0222
Fax: (61-7) 3369-7810
e-mail: australia@covey.com

Bermuda
Martha Kirkland
4 Dunscombe Rd.
Warwick, Bermuda WK08
Tel: (441) 236-0383
Fax: (441) 236-0192
e-mail: bermuda@covey.com

Franklin Covey Co. Canadá
Gary Clements
1165 Franklin Blvd.
Cambridge Ontario
NIR 8E1
Canadá
Tel: (519) 740-2580
Toll CS: 800-265-6655
CS Fax: (519) 740-6848

Indonesia
Nugroho Supangat
J1 Bendungan Jatiluhur 56
Bendungan Hilir
Jakarta, Indonesia 10210
Tel: (62-21) 572-0761
Fax: (62-21) 572-0762
e-mail: indonesia@covey.com

Irlanda
Maurice O'Grady
5 Argyle Square
Donnybrook
Dublín 4, Irlanda
Tel: (353-1) 668-1422
Fax: (353-1) 668-1459
e-mail: ireland@covey.com

Franklin Covey Co. Japón
Eugene Skinner
Ogimura Bldg. 7F
2-4-11 Kuan Minami
Chiyoda-Ku, Tokio 102, Japón
Tel: (81-3) 3264-7401
CS/Retail: (81-3) 5276-5207
Fax: (81-3) 3264-7402
e-mail: japan@covey.com

Corea
Ken Gimm
6F 1460-1 Seoyang Bldg.
Seocho-Dong
Seocho-Ku,
Seúl, 137-070 Corea
Tel: (82-2) 3472-3360/3, 5
Fax: (82-2) 3472-3364
e-mail: korea@covey.com

América Latina / Caribe
Tom y Carmen Morell
107 N. Virginia Ave.
Winter Park, FL 32789
Tel: (407) 644-4416
Fax: (407) 644-5919
e-mail: latinamerica@covey.com

Oficina en Argentina
Marina Villalonga
Corrientes 861, 5o. Piso
2000 Rosario, Argentina
Tel / Fax: (54-41) 408-765
e-mail: argentina@covey.com

Oficina en Chile
Philip Ray
Av. Presidente Errazuriz
Núm. 3328 Las Condes
Santiago, Chile
Tel: (56-2) 242-9292
Fax: (56-2) 233-8143
e-mail: chile@covey.com

Oficina en Colombia
Juan Manuel Ruiz
Calle 90 núm. 11 A-34, Oficina 206
Santa Fe de Bogotá, Colombia
Tel: (57-1) 610-0396 / 0385
Fax: (57-1) 610-2723
e-mail: columbia@covey.com

Oficina en Curacao
George Curiel
Curacao, Antillas Holandesas
Tel: (599) 97-371284 - 1286
Fax: (599) 97-371289
e-mail: curacao@covey.com

Oficina en Panamá
Alfonso Palma
Centro Aventura
Tumba Muerto, Oficina 113
Panamá, República de Panamá
Tel: (507) 260-9530 / 8763
Fax: (507) 260-0373
e-mail: panama@covey.com

Malasya / Brunei
V. S. Pandian
J-4, Bangunan Khas,
Lorong 8/1E
46050 Petaling Jaya
Selangor, Malasya
Tel: (60-3) 758-6418
Fax: (60-3) 755-2589
Fax: (60-3) 758-6646
e-mail: malaysia@covey.com

México
Mario Borghino
José María Rico 121-402
Colonia del Valle
03100 México D.F., México
Tel: (52-5) 524-5804
Fax: (52-5) 524-5903
e-mail: mexico@covey.com

Oficina de Franklin Covey Co. México
David Butler
Oficina de Monterrey
Edificio Losoles D-15
Avenida Lázaro Cárdenas
Núm. 2400 Pte.
San Pedro Garza García
NL 66220
México
Tel: (52-8) 363-2171
Fax: (52-8) 363-5314

Oficina de la ciudad de México
Florencia núm. 39, Tercer Piso
Col. Juárez, Delegación Cuauhtémoc
México D.F. 06600
México
Tel: (52-5) 533-5201 / 5194
Fax: (52-5) 533-9103

Oficina de Guadalajara
Country Club
Prol. Américas 1600, 2o. Piso
Guadalajara, Jal. 44610
Tel: (52-3) 678-9211
Fax: (52-3) 678-9271

Franklin Covey Co. Región del Medio Oriente
Cory Wengreen
3507 North University Ave.
Suite 100
Provo, Utah 84605-9008
Tel: (801) 496-5036
Fax: (801) 496-5195
e-mail: middleeast@covey.com

Franklin Covey Co. Nueva Zelanda
Wendy McPhail
111 Valley Road
Mount Eden
Auckland, Nueva Zelanda
Dirección para Correo
Private Bag 56 907
Dominion Road
Auckland, Nueva Zelanda
Tel: (64-9) 623-2917
Fax: (64-9) 630-1250
e-mail: newzealand@covey.com

Nigeria
Ifueko Omoigui
Plot 1664 Oyin Jolayyemi St.
(4th. Floor)
Victoria Island, Nigeria
Tel: (234-1) 261-7942
Fax: (234-1) 262-0597
e-mail: nigenia@covey.com

Filipinas
Carmen Alcuaz-Reyes
Ateneo Univ. - C.G.B.
Loyola Heights
Quezon City, 1108 Filipinas
Tel: (63-2) 924-4490
Fax: (63-2) 924-1869
e-mail: philippines@covey.com

Puerto Rico
Socorro Olivencia
Urb. Altamira
548 Aldebaran Street
Guaynabo, PR 00968
Dirección para Correo
PMC, Suite 427
B-2 Tabonuco St.
Guaynabo, PR 00968-3004
Tel: (787) 273-6750 / 8369
Fax: (787) 783-4595
e-mail: puertorico@covey.com

Singapur, Hong Kong, Taiwán, China
19 Tanglin Road, #05-18 Tanglin
Shopping Ctr., Singapur 247909
Tel: (65) 838-8638
Fax: (65) 838-8618
Información sobre Productos:
 Tel: (65) 838-0777
 Fax: (65) 838-9200
Capacitación:
 Tel: (65) 838-9218
 Fax: (65) 838-9211
e-mail: singapore@covey.com

Taiwán
7F-3, Núm. 9, 1/F, Admiralty Centre
Tower 1
18 Harcourt Road
Hong Kong
Tel: (886) 2731-7115
Fax: (886) 2711-5285

Sudáfrica
Jay Owens
18 Crescent Road
Parkwood 2193
Johannesburg, Sudáfrica
Tel: (27-11) 442-4589
Tel: (27-11) 442-4596
Fax: (27-11) 442-4190
e-mail: southernafrica@covey.com

Oficina de Cape Town
20 Krige Street
P.O. Box 3117
Stellenbosch 7602
Sudáfrica
Tel: (27-21) 886-5857
Fax: (27-21) 883-8080
e-mail: gcloete@africa.com

Trinidad / Tobago
Curtis Manchoon
#23 Westwood St.
San Fernando
Trinidad, Las Antillas
Tel: (868) 652-6805
Fax: (868) 657-4432
e-mail: trinidad&tobago@covey.com

Hazel Foggin
Enfield House, Enfield Road
Edgbaṣton, Birmingham
B15 1QA Inglaterra
Tel: (44-121) 604-6999
Fax: (44-121) 604-6777
e-mail: unitedkingdom@covey.com

Franklin Covey Co. Reino Unido
Barry Cooke
1 Omega Business Centre
Daventry
NN11 5RT
Inglaterra
Tel: (44-1) 1372-301-311
Fax: (44-1) 1952-605-077
e-mail: fquestdav@aol.com

Venezuela
Bárbara Hauser
Calle California con Mucuchies
Edif. Los Ángeles, Piso 2,
Ofic. 5-6B, Las Mercedes
Caracas, Venezuela
Tel: (58-2) 993-8550
Fax: (58-2) 993-1763
e-mail: venezuela@covey.com

Los 7 hábitos de las familias altamente efectivas,
de Stephen R. Covey
se terminó de imprimir en mayo de 2003 en
Litográfica Ingramex, S.A. de C.V.
Centeno 162-1, Col. Granjas Esmeralda
México, D.F.